Robert C. Ackerson · Die Jeep-Legende

Robert C. Ackerson

Die JEEP Legende

Vom Nutzfahrzeug zum Fun-Car

Die Autos, die Firma, die Geschichte

Motorbuch Verlag Stuttgart

Schutzumschlaggestaltung:
Johann Walentek, unter Verwendung zweier Dias der Presseabteilung von Chrysler Import Deutschland GmbH

Übersetzung:
Günther Görtz

ISBN 3-613-01404-1

1. Auflage 1992

Ein Unternehmen der Paul Pietsch-Verlage GmbH & Co.

Druck: Maisch & Queck, 7016 Gerlingen.
Bindung: Großbuchbinderei E. Riethmüller & Co., 7016 Gerlingen.
Printed in Germany

INHALT

Zur Einführung		7
1. Kapitel:	Die Ursprünge	8
2. Kapitel:	Nachkriegsjahre: CJ-2A, CJ-3A, CJ-3B	33
3. Kapitel:	Der erste amerikanische Station Wagon in Ganzstahl	51
4. Kapitel:	Die erste Nachkriegsgeneration von Leichttransportern	87
5. Kapitel:	Der Jeepster, eine sportliche Version	102
6. Kapitel:	Die Fusion Kaiser-Frazer/Willys-Overland	112
7. Kapitel:	CJ-5, CJ-6 und CJ-7: Die Jeeps, die das Buch über den Allradantrieb schrieben	118
8. Kapitel:	Die Frontlenker-Lkws	171
9. Kapitel:	Der Jeep Jeepster/Commando: 1967–1973	182
10. Kapitel:	Der Jeep Wagoneer 1962–1990: Vom Pionier zur großen Dame	191
11. Kapitel:	Die Transporter der J-Serie	226
12. Kapitel:	Die Jeep Cherokees: 1974–1983	250
13. Kapitel:	Der Jeep Scrambler	270
14. Kapitel:	Die Cherokee/Wagoneers seit 1984	276
15. Kapitel:	Die Comanche Pick-ups	301
16. Kapitel:	Der Jeep Wrangler	314
17. Kapitel:	Export und Auslandsverbindungen	330
18. Kapitel:	Fusionen und Kooperationen seit 1954	339

Zur Einführung

Als die US-Autoproduktion Ende 1945 wieder anlief, konnte nur ein Narr glauben, daß alles so weitergehen würde wie früher. Schon bald sollte sich erweisen, daß der Krieg einen endgültigen Bruch mit der Vergangenheit herbeigeführt hatte. Daher hat das Wort »Nachkriegsmodell« für uns heute eine ähnlich einordnende Bedeutung wie zuvor »Klassiker«, »Oldtimer« usf.

Anfangs suchten die US-Autohersteller die Lücken zu füllen, die vier Kriegsjahre und die erzwungene Rüstungsproduktion hinterlassen hatten, indem sie 1942er Modelle mit mäßigem »Facelift« anboten. Doch schon bald wurden Entwürfe, die man nach Pearl Harbor hastig beiseitegeschoben hatte, wieder hervorgeholt und ihre Realisierung vorbereitet. So kam es, daß Detroit nach kurzer Zeit bereits Autos mit Heckflossen, kopfgesteuerten V8-Motoren, automatischen Getrieben und vielen Servohilfen produzierte.

Inmitten dieses ungestümen Drängens in eine neue Ära des Automobils dachte kaum jemand an den Jeep. Gewiß, er war als eines der populärsten Symbole moderner, motorisierter Kriegsführung aus dem Kriegsgeschehen hervorgegangen. Doch irgendwie erschien sein durch und durch pragmatischer Charakter wohl zu nüchtern für eine Traumwelt aus Panoramascheiben und Dreifarbenlackierungen. Mit der Zeit aber fanden der Jeep und seine Geschwister (mit Lkw und Kombiaufbauten) eine treue Anhängerschaft, die in der soliden Konstruktion und der Geländetauglichkeit eine erfrischende Alternative zu Glanz und Glitter sah, die typisch für den Rest der amerikanischen Autos war.

Während das Glanz- und Glitterauto also den Markt weitgehend eroberte, trat Anfang der 60er Jahre das Phänomen des »Freizeitautos« auf, das bald einen eigenen Marktsektor beanspruchte. Wohlhabende Amerikaner mit einem Hang zum Urwüchsigen erkannten nämlich – ähnlich wie viele Landwirte und Sportler –, daß ein Allrad-Jeep weit besser zu ihrem Lebensstil paßte als ein normales Auto.

Die Popularität des Jeep stieg weiter an. Schon 1953 hatte der Trend zur Zusammenlegung von Unternehmen auch zur Übernahme der Firma Willys-Overland durch Kaiser Frazer geführt. Als 1970 alle unabhängigen Autohersteller außer der American Motors Corporation (ihrerseits ein Zusammenschluß aus Nash und Hudson) verschwunden waren, erwarb AMC die Firma Willys von Kaiser. Und diese Entscheidung, gegen die es innerhalb der AMC großen Widerstand gegeben hatte, sollte sich als eine der vorteilhaftesten Maßnahmen des AMC-Managements erweisen. Denn in den schwärzesten Zeiten, die der Konzern später erlebte, war einer der wenigen Lichtblicke die Popularität der Jeep-Produkte.

Tatsächlich darf man sagen, daß die AMC, wäre sie nur auf ihre Pkws angewiesen gewesen, den Übergang in die 80er Jahre wohl nicht erlebt hätte. Es dürfte in diesem Zusammenhang kein Geheimnis sein, daß das wichtigste Motiv für Chryslers AMC-Übernahme 1987 darin bestand, sich Jeep einzuverleiben. Diese Entwicklung wurde von vielen langjährigen Freunden des AMC/Jeep mit Bedauern aufgenommen, denn sie sahen – wie der Autor dieses Buches – bei AMC Reste von urtümlichem Individualismus, den die Großen Drei schon immer hatten vermissen lassen.

Als Teil von Chrysler hat Jeep allerdings eine sichere Zukunft vor sich. Denn angesichts von Finanzmitteln, die diejenigen der AMC in ihren besten Zeiten weit in den Schatten stellen, werden wohl auch die Nachfolger des heutigen Jeep-Modells kaum weniger sensationelle Autos werden.

Dieses Buch verfolgt die Geschichte der Jeeps von ihrer Geburt kurz vor dem Zweiten Weltkrieg bis hin zu den heutigen Jeep-Produkten. Diese Zeitspanne hindurch, die rund einem halben Jahrhundert entspricht, blieben die charakteristischen Grundzüge des Jeep, nämlich seine ehrliche Konzeption, seine Vielseitigkeit und seine Vorliebe für schweres Gelände, erhalten. Das wird in der nun folgenden Dokumentation gewürdigt.

Zu diesem Werk in seiner vorliegenden Form haben viele beigetragen, indem sie ihre Zeit und ihr Wissen zur Verfügung stellten. Aufrichtiger Dank gilt daher den Mitarbeitern der PR-Abteilung der AMC, unter anderen Rita McKay, Ben Dunn, Alan McFee und Lloyd Northard. Louis Halverson von der Philadelphia Free Library und Andrea Gerberg vom State University College bei der Oneonta-Bibliothek halfen, zahlreiche Fakten aufzufinden, die sich als wertvoll für den Inhalt dieses Buches erwiesen. Besonderer Dank gebührt Ed Shultis und John Barlow, die dem Autor viele Dinge aus ihren persönlichen Sammlungen ausliehen. Alle diese netten Leute sind im Grunde Ko-Autoren dieses Buches. Sie haben mehr als andere gegeben – genau wie es der Jeep stets getan hat.

1. Kapitel

Die Ursprünge

Der letzte Jeep des Zweiten Weltkriegs in Militärversion wurde von Willys-Overland in Toledo, Ohio, am 20. August 1945 produziert. Vorher, am 17. Juli, war das erste zivile Modell CJ-2A vom Band gelaufen. Obgleich für 1945 zunächst etwa 20.000 Einheiten des CJ-2A geplant waren, wurden es nur 1824 Stück mit den Seriennummern 10001 bis 11824.

Drei Jahre zuvor hatte John Tjaarda, ein Autokonstrukteur, auf dessen Konto auch der Lincoln Zephir ging, dem Aufsichtsratsvorsitzenden von Willys-Overland, Ward M. Canaday, einen gewagten Plan vorgelegt, der, wäre er gelungen, das Unternehmen in den ersten multinationalen Autokonzern der Welt eingeflochten hätte. Nach diesem Plan sollten Willys-Overland, die britischen Firmen Daimler und Briggs, Mathis in Frankreich, die Swedish Automobile Company und die Industrias Basicas Mexicanas zusammen die International Car Company bilden. Drei Fahrzeugtypen sollten die Geschäftspartner anbieten: einen zivilen Jeep, einen größeren Kombi mit Jeep-Fahrwerk und einen zweiradgetriebenen geschlossenen Pkw, der ebenfalls das Chassis vom Jeep verwenden sollte.

Bei Kriegsende stand Willys-Overland finanziell gut da. Anfang 1945 betrugen die Aktiva des Unternehmens 72 Millionen Dollar, der Nettogewinn für 1944 runde 4 Millionen und das arbeitende Kapital 14 Millionen. 1940 hatte es noch einen Verlust von 800.000 Dollar gegeben, der sich 1941 in einen Gewinn in gleicher Höhe verwandelt hatte, während das folgende Jahr bereits 1,265 Millionen und 1943 gar über das Doppelte, nämlich 3 Millionen Dollar Nettogewinn einbrachte. Von 1941 bis Kriegsende produzierte Willys Militärgerät im Werte von über 760 Millionen, darunter für 456 Millionen Jeeps und Jeep-Teile.

Das waren zwar eindrucksvolle Ergebnisse, doch Willys-Overland spielte dennoch nur eine Zwergenrolle inmitten von Giganten. So hatte General Motors in den Jahren von 1933 bis 1941 Nettogewinne von über 1,45 Milliarden Dollar zu verzeichnen gehabt, Jahre, in denen Willys fast immer mit Verlust abgeschlossen hatte. Mehr noch, die Zeiten, da Willys-Overland noch Autos in Großserie gebaut hatte, lagen weit zurück. So hatte es zum Beispiel 1927 noch 314.000 verkaufte Wagen gegeben, im Durchschnitt der Jahre 1937 bis 1941 aber nur mehr 35.000 pro Jahr.

Nun, zu Beginn der Nachkriegsjahre, hieß es für Willys-Overland, mit Umsicht, aber auch mutig und kühn vorzugehen und auf eine Portion Glück zu vertrauen. Es sollte eine Zeit kommen, in der der aufgestaute Bedarf an Autos, verursacht durch lange Depressions- und Kriegsjahre, einen gewaltigen Verkäufermarkt schaffen würde. Doch dieser Boom würde gedämpft werden durch den Kampf zwischen Ford und General Motors um die Führung und durch die immer weiter verwöhnte Käuferschaft, die im Jahresrhythmus neues Styling und neue Technik verlangte. In einem solchen Umfeld konnte eine kleine Firma schon in Bedrängnis geraten!

Die International Car Company kam nie zustande, doch Willys-Overland stellte am Ende tatsächlich eine hübsche kleine Limousine her, den Aero Willys, den ein vom Jeep abgeleiteter Motor antrieb. Hinzu kam der Jeep Station Wagon, eines der großartigsten zivilen Jeep-Modelle aller Zeiten. Schließlich hatte sich das Unternehmen 1946 für eine Doppelstrategie entschieden, die es ihm erlaubte, mit Gewinn auf einer recht geringen Stückzahlbasis zu operieren, imdem es Marktsektoren erschloß, die von den Großen entweder übersehen oder ignoriert wurden, mit der man andererseits aber kostspielige jährliche Modellwechsel vermeiden konnte.

Dennoch, mit keinem dieser Produkte hätte Willys-Overland wirklich überleben können, wäre das Grundmodell nur simpler Durchschnitt gewesen. Das Verdienst aller an Konstruktion, Entwicklung und Produktion Beteiligten war nämlich, daß Willys dem Nachkriegskäufer mehr anzubieten hatte als eben nur ein brauchbares Vehikel. Vielmehr war es eine der wirklich einzigartigen Kreationen des Maschinenzeitalters, ein Fahrzeug, das ganz besonders positive Gefühle wie Sympathie und Treue in den Menschen erweckte und seinen eigenen Charakter entwickelte.

Den ersten Anstoß zu dem, was einst der Jeep werden sollte, gab ein vom QCOTC (Quartermaster Corps Ordnance Technical Committee) neu herausgegebenes Lastenheft für ein Militärfahrzeug vom 27. Juni 1940. Wichtigste Forderungen darin waren Allradantrieb, drei Sitzplätze, Unterbringungsmöglichkeit für eine MG-Halterung Kaliber .30, Leergewicht ca. 600 kg, Radstand 2032 mm, Höhe 915 mm, Spurweite vorn und hinten 1194 mm, Bodenfreiheit min.

165 mm und 275 kg Zuladung. Die möglichen Fahrgeschwindigkeiten sollten von 5 bis 80 km/h reichen.

Der vom QCOTC gesetzte Termin für die Vorlage von Entwürfen und Daten sowie ein Angebot über ein solches Fahrzeug war Montag, der 22. Juli 1940, 9 Uhr früh; anzubieten war zum Preis von 175.000 Dollar die Herstellung eines ersten Loses von 70 Einheiten. Das erste Fahrzeug sollte innerhalb von nur sieben Wochen für Tests bereitstehen, die übrigen 69 Stück (inklusive acht mit Vierradlenkung) waren ganze 26 Tage später abzuliefern.

Obschon im Ersten Weltkrieg Pferd und Maulesel die bevorzugten Transportmittel für die Ausrüstung der American Expeditional Forces gewesen waren, hatte es sowohl vor als auch nach jenem Krieg klare Hinweise darauf gegeben, daß das Zeitalter der mechanisierten Kriegsführung bereits angebrochen war. Denn schon vor Beginn des 20. Jahrhunderts hatten französische Militärs in Manövern Zivilfahrzeuge untersucht, und 1899 hatte die französische Armee für den Einsatz als Späh- und Meldefahrzeuge drei zivile Automobile erworben. Als dieselbe Armee 1904 einen Panhard mit einem Hotchkiss-Maschinengewehr ausrüstete, wurde deutlich, daß man in zukünftigen Kriegen auch Motorfahrzeuge einsetzen würde.

Während des 1. Weltkriegs verwendeten Amerikaner und Alliierte als Offiziers- und Verwundeten-Transportfahrzeug in großem Umfang den Cadillac mit dem neuen 70 PS starken 5,2-Liter-V8. Kurz nach dem Eintritt der Amerikaner in den Krieg erprobte die US-Army in Marfa, Texas, eine Anzahl Pkw-Modelle, und das Ergebnis war der Kauf von über 2000 Cadillacs für den Einsatz in Europa. Sogar noch breiter war dann die Verwendung des Ford T-Modells für Sanitäts-, Beobachtungs- und Patrouillenzwecke.

In ihren Scharmützeln mit Pancho Villa benutzten die US-Streitkräfte unter General John Pershing und dessen Stellvertreter George Patton serienmäßige Automobile. Und in Europa gab es zahlreiche Fälle, in denen im Ersten Weltkrieg der Einsatz motorisierter Fahrzeuge zwischen Sieg und Niederlage entschied. Am bekanntesten wurde der Transport mehrerer Tausend französischer Soldaten in Renault-Taxis an die Front, wo sie den deutschen Vormarsch auf Paris stoppten. Sowohl Briten wie Franzosen kämpften damals auch unter Zuhilfenahme von Nash Quad Lastwagen mit Allradantrieb.

Mit dem Ende des Kriegs und der Rückkehr der US-Truppen in eine normalisierte und isolierte Welt stand die Entwicklung eines wendigen, leichten, für eine Vielzahl von Einsatzmöglichkeiten geeigneten Armeefahrzeugs angesichts der stark abnehmenden Kriegsbereitschaft nicht länger im Vordergrund.

Dennoch blieb ein Interesse der Armee an der Verwendung von Motorfahrzeugen bestehen. Am 17. Juli 1919 startete ein Konvoi aus 60 Lkw, 12 Pkw, etlichen Motorrädern und 235 Mann zu einer Transkontinentalfahrt von Washington D.C. nach San Francisco. Eine der Erkenntnisse aus der zweimonatigen Reise war der erschreckende Zustand amerikanischer Straßen und Brücken. Eine andere war, daß die teilnehmenden Motorräder dem allzu häufig auf der Fahrt zur Westküste auftretenden tiefen Sand und Schlamm nicht gewachsen waren. Dies und die mangelnde Watfähigkeit in flachen Flußläufen ließ das Motorrad als Erkundungsfahrzeug in den Augen vieler Militärs ungeeignet erscheinen.

Die Lastwagen dagegen standen die Reise zwar durch, wurden jedoch als zu groß und schwerfällig für den Patrouillendienst bezeichnet. Was fehlte, war ein Fahrzeug mit der Wendigkeit und Schnelligkeit eines Motorrads, der Unverwüstlichkeit des Lastwagens und einer Größe, die drei Soldaten genügend Platz bieten, aber knapp genug sein sollte, um es nicht zum willkommenen Ziel für den Feind werden zu lassen. Vordringlich war die Forderung, mit jeder Art von Terrain fertigzuwerden; also war Allradantrieb unverzichtbar.

Das Ergebnis war, daß das Quartermaster Corps mit der Entwicklung eines allradgetriebenen Fahrzeugs begann, das primär für Späh- und Stoßtrupps eingesetzt werden sollte. Beim ersten Projekt handelte es sich um ein Fahrzeug in Schlepperbauweise mit etwa 250 kg Nutzlast, dessen größte Vorzüge in hoher Traktion und großer Bodenfreiheit bestanden, das jedoch unerwünscht hoch und sehr langsam war.

Im Jahr darauf schlug die USAOTD (United States Army Ordnance Technical Division) in der Person des Chefs ihrer automobiltechnischen Abteilung, William F.Beasley, vor, mittelschwere Lkws in Geländefahrzeuge umzubauen. Insgesamt fünfzehn solcher Wagen mit Kettenantrieb wurden 1921 auf der Teststrecke von Aberdeen erprobt.

Für den objektiven, aufmerksamen Betrachter wurde allerdings immer klarer, daß die Abwandlung irgendeines Serienprodukts in einen Geländewagen, wie ihn die Militärs forderten, außerordentliche Schwierigkeiten machte. Unter den Beobachtern der USAOTD-Tests von 1921 befand sich auch Major L.H.Campbell jr., der zwar dieses Problem erkannte, aber doch sicher war, daß die kostenbewußten Bürokraten jeden Gedanken an eine spezielle Neuentwicklung abwürgen würden. Deshalb richtete er sein Augenmerk auf vorhandene, preisgünstige Pkws, die als Basis für militärische Mehrzweckfahrzeuge dienen könnten. Major Campbell setzte sich sogar dem Verdacht aus, sich eigene Vorteile verschaffen zu wollen, denn er schlug dem Ordnance Technical Committee vor, ein Serienauto so abzuändern, daß es für die verschiedensten Zwecke wie Aufklärung,

Geländefahrt, Beförderung von leichten Nutzlasten und allgemeinen Militärtransport einsetzbar wäre.

Das Ergebnis von Campbells Bemühungen war eine Anzahl »Geländewagen« auf Basis des Ford T-Modells und des Chevrolet Typ K. Das erste derartige Auto war ein von William F.Beasley und Captain Carl Terry umgebautes T-Modell, das gewaltige Übergröße-Ballonreifen und Allradantrieb erhielt. Insgesamt wurden davon weniger als 100 Exemplare gefertigt, bis das nicht mehr weiter geförderte Projekt 1932 aufgegeben wurde. Was man den »Geländewagen« vorwarf, war ihr hohes Gewicht, das zum Teil von der Ausrüstung mit Maschinengewehren, Munitionskästen, Werkzeug usw. herrührte. Dagegen hatten die früheren Versuchsobjekte mit ihren 500 kg Gewicht nur die nötigsten Aufbauten besessen (an einigen hatte man das Holzskelett lediglich mit Segeltuch bezogen), dazu Fahrradkotflügel und unverkleidete Benzintanks. Eine sehr wichtige Erfahrung, die sich aus dem Projekt »Geländewagen« ergab, war die eindeutige Überlegenheit des Allradantriebs gegenüber der Gleiskette, wenn es um hohes Tempo und unterschiedliches Gelände ging.

Die Einstellung des »Geländewagen«-Projekts bedeutete aber durchaus nicht, daß die Armee kein Interesse mehr an derartigen Fahrzeugen habe, und auch die Bemühungen unabhängiger Autohersteller gingen weiter, ein Produkt zu schaffen, das einen größeren öffentlichen Auftrag wert war. 1933 zum Beispiel erprobte die U.S.Army einen Roadster von American Austin mit übergroßen Reifen. Das leistungsfähige Auto erregte die Aufmerksamkeit von Captain Robert G.Howe. Vier Jahre später verwendete Howe zusammen mit Master Sergeant Melvyn C.Wiley bei Fort Benning (Georgia) ein auf Frontantrieb umgebautes Chassis eines American Austin als Grundlage für ein Fahrzeug, das zwei Personen und einem .30er MG Platz bot.

Als Barney Roos, Entwicklungsvorstand von Willys-Overland, diesen Austin nach Absolvierung von etwa 6500 Versuchskilometern prüfte, stellte er Mängel in mehreren wichtigen Bereichen fest, unter anderem beim Fahrverhalten und bei der Bodenfreiheit. Dennoch sollte es nicht das letztemal gewesen sein, daß die Army sich mit einem von American Austin oder dessen Nachfolger produzierten Auto befaßte.

Der Austin Seven, auf dem der American Austin und der künftige Bantam basierten, wurde auch in Japan und in Deutschland unter Lizenz gefertigt, wo die Armee – wie dies übrigens auch in England geschah – ihn für militärische Zwecke nutzte. Die italienische Armee setzte ebenfalls ein offenes Auto, den Fiat Balilla Spider, ab 1932 für eigene Zwecke ein.

Unterdessen hatten in den USA Walter C.Marmon und Arthur Herrington 1931 die Marmon-Herrington Company gegründet, die sich auf die Herstellung von Lkws mit Vierradantrieb spezialisiert hatte. Sie baute eine Anzahl allradgetriebene Ford Halb- und Eineinhalbtonner, die 1936 von der Army erprobt wurden. Das waren leistungsfähige, dauerhafte Fahrzeuge, Vorläufer der von dieser Firma im Zweiten Weltkrieg für die US-Streitkräfte gefertigten Spezialtransporter und -lastwagen. Freilich waren das nicht die kompakten, wendigen und preisgünstigen Mehrzweckfahrzeuge, die Major Campbell 1922 im Auge gehabt hatte. Dennoch waren die Army-Tester von der Geländegängigkeit des gern als »Darling« bezeichneten Halbtonners sehr beeindruckt. So war eines der Testergebnisse der Auftrag an Marmon-Herrington, noch 64 solcher Halbtonner zu liefern.

Ende der 30er Jahre beschloß die Beschaffungsplanung des Quartermaster Corps in Detroit erste Schritte, um eine Basis für die Produktion von Militärfahrzeugen für den Fall eines umfassenden Bewaffnungsprogramms zu schaffen. Unter anderem zählte zu den Aktivitäten die Erfassung der vorhandenen Fertigungskapazitäten, das Anlegen von Verteilungsplänen bei den Beschaffungsstellen von Armee und Marine und die Abschätzung des künftigen Bedarfs. Man vermutete, daß die drei großen Autohersteller General Motors, Ford und Chrysler den Löwenanteil an der Kriegsproduktion auf sich vereinigen würden; für den Kriegsfall standen jedoch außerdem International Harvester, Mack, Willys-Overland und American Bantam auf der Liste.

Dieser Vorkriegsplanung fehlte zwar die realistische Basis für die Fertigung von Großserienbauteilen speziell für taktische Fahrzeuge und ebenso für eine wesentlich erhöhte Produktion schwerer Lkws, doch sie war beispielhaft für ein Vorausdenken, das durch die im Zweiten Weltkrieg angewandte Art der Operationen zu Lande bestätigt wurde. Als wahrhaft vorausschauend erwies sich auch das schon erwähnte QCOTC-Lastenheft für ein vierradgetriebenes Mehrzweckfahrzeug vom Juni 1940.

Da insgesamt 135 Firmen zu diesem Wettbewerb der Konstrukteure aufgerufen waren, erwartete man ein großes Echo. Tatsächlich aber gaben nur zwei von ihnen konkrete Angebote ab: American Bantam und Willys-Overland. Anfangs schien es, als habe American Bantam mit einem Konzept die Nase vorn, aus dem ein großer, lukrativer, viele Tausend Einheiten umfassender Auftrag hätte werden können.

Dieses Unternehmen war am 28. Februar 1928 unter der Bezeichnung American Austin Car Company gegründet worden und hatte im Jahr darauf mit dem Bau eines Pkw begonnen, der eng an den britischen Austin 7 angelehnt war, ein Auto, das seit seinem Erscheinen 1922 in England eine Sensation war. Doch der amerikanische Autogeschmack war anders als der britische, und trotz der Wirtschaftskrise in jenen Jahren und des niedrigen Preises des Austin 7 (der konnte sich freilich nicht so auswirken wie erwartet, weil er mit 445 Dollar noch um 5 Dollar über dem des Ford A-Modells lag) zeigten die Amerikaner wenig Interesse daran, einen Kleinwagen zu fahren. Daher konnten 1930 nur 8558 und im noch katastrophaleren Jahr 1931 lediglich 1279 Stück des American Austin verkauft werden.

Zwei Jahre später schwebte ein Konkursverfahren über der Firma, die offenbar dem Ruin zusteuerte. Doch damals fanden viele der kleineren Autohersteller einen Retter, der mit Selbstvertrauen, Optimismus, Beharrlichkeit und Vorausschau die Stunde der Wahrheit entweder hinauszuschieben oder für immer zu verbannen vermochte. Für American Bantam hieß der Retter Roy S.Evans. In den Endzwanzigerjahren war er zum erfolgreichsten Autohändler der Südstaaten aufgestiegen. Daß er 1500 unverkaufte Wagen der American Austin 1932 zu 295 Dollar das Stück absetzen konnte, erhärtete Evans' Ansicht (die sich auf seine vorangehenden Verkaufserfolge stützte), daß es in den USA sehr wohl einen Markt für Kleinwagen gäbe.

Unter Evans' Leitung schien sich die Firma zunächst zu erholen, doch nach einem Absatz von 3846 Wagen 1933 begann es 1934 wieder kritisch zu werden. Der Ausstoß sank dramatisch auf etwa 1300 Einheiten, und es gab keine andere Wahl, als den Konkurs anzumelden.

Das war der Tag, an dem für American Austin die dritte Phase des Kampfes ums Überleben begann. Für das Werk in Butler (Pennsylvania) mit 10 Millionen Dollar Buchwert zahlte Evans ganze 5000 Dollar, gründete die American Bantam Car Company und konnte dank der Ausgabe von Stamm- und Vorzugsaktien zwei Millionen Dollar für Konstruktion und Entwicklung flüssig machen.

Was nun folgte, war eine sonderbare Mischung: eine wechselnde Finanzlage, weil Aktionäre der Firma die dringend benötigten Geldmittel entzogen; Entwicklung und Bau von Autos, die dem alten Austin weit überlegen waren (ein Beispiel war ein Vierteltonner, den die US-Army abnahm, während die Pennsylvania National Guard 1938 drei Bantam-Roadster in Erprobung nahm); schließlich aber weiterhin enttäuschend niedrige Verkaufszahlen. In diesem Umfeld wirkte die Ausschreibung des QCOTC so, als böte sich der American Bantam eine echte Überlebenschance.

Schon 1938 hatte Charles H.Payne von American Bantam versucht, die Militärs für die Produkte des Hauses zu interessieren, doch erst am 17. Juli 1940, nur fünf Tage vor dem Abgabetermin für das QCOTC-Angebot, nahm Bantams Präsident Charles H.Fenn Kontakt mit einem Mann namens Karl K.Probst auf, den man später – einigen Automobilchronisten zufolge – als »Vater des Jeeps« betrachtete.

Karl Probst wurde am 20. Oktober 1883 in Point Pleasant, West Virginia, geboren und studierte Maschinenbau an der Ohio State University unter Charles Kettering (der später GM-Chefingenieur wurde). Obschon es Probst krankheitshalber nicht bis zum Diplom brachte, erwies er sich schon früh als gründlicher Kenner der wichtigsten Forderungen an eine Kleinwagenkonzeption. Nachdem ihn sein Gesundheitszustand gezwungen hatte, die Autoindustrie vorübergehend zu verlassen, sammelte er bis 1940 viel beruflichen Lorbeer, unter anderem als Chefingenieur bei den Firmen Milburn und Reo. Auch an Kleinwagenprojekten der Autogiganten GM und Ford hatte er gearbeitet, ebenso wie er im Auftrag von Arthur Brandt und Frank Fenn an einem Kleinwagen- und Lkw-Programm mitgewirkt hatte, das einen Vertrieb über die Kaufhauskette Sears & Roebuck anvisierte. 1940 betrieb Probst eine eigene Entwicklungsfirma namens Probst, Shoemaker & Merrill, Inc., mit einem Stadtbüro in Detroit.

Bevor sich Fenn im Juli 1940 an Probst wandte, mußte sein Vorgänger im Amt des Präsidenten von American Bantam, Arthur Brandt, ihm helfen, Probst dazu zu bringen, den Wehrtechnikauftrag zu übernehmen. Brandt bemühte in dieser Sache auch William Knudsen, den früheren Chef von General Motors, der damals Leiter der National Defense Advisory Commission war. Knudsen appellierte an Probsts Patriotismus. Dieser war nicht bereit gewesen, für eine mittellose Firma unter Bedingungen zu arbeiten, die nichts versprachen, falls die Bewerbung beim Quartermaster erfolglos sein sollte.

Was Fenn ursprünglich anstrebte, war kein ganz neues Fahrzeug, sondern ein vom Serien-Bantam abgeleitetes. Ähnliches plante man auch in Deutschland, wo gerade Entwürfe für ein auf dem Volkswagen basierendes Mehrzweck-Militärfahrzeug untersucht wurden. Als ein Ausschuß des Army Quartermaster Corps mehrere Wochen lang Bantam-Roadster erprobte und deren Umbau auf Allradantrieb erwog, erweckte das bei Bantam Hoffnungen, man möge am Ende doch dem deutschen Beispiel folgen.

Als Fenn sich am 15.7.1940 zum erstenmal an Probst wandte, hatte er das offizielle Angebotslastenheft noch nicht von der Army erhalten. Deshalb wollte er, wie schon vermerkt, daß Probst ein vorhandenes Fahrzeug abwandeln und nicht etwa ein neues entwerfen sollte. Doch schon weniger als 24 Stunden danach wurde dieses Vorhaben umgestoßen, als klar wurde, daß mindestens 40 statt anfangs 20 PS Leistung gefordert wurden. Denn damit wurde es nötig, nicht nur den Motor, sondern auch fast alle übrigen wichtigen Baugruppen des Bantam durch andere zu ersetzen. Zuerst hatte Probst Fenn zurückgewiesen, er solle sich wieder melden, wenn das Lastenheft da sei. Als er dann am 17. Juli die neuen Anforderungen sah, stellte er dankenswerterweise seine patriotischen Gefühle vor die sicher berechtigten beruflichen Bedenken und nahm die Arbeit an.

Probst zog noch am gleichen Tag von Detroit nach Butler (Pennsylvania) um. Was nun begann, war eine achtzehnstündige, von einer achtstündigen Schlafpause unterbrochene Schufterei am Reißbrett, um die für den Antrag erforderlichen Entwürfe zu erstellen. Die beiden nächsten Tage vergingen mit der Anfertigung von Pausen, technischen Lieferbedingungen und Antragsunterlagen.

Von Anfang an war Probst entschlossen, sich um das geforderte Leergewicht nicht zu kümmern, denn er hielt die 590 kg für völlig unrealistisch und für keinen Hersteller erreichbar. Obgleich er mit dieser Ansicht recht hatte, mischte sich Charles Payne, ehemaliger Marineoffizier und damals bei Bantam Repräsentant für den Wehrtechnik-Verkauf, ein. Weil er wußte, daß die von Probst genannten rund 840 kg Bantam aus dem Rennen werfen würden, noch bevor es begann, ließ er den Antrag neu schreiben und setzte lediglich 577 kg Leergewicht ein.

Die Stunde der Wahrheit kam später bei einer Felderprobung des Bantam-Prototyps. Sein genaues Gewicht ist nicht überliefert, dürfte aber zwischen 835 und 920 kg gelegen haben – auf jeden Fall weit über den geforderten 590 kg. Unter den Offizieren befand sich auch ein alter General der Kavallerie, ein Bär von einem Kerl, der die Ansicht vertrat, wenn zwei Leute den Bantam allein aus dem Graben ziehen könnten, sei die Gewichtsforderung erfüllt. Und um die Sache klarzumachen, hob er das Wagenheck allein und ohne Hilfe vom Boden hoch. Am Ende wurde das serienmäßige Gewicht des Jeep auf rund 980 kg festgesetzt.

Um den 49-Tage-Termin für die Vorstellung des Prototyps einhalten zu können (falls Bantam die Ausschreibung gewinnen sollte), blieb Probst keine andere Wahl, als vorhandene Serienaggregate zu verwenden. Zur Angebotsabgabe am 22.Juli 1940 um 9 Uhr in Camp Holabird erschienen außer Probst und Fenn auch Vertreter von Willys-Overland, Ford und Crosley. Doch Willys und Bantam waren die einzigen, die wirklich Angebote vorlegten. Und verglichen mit Probsts komplettem Zeichnungssatz soll das, was Willys bei diesem Termin präsentierte, kaum mehr als ein Rohentwurf gewesen sein. Außerdem machte die Firma in dieser ersten Runde in sofern eine schlechte Figur, als sie beantragte, den Zeitraum von 75 Tagen für die Lieferung der Prototypen auf 120 Tage zu verlängern. Diese Forderung wurde verweigert, weshalb Willys mit einem »Punktabzug« in Höhe von 5 Dollar je zusätzlich erforderlichem Tag für die Musterlieferung belegt wurde. Dementsprechend ging der Auftrag im Wert von 171.185 Dollar am 5. August 1940 an Bantam.

Die Leute von Bantam mußten freilich mit den weiteren Arbeiten nicht warten, bis der Vertrag offiziell abgeschlossen wurde, denn schon eine halbe Stunde nach Präsentation der Angebote war verlautet, daß sie die Gewinner waren. Die siebzig von Bantam gebauten Fahrzeuge enthielten kaum noch etwas von jenem Bantam-Roadster, den ein Quartermaster-Ausschuß (mit Major Howie) zuvor versucht hatte, in eine Allradversion umzubauen. Gemeinsam hatten die beiden Versuchsträger in der Tat nur Tachometer, Hupenknopf und die Anzeigeinstrumente für Motortemperatur, Batterieladung, Kraftstoff und Öldruck.

Rahmen und Achsen waren deutlich stärker, und der Bantam-Motor mit 22 PS aus 820 cm³ war durch einen Continental-Vierzylinder BY–4122 mit L-Kopf ersetzt worden, der mit 81 mm Bohrung und 89 mm Hub (1,835 Liter) bei 3250/min 46 PS leistete. Sein maximales Drehmoment betrug bei 1800/min 117 Nm. Der Motor hatte einen Stromberg-Vergaser und war 6,83:1 verdichtet. Eine 6-Volt-Batterie von 70 Ah war eingebaut.

Vorn und hinten hatte der Wagen Halbelliptikfedern und Teleskopstoßdämpfer der Marke Gabriel; hinten war eine Spicer-Achse vom Studebaker Champion mit einem Achstrieb 4,88:1 montiert. Auf dem Weg von Detroit nach Butler hatte sich Probst in Toledo mit Spicers Chefingenieur Bob Lewis getroffen, der ihm half, die Details der notwendigen Änderungen auszuarbeiten. Ebenfalls von Spicer stammte das Verteilergetriebe, das Zwei- und Vierradantrieb ermöglichte.

Das Dreigangschaltgetriebe mit Rückwärtsgang kam von Warner Gear. 4.00×16″ große Preßstahlräder mit fünf Radschrauben und Traktorbereifung 6.00×16″ (zum Teil auch 5.50×16″) wurden verwendet. Die Bremsen waren hydraulisch und hatten rundum 230 mm-Trommeln. Die Ross-Schneckenlenkung machte drei Umdrehungen von Anschlag zu Anschlag, war 12:1 übersetzt und sorgte für einen Wendekreis von 8,85 m. Der Rahmen bestand aus Stahl-Kastenprofilen mit vier Quer- und einem Träger in K-Form, seine Längsträger waren über den Achsen hochgezogen. Der Radstand des Bantam BRC-40 (Bantam Reconnaissance Command – 40 PS) betrug 2019 mm, die Spur vorn und hinten 1257 mm, die Bodenfreiheit etwa 230 mm und die größte Breite 1500 mm.

Der erste Bantam BRC erschien mit einer rundlicheren Frontpartie als seine Nachfahren, ließ aber bereits das, was später einmal der klassische Jeep-Look werden sollte, erkennen. Alle vier Räder und die äußeren Achsteile lagen frei, und die Form der vorderen Kotflügel war rein funktionell. Der türlose

Aufbau war aus Stahlblech zusammengefügt und mit kräftigen Stoßfängern, einteiliger Windschutzscheibe, einzelnem Scheibenwischer und Stoffverdeck ausgestattet.

Vor der Auslieferung des ersten Bantam BRC-40 an die Army am 23. September 1940 in Camp Holabird, wo die dreißigtägige Erprobung über 5460 km stattfinden sollte, wurde er von Probst und Harold Crist etwa 650 km probegefahren. (Crist war Werksleiter bei Bantam und spielte eine wichtige Rolle bei der Erstellung von Werkzeugen und Teilen für den BRC; er hatte jahrelang bei Duesenberg und Stutz gearbeitet.) Ungefähr 400 der 650 km Probefahrt entfielen auf die Überführung von Butler nach Camp Holabird. Die zog sich lange hin, denn beide Fahrer hielten die Einfahrgeschwindigkeit von 40 km/h genau ein. Als sie dann dort eintrafen, war es 16.30 Uhr – gerade noch eine halbe Stunde vor dem Abliefertermin!

Naturgemäß erregte die Ankunft des Bantam einiges Aufsehen bei den dort stationierten Soldaten wie auch den gerade mit größeren Einheiten beschäftigten Fahrern von General Motors, Ford und Chrysler. Erster Army-Fahrer des neuen Bantam war Major Herbert J.Lawes, der auch am 22. Juli die Ausschreibung eröffnet hatte.

Lawes, der in den vergangenen 20 Jahren praktisch jeden von der US-Army erworbenen Fahrzeugtyp getestet hatte, galt weltweit als größte Autorität in bezug auf Militärausrüstung. Bevor er selbst fuhr, bat er Crist, den Bantam eine 60%ige Steigung im 2.Gang hinaufzufahren. Das ging problemlos vor sich. Lawes' erster Test bestand in einer wilden, brutalen Fahrt von 15 Minuten Dauer. Und das Ergebnis war ein tief beeindruckter Major Lawes, der dem Bantam prophezeite, er würde als Militärfahrzeug Geschichte machen...

Einer der berüchtigtsten Abschnitte des Prüffelds von Camp Holabird war »Hell-Hole«, eine gut 90m im Durchmesser große, knapp einen Meter tiefe Grube, gefüllt mit einem Schlammwasser, das die Eingeweihten »Gumbo« nannten. Bis dahin waren die einzigen, die »Hell-Hole« geschafft hatten, 6 × 6-Allradlaster und Kettenfahrzeuge gewesen. Der Bantam versagte beim ersten Versuch nur, weil sein Vergaser voll Wasser lief. Als man danach aber die tiefste Stelle mied, durchfuhr der kleine BRC den Morast ohne Anstände.

Ziel aller Army-Tester war es, das ihnen in die Hand gegebene Fahrzeug so lange zu mißhandeln, bis es seine Schwächen preisgab. So traktierte man auch den Bantam mit größter Härte, fuhr mit ihm eine gut meterhohe Laderampe mit 50 km/h hinunter und mit Vollgas über Schlaglochstrecken, umgepflügte Äcker, Sandlöcher und Waldwegfurchen. Zwanzig Tage solcher brutalen Mißhandlung waren nötig, bis schließlich die Rahmenlängsträger brachen.

Wie man von guten Kritikern erwarten kann, benannten die Army-Tester die ihrer Ansicht nach verbesserungsbedürftigen Punkte. Obgleich der Abschlußbericht dem Bantam ausreichende Fahrleistungen bescheinigte, bemängelten einige der Offiziellen Gewicht und Leistung. Kritik fanden auch die Wartungsbedürftigkeit und die große Höhe des Bantam. All das aber vermochte das außerordentlich hohe Niveau seiner Gesamtleistung nicht zu schmälern. Die Tester hatten lediglich die Grenzen seiner Dauerbelastbarkeit gefunden – und die waren eindrucksvoll.

Obschon Willys die erste Runde der Ausschreibung an Bantam verloren hatte, gab man die Absicht, der US-Army eine eigene Version eines Mehrzweckfahrzeugs anzubieten, nicht auf. Ein Grund für diese Starrköpfigkeit war Willys' prekäre Finanzlage. Allerdings war die bei weitem nicht so schlimm wie die von American Bantam, die Mitte 1940 pleite war, ganze 15 Beschäftigte hatte und geschlossen werden mußte.

Die Firmengeschichte von Willys-Overland ging auf das Jahr 1909 zurück, als John North Willys die Overland Motor Car Company übernahm, die seit 1903 im Automobilgeschäft tätig war. Nach der Umbenennung in Willys-Overland Company war dies um 1912 nach Ford der zweitgrößte Autoproduzent Amerikas. Mitten in einer großartigen Wachstumsphase ereilte Willys die dem 1.Weltkrieg folgende schwere Rezession. Nach einer Periode, in welcher Walter P.Chrysler die Firma als General Manager leitete, kehrte John North Willys 1922 auf den Chefsessel zurück, um 1925 bereits 215.000 Wagen zu produzieren. 1927 führte er ein Vierzylinder-Whippet-Modell ein, das er neben seinem Willys-Knight mit Schiebersteuerung baute. Dem Whippet-Vierzylinder folgte bald ein Sechszylindermodell, und beide stellten 1928 den Hintergrund dar für einen mit 320.000 Einheiten dritten Platz in der US-Autohierarchie (hinter Chevrolet und Ford).

Im Jahr darauf verkaufte Willys seine Willys-Overland-Aktien für ungefähr 21 Millionen Dollar an ein Syndikat unter Vorsitz von C.O.Miniger von Electric Auto-Lite. Willys blieb dort Chairman, wurde aber außerdem zum Botschafter der USA in Polen berufen. Der Börsenkrach und die nachfolgende Wirtschaftskrise machten alle Hoffnungen Willys' zunichte, daß die Zukunft seines Unternehmens gesichert sei. Im Herbst 1932 kehrte er nach Toledo zurück, um zu versuchen, Willys-Overland zu sanieren. Bis dahin hatte die Firma Verluste in Höhe von 35 Millionen Dollar eingefahren, und wie viele andere Autobosse jener Tage spürte auch Willys, daß der einzige Weg, die Depression zu überleben, über die Autos der unteren Preisklasse führte.

Was dabei herauskam, war ein gutes Produkt: der

Willys 77. Unter seiner Preisklasse von 385–475 Dollar rangierte nur noch der American Austin. Mit seinem 2,2-Liter-Vierzylinder mit L-Kopf waren seine Fahrleistungen eindrucksvoll: Spitze 115 km/h und ein Schnitt über 24 Stunden auf dem Salzsee von Muroc (Kalifornien) von rund 105 km/h.

Leider aber waren Willys' Anstrengungen, den Konkurs zu umgehen, vergebens. Mit einem Einsatz von 12 Millionen Dollar eigenem Geld für die Firma erwirkte John North Willys zwar eine Kreditzusage in Höhe von einer Million von einer Detroiter Bank; doch am Tage, an dem die Transaktion stattfinden sollte, dem 3. Februar 1933, machte die Bank pleite. Es folgte eine Zeit sporadischer Produktion unter Konkursverwaltung und ein Kampf verschiedenster Gruppen um die Konkursmasse. Inmitten dieser Widrigkeiten baute Willys eine dreiköpfige Firmenleitung auf, zu der außer ihm George Ritter, sein Rechtsanwalt in Toledo, und Ward M.Canaday, dessen Werbeagentur mit Willys-Overland zusammenarbeitete, gehörten.

Nachdem John North Willys am 26. August 1935 einem Herzinfarkt erlegen war, gründeten Canaday und Ritter zusammen mit Willys' erster Frau (er hatte 1934 wieder geheiratet) die Empire Securities, Inc., die schließlich 70% der Schuldverschreibungen von Willys-Overland und 97% der nicht abgesicherten Ansprüche Dritter übernahm. 1936 wurde Willys-Overland in zwei getrennte Firmen aufgeteilt, Willys-Overland Motors, Inc. und Willys Real Estate Realization Corporation. Während erstere weiterhin Autos produzieren sollte, mußte die andere alle Grundstücke übernehmen, die der Autofertigung nicht dienten, und sie entweder verkaufen oder verpachten.

Da die neue Willys-Overland Motors für nur 70.000 Einheiten jährlich ausgelegt war, konnte sich die Grundstücksfirma des größten Teils des Grundbesitzes der ehemaligen Firma Willys-Overland bemächtigen. Zu guter Letzt übernahm die Empire Securities die Aufsicht über die Grundstücksgesellschaft, die ihrerseits Ward Canaday und George Ritter die Leitung übertrug.

Den Erzeugnissen der Willys-Overland Motors, obschon recht preiswert, gelang jedoch nicht der Durchbruch auf dem Markt. Andererseits schien die Firma recht attraktiv für große Talente zu sein, sei es nun wegen des gewaltigen, sechsstöckigen Geschäftsgebäudes (in dem die Autobauer freilich nur zwei Stockwerke belegten), sei es wegen der Erinnerung an früheren Ruhm der Marke oder der Verheißung künftigen Erfolges, die manche Leute in Willys' Tradition auf dem Kleinwagensektor spürten.

Jedenfalls folgten 1938 und 1939 zwei Männer dem Sirenengesang, Delmar Roos und Joseph Frazer, die verantwortlich waren für den riesigen Erfolg, den Willys schließlich mit dem Löwenanteil am Vertrag über die militärische Jeep-Fertigung errang. Und nach Kriegsende profitierten auch sie von dem einzigartigen Ruf, den sich der Jeep durch Robustheit und Vielseitigkeit erwarb.

1938, als er Vice President und Chefingenieur von Willys-Overland wurde, war Delmar Roos auf der Höhe seiner Laufbahn, die er nach seinem Studium an der Cornell University bei General Electric begonnen hatte. Dann war er nacheinander bei den Firmen Locomobile, Pierce-Arrow, Marmon und Studebaker tätig gewesen. Bei allen vier Autoherstellern hatte er seine genialen Fähigkeiten in der Motorenkonstruktion beweisen können. Für Locomobile hatte er einen neuen ohv-Reihenachtzylinder entwikkelt. Seine Achtzylinder in Reihe für Studebaker mit neunfach gelagerter Welle wurden für Studebakers offizielle Rennteams bei den 1932er und 1933er Indianapolis 500 eingesetzt. Roos arbeitete auch an Vorderachskonstruktionen. Während er – nach der Scheidung von seiner ersten Frau – 1937 ein Jahr in Europa verbrachte, realisierte er seine Einzelradfederung vorn mit Querblattfeder und oberen und unteren Querlenkern an den von der Rootes Group in England gefertigten Modellen Hillman, Talbot und Humber.

Der Eintritt von Roos bei Willys-Overland fiel in eine Phase allmählicher Erholung. 1934 hatte man lediglich 6576 Fahrzeuge absetzen können, im Jahr darauf 10.439, und bis 1938 wuchs der Absatz auf 24.083 Einheiten – immer noch meilenweit von der 1928er Zahl mit über 314.000 Wagen entfernt. Gewiß, Willys-Overland profitierte wie Bantam, wenngleich in weit geringerem Umfang, von einem größeren Rüstungsauftrag.

Roos nahm als Delegationsmitglied von Willys-Overland teil, als man den »Howie Belly Flopper« (der auf dem American Austin basierte) im Test beobachtete. Das gab Roos Gelegenheit, von den Army-Offizieren aus erster Hand über die Mängel des Wagens zu hören und die Forderungen, die sie an ein solches Fahrzeug stellten. Selbstbewußt wie er war, erklärte er ihnen, er könne ihnen das Fahrzeug bauen, das sie sich wünschten.

Und wie es so geht: Seine erste Aufgabe bei Willys-Overland, die Umkonstruktion des (als »Whippet Four«) aus dem Jahr 1926 stammenden Willys-Vierzylinders sollte entscheidend dazu beitragen, sein vollmundiges Versprechen an die Militärs einzulösen. Seine Änderungen enthielten unter anderem verbesserte Einlaßkanäle, einen größeren Ansaugverteiler mit 1,25″ Carter-Vergaser (anstelle des Tillotson D-IEO), eine verstärkte Kurbelwelle, leicht oval geschliffene Ventilsitzringe, Dünnwand-Lagerschalen für Pleuel- und Hauptlager sowie wesentlich verbesserte Ölabstreifringe. Der Hubraum blieb bei

2,2 Liter, doch die Leistung stieg von 49 PS bei 3200/min auf 63 PS bei 3800/min.

Gerade ein Jahr nach Roos' Eintritt bei Willys-Overland gelang dem Aufsichtsratsvorsitzenden Canaday ein weiterer großer Fischzug. Im Januar 1939 konnte er vermelden, daß Joseph W. Frazer Chrysler verlassen würde, um Präsident von Willys-Overland zu werden. Was Roos als genialer Konstrukteur, war Frazer als unvergleichliches Verkaufstalent. In jungen Jahren (Frazer war Jahrgang 1892) war er Verkäufer bei so unterschiedlichen Firmen wie Saxon und Packard gewesen, bevor er 1919 zu General Motors ging, wo er am Entstehen der General Motors Acceptance Corporation mitwirkte. Nach einer Tätigkeit bei Pierce Arrow (von GM ausgeliehen) und bei Maxwell-Chalmers trat er bei Chrysler ein, wo er wesentlichen Anteil am Verkaufserfolg des Plymouth und am Aufbau von DeSoto hatte. Dabei war er unter anderm Vice President von Plymouth, DeSoto und Chrysler.

Frazer landete seinen ersten großen Coup für Willys-Overland bei der Einführung des 1941er Modells Americar 441, der als »billigster Full-Size Car der Welt« (Full-Size Car = US-Standardlimousine) angepriesen wurde. Doch sein wirklich für Jahrzehnte lebendiges Vermächtnis sollte seine Vision des Jeep als Fahrzeug für zivile Zwecke werden.

Bereits 1939 hatte Willys-Chairman Canaday mit Vertretern der US-Army eine mögliche Rüstungsproduktion seines Hauses diskutiert. Einer seiner Vorschläge hatte dem Umbau des Willys-Pkw für militärische Zwecke gegolten. Auch als diese Idee definitiv vom Tisch war, nahm das Interesse der Firma an Rüstungsaufträgen stetig zu.

Während der ersten Tests in Camp Holabird mit dem Bantam BRC waren Abordnungen von Willys-Overland und von Ford anwesend. Von beiden wurden zahlreiche Notizen und Skizzen des Bantam gemacht. Und ganz wichtig: Da die BRC-Unterlagen jetzt staatliches Eigentum waren, gab man den Beobachtern auch Kopien davon.

Der Beschluß des Quartermaster Corps, Bantams Konkurrenten den ungehinderten Zugriff auf derart nützliche Details des BRC zu gewähren, war als früher Wink zu verstehen, denn die Army, die zuvor Bantams Werk besichtigt hatte, zweifelte daran, daß der BRC dort in größeren Serien produziert werden konnte. Demgemäß ermutigte Oberst H. J. Lawes sowohl Willys als auch Ford, Alternativen zum Bantam zu entwickeln.

Anfangs ging es dabei um einen Auftrag über weitere 1500 Allradfahrzeuge. Bantam hatte als Sieger der ersten Runde alle Hände voll zu tun, die in der Ausschreibung geforderten 70 Exemplare zu bauen. Während sich nun die Vorschläge von Ford und Willys ihrer Fertigstellung näherten, setzten sich einige höhere Chargen im Quartermaster Corps dafür ein, daß sie sich den 1500er-Auftrag mit Bantam

Der Original-Jeep »Quad« (Foto: AMC)

teilen sollten. Das erregte natürlch Charles Paynes Zorn, der mit gutem Recht argumentierte, Bantam sei die einzige Firma gewesen, die sich genau an das ursprüngliche Lastenheft der Army gehalten und dieses auch erfüllt habe, und der nun auch der Auftrag über die 1500 Stück allein zustände. Gleichzeitig aber stritt Payne die Tatsache der begrenzten Kapazität bei Bantam nicht ab. Die Firma würde, so erklärte er, mit andern Unternehmen rückhaltlos zusammenarbeiten und alle technischen Daten teilen, um eine Großserienfertigung zu ermöglichen, falls sie künftig nicht selbst imstande sein sollte, ihre Verträge zu erfüllen.

Auf Geheiß des Verteidigungsministers Henry Stimson ging der erste Auftrag tatsächlich an Bantam, doch Paynes Äußerungen konnten die Kritiker nicht besänftigen. Die Sorge der Militärs wegen Bantams Fertigungskapazität und die Bereitschaft der Firmen Ford und Willys-Overland, Prototypen auf eigene Kosten zu bauen, resultierten in einem zweiten Kontrakt, der am 14. November 1940 bekanntgemacht wurde und besagte, daß beide Firmen ebenfalls Aufträge über je 1500 Einheiten erhalten würden, sofern ihre Prototypen das Army-Lastenheft erfüllten. Willys hatte sein Pilotmodell namens »Quad« bereits am 11. November 1940 an Camp Holabird geliefert; Fords Beitrag, der »Pygmy«, traf am 23. des gleichen Monats dort ein.

Dadurch schienen Ford und Willys die gleichen Chancen wie Bantam im Rennen um die dicken Rüstungsaufträge zu haben. Doch Willys' Entwurf lag mit knapp unter 1100 kg deutlich über dem neuen Gewichtslimit von 980 kg. Falls Willys den Quad nicht erleichtern konnte, würde man davon genau 1500 Einheiten bauen dürfen und dann nichts mehr.

Bei Vergleichstests zwischen Bantam, Ford und Willys hatte jeder der Prüflinge Stärken und Schwächen offenbart. Beim Willys brillierten die Fahrleistungen und die Geländegängigkeit. Mit einem kleineren und leichteren Motor würde der Wagen vermutlich gerade diese Vorzüge eingebüßt haben. Mehr noch, der Motor war der Stolz von Toledo, und ein Ersatz wäre schon deshalb undenkbar gewesen.

Gemessen am enormen Leistungsangebot von Willys' »Go-Devil«-Motor fiel das Ferguson Dearborn Vierzylinder-Schleppertriebwerk des jetzt GP (General Purpose = Mehrzweck) genannten Ford-Modells mit 1,95 Liter und 45 PS bei 3600/min deutlich ab. Es konnte – ebensowenig wie der Continental-Motor des Bantam – dem Willys in dieser Hinsicht nicht das Wasser reichen.

Mit dem Ziel der Gewichtseinsparung prüften Roos und seine Leute außer dem Motor jede Baugruppe und alle Details der Fertigung und quetschten Gramm für Gramm aus dem Quad heraus, die bald zu Kilos wurden. Einst hatte Roos eine Vor-

Der Willys Jeep MA von 1941 (Foto: AMC)

Es war erst der 30.Mai 1942, als diese Anzeige erschien, doch der Jeep war bereits zu einer Kriegslegende geworden. Man beachte den Hinweis: »Ihr erster neuer Nachkriegswagen sollte ein Willys sein – ein Jeep in Zivil.« (Bild: Sammlung des Autors)

THE SUN NEVER SETS ON THE MIGHTY JEEP

A JEEP'S-EYE VIEW OF THE SEABEES IN ACTION

A true Incident from the battle of the South Pacific (with Jeeps from Willys-Overland)

IN the essential and dangerous *work* of war, the Navy Seabees—those busy, buzzing worker-fighters—are writing heroic history today.

The incident illustrated here is typical of war as the Seabees find it, and as a Seabee whose buddy made the supreme sacrifice, actually saw it:—

★ ★ ★

"We had occupied this little island in the Solomons a few days before. All our equipment—our cranes, steam shovels, graders, bulldozers, trucks, a fleet of Jeeps, guns, materials, tools—everything needed to do our job—had been put ashore without opposition.

"In fact, we had the runway of the new air field leveled off, and about a third of the steel mat laid, before anything happened. It was really beginning to *get* us—just waiting.

"Then one day hell broke loose. An 'alert' brought us to our feet with a jerk. We could hear the roar of low-level Jap bombers. It had been raining and they were coming over the air field right out of the glare of the sun. Bombs began falling and machine guns popping. Then there was a crash and we could see that a direct hit had blasted a big hole right in the middle of our steel matting.

"That was bad. It would keep our own fighters from going aloft to intercept the Japs. Larry—that's my buddy—and some more of us, piled into a couple of Jeeps with our repair stuff, and tore for the still smoking crater.

"Just as we got there we heard the Japs coming back. We were caught flat-footed—all but Larry. He dove into a nearby machine gun pit. Two Zeros with their machine guns blazing were headed straight for him. He could have ducked, but he didn't. He just trained his gun on the lowest of the Japs and let her go. We could see his bullets cutting a pattern in the Jap's fuselage. Then there was a puff of black smoke, a burst of red hot flame, and the Zero crumpled, and crashed in the cocoanut palms at the end of the runway.

"Larry saved our hides that day. We made the repair, our planes were able to go up and control the sky, and the base was completed in record time.

"But they got Larry a few days later when they bombed a pontoon barge loaded with gasoline, on which he was working. *He* had what we call 'Seabee guts'!"

★ ★ ★

The records show that "Larry"............, Seaman Second Class, in recognition of conspicuous gallantry above and beyond the call of regular duty, was posthumously awarded the Silver Star Medal. He was the first Seabee to receive this citation.

It is a great satisfaction to us that Willys-built Jeeps are considered an essential part of the equipment of the Seabees (Construction Battalion). These courageous men—the newest branch of Navy service—contribute their skill and experience as surveyors, electricians, carpenters, iron workers, masons, riveters, welders, plumbers, etc., etc., etc. and risk their lives day after day, to *build, maintain,* and *protect* when necessary, air bases, docks, barracks, roads, etc., for our fighting forces—anywhere. Our hats are off to these courageous builders—these "busy bees of the Seven Seas."

WILLYS

JEEPS, MOTOR CARS AND TRUCKS

The heart of every fighting Jeep in the world—and the source of its amazing power, speed, flexibility, dependability and fuel economy—is the Willys "Go-Devil" Engine, the design of which was perfected and is owned exclusively by Willys-Overland.

Anschauliche Werbeanzeige aus dem November 1943 (Bild: Sammlung des Autors)

standssitzung der Willys-Overland erbost verlassen, weil man ihn angewiesen hatte, die vorgeschriebenen 590 kg einzuhalten. Heute arbeitete er hart, aber doch im Rahmen des Möglichen, und erreichte Erstaunliches.

Durch Verwendung höherfester, dünnerer Stahlbleche sparte Roos an der Karosserie 52 kg und am Rahmen 16 kg ein. Die Vordersitze verloren 8,2 kg und der Tank nochmals fünf. Mit einer einfacheren Kotflügelform gewann er 5,5 kg und mit einer geänderten Windschutzscheibe weitere 6,3 kg. Zusätzlich zur Überprüfung aller nichttragenden Teile auf mögliche Erleichterung führte Roos auch ein neues Farbspritzverfahren ein, das durch Beschränkung auf nur eine Lackschicht nochmals gute vier Kilo einsparte. Das Nettoergebnis aller dieser Maßnahmen war ein Leergewicht von 976 kg, das also knapp unter dem Limit lag.

Der überarbeitete Willys, mit MA bezeichnet (Fahrgestellnummern von W–2019832 bis W–2020431) zog mit den Rivalen von Bantam und Ford in die Schlußrunde des »Service Test«. Alle drei Kandidaten hatten den »U.S.Tentative Specifications, U.S.A.-LP-997A« zu entsprechen, die folgendes forderten:

---

1. *Höchstgeschwindigkeit auf ebener Straße von mindestens 88 km/h (55mph) bei einer Motordrehzahl, die die Drehzahl bei maximaler Leistung nicht überschreitet.*
2. *Kriechgeschwindigkeit auf ebener Fahrbahn von höchstens 4,8 km/h (3mph).*
3. *Watfähigkeit bei mindestens 460 mm Wassertiefe mit Mindestgeschwindigkeit 4,8 km/h ohne wasserbedingte Defekte.*
4. *Fahrfähigkeit mit montierten Schneeketten.*
5. *Leergewicht von max. 980 kg (2160 lb) einschließlich Öl und Wasser, jedoch ohne Kraftstoff, Schneeketten und Zuladung. (Die Army untersuchte noch eine Version mit Vierradlenkung, für die sie 985 kg zulassen wollte.)*
6. *Zuladung mind. 362 kg (800 lb).*
7. *Minimale Freiwinkel (Anfahrwinkel) an der Vorderachse 45°, an der Hinterachse 35°.*

Aus Tests und Testberichten von Bantam, Ford und Willys ging klar hervor, daß der Willys MA die Spitze hielt. Den Army-Testfahrern gefiel die Leistung des MA, der mit seinen 60 PS Bantam und Ford deutlich übertraf. Der Ford-Motor war im wesentlichen ein Fordson Model 9N Schleppertriebwerk ohne Drehzahlregler und mit einem Fallstrom- statt des Steigstromvergasers, den der Schlepper hatte. Da alle Prüflinge durch fast einen halben Meter Wasser waten mußten, war der Zündverteiler am Ford-Motor etwa 300 mm höher gesetzt worden. Die Schwäche

Großes Foto:

Jeep MB und Sherman-Panzer (Foto: Sammlung des Autors)

Kleines Foto:

Im Europa von 1945 ein oft gesehenes Bild: befreite Zivilisten, glückliche GIs und ein Jeep MB (Foto: Sammlung des Autors)

dieses Triebwerks lag auf der Hand: Es war nicht für den Einsatz in einem militärischen Allzweckfahrzeug ausgelegt. In der Landwirtschaft hielt es ewig, doch ohne Regler litt es hier unter starkem Lagerverschleiß und verlangte häufige Wartungs- und Einstellarbeiten.

Der Willys stand seinen Mitbewerbern hinsichtlich robuster Bauweise und Lebensdauer in nichts nach. Schließlich war die Untersuchung überstanden, die als eine der schwierigsten galt, die je von der US-Army durchgeführt wurde. Willys-Overland erhielt vom Quartermaster Corps am 23. Juli 1941 einen Vertrag über die Produktion von 16.000 Einheiten des überarbeiteten Typs MB zum Preis von je 739 Dollar.

Bantam verschwand nach und nach von der Bildfläche, fertigte schließlich insgesamt 2643 Einheiten vom BRC-40 und erhielt einige Aufträge über Anhänger, Torpedoantriebe und Flugzeugfahrwerke. Auch Ford stellte 1942 von seinem GP-Modell 2150 Einheiten her.

Bedeutsamer war da schon der Vertrag, den die Firma Ford am 10. November 1941 unterzeichnete,

• • *To millions of people all over the world* **"JEEP"** *means* **WILLYS** • •

The Sun Never Sets On the Mighty "Jeep"

JEEP-PLANNING!

" 'Will she pull a plow?' . . . 'What's her draw-bar horse power?' . . . 'Bet she'd be great stuff on a hay loader or a hay hook!' . . . 'Can she do 60 on the highway?' . . . 'How about pulling a binder and running a separator?' . . . 'How about road grading and snow plowing?' . . . 'Will she buzz wood?' . . . 'Will she haul a corn picker and fill a silo?' "

Not only farmers but men in all walks of life and in all kinds of businesses are eyeing the amazing "Jeep", with postwar uses in mind.

On every battlefront and in every country touched by this war both soldiers and civilians link the names "Jeep" and *Willys* together. Are *you* Jeep-planning? Willys-Overland Motors, Inc., Toledo 1, Ohio.

★ ★ ★

A Michigan Farmer says:—

"From where I sit, the tough 'Jeep', with its great war record, has already set a standard for postwar transportation and work. This 'Jeep' is *new, modern*—the kind of equipment that can be made to serve both farm and city at work or at play. Willys has done an *historic* job."

Willys *Builds the Mighty* **'Jeep'**

Der Krieg ist fast zu Ende. Die Anzeige vom Mai 1945 zeigt den aus dem Krieg in die USA zurückgekehrten Jeep als ländliches Verkehrsmittel (Bild: Sammlung des Autors)

• • *To millions of people all over the world* **"JEEP"** *means* **WILLYS** • •

The Sun Never Sets On the Mighty "Jeep"

JEEPOTENTIALITIES

Tough, irrepressible, battle stained—the mighty "Jeep" is today doing its appointed task on the battle fields of the world, *as planned.*

That this mighty "Jeep" is speedy enough, powerful enough, versatile enough and rugged enough to meet the stiffest demands of war is not an accident.

The "Jeep" was designed, powered and strategically engineered expressly as a *war* machine—to perform and *keep going* no matter *when, where* or *what* the demand—and to stand up.

The same skilled craftsmen who were able to produce a "Jeep" equal to the harsh and unremitting demands of a world-wide war, have developed plans to adapt it to greatly expanded usefulness on farms, in industry, in small businesses and among individuals with many widely diversified needs. Have you considered Jeepotentialities—after the war?

★ ★ ★

We have received many letters asking us about buying "Jeeps" after the war. Among the numerous "Jeep" uses suggested in these postwar plans are, operating farm implements, towing, trucking, road work, operating power devices and many personal business and pleasure uses. Does the "Jeep" figure in *your* postwar plans? Willys-Overland Motors, Inc., Toledo 1, Ohio.

Willys *Builds the Mighty* **'Jeep'**

Aus dieser Werbeanzeige vom Juli 1945 gehen Willys' Pläne für einen friedlichen Jeep klar hervor (Bild: Sammlung des Autors)

weil sie darin die Fertigung des MB nach Willys' Zeichnungen übernahm. Eine Zeitlang hatte das Quartermaster Corps versucht, Ford wegen deren weit größerer Fertigungskapazität den schließlich an Willys-Overland vergebenen Auftrag über die 16.000 Einheiten zuzuschanzen. Zum Glück für Willys aber hatte sich William Knudsen, damals Chef des Rüstungsamtes, diesem Versuch widersetzt und darauf bestanden, daß Willys aufgrund seines niedrigen Angebotspreises den Auftrag erhielt.

Schon bevor Willys das erste der MB-Modelle auslieferte, hatte sich ein festes »Jeep-Image« gebildet. In seiner Ausgabe vom 3.November 1941 zitierte das Magazin *Times* Oberstleutnant Ingomar M.Oseth: »Das Transportwesen der US-Army ist dem aller anderen Armeen der Welt um mindestens 50% überlegen; daran hat der Jeep einen erheblichen Anteil.« Der Befehlshaber der Infanterie, Generalmajor Courtney H.Hodges, fügte hinzu: »Er ist das vielseitigste Motorfahrzeug, das wir je besessen haben.« In der *Time* las man die Prophezeiung, »...ob im Krieg oder im Frieden, der Jeep scheint eine große Zukunft vor sich zu haben als stärkere Neuausgabe der alten ›Nuckelpinnen‹. Landwirtschaftsexperten meinen, der Jeep könne für die Farmer zu einem wertvollen Arbeitsgerät werden, und viele GIs haben die Absicht, sich nach dem Krieg einen Jeep für den privaten Gebrauch anzuschaffen.«

Irgendwo in Asien: ein Trio von Jeeps Modell MB (Foto: AMC)

Selbst für den Allradantrieb gab es im 2.Weltkrieg Grenzen (Foto: Sammlung des Autors)

Damals war man sich über die Namensgebung für diesen revolutionären Fahrzeugtyp noch nicht sicher, obschon »Jeep« die besten Aussichten hatte. Joseph Frazer, Präsident von Willys-Overland, der behauptete, den Namen aus der Abkürzung »G.P.« (General Purpose = Mehrzweck) abgeleitet zu haben, war vorausschauend genug, um »Jeep« für Willys-Overland als Warenzeichen schützen zu lassen. Daneben wurden auch andere Namen vorgeschlagen wie Beep, Peep, Bug, Chigger, Gnat, Midget und Blitz Buggy. Eine der ersten, wenn nicht gar die erste schriftliche Erwähnung des Namens Jeep für das neue Mehrzweckfahrzeug der Army scheint auf Katy Hillyer von der *Washington Daily News* zurückzugehen. Ansonsten war der Name schon 1936 im Comicstrip »Popeye« aufgetaucht, in dem es einen Magier namens »Eugene the Jeep« gegeben hatte. Die Minneapolis Moline Company hatte 1937 ihre an den Staat gelieferten Traktoren als Jeeps bezeichnet, und ein Experimentalflugzeug, der Bomber Y–17, Vorläufer der B-17, nannte sich ebenfalls Jeep.

Für Willys-Overland aber war er später wichtig, ein geschütztes Warenzeichen zu besitzen, das bald schon in aller Welt für Zähigkeit, Kraft und Dauerhaftigkeit stehen sollte. Seit dem Ford T-Modell war kein Automobil mehr so berühmt und so populär geworden wie der Jeep.

Der Jeep MB unterschied sich in vielen Details vom MA. Der Hauptteil der Änderungen wurde in Camp Holabird kurz nach Erteilung des Auftrags über 16.000 Einheiten an Willys festgelegt. Durchweg zielten sie auf die Austauschbarkeit von Bauteilen mit denen anderer Militärfahrzeuge und auf eine bessere Anpassung des Jeep an den Fronteinsatz ab. So wurde ein anderer Luftfilter montiert, der der Militärnorm entsprach; der Vergaser wurde abgeändert, um bei seitlichen Schräglagen von jeweils 20° und bei Steigungen bzw. Gefällen von 55° noch einwandfrei zu funktionieren; weiter montierte man eine 40-Amp-Lichtmaschine QMC (Quartermaster Corps), die bereits für Militär-Lkws verwendet wurde; aus dem gleichen Grunde erhielt der MB eine 6-V-Batterie Typ 2H und Sealed Beam 5″-Scheinwerfer mit Zweifadenlampen. Vorn und hinten hatte er zunächst kleine abgedunkelte Lampen, später kam vorn ein Tarnscheinwerfer hinzu.

Aus dem MB wurde durch diese Änderungen nicht nur ein normales Armeefahrzeug, sondern sie trugen auch zu einer veränderten Frontansicht bei. Waren die Scheinwerfer des MA noch auf den Kotflügeln montiert, so trug sie der MB geschützt hinter den Eisenstäben des Grills, und die Motorhaube war flacher geworden. Der Willys-Schriftzug an der Haube vorn war entfallen, ebenso der am Heck, und die Vorderkotflügel waren beim MB nach vorn hin offen. Bei den ersten 25.808 Einheiten des MB bestand der Grill aus Eisenstäben; danach erhielt der Wagen seinen endgültigen Jeep-Look: ein gepreßtes Blechteil, dessen obere Ausbuchtungen die Scheinwerfer und die Positionslampen umschlossen. Während der Tank des MA 38 Liter gefaßt hatte, waren es nun 57 Liter. Um das zu erreichen, machte man den Tank des MB L-förmig und montierte ihn unter dem Fahrersitz. Der größere Tank machte eine Verlegung der Auspuffleitung erforderlich, die jetzt an der rechten Seite mündete. Auch wurde hinten eine Halterung für einen weiteren 20-Liter-Kanister vorgesehen.

Andere leicht erkennbare Änderungen am MB waren: Knüppel- statt der bisherigen Lenkradschaltung; auf der Fahrerseite Halterungen für Axt und Schaufel; die Lage des an der Spritzwand montierten Handbremshebels jetzt zwischen den Sitzen (statt links vom Fahrer); das Stoffverdeck mit den zwei Spriegeln statt bisher nur einem. Der MA hatte Serieninstrumente vom Willys Americar; die des MB waren in Standard-Militärausführung, bestehend aus einem großen Tachometer sowie Öldruckmesser, Kühlwasserthermometer und Amperemeter. Die

Präsident Franklin D.Roosevelt inspiziert eine Infanterieeinheit der US-Army von einem makellosen Jeep MB aus (Foto: Sammlung des Autors)

ersten 20.698 Stück des MB besaßen keine Staufächer; die kamen erst mit Fahrgestell-Nr. 120698.

Im Vergleich zum MA waren die Spurstangen des MB höhergelegt, die Schläuche der Öldruckbremse waren gepanzert und die Federbriden gekapselt. Ferner war eine Zapfwelle montiert. Mit Ausnahme der Jeeps MA und einigen der ersten MBs, die 5.50 × 16er Bereifung hatten, besaßen alle übrigen die Reifengröße 6.00 × 16 auf Flachbettfelgen mit Federring anstelle von Tiefbettfelgen. Diese Änderung ermöglichte es, notfalls mit plattem Reifen zu fahren. Bald nach Beginn der MB-Fertigung wurde eine Anhängersteckdose nach amtlicher Norm montiert, und nun konnte der Jeep einen Vierteltonnen-Hänger mit funktionsfähigen Schlußlichtern ziehen. Ironie des Schicksals: Alle diese Änderungen (die schweren Räder und Reifen machten allein 27 kg aus!) kosteten gerade so viel Gewicht, wie Roos dem ersten MA so mühsam abgerungen hatte. Das Gesamtgewicht des MB, wie es von der Army schließlich akzeptiert wurde, betrug 1110 kg, das der letzten MBs rund 1160 kg.

Von 1941 bis 1945 fertigte Willys 361.349 MB-Einheiten, während Ford, deren erster Vertrag vom November 1941 über 15.000 Jeeps gelautet hatte, 277.896 Stück vom GPW (General Purpose Willys) produzierte, die dem MB weitgehend glichen. Den GPW von Ford erkannte man leicht an dem nicht kastenförmigen, sondern unten offenen U-Träger als vorderer Rahmentraverse, und die meisten Ford-Bauteile waren mit dem Buchstaben F gekennzeichnet.

Die Grundkonstruktion des MB, die im Zweiten Weltkrieg Millionen Soldaten der alliierten Truppen aus nächster Nähe kennenlernten, war einfach und sinnreich. Mit 2032 mm Radstand, 1575 mm Breite und 3372 mm Gesamtlänge (51 mm länger als der MA) ließen die kompakten Abmessungen nicht vermuten, was die GIs mit ihrem »Arbeitspferd« in Wahrheit alles machen konnten. Die vordere und hintere Spurweite betrug 1232 mm, die Höhe bis Oberkante Frontscheibe 1600 mm.

Kaum einer der Soldaten wird sich um das Styling des Jeep gekümmert haben; im Jahre 1951 aber nahm das New Yorker Museum of Modern Art einen 1941er Jeep in die Ausstellung der neun als »Kunstwerke« betitelten Automobile auf. Die übrigen Exponate waren ein 1931er Mercedes-Benz SS, ein 1948er

Großes Foto:

China im 2. Weltkrieg: fleißige Hände bei einer Reparatur vor Ort (Foto: Sammlung des Autors)

Kleines Foto:

Ein Jeep MB mit 1942er Kennzeichen aus Ohio, aufgenommen am 9. Okt. 1943 (Foto: Sammlung des Autors)

MG TC, ein 1937er Talbot Lago, ein 1946er Cisitalia, ein 1941er Lincoln Continental, ein 1937er Cord, ein 1938er Bentley und ein 1937er Bugatti. Beim Jeep folgte aus jeder Perspektive die Form allein der Funktion, und das war es im wesentlichen, was sein Design zu einem »klassischen« werden ließ. Seine Vorderkotflügel waren simple, kantige Blechteile, und hinten besaß er gar keine. Anders als bei den meisten amerikanischen Autos der frühen Nachkriegsjahre, die so etwas wie einen Kotflügel vortäuschen wollten, schraubte man beim Jeep die Hinterräder einfach in den halbkreisförmigen Ausschnitt der Karosserie. Das Reserverad fand am Wagenheck Platz.

Die zweiteilige, flache Frontscheibe ließ sich nach vorn umlegen oder ganz entfernen, indem man zwei Flügelmuttern an den unteren Enden der Rahmenbügel löste. Damit wurden jedoch handbetätigte Wischer nötig; denn elektrische und unterdruckbetätigte hätten eine lösbare Verbindung zum Abnehmen der Scheibe erforderlich gemacht.

Sitzplätze für vier Insassen schaffte man mit zwei Einzelsitzen mit Rohrrahmen und einer hinteren Sitzbank mit umlegbarer Lehne. Hinter dem Fahrersitz gab es einen kleinen Werkzeugkasten. Die rohrförmigen Verdeckspriegel konnte man flach umlegen und seitlich am Aufbau befestigen, wenn offen gefahren wurde.

Vorn und hinten verwendete man für den MB Halbelliptik-Blattfedern, vorn mit acht Lagen und 965 mm Länge, hinten mit neun Lagen und 813 mm. Um den vom außermittig angeordneten Motor herrührenden Radlastunterschied auszugleichen, hatte die linke Vorderfeder zwei dickere Blätter. An allen vier Rädern wurden hydraulische Dämpfer von Bendix verwendet. Die Öldruckbremse (System Lockheed) war von Bendix und hatte Trommeln mit zwei einzeln aufgehängten Backen. Anfangs wirkte die Handbremse als Außenbandbremse auf eine Trommel am Ausgang des Verteilergetriebes. Da sie nicht zuverlässig genug war, verlegte man sie an die Hinterräder.

Der Rahmen des Jeep kam von Midland Steel. Er bestand aus zwei über Vorder- und Hinterrädern hochgezogenen Längsträgern und fünf Querträgern mit Kastenprofil. Die Rahmen der Willys- und Ford-Version unterschieden sich in Details wie der schon erwähnten vorderen Querträgerform und den Stoßdämpferhalterungen.

Eine Ross-Lenkung mit variabler Übersetzung 14–12–14:1 (Nocken und zwei Lenkhebel) ergab etwas mehr als drei Lenkradumdrehungen von Anschlag zu Anschlag. Der Wendekreis betrug rechts 11,60m und links 11,30m.

Fast am Ende der Welt... (Foto: Sammlung des Autors)

Anzeige vom Mai 1944, die für Barney Roos' jüngstes Kind wirbt: den Jeep-Motor (Bild: Sammlung des Autors)

Beide Achsen waren von Spicer und enthielten Hypoid-Kegeltriebe. Die beiden Hinterradnaben waren außen auf den Tragrohren der Achse gelagert, so daß man notfalls eine beschädigte Achswelle leicht ausbauen und mit Frontantrieb allein weiterfahren konnte. In gleicher Weise war bei Beschädigung der Vorderachse nach einfachem Ausbau entsprechender Teile reiner Hinterradantrieb möglich.

Eine 200 mm Borg & Beck Einscheibenkupplung Modell 11123 war dem Warner T–84-J Dreiganggetriebe vorgeschaltet, dessen 2. und 3.Gang synchronisiert waren. Die Übersetzungen lauteten 2,665 – 1,560 – 1,000 und im Rückwärtsgang 3,550:1. Zwei Gänge im Verteilergetriebe von Brown-Lipe oder Spicer, die nur bei eingelegtem Allradantrieb zu schalten waren, boten einen direkten Durchtrieb und eine Untersetzung 1,97:1 an. Mit den insgesamt 6 Vorwärts- und 2 Rückwärtsgängen ließ sich ein weiter Bereich abdecken; so ergaben sich Gesamtübersetzungen für den Rückwärtsgang mit 17,3 (direkt) bzw. 34,2:1 und für die Vorwärtsgänge entsprechend 13,0 (25,6), 7,63 (14,99) und 4,88 (9,61):1.

Die Hebel für das Zuschalten des Vorderachstriebs und der Untersetzung lagen neben dem Schaltknüppel. Die zumeist autogewohnten GIs hatten damit keine Probleme. Um sauber in den 1.Gang herunterzuschalten, war Zwischengas nötig, und die meisten Fahrer fanden bald heraus, daß sich die Untersetzungsstufe unterhalb von 5 km/h am besten schalten ließ. Der Allradantrieb freilich ließ sich nur im Stillstand zuschalten.

Im großen Gang lief der Jeep maximal 100 km/h, mit Untersetzung 52 km/h. Natürlich war er nicht gerade für Kavalierstarts ausgelegt, doch er beschleunigte von 0 auf 50 mph (80 km/h) ohne Reduktionsstufe in weniger als 19 Sekunden.

Der Willys-Vierzylinder, dem wohl der Sieg über Bantam und Ford zu verdanken war, paßte nur mit Mühe in den Raum unter der ein Meter hohen Motorhaube. Mit 79,4 mm Bohrung und 111.1 mm Hub hatte er gerade 2 Liter Hubvolumen. Er leistete 60 PS bei 3600/min und hatte ein maximales Drehmoment von 142 Nm bei 2000/min. Die Verdichtung betrug 6,48:1. Für den militärischen Einsatz wurde er bei 3800/min abgeregelt. Die Kurbelwelle lief in drei Stahl-Weißmetallagern und hatte vier angeschmiedete Gegengewichte, dazu gab es geschmiedete Stahlpleuel und Aluminiumkolben (LO-Ex Lynite) mit drei Kolbenringen. Beim anfangs verwendeten Motortyp 441 wurde die untenliegende Nockenwelle von einer Kette, beim Typ 442 von Zahnrädern getrieben.

Der Willys-Motor besaß ein sehr wirkungsvolles Kühlsystem mit 10,5 Liter Inhalt. Die Wassermäntel waren sehr groß und reichten bis zum unteren Teil der Zylinder. Roos hatte auch die Kühlung der Ventilsitze ernstgenommen und das Kühlmittel eng um sie herumgeführt.

Außen am Motor gab es eine mechanische AC-Benzinpumpe Typ HF mit Filter, einen Einfach-Vergaser von Carter Modell W 0539S und ein großes AC-Ölbadluftfilter. Ansaug- und Abgaskrümmer waren zu einer Einheit zusammengegossen, und ein Thermostat mit Bimetallspirale sorgte für die Saugrohrvorwärmung. Zur 6-Volt-Bordelektrik gehörten eine 110-Ah-Batterie unter der Haube sowie Generator, Spannungsregler und Anlasser von Autolite.

Während des Krieges erschienen eine Menge Varianten des Jeep. So wurde er für den Einsatz in der Wüste, für tiefe Wasserdurchfahrten, als Schwimmwagen und (mit 12-Volt-Elektrik) für Radarbeobachtung modifiziert. In jeder dieser Versionen machte er Militärgeschichte. General Eisenhower erklärte: »Der Jeep, die Dakota und die Landungsschiffe waren die drei Instrumente, mit denen wir den Krieg gewonnen haben.« Und sein Chef, George C.Marshall, beschrieb den Jeep als »...Amerikas größten Beitrag zur modernen Kriegsführung«.

Als der Krieg dann in seine letzte Phase ging und der Sieg der Alliierten immer wahrscheinlicher, wurde es offenkundig, daß der Jeep auch den größten Beitrag zu Willys' Nachkriegsprogramm leisten würde.

2. Kapitel

Nachkriegsjahre: CJ-2A, CJ-3A, CJ-3B

Selbstverständlich war man bei Willys-Overland ziemlich stolz darauf, im Wettbewerb um den Jeep-Vertrag gegen Ford und Bantam Sieger geblieben zu sein. Was diesen Stolz noch wachsen ließ, war, daß Ford im Kriege seine Jeeps nach Zeichnungen von Willys-Overland zu fertigen hatte.

Die Heldentaten des Jeep im Kriege erregten weltweit Aufsehen und ein so reges Interesse, daß ein Artikel in *Business Week* vom 8. April 1944 es auf eine Ebene stellte mit der Beachtung, die einst das Ford A-Modell von 1927 geerntet hatte. Joseph Frazer, Präsident von Willys-Overland, erkannte die Bedeutung, welche die Verknüpfung der Namen Willys und Jeep in den Nachkriegsjahren erlangen würde, und so enthielt praktisch jede Willys-Werbung in dieser Zeit deutliche Hinweise darauf. Dies führte zu einer Klage bei der Handelskommission FTC vom Juni 1943 des Inhalts, daß Willys-Overland die Entstehung und Weiterentwicklung des Jeeps in Zusammenarbeit mit dem Quartermaster Corps (QMC) unrichtig dargestellt habe. Schließlich entschied FTC 1948, daß die Willys-Werbung unlauter sei, und verbot sie.

Zu diesem Zeitpunkt aber bedeutete die FTC-Entscheidung so gut wie keine Nachteile mehr für Willys-Overland. Denn dort hatte man nun schon einige Jahre zivile Jeeps und die davon abgeleiteten Lkws und Station Wagons gefertigt und war eben daran, einen sportlichen »Jeepster« zu präsentieren. Doch jene früheren Anzeigen scheinen in ihrem Inhalt längst nicht so unfair zu sein, wie es der FTC-Spruch glauben macht. So schien eine, die Mitte 1942 in allen größeren Illustrierten auftauchte und überschrieben war: »Der Jeep nennt sie seine Väter...Das Quartermaster Corps der US-Army und die Ingenieure von Willys-Overland«, eine durchaus vernünftige Darstellung zu sein, wenn man das jahrelange Interesse des QMC an einem Allzweckwagen und Willys' Absicht, den Auftrag der Regierung zu bekommen, berücksichtigt. »Den Ingenieuren von Willys-Overland gebührt öffentliche Anerkennung«, so die Anzeige weiter, »dem verdientesten Team von Automobiltechnikern, das Zwänge und Anforderungen des Krieges zutagegefördert haben«.

»Dies sind die Männer«, heißt es dann, »deren Kreativität und technisches Können, gepaart mit dem des Quartermaster Corps der US-Army, den heutigen, so erstaunlichen Jeep auf die Räder brachten. Kein anderes Motorfahrzeug ist so typisch für die moderne, technisierte Kriegsführung.

Und es steht außer Frage, daß der ›Go-Devil‹-Motor und der zeitlose Willys Americar nicht etwa ›Findelkinder‹ waren, sondern legitime Kinder bester Ingenieurpraxis, funktionell gesund und dauerhaft.«

Willys-Overland bestritt erwartungsgemäß, daß Anzeigen dieser Art gegen die FTC-Vorschriften verstießen, sondern erklärte vielmehr, die Jeep-Werbetexte seien zuerst der Army vorgelegt worden. Außerdem hielt Willys strikt an der Behauptung fest, daß die Jeep-Konzeption aus der Zusammenarbeit mit QMC hervorgegangen und nicht von irgendeiner anderen Quelle kopiert worden sei.

Dennoch mäßigte Willys-Overland den Ton seiner Anzeigen in den restlichen Kriegsjahren. So verzichtete eine im November 1943 erschienene Anzeige, die Jeeps im Südpazifikraum zeigte, auf jeden Hinweis auf den Ursprung des Jeep. Stattdessen bemerkte sie: *The Sun Never Sets On The Mighty Jeep* (etwa: »Über dem mächtigen Jeep geht die Sonne nie unter«). Nach Würdigung der Leistungen des von Willys gefertigten Jeep im weiteren Text ging ein kräftiger Seitenhieb an Ford, indem man den Leser daran erinnerte, daß »...das Herz jedes an den Fronten der Welt kämpfenden Jeeps – und die Quelle seiner erstaunlichen Fähigkeiten...der Willys ›Go-Devil‹-Motor ist, dessen Konstruktion... allein Willys-Overland gehört.«

Einen ähnlichen Aufhänger benutzte die Anzeige vom Mai 1944, die den Jeep überlebensgroß um die zwei Hälften des Globus fahren ließ. Darin hieß es frei übersetzt: »Das Energiezentrum im Innern des in aller Welt eingesetzten Jeep, ...das Fundament für all jene Wunder, die er für die alliierten Truppen vollbringt...und die einzige Quelle seiner Leistung, seines Tempos, seiner Beweglichkeit, Zuverlässigkeit und Sparsamkeit...ist Willys' ›Go-Devil‹ Jeep-Motor, konstruiert und entwickelt von Willys-Overland Motors Inc., ›Hersteller des Mighty Jeep‹«.

Die meisten dieser Anzeigen aus Kriegszeiten befaßten sich irgendwie auch mit den Jahren danach und rieten häufig, man solle dann »den Willys – den Jeep in Zivilkleidern – zu seinem ersten Nachkriegsauto machen«. Und eine von ihnen sagte voraus, daß »die Kraft und Ausdauer des vielseitigen Jeep die Bedürfnisse der Menschen in den Jahren des Wiederaufbaus erfüllen« würden.

Während sich der Krieg seinem Ende näherte, begann Willys mit gezielter Werbung nicht nur für Fahrzeuge mit ›Jeep-Power‹, sondern auch für den Jeep selbst als wichtigem Nachkriegs-Verkehrsmittel. Diese Anzeigen vermerkten: »Für Millionen Menschen in aller Welt ist ›Jeep‹ gleichbedeutend mit Willys...« und hatten Titel wie »Jeepotentialities« oder »Jeep-Planning«, hoben also auf weitere Entwicklungs- und Planungsmöglichkeiten mit dem Jeep ab. Zugehörige Bilder zeigten Jeeps zu Friedenszeiten, in ausgesprochen ländlicher Umgebung, die Äcker pflügten oder Erzeugnisse zum Markt brachten. Und einen Farmer ließ man sagen, der zähe Jeep habe »mit seinen großen Leistungen im Kriege schon Normen gesetzt für Arbeits- und Transportgeräte der Nachkriegsjahre. Dieser Jeep ist neu, ist modern – genau das Transportmittel, das auf der Farm wie in der Stadt zu Arbeit und Spiel dienen wird. Willys hat Geschichte gemacht.«

Willys-Overland antwortete den Interessenten für den Nachkriegs-Jeep, er würde für Arbeiten mit Landmaschinen ebenso geeignet sein wie zum Schleppen, zur Lastbeförderung, für den Straßenverkehr, für Energiestationen, als simpler Pkw und für den Freizeitspaß.

Meinungsumfragen stellten fest, daß man den Jeep als Antwort auf praktisch alle Motorisierungsprobleme der Nachkriegsära betrachtete. Inmitten dieser Euphorie gab es jedoch auch ablehnende Stimmen, Leute, die meinten, daß die durch Siege und Erfolge erzeugte Begeisterung bald abflauen und der Wunsch nach mehr Komfort in den Vordergrund rücken werde. Unterstützt wurde diese Haltung durch einen Bericht aus Cincinnati (Ohio) vom Dezember 1945, in dem es hieß, daß ehemalige GIs ganz und gar nicht am Erwerb übriggebliebener Jeeps für den Privatgebrauch interessiert seien. In den ersten fünf Tagen einer Aktion, bei der überall in den USA 10.000 Kriegs-Jeeps zu Preisen von 782 Dollar abwärts angeboten wurden, hatten sich in Cincinnati ganze sieben Veteranen für diese Autos interessiert; im Raum Chicago bestellten nur elf frühere GIs einen Jeep aus dem Kriege. In andern Landesteilen war das Interesse freilich größer: Fort Worth (Texas) berichtete von 1387 Anträgen, Atlanta (Georgia) von 742, Denver (Colorado) von 229, New York von 725 und Boston von 507.

Drei aufgearbeitete Jeeps dienten auch als Preise zum Abschluß der Verkaufskampagne der Firma Victory Loans im Staate New York. Die besten Anlagenverkäufer in den ländlichen und städtischen Regionen und in New York City erhielten je einen Jeep; sie trugen die Namen Anzio, Normandy und Leyte. Um die Leute für diese Kampagne zu begeistern, zogen 50 Jeeps in einem langen Fackelzug durch die New Yorker Seventh Avenue bis zur Nachbildung der Freiheitsstatue auf dem Times Square.

Wie nach den Werbeanzeigen aus Kriegszeiten zu vermuten war, erwartete Willys-Overland unter den Farmern große Nachfrage nach zivilen Jeeps. Die Absicht, acht solcher Wagen an das Landwirtschaftsministerium für die Erprobung mit Landmaschinen zu liefern, wurde durch ein Veto der Army zunächst vereitelt, die sich um die psychologische Wirkung einer zivilen Verwendung von Kriegsmaterial in Friedenszeiten sorgte. Andere sahen technische Nachteile für die Nutzung des Jeep im Farmbetrieb wegen der geringen Bodenfreiheit unter den Achsen von nur 222 mm (statt der 560 mm eines Traktors), seiner breiten Spur von 1245 mm (um Mais zu pflanzen, brauchte man etwa 1020–1070 mm), seiner großen Höhe von 585 mm für die Anhängerkupplung (war bei Traktoren nur 430 mm) und seiner relativ hohen Fahrgeschwindigkeiten.

Natürlich ließ Willys-Overland keines dieser Argumente unwidersprochen. Ward M.Canaday erklärte, der Jeep sei zwar »hauptsächlich für den Farmer gedacht« (eine angesichts der späteren Entwicklung zum Freizeitauto bemerkenswerte Fehleinschätzung!), solle aber »keineswegs den Traktor ersetzen, sondern für eine Fülle anderer Aufgaben in der Landwirtschaft dienen«.

Im Juli 1945, nachdem die Fertigung des zivilen Jeep begonnen hatte, beschrieb Willys-Overlands Präsident Charles E.Sorensen Einsatzmöglichkeiten des Jeep im Frieden. Neben der Verwendung für Jagd, Fischfang, Farm, Bauwesen und Ölförderung gäbe es auch die Nutzung für den Kleintransport, den Straßenbau sowie eine lange Liste von Reparaturaufgaben an entlegenen Plätzen.

Sorensens 800ha großer Hof in Michigan wurde zum Schauplatz einer Demonstration der Vielseitigkeit der zivilen Jeeps. Er ließ diese Fahrzeuge pflügen, eggen, dreschen, Pfahllöcher graben, Bäume spritzen und Strom erzeugen.

Die Leistungen des Jeep als landwirtschaftliches Gerät waren bereits 1943 durch die Ergebnisse von Tests des Landwirtschaftsministeriums am Tillage Machinery Laboratory in Auburn (Alabama) bestätigt worden. Der Leiter des Bereichs Farmausrüstung und Forschung, R.B.Grayson, hatte bescheinigt, daß der Jeep »zum Pflügen, Eggen und für andere Feldarbeiten äußerst nützlich« sei.

Zu den besonderen Leistungen des Jeep zählte es, einen amerikanischen Morgen Land (4047m²) einer Baumwollfarm mit einer 40cm-Pflugschar 18cm tief in einer Stunde und 43 Minuten umzupflügen und dabei nur 8,8 Liter Kraftstoff zu verbrauchen. Der CJ-2A war

Ein CJ-2A neben einem Willys Station Wagon (Foto: Sammlung des Autors)

mit einer Zugvorrichtung für neun horizontale und zwei vertikale Positionen ausgerüstet. Laut Landwirtschaftsministerium wirkten unter diesen Umständen 8,51 PS bzw. 390 kg an der Zugstange, wobei ein Arbeitstempo von 6 km/h erreicht wurde. Bei einem Bremstest bewies der Jeep mit Allradantrieb eine Zugkraft von 590 kg ohne Durchrutschen der Räder.

Die Ergebnisse einer anderen Testreihe auf einer Farm bei Toledo ließen positive Schlüsse für die Nachkriegskarriere des Jeep als Nutzfahrzeug zu. In diesem Fall verbrauchte er zum Eggen eines 8ha großen schlammigen Ackers nur 76 Liter Benzin. Der Acker war so schwer befahrbar, daß der Jeep Allradantrieb und Gleitschutzketten nötig hatte. Die 38 Liter Kraftstoff des Jeep für das Beackern eines weiteren 8ha-Feldes mit 16-Scheiben-Egge waren im Vergleich mit einem schweren Traktor, der hierbei normal 250 Liter verbrauchte, ein noch viel erstaunlicheres Ergebnis. Doch seine wohl eindrucksvollste Leistung war das Schleppen eines Hängers von 770 kg Leergewicht mit 2040 kg Ladung über 20 km weit bei nur einer Gallone (3,78 l) Kraftstoffverbrauch.

Diese Wirtschaftlichkeit und die Leistungen des Jeeps während des Krieges veranlaßten *The New York Times* dazu, dem Jeep den größten Teil ihres Leitartikels vom 28.Juli 1945 zu widmen. Das Blatt faßte seinen Überblick über die weltweiten Kriegseinsätze und die Verwendungsmöglichkeiten des Jeep in der Nachkriegsszene so zusammen: »Der Jeep ist keine Reiselimousine, doch er ist bestens geeignet, um den Farmer und dessen Familie zum Markt oder ins Kino zu bringen und alle möglichen Besorgungen rasch und mit ausreichendem Komfort zu erledigen. Er wird auf dem Feld wie auf dem Hof als gutes Arbeitstier für viele spezielle Aufgaben dienen. Und die ungewöhnlich hohe Traktion seines Allradantriebs macht den Jeep zu einem der interessantesten Motorfahrzeuge seit vielen Jahren.«

Doch nicht nur in der Landwirtschaft fand man den Jeep in diesen ersten Nachkriegsjahren, sondern auch in ganz anderer Umgebung. In Toledo hatte die Polizei ihn als praktischen Streifenwagen entdeckt und benutzte ihn auch für Parkuhrkontrolle und das Abschleppen falsch geparkter Wagen. Der Highway Police von New York City diente er, um defekte Autos zu entfernen, welche die Fahrbahnen auf Brükken und in den Tunneln nach Manhattan hinüber versperrten.

In Bountiful (Utah) brachte es eine Hilfstruppe von 20 Jeeps zu weltweiter Anerkennung für ihre Rettungs- und Feuerlöscheinsätze. Die Löschausrüstung hatte die Howe Fire Apparatus Company in Anderson (Indiana) geliefert. Zum Sonderzubehör zählte eine vorn montierte Radialwasserpumpe, die 1400 l/min bei einem Druck von 8,3 bar förderte. Als Feuerlöschfahrzeug wurde der Jeep auf dem heimischen wie auf den Exportmärkten bald populär. Bogotá/Kolumbien bestellte 30 Einheiten, und die Feuerwehr von Toronto (Ontario) nutzte den Jeep für Sonderzwecke.

Viele Beispiele gibt es für die Vielfalt der Jeep-Verwendung, so auch das Aufmalen von Leitlinien auf Fahrbahnen in Charlotte (Nordkarolina) oder der Antrieb für einen Schwingkran für Notfälle durch das Amt für Wasser und Energie in Los Angeles.

Willys-Overland hatte sich schon früh besorgt darüber geäußert, daß der amtliche Verkauf von MB-(Militär)-Jeeps dem Inlandsmarkt schaden könne. Am 12.Dezember 1943 warnte George W.Ritter, Vice President bei Willys-Overland, vor einem Kongreßausschuß, daß der Jeep wegen seiner ungewöhnlichen Beschleunigung dem zivilen Fahrer gefährlich werden könne, wenn er nicht zuvor hinlänglich entschärft würde. Ritter riet auch davon ab, den Militär-Jeep zum Pflügen einzusetzen, obschon Willys-Overland seinem Nachkriegs-Jeep zutraute, daß er 36 verschiedene Farmaufgaben würde erfüllen können. Allerdings räumte er ein, daß man den MB wohl für die Landwirtschaft entsprechend umbauen könne.

Kurzum, Ritter empfahl generell, übrigbleibende Kriegs-Jeeps an Willys-Overland zurückzugeben, um eine Schädigung des Marktes durch zu billig angebotene Jeeps zu vermeiden, die für den Privatgebrauch ungeeignet seien. Er lehnte alle Pläne scharf ab, MB-Jeeps ehemaligen Soldaten zu geben, weil das die Autoindustrie ruinieren würde, die für den Krieg so viele Opfer gebracht habe.

Gerade diese letzte Befürchtung Ritters erwies sich als unsinnig, weil die Zahl der übriggebliebenen MB-Jeeps lächerlich gering war gegenüber dem gewaltigen Nachholbedarf an Autos nach dem Kriege. Ebenso verkannte er die Ansprüche, die der Käufer an Komfort und Luxus eines neuen Nachkriegsautos stellen würde. Auch seine größten Verfechter aber gaben zu, daß es dem Jeep just an diesen beiden Dingen besonders mangelte!

Willys-Overland begann mit der Entwicklung des zivilen Jeeps etwa 18 Monate vor Kriegsende. Die Fachleute waren sich darin einig, daß das Ergebnis ein leistungsfähigeres, vielseitigeres Fahrzeug war, insgesamt dem MB überlegen. Der erste zivile Jeep, der CJ-2A (Civil Jeep), wurde ab Werk Toledo anfangs für 1090 Dollar angeboten. Von seinen militärischen Vorgängern unterschied er sich in wesentlichen Punkten; so besaß er eine Zapfwelle sowie geänderte Übersetzungen im Schalt-, Verteiler- und in den Achsgetrieben.

Die technischen Hauptdaten lauteten: Radstand 2032 mm; Spurweite vorn und hinten 1225 mm; Gesamtlänge 3305 mm. Die gegenüber dem MB verringerte Länge ergab sich aus der Verlegung des Reserverads auf die Beifahrerseite. Die größte Breite betrug 1450 mm, die Höhe des offenen Wagens bis Oberkante Frontscheibe 1626 mm.

Vorn hatte der CJ-2A Halbelliptikfedern mit 8 Lagen, 45 mm breit und 920 mm lang. Ihre Federrate lag bei 40 kg/cm. Serienmäßig waren hinten 45 mm breite und 1067 mm lange Halbelliptiks mit 9 Lagen und 34 kg/cm Federrate montiert. Auf Wunsch gab es verstärkte hintere Federn mit elf dickeren Lagen (61 bis 50 mm) mit 40 kg/cm Federrate, ebenso kräftigere Vorderfedern mit zehn Blättern.

Die Kastenträger für den Rahmen waren maximal

Fertig für Friedenszeiten: ein 1946er CJ-2A (Foto: Sammlung des Autors)

CJ-2A von 1947 (Foto: Old Cars Weekly)

105 mm hoch und 49 mm breit. Von den fünf Querträgern hatte der hintere K-Form. Der Rahmen war über alles 3115 mm lang. Willys baute auch weiterhin doppeltwirkende Monroe Teleskopstoßdämpfer ein, die an der Hinterachse jedoch nach vorn geneigt waren.

Die Lenkung und ihre Daten wurden praktisch unverändert vom MB übernommen. Dazu zählten ein 438 mm Lenkrad und 11 m Wendekreis, eine Ross T–12 Lenkung mit variablen 14–12–14:1 Übersetzungen. Die Standardbereifung waren 4-Lagen-Reifen der Größe 6.00 × 16″ auf Stahlscheibenrädern von Kelsey-Hayes 4.50 × 16″ mit fünf Schrauben. Willys empfahl Reifendrücke vorn von 1,8 und hinten von 2 bar. Auf Wunsch gab es große 7.00 × 15″-Reifen mit ebenfalls 4 Lagen auf Felgen 4.50 × 15″. Vorn und hinten hatte der Jeep Öldruckbremsen mit Trommeln von 230 mmØ bei 44,5 mm Breite und einer Gesamtbremsfläche von 760cm²; sie wichen von denen des MB in einigen Punkten ab, z. B. waren die Beläge der Zivilversion etwas dicker und länger.

Der seitengesteuerte Vierzylinder des CJ-2A mit L-Kopf hatte Hub und Bohrung vom MB. Bei einer Verdichting 6,48:1 sorgte eine verbesserte Brennraumform für leicht veränderten Verlauf der Leistungskurve mit 60 PS bei 4000/min und 144 Nm bei 2000/min. Die Aluminiumkolben hatten 2 Kompressions- und einen Abstreifring sowie eine Zinn- oder Messingbeschichtung. Der Öldruck war bei 2000/min auf etwa 2,4 bar eingestellt. Der Motor faßte 4,5 Liter Schmieröl. Die Gemischbildung übernahm ein einzelner Carter WO-596S 25,4 mm-Fallstromvergaser (einige CJ-2A hatten noch den Vergaser vom MB). Die Kurbelwelle lief in drei, die Stahlguß-Nockenwelle in vier Lagern. Der Ventilhub betrug 8,9 mm bei Ventiltellerdurchmessern von 38,9 mm (Einlaß) und 37,0 mm (Auslaß).

Die Achsantriebe des CJ-2A waren anfangs Spicer Modell 23–2 Hypoidtriebe, vorn und hinten 5,38:1 übersetzt, hinten »halbschwimmend« und vorn

TURN RIGHT
BROWN ST.
OR
TURN LEFT
AT PARRISH ST
to Philadelphia's Largest
RE SERVICE and PARKING CENTER
ENTIRE CITY BLOCK IN REAR
804
TIRE SERVICE
POLICE
LO7-5100
POLICE
WILLYS
812

»schwimmend«. Ab Fahrgestellnummer 13413 baute Willys vorn ein Modell 41–2 ein, das gleich übersetzt war, jedoch eine Bodenfreiheit von 222 statt bisher 219 mm ergab.

Das Getriebe des CJ-2A, ein Warner Gear T090A, war größer in den Abmessungen als das des MB. Es hatte eine andere Hauptwelle nach hinten sowie seitlich angebrachte Wählhebel, um Lenkradschaltung zu ermöglichen. Doch nicht lange, denn ab Nr. 38221 kehrte der CJ-2A Anfang 1946 zur Knüppelschaltung zurück. Weitere Änderungen umfaßten zu diesem Zeitpunkt Druckschmierung des Zapfenlagers der Hauptwelle, eine haltbarere Abdichtung des hinteren Lagers und Nadellager für die Vorgelegewelle. Gleichzeitig baute Willys eine größere 215 mm-Kupplung (statt 200) mit 200 Nm von Borg & Beck ein. Das Dreiganggetriebe war 2,798 – 1,551 – 1,000:1 übersetzt (Rückwärtsgang 3,798:1).

Weitere technische Daten: 6-Volt-Anlage; 12,5 l Kühlwasserinhalt; zur Verbesserung der Kühlung bei Langsamfahrt wurde der Ventilator gekapselt. Während der Produktionszeit des CJ-2A wurden zahlreiche Änderungen eingeführt: Bis Fahrgestell-Nr. 27926 sowie später von 48658 bis 48707 setzte Willys zum Nachfüllen zerlegbare Stoßdämpfer ein, dazwischen ein versiegeltes Modell. Die vierfach gelagerte Nockenwelle des CJ-2A wurde bis Fgst.Nr. 44417 von einer geräuscharmen Kette getrieben. Ab diesem Zeitpunkt verwendete Willys bei allen Motoren für den CJ-2A und den 463 2WD und 4WD nur noch Zahnradantriebe. Die Motoren für CJ-2A mit rädergetriebener Nockenwelle bekamen ein »J« vor die Motornummer. Schalldämmendes Material für den Ventildeckel wurde zusammen mit dem Ersatz der Asbestgeflechtdichtung durch eine gefederte Ledermanschette ab Motor-Nr. 62054 eingeführt. Auch die Ventilatorriemenscheibe wurde gegen eine mit polierter Lauffläche für den Wellendichtring ausgetauscht, um das Innere des Motors besser vor Split und Schmutz zu schützen. An der Kurbelwelle des CJ-2A waren bis Motor-Nr. 55137 die vier Gegengewichte angeschmiedet; danach waren sie separat geschmiedete Teile, die mit Paßstiften und Schrauben an der Welle befestigt wurden. Zu Anfang hatte der CJ-2A bis Fgst.Nr. 16965 eine AC Kraftstoffpumpe Typ 153886; bei allen späteren Motoren war eine kombinierte Benzin- und Unterdruckpumpe, AC-Modell 1537409, eingebaut. Ab Seriennummer 24196 verband man Schalt- und Verteilergetriebe durch Bohrungen, die eine Umlaufschmierung erlaubten.

Linke Seite, oben: Ein bei der Polizei in Philadelphia eingesetzter CJ-3A (Foto: Sammlung des Autors)

Linke Seite, unten: CJ-3B (Foto: Sammlung des Autors)

Ehemaligen GIs gefiel besonders die Farbauswahl des zivilen Jeeps: grau, beigebraun, blau und braun, dazu der neue Unterdruck-Scheibenwischer (der zweite Wischer für den Beifahrer war handbetätigt), und natürlich die gut gepolsterten Sitze. Begrüßt wurde auch der an die linke Außenseite hinter dem Fahrersitz verlegte Tankstutzen, denn nun brauchte der Fahrer nicht mehr auszusteigen, wenn aufgetankt wurde. Um bei starker seitlicher Schräglage des Wagens das Auslaufen von Benzin zu vermeiden, wurde jetzt ein geschlossenes System mit dichtem Tankdeckel verwendet.

Doch das war noch nicht alles, was man dem Jeep beim Übergang in sein Zivilleben an sichtbaren Änderungen mitgab. Insider erkannten gleich die geänderte Abgasführung mit quer eingebautem Schalldämpfer und hinter dem Hinterrad mündendem Endrohr. Spaten und Axt an der Fahrerseite der Karosserie, wie sie der MB hatte, waren verschwunden. Nicht mehr versenkt im Frontgrill, sondern aufgesetzt und chromverziert waren jetzt die Scheinwerfer (178 mm Sealed Beams von Corcoran-Brown) und die Positionslampen. An den Seiten der Motorhaube las man den Willys-Schriftzug. Hinten war eine von Ketten gehaltene Ladeklappe, die bei ausgebauten Rücksitzen eine nutzbare Ladefläche von 0,93 Quadratmetern verfügbar machte.

Zum »Universal-Jeep« CJ-2A bot Willys eine Auswahl von landwirtschaftlichen wie auch industriellen Anbaugeräten an. Zum Pflügen gab es Pflugscharen mit 40cm-Einfach- oder 30cm-Doppelblatt sowie einen 66cm-Zweischeibenpflug. Für das Eggen bot sich eine Auswahl von Zahn- und Scheibeneggen; außerdem ein 180cm Feld- und Weideland-Kultivator, ein 180cm-Mähbalken und eine Grabschaufel.

Zu den industriellen Anbaugeräten gehörten Kompressoren mit entweder 100 oder 180m³/h Fördermenge, ein 12,5-kVA-Generator, ein Schweißgenerator für 300 Amp Gleichstrom, eine hydraulische Planiervorrichtung und ein Hub-Scraper.

Die erwähnten Zusatzgeräte ergänzten nur die große Palette von Sonderwünschen, mit deren Hilfe sich der Käufer seinen CJ-2A »maßgeschneidert« bestellen konnte. Die Zapfwelle am Heck hatte ein genormtes Keilwellenprofil (ca. 35 mm ∅) mit sechs Keilen zum Antrieb eines motorgetriebenen Anbaugeräts. Ebenso konnte dort eine Riementrommel mit 200 mm∅ montiert werden; ihre Drehzahl war zwischen 225 und 2674/min regelbar.

Am hinteren Ende des Verteilergetriebes in Wagenmitte befand sich eine zweite Zapfwelle, die mit einer Riemenscheibe für ein bis fünf Keilriemen versehen werden konnte. Zu den hierfür von Willys vorgeschlagenen Geräten gehörten Kompressoren, Schweißgeräte und Stromaggregate.

Der dritte Zapfwellentrieb ganz vorn kam von der

29
Across America, Around the World,
THE 'JEEP' DOES MORE JOBS FOR MORE PEOPLE
USE IT AS A TRUCK
ILLINOIS—with 6 speeds forward, the "Jeep" tows heavy trailers in plants or on the road.
USE IT AS A MOBILE POWER UNIT
OHIO—With its power take-off, the "Jeep" delivers power for paint sprays, saws, feed mills.
MINNESOTA—The "Jeep" power take-off runs a generator for arc-welding far from power lines.
TEXAS—The "Jeep" delivers tools or parts to the job, on or off the road, in any weather.
Willys' 4-IN-1 'Jeep'
PERFORMS FOUR FUNCTIONS FOR ONE INVESTMENT
In teeming cities . . . on farms . . . in rock quarry, desert, pampas and jungle . . . there's one vehicle known and wanted everywhere. That's why, around the world, you hear the advice: GET A 'JEEP'.
Industry has learned to use this famed vehicle as an industrial tractor, towing supply trailers in the plant, speeding materials to and from the production line. Oil companies and utilities use it to transport men, their tools and the power to operate them, roads or no roads. That's why industry says: GET A 'JEEP'.
Farmers get more work hours and more year-'round usefulness from their one investment in the 'Jeep'. To pull plows and harrows; to power hammer-mills, ensilage cutters and silo fillers; or to bring supplies from town . . . this one vehicle does 'em all. That's why farmers say: GET A 'JEEP'.
Remember, when there's work to do, hard work, see your Willys dealer and GET A 'JEEP'!
Willys-Overland Motors, Inc., Toledo 1, Ohio
GET A 'Jeep'
USE IT AS A TRACTOR
IOWA—The "Jeep", with 4 wheels pulling operates plows, harrows and other implements.
POWERED BY THE WORLD FAMOUS Willys 'JEEP' ENGINE
USE IT AS A RUNABOUT
CHINA—Willys' 4-in-1 "Jeep" will work at varied hard jobs in every part of the world.
COLORADO—The 4-wheel-drive "Jeep" gets sportsmen to spots no ordinary car could reach.
ARGENTINA—The sure-footed "Jeep" can be used to speed cross country, pick up strays or run fence lines.

Linke Seite: Anfang 1946 warb man, wie diese Anzeige beweist, für den CJ-2A als ziviles Mehrzweckfahrzeug (Bild: Sammlung des Autors)

Kurbelwelle und bot, wie Willys erklärte, »eine Menge kriegserprobter Jeep-Power für vertikale Spill- oder Trommelwinden, Saug- oder Druckpumpen«.

Als Alternative zur Zugstange oder -deichsel gab es für den CJ-2A von Monroe eine hydraulische, vom Fahrersitz steuerbare Hubvorrichtung für angehängte Arbeitsgeräte. Besonders gut daran gelöst war die Zugänglichkeit ihrer beweglichen Teile und die Tatsache, daß sie nicht mit den übrigen Anbaugeräten, der Zapfwelle und der Schleppvorrichtung kollidierte.

Da viele der Arbeitsgeräte für den Jeep konstante Antriebsdrehzahl benötigten, gab es den CJ-2A auch mit einem Fliehkraftregler von King-Seeley. Er wurde mit einem Schalter am Instrumentenbrett mit 9 Rasten gesteuert, deren erste die Motordrehzahl auf rund 1000/min einstellte. Jede weitere Raste ergab etwa 200/min mehr bis hinauf zu 2600/min. Mit diesen neun Stellungen und den sechs Vorwärtsgängen im Getriebe waren 54 geregelte Arbeitsgeschwindigkeiten möglich.

Für den Betrieb im Gelände und auf dem Acker bot Willys-Overland für den CJ-2A geeignete Schutzverkleidungen für die Zapfwellen vorn und hinten und für das Verteilergetriebe an. Damit sollten Brände sowie Schäden an Dichtringen durch Gras und Stroh verhindert werden, das sich bei der Arbeit gern um die Zapfwellen wickelt.

Im Kriege hatten amerikanische GIs für ihre MB-Jeeps zahlreiche Arten von Wetterschutz erfunden, die nun die Basis für die beiden Verdeckvarianten bildeten, die für den CJ-2A angeboten wurden. Beide wurden aus gummiertem, schimmelbeständigem Verdeckstoff mit gedoppelten Säumen hergestellt. Der Bausatz 667888 enthielt die Verkleidung des vorderen Teils des Fahrerraums, der Bausatz 667826 (der nicht getrennt erhältlich war) die der übrigen Karosserie. In dieser Form hatte der Jeep, wie Willys behauptete, »einen für die meisten Klimalagen angemessenen Wetterschutz«.

Obgleich Ward Canaday den Universal-Jeep nicht als Traktorersatz verstanden wissen wollte, verglichen Willys' Werbeschriften den CJ-2A oft mit dem typischen Ackerschlepper. Darin wurden als besondere Sicherheitsmerkmale die Vierradbremse, die guten Fahreigenschaften und die mit 530 mm niedrige Schwerpunktlage genannt. Willys machte auch klar, daß der Jeep ein ganzjährig einsetzbares Arbeitstier, der Schlepper hingegen nur saisonweise benutzbar sei. Darüber hinaus seien Stoßdämpfer, Federung, Sitze mit Rückenlehnen sowie Verdeck,

Bei diesem CJ-2A in der Anzeige vom Juni 1946 erkennt man den Lenkradschalthebel; die meisten Modelle hatten Knüppelschaltung (Bild: Sammlung des Autors)

Türen und Heizung dazu angetan, dem Jeep einen »Arbeitsplatzkomfort« zu schaffen, den ein Traktor bei weitem nicht erreiche.

Natürlich war der Allradantrieb des Jeep seine größte Attraktion. Interessenten aus Farmerkreisen erklärte Willys begeistert, der Jeep sei »eigens für den Vierradantrieb konstruiert und ... seine Antriebskraft sei gleichmäßig auf alle vier Räder verteilt«. Damit sei der Jeep imstande, Terrains und Steigungen zu meistern, die für jedes zweiradgetriebene Fahrzeug unpassierbar seien. Der Kraftstoffverbrauch des CJ-2A wäre dabei mit Zwei- und Vierradantrieb gleichermaßen günstig. Auf ebener Fahrbahn kam er bei einem Gesamtgewicht von 1470 kg, 1,9 bar Reifendruck und etwa 50 km/h im großen Gang auf einen Durchschnitt von 14,3 l/100km. Bei zunehmender Geschwindigkeit hatten die Getriebewiderstände einen recht hohen Einfluß auf den Verbrauch. So stieg er z. B. bei Höchsttempo – knapp unter 100 km/h – auf gut 32 l/100km.

Daß der Jeep nahezu allen Amerikanern enorm viel bedeutete, zeigte der Verkaufserfolg in Hearn's Department Store in New York City. Bronx ist ja nun ziemlich weit entfernt von Feldern und Äckern, doch als Hearn's Anfang Oktober 1945 zwei Jeeps zu $ 1195,59 ins Schaufenster stellte, da erregten sie mit ihren Polstersitzen, ihrer Lenkradschaltung und der Lackierung von Aufbau und Rädern (grün/gelb und gelb/orange – im Gegensatz zum Olivgrün und Grau der Army und der Navy) bei den Städtern erstaunlich viel Aufmerksamkeit.

Für Willys-Overland war – wie für viele andere US-Autohersteller auch – der Weg zurück zur Großserie ganz und gar nicht leicht. Am 17. Juli 1945, als der erste CJ-2A gebaut wurde, verkündete das Werk: »Die Pläne, die wir für die Fertigung des zivilen Jeep und anderer Fahrzeugtypen aufgestellt haben, sollen uns bei der Umstellung auf Friedensproduktion (während die Begrenzung der militärischen Rüstung Material für uns verfügbar macht) zu einer möglichst hohen Auslastung unserer Kapazität verhelfen. Wir planen, unsere Händler mit Fahrzeugen zu beliefern, auf die, wie wir wissen, ein großer Markt wartet.«

Das erwies sich als nicht ganz leichte Aufgabe. Im Gegensatz zu Willys' ursprünglicher Planung mit etwa 20.000 Jeeps für die verbleibenden Monate des Jahres 1945 verließen nur 1823 Einheiten (mit Fgst.Nr. 10000 bis 11824) das Werk. Dennoch beendete Willys-Overland sein Geschäftsjahr zum 30.9.1945 mit einem Nettogewinn von gut 2,7 Millionen Dollar.

Der das verkündete, war Charles E.Sorensen, der im Juni 1944 Joseph Frazer auf den Präsidentensessel von Willys-Overland gefolgt war. Frazer (der im September 1943 diesen Sessel geräumt hatte) hatte lange, heftige Dispute mit Ward Canaday geführt, sowohl über die gegenwärtigen Projekte als auch über die künftige Firmenpolitik. Einer der Kernpunkte ihres Disputs betraf die Wiederaufnahme einer Pkw-Fertigung mit einem geeigneten Nachfolger für den Americar aus den Vorkriegsjahren. Als Frazer im Januar 1939 sein Amt als Präsident angetreten hatte, war sein Spielraum für rasche Änderungen gering gewesen. Bei den 1940er Modellen hatte er den Namen Overland entfallen lassen und im Jahr darauf den Willys Americar eingeführt. Während Willys noch 1940 mit niedrigen Preisen geworben hatte (eine Anzeige hatte behauptet, man könne zwei ausgewachsene Willys zum Preis von einem schwereren Wagen bekommen), war der Americar 1941 neu gestylt und so überarbeitet worden, daß er nicht länger nur Billigauto blieb, sondern eine breitere Käuferschicht ansprach als zuvor. Sein Äußeres war geschmackvoller, sein Radstand um 50 mm größer geworden (2640 mm), der Rahmen verstärkt, die Spur der Hinterräder verbreitert und die Gesamthöhe reduziert. Das Ergebnis waren 30.100 verkaufte Exemplare im Modelljahr gewesen.

Frazer erkannte durchaus die Wichtigkeit des Jeeps für Willys-Overland, stellte sich aber aufgrund der früheren Erfolge des Americar vor, daß man nach dem Kriege auch wieder Pkws ins Programm nehmen müsse. Tatsächlich produzierte Willys dann auch wieder einen Personenwagen, freilich erst ab 1952. In den Jahren dazwischen hatte man lediglich mehrfach Pressenotizen und Bilder von Pkw-Prototypen lanciert.

Ward Canaday hatte weit weniger Neigung als Frazer, mit den großen Produzenten wieder in Wettbewerb zu treten, obgleich sich ein riesiger, verführerischer Markt geradezu anbot. Stattdessen sah er in der Stärkung der Fundamente seiner jetzigen Produktion die höhere Priorität. So verließ Frazer die Firma, nachdem sein Versuch, zusammen mit einer Gruppe anderer Investoren mit acht Millionen Dollar einzusteigen, gescheitert war (bei dieser Aktion übte er eine Option über 75.000 Willys-Overland-Aktien aus, die ihm etwa 200.000 Dollar brachten). Frazer wurde dann Chairman bei Graham-Paige und spielte später eine Schlüsselrolle bei der Kaiser-Frazer Corporation.

Inzwischen ging Canaday, Eigentümer von 75% der Willys-Overland-Anteile, auf die Suche nach einem neuen Firmenchef. Der Mann, den er schließlich dafür gewann, war der 64jährige Charles Sorensen, 40 Jahre lang Mitarbeiter von Ford. International als Produktionsgenie anerkannt, war er ein Opfer einer jener periodisch wiederkehrenden, völlig unvernünftigen Säuberungsaktionen Henry Fords geworden. Während des Krieges hatte Sorensen das gewaltige Werk Willow Run aufgebaut, wo man etwa 8800 Bombenflugzeuge vom Typ B-24 Liberator gefertigt hatte. Ironie der Geschichte: Im Werk Willow Run wurden später die Autos der Firma Kaiser-Frazer gebaut!

Sorensen kannte sich mit der Montage des Jeep gut aus, denn den hatte er schon bei Ford produziert. Diese Erfahrung wurde oft als Hauptgrund dafür genannt, daß Willys-Overland die Umstellung auf Friedensproduktion so rasch schaffte. Um Sorensen aus seinem schon halbwegs vollzogenen Ruhestand in Florida wieder hervorzulocken, hatte ihm Canaday ein attraktives Angebot gemacht: 52.000 Dollar Jahresgehalt auf 10 Jahre (ob lebendig oder tot) plus eine Kaufoption für 100.000 Willys-Overland-Aktien zu je 3 Dollar zwischen 1945 und 1950. Als Sorensen den Vertrag unterzeichnete, stand die Aktie auf $ 12,50, Mitte 1946 bereits auf $ 26,50.

Sorensens Erscheinen bei Willys-Overland ließ erneut Spekulationen aufkommen, man befinde sich kurz vor einem Zusammenschluß mit einem der anderen Autohersteller. Die am häufigsten genannte Firma war Hudson. Doch es war dann keine Zeit mehr, diese Meinung auf die Probe zu stellen (die auf der Behauptung fußte, mit dem Talent Sorensen sei Willys ein attraktiver Partner für eine Fusion), denn Sorensen legte sein Amt nach weniger als zwei Jahren am 15. Januar 1946 nieder. Sorensen und Canaday waren beide sehr eigenwillig und hatten sich über die Modernisierung der Willys-Overlands-Betriebe zerstritten. Sorensen erachtete sie als lebenswichtig für das Wachstum der Firma. Canaday, selbst Beispiel für die bei Willys traditionelle Neigung, einen Verkaufsmann an der Spitze zu haben, hielt eine Stärkung der Struktur des Händler- und Servicenetzes für vordringlicher. Da Sorensen aus seinem Zehnjahresvertrag nicht hinausgedrückt werden konnte, versetzte man ihn in die neu geschaffene Position eines Vice Chairmans und Finanzvorstands. Diese »Strafversetzung« entsprach einer Klausel in seinem Vertrag, in der es hieß, daß Canaday, wenn immer er es für nötig hielte, einen anderen Mann auf den Präsidentensessel heben und Sorensen in eine andere geeignete Position in der Firma versetzen könne.

Sorensens Nachfolger wurde James D.Mooney, der von Januar 1942 bis März 1945 als Captain für Bau und Einrichtung von Produktionsstätten der US-Navy zuständig gewesen war. Im Zivilberuf als Ingenieur war Mooney bei General Motors bis zum Vorstand Export und überseeische Betriebe aufgestiegen. Der Export hatte unter ihm von 22.000 Einheiten im Jahre 1922 auf 282.000 sechs Jahre später zugenommen. Bevor er zu Willys-Overland kam, war er noch Mitglied des GM Verwaltungsausschusses gewesen. Bei Willys wurde Mooney nicht nur Sorensens Nachfolger, sondern übernahm auch Canadays Sessel des Aufsichtsratsvorsitzenden.

Obschon auch Mooney später ein Opfer von Canadays Neigung werden sollte, seine leitenden Direktoren zu feuern, noch bevor ihre Pläne feste Formen annehmen konnten, bedeutete sein Auftritt in Toledo doch wieder eine spannende, völlig neue Dimension für die Nachkriegsentwicklung des Hauses Willys-Overland. Kurz nach seinem Antritt erklärte er: »Unsere Philosophie beginnt mit Banalitäten: Wir müssen für den Krieg bezahlen. Geld, Kreditwesen, Preisbildung – überall wird sich dies in den nächsten Jahren auf eine oder die andere Art bemerkbar machen. Man kann die Industrie eines Landes nicht sechs Jahre lang auf Eis legen – vier Jahre Krieg und zwei Jahre aktive Kriegsvorbereitung – und dafür nicht irgendwie bezahlen müssen. Eine Zeitlang werden wir alle arme Leute sein. Wir werden den Eindruck haben, reicher zu sein – in Papierdollar –, doch durch Steuern und höhere Preise werden wir gezwungen sein, mit viel weniger auszukommen. Hier und heute sind Preise für die Menschen kaum ein Thema, doch wir richten unsere Fertigungsprogramme so aus, daß sie in ein größeres wirtschaftliches Bild passen, für, sagen wir, eine mittelfristige Durststrecke zwischen dem Moment, wo der erste Kaufrausch sich erschöpft hat und dem, da sich wieder eine allgemeinere Produktion und Verteilung von Luxusgütern einstellen wird. Und diese Durst-

Als diese Anzeige im Mai 1947 erschien, war der CJ-2A auf amerikanischen Farmen bereits ein gewohnter Anblick (Bild: Sammlung des Autors)

Willys hatte 1947 die Nutzlast des Jeep von 365 auf 450 kg angehoben (Bild: Sammlung des Autors)

Die Marke Jeep, 1987 eine der führenden auf Amerikas Freizeitsektor, warb, wie diese Anzeige zeigt, 1947 noch für den CJ-2A als Arbeitspferd in der Landwirtschaft (Bild: Sammlung des Autors)

Das Erscheinen der Jeep Trucks 1947 stärkte die Position Willys-Overlands als größter Allradfahrzeughersteller der Welt. Diese Anzeige ist vom Februar 1948 (Bild: Sammlung des Autors)

Werbeanzeige vom April 1948 (Bild: Sammlung des Autors)

Anzeige vom November 1948 (Bild: Sammlung des Autors)

strecke wird gerade uns mit unseren besonders gebrauchstüchtigen, ansprechenden Erzeugnissen breiten Raum bieten.

Unser Programm entspricht voll und ganz dem bisherigen Kurs. Vor dem Kriege fertigte Willys schon immer ein leichtes, kleines Auto. Während der wenigen Jahre des Krieges begründeten wir die Jeep-Tradition. Wenn wir beides im Auge behalten, aus unseren Errungenschaften Nutzen ziehen und unsere realistische Einstellung zur wirtschaftlichen Lage unseres Landes beibehalten, werden wir ein stabiles, erfolgreiches Programm durchziehen können.«

Mooney mußte in seinem Amt als Vorstandschef und Chairman von Willys-Overland Jagd auf gute Mitarbeiter machen. Er gewann für das Ressort Werbung, PR und Verkaufsförderung Robert R.Thiess, zuvor Verkaufschef bei der GM Export Corporation. Vice President in demselben Unternehmen war Arthur J.Wieland gewesen, der nun in Toledo Geschäftsführer der Neugründung Willys-Overland Export Corporation wurde.

Diese Neueinstellungen ereigneten sich kurz bevor Willys-Overland einen ehrgeizigen Finanzplan veröffentlichte, durch den Mittel für die Expansion der Firma in den Nachkriegsjahren verfügbar werden sollten. Die fünf Hauptziele der Ausweitung lauteten:

---

1. *Motorenfertigung im eigenen Hause vom Gußteil bis zum fertigen Aggregat.*
2. *Ausweitung der Preßteilherstellung, Montage der Karosserie sowie Bau hochmoderner Einrichtungen für Karosserieausstattungsteile.*
3. *Erweiterung der vier Motormontagebänder, um mehr Kapazität für ein Fahrzeugprogramm rund um den Jeep-Motor zu erhalten.*
4. *Erstellung einer ganz neuen Montagelinie für einen Sechszylinder für die Verwendung in Pkw-Modellen.*
5. *Wiedereröffnung des Montagewerks Los Angeles mit vergrößerter Kapazität zur Versorgung der Märkte an der Pazifikküste und in Asien.*

Zur Finanzierung dieses Vorhabens wollte Willys-Overland 250.000 Vorzugsaktien ausgeben und die Zahl der Stammaktien von 2,85 auf 4,10 Millionen Stück aufstocken. Von den damit verfügbaren 21 Millionen Dollar sollten 14,3 Millionen für neue Werkzeugmaschinen und Erweiterung des Werks Toledo aufgewendet werden.

Weiterhin sollte Willys-Overland für 3,7 Millionen Dollar die Gießerei Wilson in Pontiac, Michigan erwerben, damals die größte Eisengießerei für Autoteile in den USA. Die neuen Einrichtungen für das

Werk Los Angeles waren mit 700.000 Dollar veranschlagt. Die restlichen 2,3 Millionen Dollar waren für den Zukauf von Grundstücken und Gebäuden in Toledo an die Willys Real Estate Corporation zu zahlen.

Später, im Oktober 1946, begann Willys-Overland mit dem ersten »Institutional Day« in Toledo seine ehrgeizigen Pläne umzusetzen. Obwohl die erste Reaktion auf Willys' Offerte mit 100 Dollar je Vorzugsaktie eher kühl war, präsentierte Mooney den anwesenden Banken und Finanziers ein optimistisches Bild, indem er den 1946er Gewinn der Gesellschaft mit etwa 10 Millionen Dollar voraussagte.

Bei der Ankündigung des »Institutional Day« hatte Mooney sich am 25.September 1946 darüber beklagt, daß die Industrie nach wie vor von Beschäftigungs-, Führungs- und Produktionsproblemen gebeutelt würde, weil »die Leute reden anstatt zu arbeiten. Gewerkschaften, Arbeitgeber und Regierung sind so damit beschäftigt, sich gegenseitig ihre Standpunkte vorzuhalten, daß man darüber vergißt, daß wir alle im selben Boot sitzen.«

Mooneys Äußerungen entsprachen zwar dem Gerangel zwischen den Tarifparteien im Lande, hatten aber kaum Bezug auf die Verhältnisse bei Willys-Overland, denn diese Firma produzierte bereits ganz einzigartige Fahrzeuge und würde dies auch in den folgenden Jahren verstärkt fortsetzen.

Die Fertigung des CJ-2A, die 1949 auslief, überlappte mit dem Ende 1948 eingeführten Nachfolgermodell CJ-3A. Dieses war auf ersten Blick dem CJ-2A sehr ähnlich. Doch wie die nachfolgende Übersicht zeigt, gab es eine Anzahl Unterschiede.

	CJ-2A	**CJ-3A**
Überhang vorn	*527 mm*	*523 mm*
Überhang hinten	*567 mm*	*567 mm*
Innenraumlänge	*1740 mm*	*1735 mm*
Höhe Ladefläche	*489 mm*	*500 mm*
Laderaumlänge	*905 mm*	*813 mm*
Gesamtlänge	*3127 mm*	*3124 mm*
Abstand Lenkrad/Sitzlehne	*356 mm*	*384 mm*
Abstand Lenkrad/Sitzkante	*178 mm*	*187 mm*
Höhe (offen, bis Oberkante Frontscheibe)	*1626 mm*	*1686 mm*

Optisch war das Inlandsmodell CJ-3A an seiner einteiligen Windschutzscheibe (zweiteilig auf Wunsch für den Export) und den unter der Scheibe angebrachten doppelten Wischern erkennbar. Von vorn erkannte man am CJ-3A eine neue Anordnung der Lufteinlaßöffnungen.

Auch in einer Reihe von technischen Details unterschieden sich die beiden CJ-Modelle. Der CJ-2A hatte einen Carter-Vergaser 596S, das Modell am CJ-3A hieß 636SA. Anstelle des Kühlers von Jamestown Typ J-161 erhielt der CJ-3A einen solchen von Harrison. Der Wasserinhalt blieb 12,5 Liter ohne und 13,6 Liter mit Heizungssystem. Anfänglich hatte der CJ-3A den gleichen Thermostaten wie der Vorgänger; er begann bei 66 °C zu öffnen und war bei 82 °C vollständig geöffnet. Spätere Exemplare verwendeten ein Modell, das erst bei 82 °C zu öffnen begann (ganz offen bei 95 °C). Die Übersetzung Kurbelwelle/Lüfter betrug anfangs beim CJ-3A 1,83:1; danach wurde sie auf die 1,18:1 des CJ-2A zurückgeändert. Die Länge des Keilriemens am CJ-3A war 1118 mm gegenüber 1075 mm am CJ-2A, und auch der Keilwinkel differierte zwischen beiden Modellen etwas: 42° beim CJ-2A und 45° beim CJ-3A.

Drei hart arbeitende Jeeps CJ-2A und CJ-3A (Bild: Sammlung des Autors)

Die Auburn-Kupplung des CJ-2A wurde durch eine der beiden folgenden Alternativen ersetzt, entweder eine andere Auburn oder eine Rockford, deren Daten lauteten:

	CJ-2A Auburn	**CJ-3A Auburn**	**CJ-3A Rockford**
Federkraft	*82 – 88 kg*	*100 – 104 kg*	*77 – 82 kg*
Drehmoment	*195 Nm*	*224 Nm*	*190 Nm*

Eine weitere Auburn-Kupplung mit 72 – 77 kg Federkraft für ein maximales Drehmoment von 197 Nm wurde als Option zum Einbau im CJ-3A ange-

Linke Seite:

Darstellung einiger Extras für den Jeep (Bild: Sammlung des Autors)

Rechte Seite:

Hauptabmessungen der Jeep-Modelle CJ-2A und CJ-3A (die Maße sind in inches – 1 inch = 2,54 cm – angegeben).

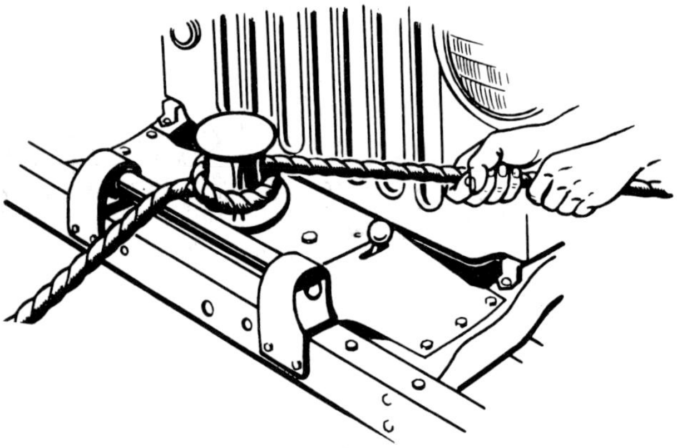

Vordere Zapfwelle

Hintere Zapfwelle (mit Mittelabtrieb, Bausatz 640726) (mit Riemenscheibe, Bausatz 646452)

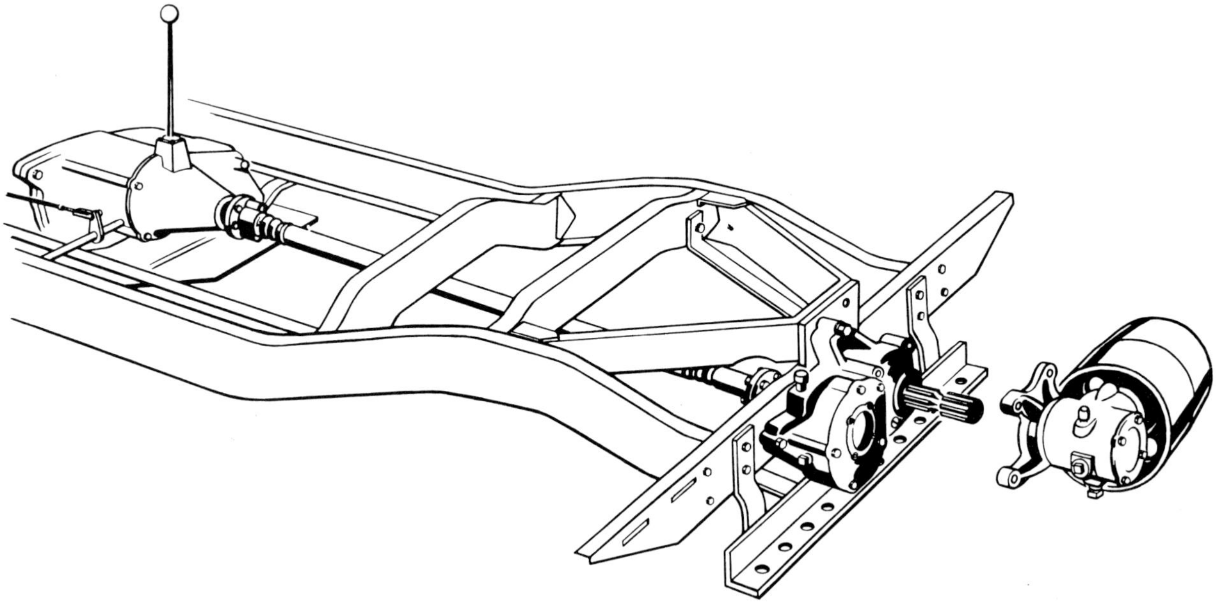

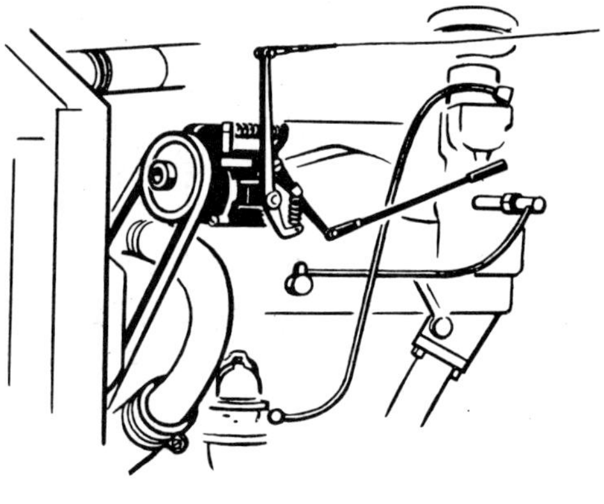

Fliehkraftregler (Bausatz 645313);

Unterschutz für Kardanwelle (Bausatz 641760).

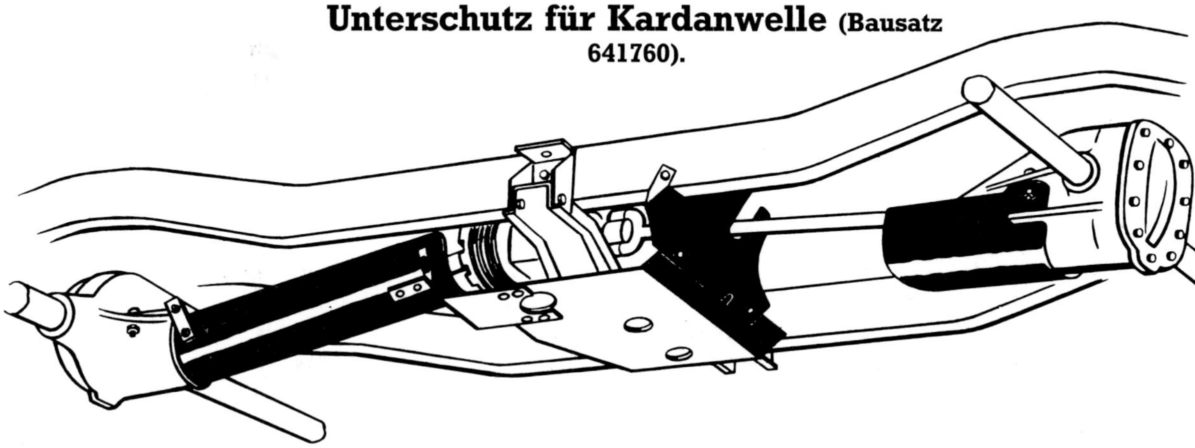

Maßpläne für den Karosseriebau

Universal-Jeep CJ-2A

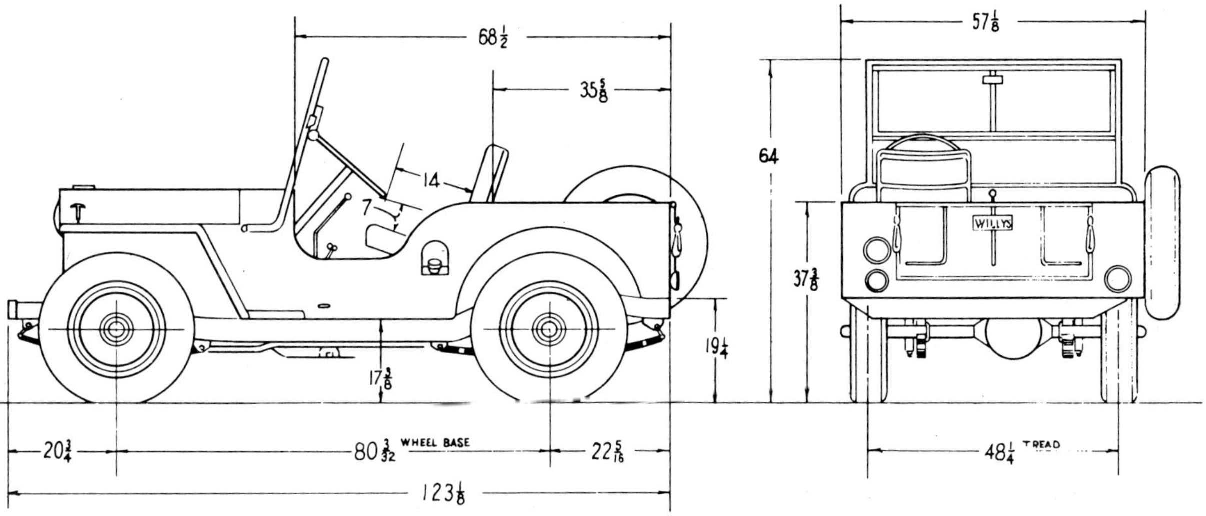

Universal-Jeep CJ-3A

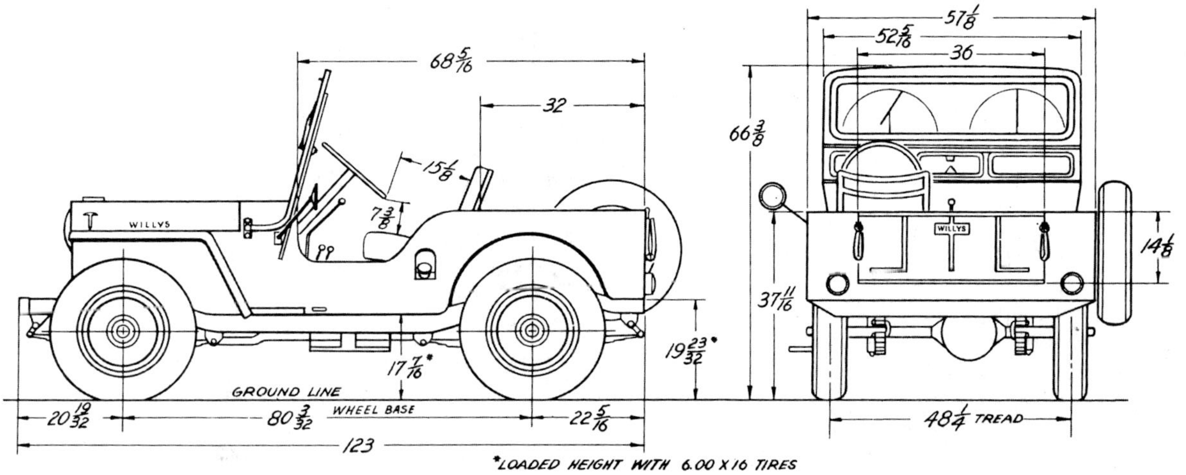

*LOADED HEIGHT WITH 6.00 X 16 TIRES

boten. Die Hinterachse im CJ-2A (Spicer Typ 41–2) wurde im CJ-3A durch eine Spicer Typ 44–2 ersetzt. Unterschiede am Motor waren beschränkt auf ein Kolbenspiel von 0,075 anstelle von 0,100 mm, ein Ventilspiel von 0,40 statt 0,35 mm sowie auf ein geändertes Schwungrad.

Ab 28. Januar 1953 wurde der Motor mit dem F-Kopf, den es zuvor schon für Jeep Station Wagon und Lkw gegeben hatte, auch in die CJ-Modelle eingebaut. Eine Zeitlang lief der CJ-3A noch weiter, doch es war der CJ-3B, der das größte Käuferinteresse auf sich zog.

Da der Motor mit dem F-Kopf (ein stehendes, ein hängendes Ventil) höher baute als der alte Vierzylinder mit L-Kopf, mußte die Motorhaube beim neuen CJ-3B gegenüber der des CJ-3A entsprechend angehoben werden. Vorn nutzte man den Platz, der sich ergab, mit einem großen »Willys«-Schriftzug. Die einteilige Frontscheibe wurde vom CJ-3A übernommen, der recht hoch angebrachte Ventilator des CJ-3A jedoch nicht.

Tom McCahill, der für den Jeep immer schon ein weiches Herz hatte, liebte seinen CJ-3B-Versuchswagen so sehr, daß er schließlich einen für den eigenen Gebrauch erwarb. Anfang der 50er Jahre waren erstklassig erhaltene gebrauchte Jeeps kaum aufzutreiben. McCahill berichtete nach monatelanger Suche nach einem gebrauchten Jeep, daß »die meisten Exemplare in den Gebrauchtwagenmärkten mehr Meilen draufhatten als die *Pennsylvania Railroad* und aussahen, als hätten sie ein paar Jahre im Wasser gelegen.«

Was den neuen CJ-3B betraf, so erklärte McCahill überschwenglich, er sei »zweifellos eines der großartigsten Fahrzeuge, das Menschen je entworfen« hätten. Die Leute von Willys hatten nichts dagegen, daß McCahill sich in dieser Weise äußerte, hielten sich jedoch mit ihrer Lobeshymne auf den CJ-3B etwas mehr zurück und meinten, er sei weiter nichts als »eines der nützlichsten Fahrzeuge der Welt.«

3. Kapitel

Der erste amerikanische Station Wagon in Ganzstahl

Ganz offensichtlich erkannte Willys-Overland die Einmaligkeit des Jeeps und seine von niemand angefochtene Marktposition. Doch man war sich auch im klaren darüber, welche Schwierigkeiten und Gefahren es bedeuten würde, sich ganz auf den Erfolg eines einzigen Modells zu verlassen, das erst bei jährlich 54.000 Einheiten Gewinn abzuwerfen begann.

Im Dezember 1942, als Joseph Frazer und Barney Roos sich Gedanken um eine geeignete Nachkriegsstrategie machten, war ein Artikel von Brooks Stevens im Magazin *Popular Mechanics* erschienen, der großen Einfluß auf Willys' Zukunft nehmen sollte. Der Beitrag unter dem Titel »Your Victory Car« (etwa: Ihr siegreicher Wagen) war nur eine von mehreren Veröffentlichungen Stevens', in denen er den Vorhersagen vieler Journalisten entgegentrat, die den Nachkriegswagen als Auto mit exotischem Aussehen und Antrieb beschrieben.

1942 war Stevens' Studio für Industriedesign erst sieben Jahre alt, hatte sich aber bereits einen enormen Ruf erworben für innovative, geschickte Lösungen zu vielerlei Stylingproblemen. Unter seinen Klienten waren Unternehmen wie Cutler-Hammer, Montgomery Ward und Allis-Chalmers. Den Schleppern Typ B, RC und WC der letzteren Firma von 1939 hatte er, wie er behauptete, »ein neues, eindrucksvolles Design« gegeben, das er für »funktionell korrekt und dauerhaft« hielt. Diese neuen Allis-Chalmers hatten eine Stromlinien-Motorhaube, einen tropfenförmigen Tank und dezent geformte, doch funktionelle Kotflügel. Ein Jahr zuvor hatte Stevens Lieferwagen mit verschiedenen nach Kundenwunsch gestalteten Aufbauten gestylt, und zwar für Wisconsin Ice and Coal Company, Oscar Mayer, Miller Beer und Western Printing and Lithographing Company. Allen lag ein einheitliches Designkonzept zugrunde, nämlich ein besonderes Äußeres mit geringsten Abmessungen, größter Nutzlast und einem Serienfahrwerk zu verbinden. Die allen Modellen eigene »Stromlinienform« hatte Stevens schon 1937 angewandt, als er für William W.Plankinton jr. die 25.000 Dollar teure »Land Yacht« entworfen hatte.

Stevens, dessen Firma sich durchaus auch mit dem Design so banaler Dinge wie Dampfbügeleisen, Elektrozäunen und Fleischverpackungen befaßte, war ganz besonders an den Produkten der Autoindustrie der Nachkriegszeit interessiert. Im Juni 1942 wurde man weithin auf ihn aufmerksam, als eine Anzeige für Durez Plastics and Chemicals erschien, der seine Ideen zugrundelagen. Darin hieß es: »Wird Ihr nächstes Auto aussehen wie dieses?« Stevens beantwortete die Frage mit der Darstellung eines modernistisch wirkenden Autos und einer knappen Erläuterung der Vorteile der Kunststoffanwendung im Nachkriegsauto. Später schrieb Stevens in Erinnerung an diese Anzeige, einer seiner Beweggründe dafür wäre gewesen, »die Leute darauf einzustellen, daß sie nach dem Krieg eher abgewandelte Vorkriegsmodelle zu erwarten hätten als etwa einen Atom-Käfer, der sicher auch machbar und wirtschaftlich produzierbar gewesen wäre.«

Stevens äußerte sich über seine Vision vom künftigen Auto in einem SAE-Paper, auf dem der erwähnte Artikel in *Popular Mechanics* vom Dezember 1942 basierte. Obgleich man noch weit vom Kriegsende entfernt war, sagte Stevens den Lesern, es sei durchaus nicht zu früh, über die zukünftige Form des Autos zu diskutieren. Von der Zielrichtung seiner Anzeige für Durez ein wenig Abstand nehmend, wies er die Vorstellung zurück, daß »das Nachkriegsauto z. B. ein radikal gestylter Heckmotorwagen mit Vollkunststoffkarosserie und völlig transparenter ›Kanzel'« sein könnte. Rasch ergänzte er, daß radikal veränderte Formgebung mit wesentlich verbesserter Sicht, Heckmotoren, Kunststoffverkleidungen und erweiterter Reisekomfort zwar durchaus möglich seien, aber sicher nicht gleich nach dem Kriege. Stattdessen solle man darauf gefaßt sein, in der Nachkriegszeit bei den Händlern nur verbesserte Versionen der 42er Modelle vorzufinden.

Der Kernsatz dieses Artikels aber kam den Vorstellungen des Präsidenten von Willys-Overland, James Mooney, bemerkenswert nahe. »Angesichts ständig steigender Kriegskosten und dadurch möglicherweise bedingter steuerlicher Belastungen«, folgerte Stevens, »werden wir den Durchschnittsamerikaner in einer Situation finden, in der er mit kleineren Autos als vor dem Krieg vorlieb nehmen muß. Es ist durchaus möglich, daß eine zivile Version des Army-Jeeps zu einem ganz akzeptablen und wünschenswerten Alltagsverkehrsmittel werden kann.«

Obschon etwas völlig anderes als der Jeep, ließ das von Powell Crosley im Januar 1946 vorgestellte Mini-Auto erkennen, daß auch er glaubte, Amerika sei bereit für den Kleinwagen. Crosley hatte schon vor dem Krieg ein kleines Modell angeboten, doch dieses hier war ein sehr viel ernsthafterer Versuch, sich einen möglichst großen Anteil am neuen Markt zu sichern. Sein Auto war nur 3680 mm lang, 1450 mm hoch und 1245 mm breit. Mit nur rund 450 kg Gewicht und einem 26-PS-Motor war es dem atomgetriebenen Nachkriegs-Phantasieauto diametral entgegengesetzt.

Was Stevens im Auge hatte, war freilich nicht ganz so bescheiden wie Crosleys Winzling. Zudem war Stevens, wie so viele andere, von den Fähigkeiten des Jeep im Kriegseinsatz stark beeindruckt, so daß Willys es sich in seinen Augen nicht würde leisten können, den Jeep nach dem Kriege zu ignorieren. Statt sich für eine Neuauflage des früheren Americar neu zu rüsten, so meinte er, wäre es viel richtiger, wenn man sogleich ein Fahrzeug – und sei es noch so vierschrötig – auf Basis des Jeep herausbringen würde.

Allerdings wollte er vermeiden, die Leute zu sehr an die Leiden des Kriegs zu erinnern. Daher entwarf er konservative, doch gefällige offene und geschlossene Versionen, die sich mit wenig Werkzeug und geringem Aufwand herstellen ließen. Witzigerweise sahen sie aus wie modernisierte Varianten vom American Bantam. Hatte Bantam zuerst versucht, sein ziviles Modell in ein Allzweck-Armeefahrzeug zu verwandeln, schlug Stevens jetzt vor, aus dem Willys Jeep einen einfachen, preiswerten zivilen Flitzer zu machen.

Wohlgemerkt, Stevens kopierte nicht etwa den Bantam. Allenfalls könnte sein lebhaftes Interesse für Sportwagen zu dem offenen Zweisitzer mit den ausgeschnittenen Türen und dem Stauraum hinter den Sitzen geführt haben. Den Entwurf nannte Stevens später die »amerikanische Version des MG TC«. Ein interessanter Aspekt des SAE-Papers von einst war das Voraussehen dieser kompakten, offenen und geschlossenen Autos mit ihrem auf Wunsch lieferbaren Allradantrieb zur Erhöhung ihrer Attraktivität.

Damals wußte Stevens über Willys-Overlands Aktivitäten wenig mehr, als was er in den Fachzeitschriften gelesen hatte. Doch seine Absicht, aktiv für die Autoindustrie tätig zu werden und Willys' einzigartige Situation sagten ihm, daß dies der geeignete Einstieg für ihn sei. Auf den Anruf von Barney Roos, dem Entwicklungsvorstand von Willys-Overland, brauchte er nicht lange zu warten; er bat ihn, sogleich nach Toledo zu kommen.

Barney Roos war nicht nur der Mann, dem der Original-Jeep zu verdanken war: Er war eines der wirklich großen Talente seiner Zeit. Chefingenieur bei Willys war er, seit er 1938 von der britischen Rootes Group nach Toledo gekommen war. Davor war er bei Studebaker, Marmon, Locomobile und General Electric tätig gewesen.

Roos war alles andere als einfach im Umgang. Stevens erinnerte ihn als jemand, der andere einschüchtern konnte, der »dich zu einem Nichts zermalmt; wohl der schwierigste und bissigste Mensch weit und breit. Er herrschte mit eiserner Hand. Er besaß so viel Ehrgeiz, Tatkraft und Aggressivität, daß er jemanden, der ihm zu weich war, zu ungeschickt oder nicht so lebhaft wie er, regelrecht zu Boden zwingen konnte.«

Das alles wußte Stevens nicht, als er 1943 den Schlafwagenzug von Chicago nach Toledo nahm. Obgleich er zu der Verabredung um 11 Uhr rechtzeitig eintraf, mußte er sich drei Stunden lang mit alten Magazinen die Wartezeit vertreiben. Dabei wunderte er sich, wieso jemand so beschäftigt sein könne, daß er seine Termine derart schlecht einhielt. Später erfuhr er, daß dies Roos' Eigenart sei, mit der er die Gesprächspartner entmutigte, bevor er sie in seinem Büro »abfertigte«. 1979 sagte Stevens dazu: »Er hatte fast eine Art Hitler-Komplex; er ließ einen ganz klein und häßlich werden, und wenn er endlich kam, war man so down, daß man tat, was er wollte.«

Als es Mittag wurde, sah Stevens Roos mit einer andern Person hinausgehen, offenbar zum Mittagessen. Um seine Rückkehr nicht zu verpassen, blieb er in dem marmorgetäfelten Warteraum sitzen »wie ein Blöder«. Schließlich bekam er dann doch noch »grünes Licht« und begab sich in Roos' Büro im vierten Stock. Selbst nach einer so unverschämten Wartezeit war er jedoch nicht auf das gefaßt, was er nun erlebte. Roos' Büro war volle 15 Meter tief, und als er eintrat, sah er Roos am anderen Ende stehen und irgendetwas draußen beobachten. Roos drehte sich um, starrte Stevens eisig an und fragte brüsk: »Was wünschen Sie?« Nachdem der Besucher ihn daran erinnert hatte, daß er auf seinen Wunsch nach Toledo gekommen sei, wurde er eine Spur umgänglicher, doch die Szenerie blieb alles andere als angenehm. Während Stevens seine Vorschläge noch einmal ausbreitete, tat Roos so, als erwarte er jeden Moment eine lebenswichtige Nachricht, die ihn abrufen würde. Doch nichts von dem: In Wahrheit nahm Roos Willys' Zukunft überaus ernst und war äußerst interessiert an dem, was Stevens ihm zu sagen hatte. Als der seine Präsentation beendete, lehnte sich Roos zurück und sagte: »Nun, um ehrlich zu sein, Sie haben genau erraten, was wir vorhaben. Kommen wir also zum Geschäft. Können Sie für uns arbeiten? Welche Art von Zusammenarbeit stellen Sie sich vor?« Schließlich noch: »Ist mir recht so. Dann also los.«

Stevens erhielt per 1.Oktober 1943 den formellen Auftrag, »das Styling und Design der Willys-Overland-Nachkriegsmodelle zu übernehmen«. Das Ergebnis war der Prototyp 6–70 (spätere Benennungen: 6/66, 6/70, 6–71), der den Motor des Jeep verwendete, aber mit vollständig anderem Fahrwerk und neuer Karosserie. Drei fahrfähige Versuchsträger wurden gebaut; einer davon wurde 1943 bei einem Zusammenstoß mit einem Zug auf einem Bahnübergang zerstört.

Anläßlich des »Institutional Day« im Oktober 1946 in Toledo wurde eine Stylingattrappe des neuen Willys-Overland vorgestellt, um die Finanzwelt auf die Aktivitäten des Hauses neugierig zu machen. Dabei stellte Willys' Präsident James Mooney gegenüber Reportern in Aussicht, daß die geschlossene Version des Wagens im Mai 1947 in Serie gehen würde. Eine Coupévariante sollte im August 1947 folgen. Als ein Jahr später weder offene noch geschlossene Versionen zu sehen waren, verlautbarte, daß eine Produktion wohl gegen Ende 1948 beginnen werde.

Tatsächlich hatte man das Projekt bereits im Juni 1944 weitgehend aufgegeben, als Frazer von Charles Sorensen als Präsident abgelöst wurde. Damals hatte Roos große Anstrengungen zur Senkung der Pkw-Fertigungskosten gemacht. Gleichzeitig hatte Stevens sein 1:1-Modell fertig, das gerade in der Versuchsabteilung im 2.Stock des Hauptgebäudes aufgebaut war, als man Sorensen das Werk zeigte.

Zu Sorensens Berufung auf den Präsidentensessel hatten verschiedene Umstände sowohl bei Willys als auch bei Ford geführt, wo Sorensen fast 40 Jahre tätig gewesen war. Seine Macht im Hause Ford war Anfang der 40er Jahre geschwunden, als immer häufiger öffentlich über sein Können und seinen Anteil am Erfolg der Ford Motor Company gesprochen wurde. Darüber und über die Schlüsse, die daraus gezogen wurden, hatte sich Henry Ford geärgert. Als Edsel Ford 1943 starb, waren Sorensens Tage in der Firma gezählt, speziell da man Harry Bennett, den berühmten Chef des »Service Department«, aufsteigen und die Leitung der Firma übernehmen ließ.

Während diese menschliche Tragödie bei Ford ihrem Höhepunkt zusteuerte, gab es auch bei Willys-Overland einige Unruhe. Joseph Frazer, der Präsident, und Ward Canaday, Board Chairman und größter Aktionär, hatten sich über Grundsätze der Firmenpolitik zerstritten. 1943 erreichte dieser Konflikt den »Point of no return«. Frazer unternahm zusammen mit einer Finanzgruppe einen erfolglosen Versuch, die Aktienmehrheit zu erwerben. Anschließend erklärte er Canaday seinen Rücktritt. Wenigstens einen Vorteil konnte er daraus ziehen: Er übte seine vertragliche Option über den Kauf von 75.000 Stück Willys-Aktien aus und steckte einen Gewinn von etwa 200.000 Dollar ein.

Gelinde gesagt, erwarteten viele Leitende Sorensens Amtsantritt bei Willys mit recht gemischten Gefühlen. So erinnerte Stevens einen Anruf von Roos, er solle sich »um Gottes Willen sofort auf die Bahn setzen und herkommen, sonst werden wir beide gefeuert...«. Und aus gutem Grund hat Stevens die Begegnung mit Sorensen im Versuch nicht vergessen, wo er sagte: »Wir haben keine Zeit zu verlieren. Können Sie um 14 Uhr in meinem Büro sein?« Stevens hatte gehofft, ihm das Neueste von Willys-Overland zeigen zu können. Stattdessen nun dies. Er war fast sicher, daß es einem Rausschmiß gleichkam.

Was er dann von Sorensen in dessen Büro hörte, ließ ihn aufhorchen: »An unserm Arrangement ist nur eines falsch: Wir zahlen Ihnen zu wenig. Was ist, wenn sich Ihr Honorar verdoppelt – können Sie dann eine Weile dableiben?« Und als ihm Stevens sagte, er könne bis zum Frühjahr bleiben, sechs Monate, solange wie nötig..., erklärte Sorensen dem Designer seine Pläne für Willys-Overland. »Dieser verdammte Personenwagen ist ein schlechter Scherz«, war Sorensens Kommentar zum Typ 6/66. Stevens berichtete später, wie Sorensen seine Meinung über die Zukunft der Firma zusammenfaßte: »Wir müssen doch irgendetwas aus der Tatsache machen, daß das einzige Image, über das wir derzeit verfügen, der Jeep ist. Wir kommen daran nicht vorbei; denn die ganze Welt kennt ihn. Es wäre absurd, das zu ignorieren und mit dem 6/66 auf den Markt zu gehen. Der ist doch überhaupt nicht konkurrenzfähig!«

Sorensens Worte sollten sich als prophetisch erweisen. Im Juli 1987, als die Chrysler Corporation im Begriff war, American Motors zu übernehmen, nannte Lee Iacocca in der Sommerausgabe 1987 von *Dodge Adventurer* die Motive für diesen Schritt wie folgt: »Zunächst einmal bekommen wir den Jeep, der wohl doch der bekannteste Name in der Automobilwelt und vor allem führend in der Allradtechnik ist. Mir fällt nichts ein, was die USA besser verkörpern könnte als er.«

Sorensens strikte Ablehnung des Pkw-Modells rührte teilweise von der (durchaus realistischen) Meinung her, daß Willys gar nicht dazu ausgerüstet sei, eine Karosserie zu fertigen, die tiefgezogene Stahlblech-Preßteile erforderte. Und die großen Karosseriewerke wie Briggs und Murray gaben Willys keine rosige Zukunft als Pkw-Hersteller, ja, sie waren mit Arbeit für Firmen, die sie für mächtiger hielten, so eingedeckt, daß Willys' Aufträge sie gar nicht reizten. »Willys-Overland hat keine Chance und keine Kenntnisse im Karosseriebau«, sagte Sorensen. So brauchte man sich bei Willys auch keine Gedanken mehr zu machen, ein Auto mit Kotflügeln oder Seitenwänden in Tiefziehblech herstellen zu wollen. Schließlich machte Sorensen einen Vertrag mit einer Firma in Connersville (Indiana), die normalerweise Kühlschrankgehäuse fertigte und bereit war, Karosserieteile an Willys zu liefern. Diese Geschäftsbeziehung mit der American Central Division der Avco Manufacturing Corporation bestand bis zum Oktober 1948, als Willys-Overland ankündigte, man würde jetzt beginnen, alle Karosserien im Werk Toledo herzustellen. Daraus ergab sich dann ein Bedarf an etwa 700 neuen Mitarbeitern. Allerdings schloß Willys diese Maßnahmen erst gegen Ende 1949 ab.

Ungeachtet der Ablehnung durch Sorensen löste Stevens' Styling durchaus auch Beifall aus. So erhielt er im Anschluß an eine Ausstellung des Prototyps im Oktober 1946 folgendes Telegramm von E.C.DeSmet, Willys' leitendem Ingenieur für den Karosseriebau: »Neuer Willys-Overland Pkw mit Ihrem Styling erntete bei Präsentation enormes Lob und Bewunderung. Glückwunsch und Dank Ihnen, Ihren Partnern und Mitarbeitern.« Angemerkt sei auch, daß der 6/70 Einzelradfederung mit Gelenkwellen und Halbelliptikfedern besaß. Trotz gleichem Radstand wie der Station Wagon war er knapp 180 mm länger als dieser.

Sorensens Anordnung aber war eindeutig: »Vergessen Sie den konventionellen Pkw. Wir müssen etwas ähnliches machen wie Ihre erste Idee. Setzen Sie sich hin und machen Sie was, was Sie mir zeigen können. Wir sehen uns morgen.« Daß Sorensen sein »Hohes Haus« von der Notwendigkeit überzeugen konnte, neben dem zivilen Jeep eine Serie von geräumigen Kombis zu fertigen, hat ihn zu einer der Schlüsselfiguren der Nachkriegsjahre werden lassen.

Innerhalb von drei Tagen nach Erhalt von Sorensens Anweisungen hatte Stevens den Vorentwurf für der Welt ersten Ganzstahl-Großserien-Kombi (Station Wagon, wie man in USA sagt) auf dem Tisch, der dann im Juli 1946 als Jeep Station Wagon Modell 463 debütierte. Einige Wochen drauf, am 11.Juli, begann die Serienproduktion, und bis Ende 1946 wurden 6534 Einheiten gebaut. Gerüchte, daß diese Kombis aus alten Jeeps gemacht würden, die Willys der Army abgekauft haben sollte, waren reine Märchen. Die beiden Fahrzeuge hatten unterschiedliche Rahmen, und der 463 besaß keinen Allradantrieb. Wie man aus der folgenden Gegenüberstellung sieht, unterschieden sie sich auch in allen wichtigen Abmessungen:

Modell	**463**	**CJ-2A**
Radstand	*2642 mm*	*2034 mm*
Gesamtlänge	*4445 mm*	*3127 mm*
Gesamthöhe	*1803 mm*	*1626 mm*
Gesamtbreite	*1727 mm*	*1451 mm*
Spurweite vorn	*1403 mm*	*1226 mm*
Spurweite hinten	*1448 mm*	*1226 mm*
Reifengröße	*6.00 × 15*	*6.00 × 16*

Der Typ 463 verwendete einen herkömmlichen Leiterrahmen aus Längsträgern und vier geraden und einem K-förmigen Querträger. Die Vorderachse war früheren Besitzern von Willys-Produkten wohlbekannt, denn es handelte sich um die von Barney

Einer der ersten Station Wagons Modell 463 von 1946 (Foto: Sammlung des Autors)

Roos konzipierte »Planadyne«-Einzelradfederung mit einer Querblattfeder (7 Lagen, 1155 × 64 mm, 39 kg/cm Federrate) anstelle von unteren Querlenkern. Die hinteren Längsblattfedern an der Hotchkiss-Achse hatten je 9 Lagen (1270 × 45 mm, Federrate 27 kg/cm). Die Achsübersetzung betrug 5,38:1. Das Warner TY–96 Dreiganggetriebe mit Synchronisierung der beiden oberen Gänge hatte die Übersetzungen 2,605 – 1,630 – 1.0:1. Sein Antrieb erfolgte über eine Auburn Einscheiben-Trockenkupplung mit 216 mm Durchmesser und einer Reibfläche von 465cm². Serienmäßig zum 463 gehörte (außer einigen der ersten Exemplare, für die er mit $100 Aufpreis lieferbar war) ein 0,7:1 übersetzter Borg-Warner Overdrive mit elektrischem Schalter am Instrumentenbrett. Bei eingeschaltetem Overdrive ging das Getriebe in den Schongang, sobald der Fahrer (etwa ab 50 km/h) kurz das Gas wegnahm. Ebenso bewirkte kurzes Gasgeben, daß das Getriebe wieder in den direkten Gang fiel. Willys nannte das euphorisch: »Modern – sensationell – motorschonend«.

Die hydraulische Vierradbremse von Bendix hatte Trommeln von 251 mm Durchmesser und eine Gesamtbremsfläche von 863 cm²; die 14:1 übersetzte Ross-Lenkung ergab am Lenkrad drei Umdrehungen von Anschlag zu Anschlag und sorgte für einen engen Wendekreis von 10,7m. Unter der Karosserie und eben hinter der Hinterachse war der 57-Liter-Tank plaziert, dessen Einfüllstutzen in einer Vertiefung in der rechten hinteren Seitenwand lag. Sein Reserverad hatte der Typ 463 rechts innen im Laderaum.

Mit den Fahrleistungen des 1330 kg schweren Autos mußte man sich abfinden; der kleine Vierzylinder hatte seine Grenzen, und so gab das Werk eine (geschätzte) Höchstgeschwindigkeit von nur knapp über 100 km/h an. Doch damit niemand den kleinen Kombi für einen Schwächling hielt, erinnerte man die Willys-Käufer lautstark daran, daß »das kräftige Herzstück des Jeep Station Wagon der kampferprobte Willys-Overland Jeep-Motor (sei), bewährt in 500.000 Army-Jeeps, weltberühmt für Dauerhaftigkeit, Leistung und Wirtschaftlichkeit. Dieses kraftvolle Triebwerk wurde in jeder Richtung weiterentwickelt und verfeinert, um noch mehr zu leisten und noch weniger Benzin und Öl zu verbrauchen.«

In der im Station Wagon eingebauten Version mit 2,2 Liter und Carter 32 mm-Einfach-Fallstromvergaser leistete der Motor 63 PS bei 4000/min; daher auch die Bezeichnung 463 (4 Zylinder, 63 PS). Das Drehmoment erreichte seinen Höchstwert von 203 Nm bei 2000/min. Serienmäßig 6,48:1 verdichtet, war aber auch ein Zylinderkopf »für große Höhen« ohne Aufpreis erhältlich, der 7:1 Verdichtung ergab.

Willys verwendete diesen Motor außer für den 463 auch für seine leichten Lkw mit Zwei- und Vierradantrieb, eingeführt 1947. Bei einigen Motoren waren die vier Gegengewichte mit der Kurbelwelle zusammengeschmiedet, andere hatten separat geschmiedete, mit Paßstift und Schraube befestigte Gegengewichte. Alle besaßen ungewöhnlich lange (233 mm), im Gesenk geschmiedete Pleuel und zinnplatierte Alukolben mit T-Schlitzen im Mantel. Ab Motornummer 50705 waren die Kolbenböden dicker (6,4 statt 4,8 mm), um Festigkeit und Wärmeleitfähigkeit zu verbessern. Weitere Änderungen gab es ab Motornummer 3J-1000 mit neuer Kupplungsglocke, hinte-

rem Motorblech, Schwungrad (129 statt 97 Zähne) und anderem (114 mm) Anlasser.

Bei den Exemplaren mit L-Zylinderkopf befand sich die Motornummer – identisch mit der Fahrgestellnummer – vorn oben auf dem Gußansatz für die

Der Station Wagon mit seinem Image von Zweckmäßigkeit – noch heute attraktiv (Foto: Sammlung des Autors)

Wasserpumpe. Oft folgte auf die Ziffern ein Buchstabencode. Die Motoren mit 0,25 mm Untermaß in

Haupt- und Pleuellagerschalen trugen den Buchstaben »A«; wurden Zylinder mit 0,25 mm Übermaß-Bohrung verwendet, so gab es den Buchstaben »B«. Für die Kombination von beidem benutzte man den Code »AB«. Weitere Buchstaben und ihre Bedeutung: »C« – Kolbenbolzen-Übermaß 0,05 mm; »D« – nur Hauptlager mit 0,25 mm Untermaß; »E« – nur Pleuellager mit 0,25 mm Untermaß. Andere Jeep-Motoren benutzten übrigens die gleichen Buchstabencodes.

Brooks Stevens' anfängliche Interpretation des Station Wagon 463 umfaßte eine Grill-Kotflügellinie mit den Kurven und Rundungen, wie man sie von Autos der späten 30er Jahre her kannte; zwischen dem aus schlichten vertikalen Rippen gebildeten Grill und den Kotflügeln eingebettet lagen die Scheinwerfer. Das sah gefällig aus, doch der eigentliche Blickfang war der Wagenkörper mit den markanten, breit verrippten Flächen in Braun und Creme, wie er nun in Serie gefertigt wurde. Natürlich sollte damit das von Station Wagons mit Holzaufbau aus Mahagoni und Birke gewohnte Bild imitiert werden, und die Wirkung war toll. Der Rest des Wagens war einheitlich in dunklem Burgunderrot lackiert.

Mit diesem Erscheinungsbild bewies Stevens, wie gut er funktionelle Formen mit einem attraktiven Styling verbinden konnte. Eingeengt von der Notwendigkeit, dünnes Blech für die Seitenwände zu verwenden, zeichnete er Sicken und Waffelmuster, die nicht nur die großen Flächen erheblich steifer machten (ohne sie, sagte Stevens, habe das Auto »wie eine Konservendose« geklappert), sondern dem Jeep auch ein gepflegtes, ansprechendes Äußere verliehen.

Was noch vonnöten war, um daraus den Willys Station Wagon werden zu lassen, war eine geschickte Verbindung mit dem Vorderwagen, der nahezu eine Kopie der alten Jeep-Frontpartie darstellte. Als er damit fertig war, hatte Stevens eines der markantesten, attraktivsten und langlebigsten Designs geschaffen, die es je für ein amerikanisches Fahrzeug dieser Klasse gegeben hat.

Kernpunkte des funktionellen »Looks« des Typs 463 waren vor allem die eckigen Vorderkotflügel, der Grill mit den schmalen senkrechten Rippen, den 7-Zoll Sealed-Beam-Scheinwerfern und den runden Standlicht-/Blinkleuchten, und natürlich der kastenförmige Aufbau für Passagiere und Ladung.

Und das war gewiß nicht bloß ein optischer Effekt. Die gesamte Konzeption (das Fachblatt *The Autocar* vom 15. Januar 1947 meinte, der Station Wagon sehe »robust« aus) enthielt zahllose Beispiele für funktionell bestimmte Formen und Details. Die zweiteilige Frontscheibe aus Flachglas z. B. bot große Glasflächen, die jedoch für wenig Geld zu ersetzen waren. Ähnlich praktisch, einfach und gut zugänglich war

die Rückfront gestaltet: Der obere Teil mit den zwei Flachglasscheiben ließ sich mittels T-Griff nach oben aufklappen, wo ihn zwei einfache Beschläge offen hielten. Und der untere klappte nach unten weg und bildete eine mit dem Wagenboden ebene Ladefläche. Dabei schwenkten Heckleuchten und Nummernschild um 90° herum, so daß sie bei offener Ladeklappe sichtbar blieben.

Da die Karosserie hinten auf altmodische, platzfressende Kotflügel verzichtete, gab es angesichts des kurzen Radstands und der kompakten Abmessungen enorm viel Ladekapazität: Waren alle Sitze bis auf die vordere Sitzbank ausgebaut, betrug sie 2,78m^3 (Willys nannte zuweilen auch ganz andere Zahlen; so fand man in der Literatur auch Werte wie

Willys hoffte, der 463 würde besonders bei jüngeren Leuten ankommen (Foto: Sammlung des Autors)

1,6 bzw. 3,4m³ [1949]). Die Maße der Ladefläche lauteten dann: 1537 mm Breite, 1448 mm Länge und 1245 mm Höhe. Brauchte man noch mehr Platz, so ließ sich die Lehne des Beifahrersitzes vorklappen. Doch wie man ihn auch ermitteln mochte, der Laderaum des kleinen Wagens war gewaltig. Die klassische Anforderung an einen Station Wagon war damals, daß man Sperrholztafeln von 1220 × 2440 mm Größe laden konnte. Wie bei den meisten andern Station Wagons konnte man sie in den Willys (Ladeklappe offen) flachliegend einladen. Doch kein anderer außer ihm bot die Möglichkeit, sie auch hochkant unterzubringen! Praktisch war auch, daß man nach dem Transport von über zwei Meter langem schmutzigem Ladegut (Ladeklappe flach und Sitze entfernt) einfach den Gartenschlauch nehmen konnte, um die Fläche zu reinigen.

Beide Sitzbänke waren so unterteilt, daß von den jeweils drei Plätzen zwei zusammengewachsen waren; der dritte Mann saß auf einem separaten klappbaren Sitz. Da keine dritte Sitzbank Platz hatte, gab es als Sonderwunsch einen einzelnen, quer zu montierenden Sitz, von dem aus man nach rechts hinaussah. Die Sitze waren einfach gebaut: Rahmen aus Stahlrohr, Stahlfedern, Polsterung mit Haarfilz und Baumwolle und ein praktischer Kunstlederüberzug. Der Dachhimmel war aus rotgemustertem,

waschbarem Stoff, der gut zur Espenlaubfarbe des Interieurs paßte. Die Armlehnen waren mit dem gleichen Stoff bezogen wie die Sitze.

Der 463 hatte ein extrem einfaches Instrumentenbrett aus lackiertem Stahlblech, in dem sich nur ein einzelner rechteckiger Einsatz mit mehreren Instrumenten befand: ein Tachometer (bis 80mph bzw. 128km/h), umgeben von ebenfalls eckigen Geräten für Kraftstoff, Öldruck, Ladestrom und Kühlwassertemperatur. Rechts davon war ein Handschuhfach und unter den Instrumenten lagen Zündschloß, Choke und Kontrollampen. Wurde ein Radiogerät (auf Wunsch) eingebaut, so saß es unmittelbar vor der Lenksäule. An Luxus gab es ein Lenkrad mit Hupenring, je eine Deckenleuchte vorn und hinten, einen Staukasten mit Tür unter dem linken Vordersitz, drei Ascher (einer am Instrumentenbrett, zwei hinten links und rechts), zwei Sonnenblenden, Armlehnen vorn und hinten und zweierlei Signalhörner.

Völlig zu Recht war Willys stolz auf dieses jüngste Kind und ließ verlauten: »Der Jeep Station Wagon ist das Ergebnis vieler Jahre Erfahrung in der Entwicklung des zweckmäßigen, kompakten, sparsamen und wertbeständigen Autos, das genau in die heutige Zeit paßt. Das funktionelle Design dieses Station Wagon stellt einen klaren Bruch mit den traditionellen Beschränkungen dar, denen Fahrzeuge dieser Art üblicherweise unterliegen, wenn es um die volle Nutzung der Moglichkeiten des Kombifahrzeugs geht. Seine universelle Alltagstauglichkeit – mit hohem Komfort für die Insassen und reichlich Laderaum – entspricht genau den heutigen Anforderungen.«

Es ist interessant, den Willys Station Wagon mit den Kombis anderer Hersteller des Jahres 1947 zu vergleichen (das war ein aussagefähigeres Jahr als 1946, als viele noch keine komplette Modellauswahl anboten):

Modell	**Preis (US-$)**	**Leergewicht(kg)**	**Stückzahl gesamt**
Willys 463	*1608*	*1290*	*32.214 *)*
Buick Super	*2940*	*1890*	*786*
Buick Roadmaster	*3249*	*2015*	*300*
Chevrolet Fleetline	*1893*	*1560*	*4.912*
Ford Super Deluxe V8	*1972 **)*	*1595 **)*	*16.104*
Mercury	*2207*	*1620*	*3.558*
Oldsmobile Series 66–6	*2456*	*1715*	*1.460*
Pontiac Streamliner-6	*2312*	*1685*	*keine Angabe*

**) Produktion 1946: 6.533 Stück*
***) Ford 6-Zylinder: Preis US-$ 1893; Leergewicht 1580 kg*

Selbst mit normalem Hinterradantrieb hatte der 463 auf schneebedeckten Straßen ausgezeichnete Traktion (Foto: Sammlung des Autors)

Im Gegensatz zu den aufgelisteten viertürigen Konkurrenten gab es den Willys nur zweitürig. Stevens' Schwägerin hatte Jahre zuvor einen Unfall mit einem von ihr gefahrenen viertürigen Station Wagon erlebt, bei dem in einer scharfen Kurve die eine hintere Tür aufgesprungen war und ihre Mitfahrer herausgeschleudert worden waren. Daher bevorzugte er den Zweitürer. Außerdem mußte Willys, wo immer möglich, Kosten sparen, und die waren für einen zweitürigen Station Wagon deutlich niedriger als für einen Viertürer.

Bei seiner ersten Ankündigung war der Preis für den Jeep Station Wagon 1337 Dollar ohne und 1437 Dollar mit Overdrive. Als der Overdrive später serienmäßig geliefert wurde, ging der Preis auf 1608 Dollar hinauf.

Alle angebotenen amerikanischen Station Wagon des Jahrgangs 1947 waren mit Holzaufbauten ausgeführt, nur der Willys besaß eine Ganzstahlkarosserie und kannte all jene Nachteile des Holzaufbaus nicht, wie das Knarren, das Abschälen und Verwittern der Holzteile, die, um stets gepflegt auszusehen, jedes Jahr renoviert werden mußten. Bis Plymouth im März 1949 seine ersten Nachkriegsmodelle vorstellte, gab es auf dem US-Markt buchstäblich keinen Konkurrenten für den Willys Station Wagon. Als nächster nach dem Plymouth Suburban Wagon in Ganzstahl kam 1952 der Ranch Wagon von Ford und erst 1953 Chevrolets erster Stahlblech-Kombi.

Willys betrachtete den 463 nur als ersten Schritt auf einem neuen Weg, der, wie es hieß, »auf Realismus und nicht auf Opportunismus« basierte. In einer Bro-

Ein Station Wagon Baujahr 1948 (Foto: Sammlung des Autors)

schüre von 1946 mit dem Titel »Ein neues Produktions- und Vertriebskonzept« ließ sich die Firma über diese Idee aus. »Es ist nicht übertrieben zu sagen, der Krieg habe eine Ära im Automobilbau beendet. Obgleich das Auto stetig in die Rolle des für das moderne Leben Unverzichtbaren hineinwuchs, blieb unter den Herstellern ein starker Trend, es mit Hilfe von Styling und Äußerlichkeiten zum Luxusartikel, zum sozialen und finanziellen Statussymbol zu machen.«

Indirekt gab die Firma Willys damit zu, daß dieser Trend in den 30er Jahren den Absatz ihrer kleinen Modelle sehr erschwert hatte, denn »der Kleinwagenkäufer wollte, daß sein neues Auto möglichst wie ein Mittelklassewagen aussähe. Das wurde recht teuer für uns; das ständige Gerangel darum, das Neueste und Größte zu haben, wurde von der Industrie durch jährliche Modellwechsel und rasches Veralten der Modelle noch gefördert. Was daraus wurde, war ein Wettlauf um immer größere Abmessungen mit Überbetonung von Leistung und Styling, eine unwirtschaftliche Entwicklung, die Gewicht und Geld kostete.«

Willys war nicht so naiv zu glauben, daß diese Einstellung wieder verschwinden würde, erwartete jedoch – wie Stevens es schon Jahre zuvor ausgedrückt hatte –, daß »die Bedürfnisse unserer Zeit ein anderes, ein für den wirtschaftlichen Personentran sport gebautes Auto fordern werden.« In diesem Zusammenhang, meinte Willys, war der 463 »ein alltagstaugliches, ökonomisches und wertvolles Fahrzeug, das in unsere Zeit paßt. Seine Konzeption mit Ganzstahlaufbau und herausnehmbaren Sitzen ist ein klarer Bruch mit den bisher so begrenzten Möglichkeiten des traditionellen Station Wagons. Der 463 ist ebenso bequemes Familienauto wie praktischer Kleintransporter mit großem Laderaum für den Geschäftsmann. Seine Karosserieform erwuchs aus funktioneller Zweckmäßigkeit, nicht aus einer sinnlosen Mode heraus, in vollem Bewußtsein der im Station Wagon verborgenen Doppelfunktion, und so wird er seine künftige Rolle als Transportmittel für Personen und Güter perfekt spielen. Wir glauben, daß er diejenige Form des Autos ist, die immer mehr Leute brauchen und auch kaufen werden.«

In der Oktoberausgabe 1950 von *Consumer Reports* stimmte das Blatt in seinem Testbericht über den Station Wagon mit Willys in dieser Ansicht überein. Während es dem damals üblichen amerikanischen Auto eine Fülle zwischen Leistung, Geschwindigkeit, Komfort, Schönheit und Geräumigkeit widerstrebender Zielrichtungen attestierte, lobte es das klare Konzept des 463 als Rezept für wirtschaftlichen Erfolg. Gleichzeitig gab es Willys-Overland hohe Noten für den Bau spezialisierter »Nicht-für-jedermann«-Autos: »Auf ihrem ureigensten Gebiet ist

Werbung für den Station Wagon 463 vom 11.Oktober 1947 (Foto: Sammlung des Autors)

diese Firma kaum zu schlagen.« Jedoch hatte der Willys in den Augen von *Consumer Reports* auch Nachteile. So akzeptierte das Magazin die Behauptung nicht, das Auto sei für hohes Tempo und lange Strecken geeignet; das freilich tat es mit Humor: Zu einer Anzeige, die ein junges Paar zeigte, das aus seinem 463 nach einer offensichtlich längeren Fahrt ausstieg, wobei sie zu ihm sagte, es wäre ihr gar nicht wie 400 Meilen vorgekommen, kommentierte das Blatt lakonisch: »...wohl eher wie 800!«

Manch ein Fahrer, dem die ungenaue und endlos untersetzte Lenkung normaler amerikanischer Autos so gar nicht gefiel, genoß die sehr direkte Lenkung des Willys als erfrischende Neuerung. Das vorerwähnte Blatt aber fand, daß gerade dies im Zusammenhang mit seiner Seitenwindempfindlichkeit die Eignung des 463 für längere Reisen deutlich beeinträchtige.

Doch trotz dieser und einiger anderer Beanstandungen – Klappern der Motorhaube und nicht als moderne Liegesitze ausgeführte Sitzbänke – fand *Consumer Reports* am Willys auch eine Menge Lobenswertes. Immer wieder wurden die praktische Karosserie mit dem leichten Ein- und Ausstieg, die hervorragende Traktion und das Raumangebot gelobt. Insgesamt meinte der Bericht: »Der Willys Station Wagon hat, wenn er bestimmungsgemäß eingesetzt wird, auf seinem Gebiet keinen gleichwertigen Konkurrenten... ein Arbeitsgerät, das seine Arbeit gut vollbringt.«

Die Einschätzung des Willys Station Wagon als echtes Mehrzweckfahrzeug war Kernstück seiner Werbung bis hin zum Auslauf der Fertigung 1965. Zum Beispiel wurde er in Anzeigen von 1947 als »geräumiger, bequemer Pkw und praktischer Kleinlaster für private und geschäftliche Zwecke« bezeichnet. Im Jahr darauf war er »die große neue Kombination aus Wirtschaftlichkeit, Gebrauchstüchtigkeit und Wertbeständigkeit«. 1951 warb man für den 463 als dem, der »eine lange, lange Strecke mit ein paar Litern Benzin läuft und unter den großen Kombis der preiswerteste ist«.

Als das Modell 1954 bereits länger in Serie war als irgendeines seiner Rivalen in USA (und noch ein volles Jahrzehnt vor sich hatte), wurde es mit Recht als »Pionier des Ganzstahl-Station-Wagons« angepriesen. Es war das »Vernunftauto, das ein Doppelleben führt«. Wie der alte VW-Käfer, so war auch der Jeep Station Wagon ein Fahrzeug, das auf einer grundsoliden Konstruktion basierte. Seine lange, erfolgreiche Produktionszeit bestätigte Willys' Versprechen, »eine Kombifahrzeugreihe für reale Bedürfnisse zu bauen und nicht für modische Spielereien. Jährliche Modelländerungen nur um ihrer selbst willen werden wir nicht nötig haben. Willys-Overland-Produkte werden laufend verbessert und ausgefeilt, doch aufwendige Werkzeugumstellungen und Unterbrechungen der Serie, die nur dem jährlichen Modellwechsel dienen, werden wir vermeiden – zum Nutzen unserer Kundschaft.«

Zweifellos war das ein weiterer Punkt, der sich zugunsten von Willys-Overland auswirkte. Das wurde deutlich, als die Firma am 6.Januar 1948 verkündete, 1947 die höchste Friedensproduktion seit 1929 erzielt zu haben. Präsident James D.Mooney berichtete, daß 119.733 Fahrzeuge gefertigt worden seien, darunter 77.400 Jeeps, 78.118 Lkws, 33.285 Station Wagons und 899 geschlossene Lieferwagen. Letzterer war am 18.Mai 1947 in Serie gegangen (und erhielt ab 1950 die Bezeichnung »Sedan Delivery«). Im wesentlichen handelte es sich um den Station Wagon, bei dem die hinteren Scheiben weggelassen und die Ladeklappen durch links und rechts angeschlagene

Hecktüren ersetzt worden waren. Damit ergab sich eine Laderaumöffnung von 1041 mm Höhe und 1118 mm Breite sowie laut Werksangabe ein Laderaum von 3,17m³. Nur eine Sitzbank von 813 mm Breite war vorgesehen.

Verglichen mit den 77.988 insgesamt gefertigten Einheiten von 1946 bedeuteten die fast 120.000 des folgenden Jahres eine Steigerung um über 53%. Dennoch setzte sich Mooney für 1948 ein Ziel von 238.000 Fahrzeugen. Eines der Mittel, mit denen er dies zu erreichen hoffte, war eine anspruchsvollere Version des Station Wagon 463, der »Station Sedan« Typ 663, von dem 1947 erst 53 Stück gebaut worden waren. Als erste hatten dieses Modell die 450 Gäste des zweiten »Willys-Overland Institutional Day« sehen dürfen – Wirtschaftsbosse, Bankiers, Zeitungsleute und Autohändler.

Die offizielle Vorstellung des 663 durch Vertriebsvorstand Arthur J.Wieland fand am 17. Januar 1948 statt. Dabei bemerkte Wieland, daß der 663 der erste Sechszylinder des Hauses seit 1932 sei.

Äußerlich war der Neue zweifellos ein Abkömmling des bewährten 463. Doch sein Listenpreis – anfangs 1985, später 1866 Dollar – lag deutlich höher als der des Vierzylinders 463 ($ 1732 im Jahr 1948), war aber durch eine Reihe von Neuerungen gerechtfertigt. Statt der Holzimitation des 463 hatte er eine durchgehende Lackierung, abgesetzt mit einem umlaufenden, breiten Streifen mit Rohrgeflecht-Effekt. Der Grill, weiterhin in der gewohnten Form, war in der Mitte mit einem senkrechten Chromstreifen verziert, den man schon vom Jeepster her kannte. Anfangs war der Station Sedan entweder tunisrot oder tannengrün-Metallic lieferbar; im weiteren Ver-

Eine interessante Anzeige vom Juli 1948, die den ›weltweiten Erfolg‹ des Jeep 463 illustrieren soll (Bild: Sammlung des Autors)

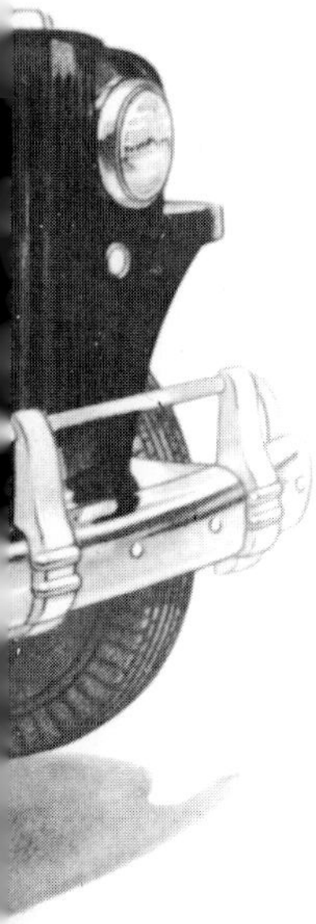

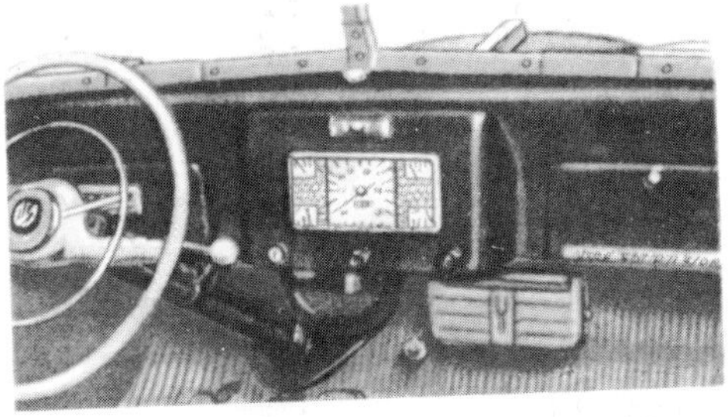

Mittelteil eines Werbeprospekts von 1947 für den Station Wagon (Bild: Sammlung des Autors)

Kleine Prospektbilder

Oben: Das Interieur des Jeep Station Wagon hatte Verkleidungen in Espenmaserung, die Sitze waren kunstlederbezogen.

Mitte: Die Instrumententafel des 1947er Jeep Station Wagon.

Unten: Darstellung des selbsttätig schwenkenden Nummernschildes mit Rückleuchte am Station Wagon.

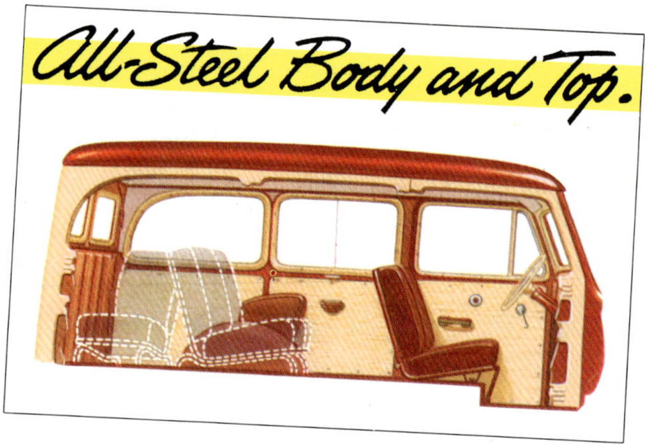

Oben: Ausflug in einem 1948er Jeep Station Wagon (Bild: Sammlung des Autors)
Oben rechts: Dieser Ausschnitt aus einem Prospekt von 1948 zeigt die Anordnung des zum Aufpreis erhältlichen Rücksitzes im Station Wagon, der ihn siebensitzig macht (Bild: Sammlung des Autors)
Rechts: Willys' Einzelradfederung vorn mit Querblattfeder (Bild: Sammlung des Autors)
Unten: Der Station Sedan debütierte 1948 (Bild: Ed Shultis)
Unten rechts: Besonders interessante Anzeige vom November 1949: Der Station Wagon hat Allradantrieb (Bild: Sammlung des Autors)

Allrad-Station Wagon von 1949 (Foto: Sammlung des Autors)

Unten links: Eine Anzeige von klassischer Einfachheit vom Januar 1951 (Bild: Sammlung des Autors)

Unten rechts: Diese Anzeige vom Juni 1951 unterstreicht die Zweckmäßigkeit der Station-Wagon-Konzeption (Bild: Sammlung des Autors)

lauf kamen blau-metallic und herbstbraun-metallic hinzu. Die Räder gab es in Wagenfarbe oder auch mit elfenbeinfarbenen Streifen abgesetzt. An der Seite der Motorhaube las man »Jeep Station Sedan«.

Das Interieur des Station Sedan war mit grauem »Vinylite«-Kunstleder und Mohair bezogen, und der Boden hatte durchgehend Teppichbelag. Das Instrumentenbrett war chromverziert. Während der Vordersitz aufgeteilt war wie beim Station Wagon, war die hintere Sitzbank in voller Breite einteilig.

Das Interessanteste am Typ 663 aber war sein Motor. Mit 76,2 mm Bohrung und 88,9 mm Hub, d. h. 2432cm^3, war dies Amerikas kleinster Sechszylinder. Ursprünglich hatte man ihn für den Pkw 6/70 vorgesehen und ihn auch als solchen im Januar 1948 vorgestellt. An seinem L-Kopf (stehende Ventile) war zwar nichts Neues, doch der dünnwandige Guß und die zusammengewachsenen Zylinder zeugten davon, daß der Konstrukteur Barney Roos auf dem neuesten Stand der Technik war. Der Motor leistete 70 PS bei 4000/min, und mit 160 Nm erreichte er sein höchstes Drehmoment bei 1600/min (einige Quellen gaben nur 158 Nm an). Die Kurbelwelle war vierfach gelagert, die Alugußkolben zinnplattiert. Die Ventilteller maßen 35 mm (Einlaß) und 32,5 mm (Auslaß); der Hub der massiven Ventilstößel betrug 7,6 mm. Der Motor war 6,42:1 verdichtet und hatte einen Einfachvergaser von Carter Typ WA1 645–5.

Im Jahre 1950 wurde dieser Sechszylinder in einer auf 2,64 Liter aufgebohrten Form neben dem 2,2 Liter Willys-Motor von der Firma Kaiser-Frazer in deren »Economy Car« Henry J. eingebaut. Und auch der Willys Station Wagon war ab Dezember 1948 mit diesem Triebwerk erhältlich. Hier eine Übersicht der Modelle und Preise der Jahre 1948 und 1949:

1948

Modell	**Bezeichnung**	**Preis US-$**
463–4	*Station Wagon*	*1732*
Kastenwagen	*(Panel Delivery)*	*1477*
663–6	*Station Sedan*	*1985*

1949

Modell	**Bezeichnung**	**Preis US-$**
463–4	*Station Wagon*	*1708*
Kastenwagen	*(Panel Delivery)*	*1375*
4×463–4	*Station Wagon*	*2008*)*
663–6	*Station Sedan*	*1866*
663–6	*Station Wagon*	*1814*

**) Dieses neue Modell behandeln wir weiter unten*

Im Jahre 1949 erlebte Willys-Overland einen bedeutsamen Wechsel in der Führung: James Mooney reichte am 20.Mai seinen Rücktritt als Präsident und Board Chairman sowie als Mitglied des Vorstandes ein. Bevor er ging, legte er seine Ansichten über den Zustand der Industrie bei zwei verschiedenen Gelegenheiten dar. Im Januar 1949 machte er in einer Rede in Cincinnati (Ohio) die Vorhersage, innerhalb von sechs Monaten wäre es so weit, daß jedermann zu jedem Autohändler gehen und ein Automodell ganz nach seinem Belieben kaufen könne. Vor Reportern sagte er: »Unser Markt hat sich in einen Käufermarkt verwandelt. Hohe Preise lassen den Autoabsatz schrumpfen.« Er beschrieb die Autoindustrie als ungesund und fügte hinzu: »Arbeitgeber und Gewerkschaften hat man wegen der hohen Autopreise gesteinigt.« Er erklärte, es gäbe in Wahrheit zwei Gründe für die Preise, »die geringe Kaufkraft des Dollar für alle Hersteller infolge der Abwertung« und die Tatsache, daß »die Herstellkosten des Autos heute schwer belastet werden durch direkte und indirekte Steuern, die pro Fahrzeug mehrere hundert Dollar betragen.«

Noch ein Beispiel für die Anzeigenkampagne »Willys [zu kaufen] hat Sinn« von 1951 (Bild: Sammlung des Autors)

Später, am 28.April 1949 bei einem Essen der Automotive Old Timers im Roosevelt Hotel in New York, plädierte Mooney für die Abschaffung der 40-Stunden-Woche, für die Verlängerung der täglichen

Arbeitszeit und Reduzierung der Steuern, um ein wirklich billiges Auto produzieren zu können. »Die Voraussetzungen dafür, ein 1000-Dollar-Auto bauen zu können«, meinte er, »sind ein ehrlicher Arbeitstag und ein ehrlicher Tageslohn.«

Während die Wahl eines neuen Präsidenten noch zurückgestellt wurde, bestellte man Ward Canaday zum Board Chairman. Canaday hatte schon früher einmal diesen Sessel innegehabt, doch diesmal lag vor ihm ein ziemlich schlimmes Jahr, wie es die stark abgesunkenen Stückzahlen erkennen ließen. Nach 136.648 Einheiten 1948 konnten 1949 nur noch 83.250 Autos abgesetzt werden (davon 29.928 Station Wagon und Station Sedan). Als Gründe für diesen Abstieg nannte man den Rückgang der Exporte (der Gesamtautoexport der USA fiel um fast 20%) und einen Stahlarbeiterstreik, der die Belieferung mit wichtigen Rohteilen einschränkte. So mußte das Werk im Oktober eine Woche lang schließen, und Mitte November war nochmals für 7000 Arbeiter Pause bis Anfang Dezember; auch dann aber wurden nur 4000 von ihnen wieder beschäftigt. Es folgte eine weitere Arbeitspause von Mitte Dezember bis Anfang Januar, als eine eigene Karosseriefertigung für den Station Wagon eingerichtet wurde. Willys besaß nun zwar für fünf Millionen Dollar ein modernes Preßwerk und

Willys' Werbung empfahl den Station Wagon häufig als Mehrzweckfahrzeug. Diese Anzeige erschien im August 1951 (Foto: Sammlung des Autors)

Station Wagon 685 Modelljahr 1952 (Foto: Old Cars Weekly)

ebenso eine Schmiede, die Teile für den eigenen Bedarf wie für denjenigen Dritter fertigen konnte, doch das alles in Betrieb zu nehmen, war teuer.

Zudem war man durch den schleppenden Absatz zu einer Viertagewoche gezwungen, und außerdem waren die Bauteile der Bremse knappgeworden. Ohne Lieferungen von der bestreikten Bendix Aviation Corporation aber mußte Willys nach anderen Quellen suchen. Das gelang nicht rechtzeitig, und Ende Mai waren 5000 Mann ohne Arbeit.

Der Bericht über das am 30.9.1949 beendete Geschäftsjahr erschien am 28.12. desselben Jahres. Aus ihm sprachen sowohl die schlechte Wirtschaftslage der letzten Monate, als auch einige im Grunde vernünftige Änderungen der Firmenpolitik. Eine davon bestand in Preissenkungen für alle Jeep-Modelle per März 1949, eine zweite in neuen Maßnahmen zur Verminderung des Lagerbestands um mehr als 36%. Der Nettoumsatz fiel von 175,3 Millionen Dollar 1948 auf 142,4 Millionen 1949 (davon 26,6 Mio. Dollar oder 18,7% aus Exporten nach Übersee). Der Nettogewinn nach Steuern und Abgaben war von 7,1 Millionen Dollar 1948 auf 3,4 Millionen geschrumpft.

Es gab aber genügend Hinweise darauf, daß ein deutlich besseres Jahr 1950 zu erwarten war. Willys' Nachkriegsexpansion war weitgehend abgeschlossen, und 1949 hatte es einen so großen Neubedarf der Armee an Jeeps, Lkws, Station Wagons und Ersatzteilen gegeben, daß man am Jahresende noch einen Auftragsbestand von etwa 15 Millionen Dollar hatte.

Abschließend zeigte sich Canaday, der sich zuvor besorgt über die in- und ausländische Wirtschaftslage geäußert hatte, über Willys' Zukunft dann doch eher optimistisch: »Man darf davon ausgehen, daß Willys-Overland – ein Unternehmen ohne Schulden, mit geringen Lagerbeständen und guten Produkten – auch weiterhin offensiv auftreten und dabei erfolgreich sein wird.«

Wahrlich, Willys-Overland hatte seinen innovativen Schwung 1949 bereits mit der Einführung des neuen Allrad-Station-Wagon Typ 463 unter Beweis gestellt. Mit seinem Preis von 2008 Dollar war er der teuerste im Hause Willys. Ging man nur nach der Preisliste, so konkurrierte er mit dem Buick Super Sedanet ($ 2095), dem Chrysler Windsor Sedan ($ 2020) und dem Mercury Sport Sedan ($ 2031).

Zwei Motoren wahlweise ab 1952 (Bild: Sammlung des Autors)

Willys Station Wagon Baujahr 1952 (Bild: Sammlung des Autors)

Willys Deluxe Station Wagon von 1953 (Bild: Sammlung des Autors)

Ein 1953er Allrad-Station-Wagon (Bild: Sammlung des Autors)

Am DeLuxe Station Wagon von 1953 erkennt man die neuen Rückleuchten (Bild: Sammlung des Autors)

Dabei gab es für ihn in Wirklichkeit gar keinen heimischen Konkurrenten. Seine Vorderachse, Hinterachse und Verteilergetriebe Modell 18 (direkt und mit 2,42:1 Untersetzung), waren von Spicer. Er hatte Knüppelschaltung, vorn und hinten Blattfedern und schmalere 6.50×15"-Reifen (463 mit Heckantrieb: 6.70×15"). Sein Äußeres war bis auf den Schriftzug »4-Wheel Drive« statt »Jeep Station Wagon« an der Motorhaube (ohne den es nur einige wenige 1946 gegeben hatte) identisch mit dem Original-463. Während der 463 und 663 von 1949 noch serienmäßig den Overdrive besaßen, gab es den Allrad-463 nur mit Dreiganggetriebe. Auch ein paar Abmessungen änderten sich beim Allradmodell: Sein Radstand betrug 2655 mm, und insgesamt war er ca. 75 mm höher als sein Bruder mit zwei angetriebenen Rädern.

Willys warb für das neue Modell – zusammen mit seinem Allrad-Lkw und dem CJ-2A – als ideale Fahrzeuge für den Farmer: »Der Unterschied zwischen Durchkommen und sich herausziehen lassen heißt Allradantrieb; deswegen sind Farmerfahrzeuge von Willys-Overland mit Vierradantrieb allen normalen Wagen so überlegen. Bei allen Wetter- und Straßenbedingungen, in tiefem Matsch, losem Sand, Eis und Schnee und sogar querfeldein können Sie sicher sein, daß Sie mit einem der Willys-Allradfahrzeuge durchkommen.«

Was den neuen Allrad-Station-Wagon betraf, versprach Willys: »Allradantrieb und größere Anpassungsfähigkeit machen diesen ausgewachsenen Wagen mit 2640 mm Radstand ideal für Farm und Ranch. Sechs Erwachsene und eine Menge Gepäck finden bequem Platz. Läßt man nur den Fahrersitz drin, erhält man 3,4m³ Laderaum. Dazu die sichere, langlebige Ganzstahlkarosserie mit flachen, unempfindlichen Kotflügeln, einfach auswaschbarem Innenraum und großer Bodenfreiheit, die vor dem Aufsetzen im Gelände schützt.«

Tom McCahills Test des Allrad-463 erschien in der *Mechanix Illustrated* vom Januar 1950, und erwartungsgemäß war er von dem Auto begeistert: »Ich fuhr diesen Allrad-Wagon 40prozentige Steigungen 'rauf und 'runter, an denen jedes andere amerikani-

Attraktiver 1954er DeLuxe Station Wagon (Bild: Sammlung des Autors)

Man beachte die zusätzliche Chromausstattung am 1954er Allradmodell (Bild: Sammlung des Autors)

sche Auto gestreikt hätte. Ich hatte das Gefühl, mit diesem Kombi könnte ich zur Not auch Hauswände hochfahren!«

McCahill, der damals vermutlich von Autos mehr verstand als irgendein anderer amerikanischer Journalist, war dann auf offener Straße längst nicht mehr so angetan von den Fahrleistungen des Jeep. Die Spitze lag knapp unter 100 km/h, und volle 35 Sekunden waren von 0 auf 60mph (96 km/h) nötig. Doch er erklärte, »der Wagon ist für Farmarbeit ausgelegt, deshalb ist solch ein Straßentest wohl nicht ganz fair... In seinem eigenen Element – auf Feld- und Waldwegen, wo alle Beschleunigungsrekorde von Vierfüßlern und nicht von Vierrädrigen gehalten werden – ist er der absolute Weltmeister!«

1950 liefen zweierlei Modelle vom Band, das eine – bis zum Frühjahr – war die 1949er Ausgabe in unveränderter Form, das zweite wurde der Presse am 30.März vorgestellt und ab 16.April angeboten. Zur Vorbereitung einer Werbekampagne fand am 3.März in Toledo ein großes Händlertreffen statt. So gering die äußerlichen Modelländerungen nach Detroiter Maßstäben auch sein mochten, so überraschend waren sie für ein Auto aus Toledo. Der Kühlergrill hatte leichte V-Form angenommen, mit fünf waagerechten Chromstreifen zusätzlich zu den in Wagenfarbe lackierten senkrechten Stäben. Die Motorhaube war an ihrer vorderen Kante sauber umgebördelt und somit versteift; in der Mitte trug sie ein verchromtes Zierteil mit rotem, kreisrundem Willys-Emblem. Auffallend war auch die neue Kotflügelform: Die stirnseitigen Bleche waren verschwunden, der Kotflügel vorn leicht V-förmig geschwungen, betont durch eine nach hinten rasch auslaufende Falte.

Diese Karosserieänderungen hätten sicher genügt, um die Willys-Fans für ein, zwei Jahre zufriedenzustellen; sie waren aber nur der sichtbare Teil des für Willys-Overlands Verhältnisse enormen Verbesserungsumfangs. Der »Hammer« kam von Barney Roos, der den ersten neuen Motor entwickelt hatte – mit F- statt L-Zylinderkopf (ein stehendes, ein hängendes Ventil). Roos' rechte Hand in der Konstruktion war A.C.Sampietro, der später eine wichtige Rolle bei der Entwicklung des Sechszylinder-ohc-Motors von 1962 spielen sollte. In US-Produkten war der F-Kopf früher einmal häufig verwendet worden; so z. B. bei Essex von 1919 bis 1923 oder bei Locomobile. Der letzte Amerikaner mit F-Kopf war freilich der Hudson Super Six von 1929 gewesen; jetzt, 1950, hatten nur noch Rover und Rolls-Royce/Bentley eine solche Ventilanordnung.

Der Willys-Motor war auch keine komplette Neukonstruktion; denn das hätte hohe Investitionen erforderlich gemacht, die man zu vermeiden suchte. So war man bei Bohrung und Hub des alten Triebwerks geblieben, das, wie wir uns erinnern, im Grunde der Whippet-Motor von 1926 war. Tatsächlich wurden

THE SATURDAY EVENING POST

FROM THE MAKERS OF THE BELOVED 'JEEP' KNOWN AND RESPECTED AROUND THE W

The Common-sense Car that Leads a Double Life

AS A FAMILY CAR, the Willys DeLuxe Station Wagon is amazingly compatible with the needs of most American families. With easily cleaned seats, sides and floors it is a good companion to children and pets. Carries "problem" items (such as bicycles and lawnmowers) without removing seats. Comfort for 6 adults, with huge luggage space behind rear seats. And its powerful *Hurricane* engine is *so* economical to run. Why not let your Willys dealer fit one of these into *your* life today?

AS A BUSINESS OR WORK CAR, more than 100 cubic feet of usable space is available for tools or bulky packages. Seats lift out easily. Interior can be cleaned almost as easily as a kitchen sink!

KW Why not start this motoring season with the car that gives you *double utility; low first cost; low operating costs; high trade-in value?* At your Willys dealer now. *Kaiser-Willys Sales Division*—Willys Motors, Inc., Toledo, O.

Willys

STATION WAGON

- With 6-Cylinder *HURRICANE* Engine, 2-Wheel Drive
- With 4-Cylinder *HURRICANE* Engine, 4-Wheel Drive

auch nur wenige neue Bauteile wie Zylinderkopf, Steuertrieb und Nockenwelle verwendet, doch das Ergebnis war gleichwohl überraschend, wie die nachfolgende Übersicht zeigt:

	4-Zylinder L-Kopf	4-Zylinder F-Kopf »Hurricane«
Leistung	*63 PS bei 4000/min*	*72 PS bei 4000/min*
Drehmoment	*142 Nm bei 2000/min*	*155 Nm bei 2000/min*
Verdichtung	*6,48:1 *)*	*7,6:1 **)*
	**) wahlweise 7:1*	***) wahlweise 8:1*

Gleichzeitig gab Willys an, der neue Motor verbrauche um volle 25% weniger Benzin als der alte mit den stehenden Ventilen. Mit 32,7 PS/l habe er eine Literleistung, die in den USA nur von einem, nämlich dem Crosley-Motor, übertroffen würde.

Ein Blick auf die Konzeption des Hurricane F-Kopf-Motors erklärt Roos' Äußerung, man habe anfangs keine Vorstellung gehabt, wie gut das Triebwerk tatsächlich werden würde. So hatte der Motor die im Verhältnis zum Hubvolumen größten damals verwendeten Einlaßventile. Selbst absolut gesehen war das über dem Kolben hängende Einlaßventil mit 50,8 mm Durchmesser gewaltig und erlaubte eine ungewöhnlich hohe Zylinderfüllung. Im Brennraum des F-Kopfes saß die Zündkerze an der höchsten Stelle und nahezu exakt im volumetrischen Zentrum. Das brachte Vorteile wie eine recht vollständige Verbrennung, also auch geringe Klopfneigung bei niederoktanigem Benzin. Da der Vergaser oben auf dem in den Kopf eingegossenen Saugkrümmer saß, war der Weg der Gase von dort zum Ventil sehr kurz und ungehindert. Außerdem sorgte Roos für gleichmäßige Temperierung und Verdampfung des Gases durch Umspülung mit Kühlwasser.

Zur gleichen Zeit wie der Hurricane-Vierzylinder erschien eine größere Version des Sechszylinders mit L-Kopf als »Lightning Six«. Seine auf 79,4 mm vergrößerte Bohrung ergab bei unverändert 88,9 mm Hub 2638cm³ Hubraum. Bei auf 7,4:1 angehobener Verdichtung leistete er 75 PS bei 4000/min. Das Drehmoment betrug weiterhin 159 Nm bei 1600/min.

Diese Änderungen resultierten in einer überarbeiteten Modellreihe des Willys Station Wagon (der Station Sedan wurde 1950 nicht mehr gebaut); die Modelle 463 wurden durch die 473-Baureihe mit Hurricane-Motor und die 6-Zylindermodelle 663 durch die 673-Reihe ersetzt. Im Vergleich zu den ersten 1950er Modellen hatten sich damit folgende Änderungen ergeben:

Erste Serie		Zweite Serie	
Modell	**Preis (US-$)**	**Modell**	**Preis (US-$)**
463-4 Station Wagon	*1709*	*473-SW-4*	*1605*
463 P.D. Kastenwagen	*1374*	*473 S.D. Lieferwagen*	*1374*)*
4×463 Station Wagon	*2010*	*4×473-SW-4*	*1990*
663-6 Station Wagon	*1814*	*673-SW-6*	*1690*

**) S.D. (Sedan Delivery) auf Sonderwunsch auch mit Allradantrieb lieferbar.*

Schon nach kurzer Zeit sorgten die neuen Willys-Modelle mit ihren um 20 bis 124 Dollar reduzierten Preisen für deutlich verbesserte Umsätze. Am 15.Juli 1950 berichtete Produktionsvorstand W.E.Paris, daß der Verkauf von Jeeps, Personen- und Nutzfahrzeugen die höchsten Zahlen der letzten 17 Monate erreicht habe. Dieser Boom hatte bereits seit März bestanden, doch die Auslieferung an die Händler im Juni hatte einen Anstieg um 62% über dem Durchschnitt der letzten 12 Monate dargestellt. Paris

Linke Seite:

An dieser Anzeige der Kaiser-Willys Sales Division von 1954 fällt der neugestylte »Willys«-Schriftzug auf (Bild: Sammlung des Autors)

Als 1954 der Absatz des Aero Willys zurückgeht, übernimmt der Willys Station Wagon erneut den ersten Platz in der Werbung (Bild: Sammlung des Autors)

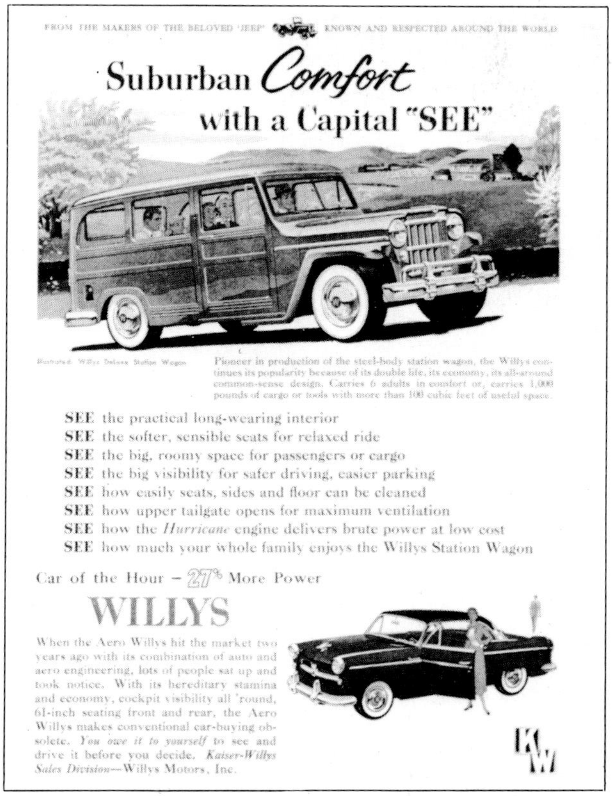

schrieb den Rekordabsatz vom Juni einer starken Käuferreaktion auf die neuen Willys-Modelle zu. Außerdem hatte Willys im Mai und Juni große Mengen Motoren mit vier und sechs Zylindern an Kaiser-Frazer geliefert. Von nun an waren für 1950 von Willys nur noch gute Nachrichten zu hören: Ende Mai wurde berichtet, daß die Mitarbeiterzahl seit März um 37% angestiegen sei; am 19.Juni rollte in Toledo der 100.000. Willys Station Wagon vom Band. Mit dem Verkauf dieser Fahrzeuge hatte die Firma seit Aufnahme der Produktion Mitte 1946 einen Umsatz von 160 Millionen Dollar erzielt.

Am nächsten Tag verlautete, daß der Bedarf an Motoren für Kaiser-Frazer und für die eigenen Modelle die Einrichtung einer dritten Schicht in der Motorenmontage notwendig gemacht habe. Begrüßt wurde auch der bisher größte staatliche Fünfjahresvertrag über 8350 Jeeps Typ M38, unmittelbar im Anschluß an den im Juni erledigten Auftrag über 4000 dieser Wagen und Ersatzteile im Gesamtwert von 12,1 Millionen.

Natürlich wollten die Arbeiter nun auch an der positiven Entwicklung teilhaben. Am 21.September 1950 wurde ein neuer Tarifvertrag mit Willys' 7100 Mitarbeitern abgeschlossen. Einer der wesentlichen Punkte war eine insgesamt 26,9%ige Aufbesserung, die eine pauschale Erhöhung der Stundenlöhne um 10 Cent, eine weitere Zulage für Facharbeiter von 5 Cent je Stunde, einen Nachtschichtausgleich, mehr Urlaubsgeld, eine von der Firma finanzierte Krankenversicherung sowie eine voll abgesicherte Betriebsrente umfaßte. Der Vertrag verschaffte den Willys-Beschäftigten außerdem die gleichen Lohnerhöhungen wie die der Arbeiter bei den anderen Autoherstellern.

Am 27.September 1950 erhöhte Willys – wie andere auch – seine Preise um 2 bis 8 Prozent und wurde damit zum dritten Hersteller, der innerhalb von 3 Wochen an den Preisen drehte. Gleichzeitig verkündete man eine bemerkenswerte Steigerung des Absatzes: Die Septemberzahlen, hieß es, hätten die des Vorjahresmonats um 25% übertroffen. Tatsächlich aber war diese Zahl eher zu bescheiden; denn nach 6430 Einheiten 1949 waren es 1950 mit 8141 fast 27% mehr gewesen. Und am 10.Oktober 1950 meldete Vertriebsvorstand L.W.Slack, daß seit Einführung der neuen Modelle am 30.März 51.198 Fahrzeuge ausgeliefert seien, 24% mehr als die 41.338 des gleichen Vorjahrszeitraums.

Knapp drei Wochen später berichtete Canaday über den Erhalt weiterer Army-Aufträge über 20.700 Jeeps im Werte von 5,67 Millionen Dollar und erwähnte, daß das Auftragspolster der Firma nun 125 Millionen Dollar betrüge. Der zivile Anteil darin stelle den höchsten Oktober-Bestand in der Firmengeschichte dar.

Die guten Nachrichten aus Toledo hielten auch im November und Dezember an. Am 7.Dezember 1950 stellte Slack fest, die Bestellungen von Station Wagons und Lkws hätten sich seit Juni mehr als verdreifacht, so daß die Fertigung gegenüber dem gleichen Monat 1949 mit 8934 Stück um 77% ansteigen konnte.

Im Jahresbericht für die Aktionäre faßte Canaday zusammen: »In der ersten Jahreshälfte gab es Produktionshindernisse durch Programmänderungen mit kostspieligen Umrüstungen für neue Modelle und für eine wirtschaftlichere Fertigung sowie durch landesweite Streiks, die unsere Lieferanten blockierten. Demgemäß war der Absatz in dieser Zeit ungewöhnlich niedrig, was uns Verluste in Höhe von 908.307 Dollar einbrachte.«

Dann kam er von den unerfreulichen zu den erfreulichen Nachrichten: »Im zweiten Quartal, nach Einführung der neuen Modelle Ende März, auf die die Käufer überall sogleich positiv reagierten, gab es einen um 97% höheren Absatz als im ersten Quartal und eine 23%ige Steigerung gegenüber dem gleichen Zeitraum 1949. Daraus resultierte ein Nettogewinn aus den 6 Monaten bis zum 30.9.50 von 2,51 Millionen Dollar.«

Diese ungewöhnliche Verkaufskurve ergab für das ganze Jahr 1950 einen Nettogewinn von nur 1,6 Millionen, weniger als die Hälfte der 3,4 Millionen Dollar des Jahres 1949. Auch der Nettoumsatz war mit 107,9 Millionen niedriger als der 1949er mit 142,4 Millionen.

Die Zahlen für das gesamte Jahr waren also dazu angetan, das positive Bild an der Schwelle zum Jahr 1951 zu verzerren. Auch auf eine beständige wirtschaftliche Absicherung durch öffentliche Aufträge war wenig Verlaß: Nur fünf Prozent vom Nettoumsatz bezogen sich auf Lieferungen an den Staat. Doch vernünftigerweise, so meinte Canaday abschließend, dürfe man für 1951 mit hohen Fertigungsstückzahlen rechnen.

1951 wies die Station-Wagon-Baureihe keine bedeutenden Änderungen auf. Den zuvor am Typ 663-6 serienmäßigen Overdrive gab es nun als Sonderwunsch für 80 Dollar für alle Wagons außer den Allradmodellen. Gleichzeitig erhöhte das Werk seine Preise:

Preisliste 1951

Modell	**Preis (US-$)**
Serie 473-SW-4 Station Wagon	*1783*
Modell 473SD (Sedan Delivery) Lieferwagen	*1390*
Serie 4 × 473-SW Station Wagon	*2204*
Serie 673-SW-6 Station Wagon	*1866*

Das Geschäftsjahr 1951 brachte Willys-Overland den größten Umsatz seiner Geschichte. Die insgesamt 219,9 Millionen Dollar entsprachen einer 104%igen Steigerung zu den 107,9 Millionen von 1950. Selbst gegenüber dem bis dahin höchsten Jahresumsatz 1944 bedeutete das noch 3 Prozent Zuwachs. Der Gewinn vor Steuern betrug mit 14,3 Mio. fast das Fünffache der 3 Millionen von 1950, und auch der Nettogewinn mit 4,6 Miollionen lag deutlich über dem des Vorjahrs (1,6 Mio.).

Wichtigste Neuigkeit 1952 war die Rückkehr zum geschlossenen Personenwagen in Form der Aero-Willys-Baureihe. Erst im Oktober 1947 hatte Willys-Overland verschiedene Versionen des Brooks-Stevens-Pkw aufgegeben, und Ward Canaday wollte die Fertigung kleiner Pkws bei günstiger Gelegenheit wieder aufnehmen.

Nicht nur er hatte ein Interesse daran, einen heimischen Kleinwagen auf den Markt zu bringen. Auch Ford, Chevrolet und sogar Chrysler arbeiteten aktiv an Kleinwagenprojekten. Bei den beiden ersteren übernahmen schließlich ihre Auslandstöchter die Produktion solcher Autos. 1948 hatte sich ein freier Designer namens Clyde R. Paton an Canaday gewandt, ein Mann, der für Ford gearbeitet und dort eine moderne Version des A-Modells vorgeschlagen hatte. Obgleich er dort gescheitert war, beharrte er auf seiner Vorstellung und machte sich selbständig, um die Idee einem anderen Hersteller anzubieten. Er entdeckte dabei, daß auch andere an Kleinwagenkonzepten arbeiteten. So erschien bei Nash-Kelvinator 1950 der Nash Rambler, bei Kaiser-Frazer 1951 der Henry J, und der Hudson Jet kam 1953 heraus. In Ward Canaday aber fand Paton einen geneigten Zuhörer – und das Ergebnis war 1952 der Aero Willys.

Die Einführung dieser neuen, gefällig geformten Limousine bedeutete nun beileibe nicht die Abkehr von den alten Station-Wagon-Modellen. Vielmehr nutzte man die Gelegenheit und kündigte eine neue DeLuxe-Version an. Stylingänderungen gab es dabei nur in geringem Maße. Vorn wurde das Ornament an der Motorhaube vergrößert, und an den Seiten liefen neue Zierleisten von der Haube bis zur Höhe der Frontscheibe. Das zuvor beim Station Sedan an den Wagenflanken benutzte Korbgeflecht-Muster tauchte nun beim DeLuxe wieder auf. Am Heck waren senkrechte Rückleuchten jeweils ganz an den Ecken auf halber Höhe montiert, während das Nummernschild mit Beleuchtung eine gefälligere Chromblende erhielt und in die Mitte der Ladeklappe rückte, mit der es auch jetzt gelenkig verbunden war: Ob offen oder geschlossen, das Kennzeichen blieb lesbar.

Der Willys DeLuxe Station Wagon machte insofern Geschichte, als er als erster amerikanischer Wagen serienmäßig Sitzbezüge ganz aus dem Kunststoff Vinyl hatte. Das sah nicht schlecht aus: An den Sitzlehnen vertikale Steppnähte, ansonsten dazu kontrastierender, glatter Besatz am Sitz und an der Lehnenumrandung. Die Sitzform war auch neu und sorgte, wie Willys es nannte, »für völlig entspanntes Sitzen, das zum erhöhten Fahrkomfort des neuen DeLuxe-Modells beiträgt«. Weitere Neuerungen betrafen das Zünd-Anlaßschloß (genannt »Startakey«), ein überarbeitetes Bremssystem, das weniger Pedalkraft erforderte, und verbesserte »live-rubber« Gummielemente für eine vibrationsärmere Motoraufhängung.

An die Seite des Vierzylinders mit F-Kopf trat der neue Sechszylinder »Hurricane 6« mit 2638cm³ Hubraum und gleicher Ventilanordnung. Wie der kleine F-Kopf-Motor auch, basierte dieses Aggregat auf einem vorhandenen, nämlich dem Lightning mit seitlichen Ventilen. Ein Vergleich der Daten der beiden Triebwerke läßt die Vorzüge der Neukonstruktion erkennen:

	Lightning Six	**Hurricane Six**
Hubraum	*2,638 Liter*	*2,638 Liter*
Bohrung x Hub	*79,4 x 88,9 mm*	*79,4 x 88,9 mm*
Verdichtung	*6,9:1*	*7,6:1 (a.W. 8:1)*
Leistung	*75 PS bei 4000/min*	*90 PS bei 4400/min*
Drehmoment	*159 Nm bei 1700/min*	*183 Nm bei 2000/min*

Obschon für die Allrad-Wagon-Modelle nicht angeboten, muß der Hurricane Sechszylinder als eines der am wenigsten beachteten US-Triebwerke der 50er Jahre angesehen werden. Überrollt von den gewaltigen V8-ohv-Motoren, die bald schon dominierten, hätte er als eines der wirtschaftlichsten kleinen Aggregate jener Zeit weit mehr Anerkennung verdient.

Die folgende Übersicht der Literleistungen damaliger Motoren für Pkw und leichte Lkw spricht für sich:

Motor	**Literleistung**
Hurricane 6	*34,1 PS/l*
Pontiac 6	*24,5 PS/l*
Nash Statesman	*28,2 PS/l*
Chevrolet 6	*25,9 PS/l*
Ford V8	*25,5 PS/l*
Ford 6	*25,6 PS/l*
Plymouth	*27,2 PS/l*
Studebaker Champion	*30,6 PS/l*
Oldsmobile V8	*32,2 PS/l*
Cadillac V8	*35,0 PS/l*
Chrysler V8	*33,1 PS/l*

Die Werbung für den Station Wagon der frühen 50er Jahre betonte seine Vielseitigkeit als Familienauto und Transporter, seinen niedrigen Preis und die geringen Unterhaltskosten. Eine Anzeige bemerkte: »Der Willys schafft am Werktag... und hilft Ihnen, das Wochenende zu genießen.« Das Werk brachte auch landesweit Anzeigen für das neue Station-Wagon-Modell in Verbindung mit dem Aero Willys. So erschien eine im August 1952 mit beiden Produkten gemeinsam unter dem Motto: »Willys schlägt gleich zweimal zu«. Ab 1951 wurde vom Station Wagon als von einem Auto mit zwei Verwendungszwecken (also einem echten »Kombi«) gesprochen, das den niedrigsten Preis unter den ausgewachsenen (»full size«) Station Wagons habe. Und das stimmte auch, wie ein Vergleich der 1951er Preise für die günstigsten amerikanischen Kombis mit 6-Zylinder beweist:

Marke/Modell	Preis (US-Dollar)
Willys 673-SW-6	*1866*
Chevrolet Styleline	*2119*
Ford Custom Squire	*2253*
Plymouth Suburban	*2064*

Allerdings sei vermerkt, daß der auf Lkw-Fahrwerk basierende Chevrolet Suburban zu 1818 Dollar angeboten wurde.

Studebakers Selbstportrait als »Produzenten der Vernunft« nahm eine 1951er Willys-Anzeige gut 20 Jahre früher vorweg, die besagte: »Die Vernunft spricht für den wirtschaftlichen, leicht bedienbaren, komfortablen Willys«. Der Leser wurde über die »niedrigeren Betriebskosten dank Hurricane-Motor« aufgeklärt, der nur 4,5 Liter für eine Motoröl- und nur 3,4 Liter für eine bis -12 °C reichende Frostschutzmittelfüllung benötigte. Auch in der Wartung sei er »so problemlos wie ein Auto nur sein kann...für wenig Geld kann man ihn optimal einstellen...sein niedriges Gewicht spart Reifen...«.

Willys war nicht der einzige US-Autohersteller, der um diese Zeit noch eine zweiteilige Flachglasscheibe einbaute: Ford blieb bis zu den 52er Modellen dabei, Chrysler bis 1953. Danach allerdings war Willys der einzige, machte sich aber nichts draus. 1951 zeigte eine Anzeige einen Station Wagon mit einer (halben) zerbrochenen Frontscheibe und sagte dazu: »Bessere Sicht macht das Fahren sicherer und vermeidet Unfälle...und wenn's mal kracht, wird's nicht gleich so teuer!«

Zuweilen waren solche Anzeigen halbe Kunstwerke. Zu einem grünen Station Wagon auf langer, einsamer, zweispuriger Autostraße irgendwo im amerikanischen Südwesten hieß es: »Macht viele, viele Kilometer mit ein paar Litern Benzin«.

Der Absatz des Station Wagon ging nach Erscheinen des Aero Willys deutlich zurück. Nur mehr 12.890 wurden 1952 abgesetzt, gegenüber 48.016 verkauften Aeros. Im Jahr darauf sanken beide Zahlen auf 5417 bzw. 35.417 Einheiten ab. Wohlgemerkt, Willys' Lkw-Absatz und der gesamte Nutzfahrzeugverkauf blieben dennoch – trotz der schwierigen Zeiten – konstant. Die 1953er Produktion von Jeep-Fahrzeugen belief sich nämlich auf respektable 94.071 Stück. Im folgenden Jahr waren das noch 92.165, darunter aber nur noch 1597 Station Wagons.

1954 erhielt der Wagon einen leicht geänderten Grill mit drei statt fünf Querstäben, der von nun an bis 1965, als die Produktion eingestellt wurde, unverändert blieb.

Die Jeep-Modelle blieben auch dann noch sehr populär, als das Vertrauen in den Fahrzeugbau der

Ein wundervoll erhaltener 1961er Allrad-Station-Wagon (Foto: Old Cars Weekly)

Firma Kaiser-Frazer schon stark nachließ. Dort hatte es nur in zwei Geschäftsjahren überhaupt Gewinne gegeben, 1947 und 1948. Als 1953 die Fusion mit Willys-Overland stattfand, war Kaiser-Frazers Finanzlage trostlos. *Business Week* meinte am 9.März 1953: »Selbst die wohlmeinendsten Kritiker gaben zu, daß Kaiser-Frazer Probleme habe. Alles, was die Firma seit ihrer Gründung 1945 vorzeigen kann, sind aufgelaufene Verluste von 18 Millionen und Schulden von 48 Millionen Dollar bei der Reconstruction Finance Corp.« Daher war auch nicht jeder in Toledo von der Richtigkeit der Fusion mit Kaiser für Willys' Zukunft überzeugt. Freilich gab es positive Aspekte, die man nicht übersehen durfte, nicht zuletzt die gewaltigen Abschreibungsmöglichkeiten in Verbindung mit Kaisers Schuldenberg. So hatte Willys 1952 Gewinne in Höhe von 6,1 Millionen Dollar zu verzeichnen, denen ein Verlust bei Kaiser von 4,7 Millionen gegenüberstand.

Doch in all diesem Hin und Her lebte der alte Station Wagon weiter, füllte die Marktlücke, die sich 1955 wieder zu erweitern schien, als 12.265 Einheiten gefertigt wurden. Die neueste Version war an einer Zweifarbenlackierung zu erkennen, bei der sich Dach und unterer Teil der Karosserie vom Mittelteil abhoben.

Hinzugekommen war auch der 3,7-Liter-Sechszylinder mit L-Kopf, den Kaiser seit Anbeginn im Jahre 1946 verwendete, und den man ab März 1954 wahlweise auch für Willys' Pkw-Modelle bekam. Wie der Willys Vierzylinder F-Kopf, den es weiterhin gab, hatte auch dieser Motor eine lange Geschichte. Er hatte als »Red Seal«-Motor ein Vorkriegsauto namens Graham angetrieben. Dann, 1954, versuchte man,

den Kaiser mit einer 140 PS starken Kompressorversion dieses Motors attraktiver zu machen. Das aber war sinnlos, denn gegen die mittlerweile üblichen Fünfliter-V8-Motoren hätte der seitengesteuerte 3,7-l-Sechszylinder etwas mehr nötig gehabt als nur den McCulloch-Kompressor.

Eingebaut im Station Wagon, der dann Modell 6–226 hieß, leistete dieser Motor 115 PS bei 3650/min und hatte sein größtes Drehmoment von 258 Nm bei 1800/min. Bohrung und Hub betrugen 84,1×111,1 mm.

Ab 1955 bot Willys ein billigeres Modell als Nutzfahrzeug (Utility Wagon) alternativ zum Station Wagon an, das in der Modellpalette seinen Platz wie folgt fand:

Baureihe	Preis (US-$)
Modell 685 (6-Zyl., F-Kopf, 2WD*)	
Sedan Delivery	*1545*
Station Wagon	*1997*
Modell 6–226 (6-Zyl., L-Kopf, 4WD*)	
Sedan Delivery	*2036*
Station Wagon	*2420*
Modell 6–226 (6-Zyl., L-Kopf, 2WD)	
Sedan Delivery	*1584*
Utility Wagon	*1837*
Modell 465 (4-Zyl., F-Kopf, 2WD)	
Sedan Delivery	*1494*
Utility Wagon	*1748*

**) 2WD = eine getriebene Achse, 4WD = Allradantrieb*

Brooks Stevens entwarf diese Variante des Station Wagon – hier ein Modell mit Hinterradantrieb – für die Fertigung in Brasilien (Foto: Brooks Stevens)

Der »Brasilian Rural Willys« war viertürig. Hier ein Allradmodell (Foto: Brooks Stevens)

Mit der Aufgabe der Willys Pkw-Modellreihe 1955 endete auch die Fertigung des 2,64-Liter-Motors mit dem F-Kopf. Dadurch bedingt, ergab sich folgendes neue Bild:

Baureihe	Preis (US-$)
Modell 6–226 (6-Zyl.)	
Sedan Delivery (2WD)	*1683*
Sedan Delivery (4WD)	*2190*
Utility Wagon (2WD)	*nicht bek.*
Station Wagon (4WD)	*nicht bek.*
Modell 475 (4-Zyl.)	
Sedan Delivery (2WD)	*1583*
Sedan Delivery (4WD)	*1949*
Utility Wagon (2WD)	*nicht bek.*
Station Wagon (4WD)	*nicht bek.*

Von 1955 bis Mitte 1959 waren die Willys-Kombiwagen in der zuvor beschriebenen Zweifarbenlakkierung erhältlich. Ab dem 12.Mai 1959 wurden die Jeep Wagons mit Einführung des Maverick, einer neuen Version mit Zweiradantrieb, mit anderer Lakkierung versehen, bei welcher die farblich hervorgehobene Seitenwand vorn mit einer Parallelen zum Kotflügel abschloß.

Nach so langer Produktionszeit erschien der Willys Station Wagon natürlich nur noch selten in der Presse. Doch im August 1959 veröffentlichte das Magazin *Car Life* einen größeren Testbericht über den L6–226 Utility Wagon. Und trotz der »sanften Welle«, die die USA erfaßt hatte – mit Automatik, Servolenkung, Heckflossen, 300 und mehr PS aus V8-Motoren –, gelang es dem alten Willys mühelos, sich bei den Testern des Magazins beliebt zu machen. Nachdem er zunächst ein »ruppiges, lautes und brutal unkomfortables Fahrzeug« erwartet hatte, berichtete Jim Whipple: »Der Jeep Utility Wagon ist ein durch und durch zivilisiertes Auto.« Also war das Alte manchmal doch besser als das Neue. Es spielte kaum eine Rolle, daß die Jeep-Grundkonzeption seit Anbeginn unverändert geblieben war. 1959 bot die Karosserie jedenfalls mehr Kopfhöhe vorn als irgendein anderes Auto in den USA. In der Ära der »Panoramascheiben« erschien die zweiteilige Frontscheibe hoffnungslos veraltet (Willys ging erst gegen Ende 1959 zur einteiligen über); doch die Sicht war hervorragend. Eine Servolenkung gab es zwar nicht, aber Servobremsen auf Wunsch, und mit nur drei Lenkradumdrehungen von Anschlag zu Anschlag war die Lenkung sehr präzise und direkt.

Natürlich blieb der Utility Wagon ein Nutzfahrzeug, das vom funktionellen und schlichten Transportmittel-Charakter seiner Vorgänger nichts eingebüßt hatte. So war das Interieur immer noch mit haltbarem, pflegeleichtem Kunststoff bezogen, und die Ladefläche war nacktes, durch Hartholzschienen geschütztes Blech. Das alles aber war eine erfrischende Alternative zu allem, was an ähnlichen Transportmitteln aus Detroit kam. Mit seinem steilgestellten Lenkrad und der Knüppelschaltung fuhr sich der Willys leicht und angenehm. Irgendwie genoß man es an einem heißen Sommertag mehr, den schlichten Lufteinlaß am Wagon zu öffnen und zu fühlen, wie die kühle Luft hereinströmte, als die Knöpfe der Klimaanlage in einem modernen Superschlitten zu betätigen.

Den 105 PS starken 6-Zylinder mit L-Kopf bezeichnete Willys jetzt als »Super Hurricane« (1958 war er von 115 PS bei 3650/min auf 105 PS bei 3600 reduziert worden), doch Whipple riet seinen Lesern, sich von diesem Namen nicht täuschen zu lassen; der Wagon ginge etwa 120 km/h, und sein Reisetempo läge so um die 100 km/h. Doch mit den um 67 Dollar erhältlichen vorderen Freilaufnaben blieb er ein vielseitiges, sympathisches Fahrzeug. Whipple faßte seine Eindrücke zusammen: »Der Willys Jeep Utility Wagon ist ein geräumiger, komfortabler Familien-Kombi, ideal für die Kurzstrecke, aber geeignet auch für längeres, nicht gar zu schnelles Reisen, erstaunlich stabil und zugkräftig in tiefem Schnee, Matsch oder auch querfeldein. Für eine Familie in ländlicher Gegend, die ständig ein Geländefahrzeug und dazu ein nettes, komfortables Auto für normale Straßen braucht, sich zwei Wagen aber nicht leisten kann, ist es *das* Fahrzeug schlechthin.«

Am 12.Juni 1960 brachte Willys Motors den Maverick Special heraus, mit nur 1995 Dollar Listenpreis der billigste amerikanische Kombi. Scharfer Konkurrent war der zweitürige Rambler American Station Wagon zum Preis von 2020 Dollar. In Willys' eigenem Programm lag mit 2258 Dollar der Utility Wagon mit 4-Zylinder ohne Allradantrieb am nächsten beim Maverick Special.

Willys verwendete diesen Modellnamen nur ein Jahr lang, während das Modell selbst 1961 wieder als Willys Station Wagon angeboten wurde. Allerdings hatte es jetzt statt der vom früheren Maverick übernommenen Zweifarbenlackierung eine Lackierung der Seitenwände ähnlich wie bei einem früheren Jeep-Showcar, dem Harlequin. Die Serienversion fiel durch zwei breite Chromleisten auf, die nach vorn zu etwa parallel verliefen, dann abknickten und sich am Grill trafen. Ein Testbericht über das 1961er Modell erschien in *Motor Trend* vom März 1961. Selbst mit dem nur 75 PS starken Serien-Vierzylinder mit F-Kopf ohne Allradantrieb beeindruckte der Willys mit seinen Fähigkeiten auf schlechten Landstraßen. Und trotz der Tatsache, daß seine Starrachsen und Blattfedern rundum dem technischen Stand der 30er Jahre entsprachen, mußte *Motor Trend* bewundernd feststellen, daß der Wagen gut 650 kg Nutzlast zu transportieren vermochte – weit mehr als die meisten herkömmlichen Kombis in den USA.

Die Hinterachsübersetzung des Serien-Willys war mit 4,89:1 relativ kurz und blieb es mit 3,42:1 auch bei eingeschaltetem Overdrive. Doch das Magazin fand den kleinen 4-Zylinder bei Straßentempo nur wenig lauter als die Motoren anderer kleiner amerikanischer Kombis. Auch mit seinem Fahrwerk gefiel der Willys den Testern. Sie bezeichneten es als »straff aber präzis«, während sie mit der allzu indirekten Lenkung (6 Lenkradumdrehungen) nicht froh wurden. »Was die meisten Leute beeindrucken wird«, meinte das Blatt, »ist der verfügbare Laderaum. Mit seinen mehr als 2,8 Kubikmeter Innenraum bietet er doppelt so viel Lademöglichkeit wie die meisten Konkurrenten, denn nach Ausbau der Sitze kann man praktisch jeden Zentimeter nutzen.«

Mit nur 75 PS und einem Testgewicht von 1356 kg war der Willys kein Sprinter. Von 0 auf 48 km/h benötigte er 7,2 Sekunden, 14 waren es von 0 auf 72 km/h und volle 26,6 von 0 auf 96 km/h. Aber genau wie seine Vorgänger besaß diese preisgünstige Version eine Reihe anderer Qualitäten, die seine Sprintschwäche mehr als ausglichen.

Auch 1961 war man in Toledo noch darum bemüht, daß die Kunden den Ulility Wagon mit angeblich moderneren Konkurrenzfabrikaten verglichen. Um ihnen das zu erleichtern, gab Willys Motors 1961 eine recht umfassende Broschüre heraus, in welcher das eigene Produkt denen von vier anderen Herstellern gegenübergestellt wurde, nämlich dem Chevrolet Carryall, dem Dodge Town Wagon, dem GM Suburban und dem IHC Travelall. Anstatt das fast biblische Alter der Konzeption des Utility Wagon nun herunterzuspielen, bezeichnete Willys es als besonderen Vorzug und erklärte: »Der Jeep 4×4 Utility Wagon ist das einzige der fünf Fahrzeuge, das eindeutig aus einer ständigen Verbesserung seiner Grundkonzeption profitieren konnte. Die übrigen scheinen eher beispielhaft für ›junge Konzepte‹ zu sein, und verpackt in diesen jungen Konzepten bekommt der Kunde nur zu häufig auch deren Kinderkrankheiten gratis mitgeliefert.«

Dann verglich das Werk den Utility Wagon mit seinen Wettbewerbern nach sieben Kriterien: Anschaffungspreis, Handlichkeit, Fahrleistungen, Innen- bzw. Laderaum, Serienausstattung, Komfort/Erscheinungsbild und Wirtschaftlichkeit. Für den ersten Vergleich diente die folgende Tabelle:

Modell	**zulässiges Gesamtgewicht**	**Kaufpreis (US-$)**	**Mehrpreis zum Willys (US-$)**
Jeep Utility Wagon	*2040 kg*	*3010,29*	--,--
Dodge W 100 Town Wagon	*2720 kg*	*3410,00*	*399,71*
IHC C-120 Travelall	*3170 kg*	*3759,54*	*749,25*
Chevrolet K1416 Carryall	*2540 kg*	*3379,00*	*368,71*
GMC K1001 Suburban	*2540 kg*	*3504,00*	*493,71*

Als nächstes wandte sich Willys der Manövrierfähigkeit zu und erläuterte: »Ein für das Gelände ausgelegtes Fahrzeug muß praktisch und handlich sein... Der Jeep Utility Wagon ist gut 50cm kürzer als sein nächstlängerer Nachbar und dazu noch über 8cm schmaler... Sein Wendekreis beträgt bis zu zwei Meter weniger im Durchmesser als der seiner Konkurrenten; er kann daher wenden, wo diejenigen, die für breite Straßen gebaut sind, keine Chance mehr haben... An Böschungen hilft dem Jeep Utility Wagon sein kürzerer Überhang vorn und hinten, um nicht aufzusitzen wie der Wettbewerb mit seinen langen Front- und Heckpartien – für sie ein ständiges Risiko.« Und die folgende Übersicht macht das deutlich:

	Jeep Wagon	**Dodge**	**IHC**	**Chevrolet**	**GMC**
Länge [mm]	*4480*	*5000*	*5130*	*5105*	*5080*
Breite [mm]	*1825*	*1910*	*1920*	*2013*	*2016*
Radstand [mm]	*2655*	*2895*	*3025*	*2920*	*2920*
Wendekreis-Ø [m]	*13,4*	*14,3*	*15,4*	*15,5*	*14,5*
Überhang vorn [mm]	*655*	*806*	*n.bek.*	*806*	*813*
Überhang ht. [mm]	*1168*	*1315*	*n.bek.*	*1378*	*1346*

Die Broschüre behandelte dann die Fahrleistungen, bei denen auf ersten Blick der Utility Wagon durch den schwächsten Motor benachteiligt schien. Verglich man aber, wie in folgender Tabelle, das Verhältnis Gewicht zu Drehmoment, so war der Willys konkurrenzfähig. Ähnlich verhielt es sich mit der Bremsfläche.

	Jeep Wagon	**Dodge**	**IHC**	**Chevrolet**	**GMC**
*Motorbauart *)*	*R6*	*R6*	*R6*	*R6*	*V6*
Drehmoment [Nm]	*258*	*292*	*317*	*294*	*353*
bei Drehzahl [l/min]	*1400*	*1600*	*2000*	*2000*	*1600*
Leistung [PS/kW]	*105/77*	*140/103*	*140/103*	*135/99*	*150/110*
bei Drehzahl [l/min]	*3600*	*3900*	*3800*	*4000*	*3600*
Gewicht: Drehmom. [kg/Nm]	*7,91*	*9,32*	*10,00*	*8.64*	*7,20*
Bremsfläche [cm^2]	*1137*	*1289*	*1115*	*1077*	*1123*
Gewicht: Bremsfl. [kg/cm^2]	*1,79*	*2,11*	*2,84*	*2,36*	*2,26*

**) R6 = 6-Zylinder-Reihenmotor*

Was die Transportkapazität betraf, so schien der kurze Radstand des Willys ebenfalls nachteilig gegenüber größeren Allradwagen:

	Jeep Wagon	**Dodge**	**IHC**	**Chevrolet**	**GMC**
Laderaumlänge [mm]	*1740*	*2405*	*2085*	*2530*	*2532*
Laderaumbreite [mm]	*1480*	*1657*	*1575*	*1465*	*1465*
Ladetürbreite [mm]	*1478*	*1275*	*1257*	*1465*	*1465*
Ladetürhöhe [mm]	*1003*	*1163*	*892*	*1135*	*1118*
Ladehöhe, beladen [mm]	*635*	*841*	*668*	*805*	*805*
Nutzlast [kg]	*523*	*591*)*	*1020**)*	*453***)*	*333*

**) nur bei Verwendung von Federn u. Reifen lt. Sonderausstattung*
***) hierzu erklärte Willys: »Der IHC C-120 Travelall wurde in den Vergleich einbezogen, obwohl er eigentlich nicht in die Gewichtsklasse des Jeep Utility Wagon gehört, doch er ist das einzige Allrad-Nutzfahrzeug dieses Herstellers, das dem Utility Wagon einigermaßen nahekommt; zweitens auch, um nachzuweisen, daß der Travelall trotz erheblich höherem Preis keine entscheidenden Vorteile gegenüber dem Jeep-Modell bietet.«*
****) nur bei Verwendung von Reifen zum Mehrpreis*

In der Broschüre wird darauf hingewiesen, daß der Willys mehr Zuladung erlaube als der Chevrolet und der GMC Suburban und kaum weniger als der Dodge (und das erst nachdem der Kunde zusätzlich Geld hingeblättert hat). Danach wird erläutert, warum der Vergleich ein falsches Bild über die Ladefläche gibt: »Man könnte meinen, daß die breiten Ladeflächen auch den Transport besonders breiter Gegenstände erlauben. Dodge z. B. hat mehr als 1,65m Laderaumbreite, aber durch seine Tür gehen nur Dinge, die schmaler sind als 1,28m. Die einzigen, deren Türöffnung fast so breit wie die des Utility Wagon ist, sind Chevrolet und GMC, doch ihre Ladefläche ist auch schmaler als die des Willys. Daher kann der Jeep Utility Wagon nicht nur eine größere Nutzlast befördern als zwei seiner Konkurrenten, sondern auch noch sperrigere Güter als alle anderen.«

Zum Thema Serienausstattung und bezüglich der üblicherweise zugekauften Extras schneidet der Utility Wagon gegenüber dem Wettbewerb nicht schlecht ab:

Bequemer Einstieg war nur einer der Vorzüge des Rural Willys (Foto: Brooks Stevens)

	Jeep Wagon	Dodge	IHC	Chevrolet	GMC
Sonnenblende rechts	*Serie*	*Serie*	*$ 3,75*	*$ 11,85*	*$ 8,65*
Armlehne links	*Serie*	*Serie*	*$ 3,75*	*$ 11,85*	*$ 9,15*
Armlehne rechts	*Serie*	*Serie*	*$ 3,75*	*$ 11,85*	*$ 9,15*
Hinterer Sitz	*Serie*	*a.W.*)*	*a.W.*)*	*Serie*	*Serie*
Chromstoßfänger	*Serie*	*$ 36,10*	*$ 22,50*	*$ 22,55*	*$64,60**)*

) auf Sonderwunsch* *) Teil des GMC-Chrompakets*

Im letzten Abschnitt des Vergleichs, der Wirtschaftlichkeit, bemerkte Willys: »Der Jeep Utility Wagon kostet nicht nur weniger bei der Anschaffung, auch die Betriebskosten sind geringer.« Begründet wurde es mit den zu raschen Modellwechseln der Konkurrenten, die auch häufige Preiserhöhungen verursachen.

Die Einführung der neuen Wagoneer-Baureihe kündigte 1962 das Ende des »klassischen« Willys-Wagon an. Bis 1965 blieb er freilich noch in Produktion, entweder mit dem alten 6–226 mit L-Kopf oder mit einem neuentwickelten Sechszylinder mit obenliegender Nockenwelle. Und selbst danach hatten die alten Willys noch eine Zukunft: Als die Firma mit der Fertigung in Brasilien begann, war eines der angebotenen Modelle der Rural Willys Station Wagon (Farmerwagen), und das war eine modernisierte Version der alten Baureihe mit neuer Frontpartie. Eine der Varianten war ein Viertürer.

1967 erwarb die Ford Motor Company die brasilianische Willys-Tochter, ließ die Rural-Baureihe aber bis 1976 in Produktion.

Heckansicht des Rural Willys mit Allradantrieb (Foto: Brooks Stevens)

4. Kapitel

Die erste Nachkriegsgeneration von Leichttransportern

Auf Willys-Overlands jährlichem Institutional Day am 15. Oktober 1947 in Toledo machte James Mooney trotz der so günstigen Aussichten düstere Prognosen: Er beklagte sich über die steigenden Preise, die, wie er sagte, Hunderttausende vom Kauf abhielten, über unnötige Exportbeschränkungen und über das, was er »die geheiligte Fünftagewoche« nannte, weil sie die Produktivität behindere.

Er versicherte, die Leute könnten und würden auf keinen Fall Mondpreise für Autos zahlen, und warnte dann: »Wenn wir eine gewisse Sättigung erreicht haben, wird unser Geschäft rapide zurückgehen, auch wenn heute noch niemand sagen kann, wann das passieren wird. Ich jedenfalls glaube, daß der Abstieg viel schneller kommt, als man heute erwartet.«

Mooneys Pessimismus stand in einem seltsamen Widerspruch zu den Aktivitäten seiner Firma und zu deren Zukunftsaussichten. In den ersten neun Monaten 1947 hatte sie 415.721 Dollar mehr Gewinn gemacht als im gleichen Vorjahreszeitraum. Auch die Lieferzeiten waren im Lauf des Jahres trotz steigender Produktion auf 6 Monate angewachsen, einer Produktion, die im 1.Geschäftsquartal 26.733 Einheiten betragen hatte, im zweiten schon 28.933 und im dritten gar 31.089. Deutlich gestiegen war 1947 auch die Zahl der Willys-Overland-Händler, von 2200 auf 2500.

Eines der größten Modernisierungsvorhaben des Hauses, der Ausbau der Schmiede, war zu 80% abgeschlossen, und neben dem Eigenbedarf warteten hier Fremdaufträge im Werte von über 2,5 Millionen Dollar.

Zu den sonstigen Erfolgen der Firma konstatierte Mooney: »Mit zunehmenden Stückzahlen gelang es uns, einige unserer Kostenprobleme auszubügeln, wie auch unsere Gewinne zeigen. Ausbau und Verbesserung unserer Werksanlagen haben einen Punkt erreicht, an dem unsere Fertigung günstiger wird, wenn wir eigene Schmieden, Preßwerke und Bearbeitungswerkstätten einsetzen.«

Zum Beweis dafür, daß Willys-Overland sein aggressives Expansionsprogramm nicht aufgegeben hatte und nun auf den Lorbeeren ausruhte, wurden Prototypen vom Jeepster und Station Sedan sowie eine Attrappe des gespenstischen Modells 6–71 vorgestellt. Mindestens den gleichen Stellenwert für Willys' zunehmende Marktpräsenz aber hatte im Mai 1947 die Einführung einer neuen Baureihe zwei- und vierradgetriebener Lkws.

Vor dem Krieg hatte Willys von 1937 bis 1942 einen Kleinlastwagen gefertigt, dessen Frontpartie dem damaligen Pkw-Modell praktisch entsprach und den es als »Pick-up« (offener Kastenwagen) oder Lkw mit Pritsche und hoher Gitterbordwand gab. Diese Idee ließ man nach dem Krieg für den Lkw mit Zweirad- bzw. Vierradantrieb wieder aufleben. Die Benennungen »2T« bzw. »4T«, die von den Kunden als »Zweitonner« bzw. »Viertonner« mißverstanden wurden, ersetzte Willys ab 5.März 1948 durch »2WD« und »4WD«. Der erste 4WD rollte am 10.Februar 1948 mit der Serien-Nr. 15251 vom Band, sein 2WD-Bruder (Nr. 15200) neun Tage später.

Für die beiden Lkw-Modelle – egal, wie sie sich nun nannten – wurde kräftig die Werbetrommel gerührt. »Die neuen Jeep Trucks sind die größte Neuigkeit bei den Leichttransportern«, tönte es. »Willys-Overlands Ingenieure haben jedes Gramm totes Gewicht, das nur Benzin kostet, eingespart und bauen Lkws mit niedrigsten Betriebskosten, stabil und haltbar, und das bedeutet geringen Wartungsaufwand und lange Lebensdauer.«

Äußere Kennzeichnung war bei diesen ersten Wagen nur ein W-O-Emblem an der Ladeklappe. Das wurde bald durch den Schriftzug »Jeep Truck« vorn an der Haube ersetzt, den es bis zu den Fahrgestellnummern 25414 (2WD) bzw. 42135 (4WD) gab. Danach erhielt der Allrad-Lkw ein Schild »4 Wheel Drive«, während beim 2WD nichts mehr auf der Haube stand. Die Fahrgestellnummer befand sich vorn außen am linken Rahmenlängsträger auf einem Blech und ebenso links vom Fahrersitz unten am Boden. Die Motornummer war von oben in den Zylinderblock neben der Wasserpumpe eingeschlagen.

In den meisten seiner Abmessungen war der Jeep Truck deutlich größer als der Station Wagon 463. Sein Radstand war 2997 mm, seine Gesamtlänge 4635 mm. Die offenen Kastenwagen waren maximal 1692 mm breit, die Wagen mit großer Pritsche dagegen 1858 mm. Der (zwischen die Räder gesetzte) Kasten des »Pick-up« maß 1232 × 2032 mm; die Pritsche nahm dagegen die ganze Wagenbreite ein und war um 38 mm länger als der Kasten. Die Höhe betrug überall 1892 mm, die Bodenfreiheit 206 mm.

Die zweiradgetriebenen (2WD) Modelle hatten 680 kg Nutzlast bei Gesamtgewichten zwischen 2130 und 2400 kg und Leergewichten von 1390 kg (Kasten) bzw. 1495 kg (Pritsche).

Die Allradmodelle (4WD) nannten sich Eintonner (900 kg Nutzlast) und hatten Leergewichte von 1450 kg (Kasten) bzw. 1550 kg (Pritsche). Willys bot beide Modelle in zwölf anderen Karosserie- und Fahrwerkvarianten an, darunter Wagen mit Planenverdeck und mit abnehmbaren Kastenaufbauten. Den 4WD gab es auch mit Zapfwellenantrieb vorn oder hinten.

Der Jeep Truck hatte einen Rahmen mit Kastenlängsträgern und sechs Querträgern. Die vordere »Planadyne«-Einzelradfederung des 463 wurde hier nicht verwendet, sondern für den 2WD eine starre, geschmiedete und vergütete Achse Typ 155 von Clark und Blattfedern mit zehn Lagen. Hinten hatte der 2WD eine Starrachse von Timken Modell 51540, wahlweise mit Achsübersetzungen 5,38:1, 6,17:1 oder 4,88:1. Der 4WD verwendete das gleiche Hinterachsmodell, jedoch nur mit der Übersetzung 5,38:1, während er vorn eine Spicer-Achse Modell 25 hatte, ebenfalls 5,38:1 übersetzt. Das Verteilergetriebe, ein Spicer Modell 18, hatte eine direkte und eine langsame Stufe mit 2,43:1. Die Spurweite betrug vorn 1422 mm und hinten 1613 mm. Beide Versionen hatten hinten am Rahmen einen 57-Liter-Tank. Die normale Felgengröße war 5.00 × 16″.

Der Jeep Truck besaß eine Einscheiben-Trockenkupplung von Auburn, die 165 Nm Drehmoment übertragen konnte. Die Anpreßkraft betrug 82–88 kg (2WD) und für den 4WD 83–92 kg. Daran schloß sich ein Warner Dreiganggetriebe ASI-T909E mit den Übersetzungen 3,44 – 1,85 – 1,10:1 in den Gängen.

Natürlich war auch bei den Jeep Trucks das Herzstück der 2,2-Liter-Vierzylinder mit dem L-Kopf. Einziger wichtiger Unterschied zum 463er Motor war der Carter-Vergaser Modell 626S. Alle 4WD und die 2WD bis Fahrgestell-Nr. 19307 besaßen einen Ölbadluftfilter, während die späteren 2WD einen Trockenfilter erhielten. Auf Wunsch bekam man für größere Höhenlagen einen Motor mit Verdichtung 7,0 statt 6,47:1.

Wie versprochen, machte Willys keine kostspieligen Modellwechsel, sondern nur ständige Verbesserungen und Verfeinerungen. Das Grundkonzept wurde tatsächlich immer beibehalten, und von 1947 bis 1950 gab es zahllose kleine Änderungen, die keine hohen Werkzeugkosten oder Fertigungsstillegungen verursachten. Die allerersten Jeep Trucks (bis Serien-Nr. 11197–2WD bzw. 10342–4WD) hatten Türen mit festen Dreiecksscheiben, danach mit beweglichen. Bis Fgst.-Nr. 22346–2WD und 34678–4WD hatte man die geteilte Sitzbank des 463, später eine durchgehende. Ein Schildchen mit Aufschrift »Jeep Truck« hatten Fahrzeuge bis Serien-Nr. 22112–2WD bzw.33385–4WD an der Instrumententafel. Die Allrad-Lkws mit höheren Nummern erhielten an dieser Stelle ein Schildchen mit dem Getriebeschaltbild.

Eine der bedeutendsten Änderungen war damals der Wechsel von der Lenkrad- zur Knüppelschaltung im Rahmen einer umfangreichen Überarbeitung des Interieurs ab Fahrgestell-Nr. 22536–2WD bzw. 34787–4WD.

Alle Jeep Trucks besaßen einen zentralen Instrumentenblock, dominiert von einem großen, viereckigen, bis 80 mph (128 km/h) reichenden Tachometer mit Kilometerzähler und Willys-Overland-Schriftzug. Links davon saßen Benzinuhr und Amperemeter, auf der rechten Seite Ölmanometer und Wasserthermometer. Modelle mit Lenkradschaltung hatten einen Ascher direkt über dem Tachometer. Genau unter dem Mittelsteg der geteilten Scheibe saß der Scheibenwischerschalter. Unter den Instrumenten waren von links nach rechts angeordnet das Zündschloß, der Hauptlichtschalter, die Anzündersteckdose und der Choke. Links und rechts vom Armaturenblock war das Instrumentenbrett abgesetzt; der rechte Teil war als Handschuhfach ausgebildet.

Zusammen mit der Umstellung auf Knüppelschaltung tauschte der Wischerschalter seine Position mit dem Ascher; zugleich wurde eine Fußmatte verwendet, durch die man das Getriebe erreichen konnte. Mit und ohne Lenkradschaltung hatte der Jeep Truck ein Zweispeichenlenkrad, auf dessen zentralem Hupenknopf das Emblem von Willys-Overland zu sehen war.

Bis Fgst.-Nr. 20243–2WD und 26719–4WD war die Oberfläche der Instrumententafel Aluminium mit Bürstenfinish, danach Alu lackiert mit schwarzen Zierstreifen. Trucks bis Serien-Nr. 19428–2WD bzw. 23710–4WD hatten die Schalter und Türsperrknöpfe in Kaffeebraun, danach waren sie elfenbeinfarbig ausgeführt. Ebenso war die Ascherblende zunächst lackiert (bis 23434/37627), dann verchromt.

Willys verwendete für den Mittelsteg der Frontscheibe zuerst ein schmales Zierteil (bis 21117/30779); das wurde abgelöst durch eine Blende in

Rechte Seite:

Oben: Ein Jeep Truck mit Hinterradantrieb aus der Vorserie (Foto: Sammlung des Autors)

Unten: Einer der allerersten Jeep Hochbord-Pritschenwagen mit Vierradantrieb (Foto: Sammlung des Autors)

Die enge Verwandtschaft des Sedan Delivery mit dem Station Wagon ist nicht zu verleugnen (Foto: Sammlung des Autors)

voller Länge der Mittelleiste. Lange vorher war die Verblendung der Türscheiben auf den vollen Umfang der Scheiben ausgedehnt worden (11197/10342).

Für die inneren Türtafeln verwendete man zwischen den Seriennummern 14144/14399 und 22048/34026 einen Bezug mit Ledernarbung. Vorher war er glatt, nachher in einer anderen, taubefarbenen Version. Jeep Trucks hatten korallengraue Armlehnen bis zur Fahrgestell-Nr. 19428–2WD bzw. 23710–4WD, danach waren sie elfenbeinfarben. Zu verschiedenen Zeiten baute Willys entweder braune oder schwarze Fußbodenverkleidungen ein, und zwar in Verbindung mit zwei farblich unterschiedlichen Dachhimmeln.

Ein Werkzeugkasten gehörte zur Grundausstattung, mit Hammer, Zange, verstellbarem Schraubenschlüssel, Schraubenzieher, Kerzenschlüssel. Auf der langen Sonderzubehörliste standen Dinge wie Radios von Zenith, Detroit und Philco mit Lautsprechern im Instrumentenbrett oder im Fußraum; Heizungsanlagen; Zigarettenanzünder; Sonnenblenden; Innen- und Außenspiegel; Versteifung für Kennzeichen; Doppelhupe; verschließbarer Tankdeckel; Luftpumpe; Reserveradschloß; doppelte Schlußleuchten; Nebellampen oder Kombination von Nebellampen und Scheinwerfern; Benzinsieb; Andrehkurbel; Suchscheinwerfer; Motorraumbeleuchtung und Luxus-Werkzeugsatz. Der voll ausgestattete Jeep Truck hatte auch einen Feuerlöscher, eine Reifenfüllflasche, Blinkanlage, einen Insektenabweiser für den Sommer und eine Kühlerjalousie für den Winter.

Willys bot seine Leichttransporter in fogenden zwölf Farbvarianten an: smaragdgrün, harvardrot, dschungelgrün, luzonrot, manilablau, michigangelb, potomacgrau, princetonschwarz, tarawagrün, tropicsilber, beige und elfenbein. Anscheinend hatte jemand in Willys' Stylingabteilung nicht nur Farben und Geographie fest im Griff, sondern verspürte auch die Neigung, die militärische Vergangenheit des Jeep in der Farbpalette zu berücksichtigen.

Die folgende Übersicht zeigt die Jeep-Truck-Baureihe von 1947:

Modell 463	**Preis (US-$)**
(1/2-Tonner, 2WD, Radstand 2642 mm)	
Panel (Lieferwagen)	*1358*
Modell 2WD	
(3/4-Tonner, 2WD, Radstand 2997 mm)	
Chassis allein	*914*
Chassis mit Fahrerhaus	*1267*
offener Kastenwagen (Pick-up)	*1360*
Pritschenwagen	*1427*
Modell 4WD	
(1-Tonner, Allrad, Radstand 2997 mm)	
Chassis allein	*1175*
Chassis mit Fahrerhaus	*1529*
offener Kastenwagen (Pick-up)	*1620*
Pritschenwagen	*1685*

Rechte Seite: Werbung für den neuen Jeep Truck vom Juli 1947 (Bild: Sammlung des Autors)

Gangway, America! Here come the New
'Jeep' *Trucks*

14 BODY AND CHASSIS STYLES—'Jeep' Truck bodies are functionally designed for long life and low maintenance costs. Top of page: steel-bed pickup. Above: platform stake, wood floor and gates. Below: (*left*) canopy top, (*center*) cab and chassis, (*right*) demountable steel van.

The new 'Jeep' Trucks are the biggest news in the medium-duty field. Here are tough, long-lived trucks with low gross vehicle weights in relation to pay-load capacity . . . 4700-5300 gross vehicle weights, ¾ to 1 ton nominal pay-load.

Willys-Overland engineers cut off every ounce of gas-eating dead-weight, producing trucks that whack operating costs but still have the strength and stamina that spell low maintenance and long service. Their lower weight, teamed up with the world famous 'Jeep' engine, make 'Jeep' Trucks the ace buy for reliable performance and rock-bottom costs.

See them now, with their functional bodies that make sense to truck buyers . . . hard-to-damage fenders, well protected lights, full opening hoods, sturdy doors and comfortable cabs.

WILLYS-OVERLAND MOTORS, Toledo, Ohio
MAKERS OF AMERICA'S MOST USEFUL VEHICLES

COUNTRY GENTLEMAN
89
THEY'RE ALL TRUCK, ALL OVER
A Type for Every Farm Job... Powered by the 'Jeep' Engine
TWO AND FOUR-WHEEL DRIVE
TWO GREAT NEW LINES OF 'JEEP' TRUCKS BUILT FOR LOW COSTS AND LONG SERVICE
You know the power, efficiency and economy of the war-proved 60-hp "Jeep" Engine. Around this world-famous power plant, Willys-Overland has built two models of rugged, full-size "Jeep" Trucks designed feature by feature to meet the needs of farmers.
Willys-Overland dealers from coast to coast invite you to see them now. Inspect the gas-thrifty, long-lived "Jeep" Engine, easy to service under the big, full-opening hood. Look at their functional truck bodies with common-sense fenders, comfortable cabs and sturdy bodies.
TWO MODELS IN STANDARD BODY STYLES
Model 2WD—2-Wheel-Drive, 4700-5300 lbs. GVW. A money-saving truck that will give you low-cost operation and maintenance. Pick-up, van, canopy and platform-stake bodies.
Model 4WD — 4-Wheel-Drive, 5300 lbs. GVW. Sensational new all-weather farm truck with selective 2- and 4-wheel drive—6 speeds forward, 2 reverse. All-wheel traction for hauling in the field, through mud, on icy roads. Pick-up, platform-stake and other bodies.
THERE'S A 'JEEP' TRUCK to meet every farmer's requirements—the 2-wheel-drive "2WD" for ordinary service—the 4-wheel-drive "4WD" for hub-deep mud, icy roads and steep grades that call for the extra traction of all-wheel drive.
TRUCK WITH POWER TAKE-OFF! Model 4WD can be equipped with optional power take-off to deliver up to 30 hp for belt work, ample power for operating silo fillers, hammer mills, buzz saws and other farm equipment.
EXPECT LONG LIFE from "Jeep" Trucks, engineered for ruggedness and stamina by the men who made the Universal "Jeep" world-famous for ability to stand up under hard use. See the "Jeep" line before you buy any truck.
New TWO AND FOUR-WHEEL DRIVE 'Jeep' Trucks
WILLYS-OVERLAND MOTORS, TOLEDO, OHIO—MAKERS OF AMERICA'S MOST USEFUL VEHICLES

Linke Seite: Die 1947er Jeep Lkws wurden in den Anzeigen als maßgeschneidert für den Farmbetrieb angepriesen (Bild: Sammlung des Autors)

Während 1947 von den zweiradgetriebenen Versionen 3734 und von Allrad-Lkws 4114 Einheiten hergestellt wurden, waren es 1948 bereits insgesamt 41.462 Lkws, 1949 freilich nur noch 18.342 Stück.

Die 1949er Modelle wurden zunächst vom Oktober 1949 bis zum 30.März 1950 als »1950er Modell« weitergebaut, und erst danach kam ein zweites 1950er Modell auf den Markt, das parallel zum Station Wagon im Styling geändert wurde und die gleiche Frontpartie wie dieser erhielt. An der Motorhaube entfiel die über die ganze Länge gehende, in Wagenfarbe lackierte oder verchromte Verzierung; sie war nun glatter, trug das geflügelte Willys-Emblem und schloß vorn an den leicht abgewinkelten Kühlergrill an, der fünf horizontale und neun vertikale Stäbe besaß. Die Haube war vorn zur Versteifung heruntergezogen und die Kotflügel waren dieser neuen Form angeglichen.

Vom gleichen Zeitpunkt an verkaufte Willys auch eine Halbtonner-Version des 2WD-Truck zum Preis von 1400 Dollar frei New York City, welche den früheren Dreivierteltonner ersetzte. Im Zuge einer

Lkw-Modell 4T mit Plane von 1948 (Foto: Sammlung des Autors)

Diese Anzeige von 1949 zeigt den Lkw mit 2997 mm und den Panel Delivery, den Kastenlieferwagen, mit 2642 mm Radstand (Bild: Sammlung des Autors)

Für den neuen Hurricane-Motor mit F-Kopf wurde 1950 energisch die Werbetrommel gerührt (Bild: Sammlung des Autors)

allgemeinen Preissenkungsaktion kündigte das Werk gleichzeitig an, daß der Preis des 4WD frei N.Y.City von 1896 auf 1798 Dollar reduziert würde.

Diese Preissenkung wurde noch interessanter durch die gleichzeitige Einführung des neuen Vierzylinders mit F-Kopf, also hängendem Einlaß- und seitlich stehendem Auslaßventil. Bohrung und Hub waren unverändert geblieben, doch der neue Zylinderkopf erlaubte eine Verdichtungserhöhung auf 6,9:1 (7,4:1 wahlweise für Gebirgseinsatz). Im 2WD-Fahrzeug war ein 8,4:1 verdichtender Kopf serienmäßig (wahlweise Verdichtung 7,8:1). Das nun oberhalb des Kolbens hängende Einlaßventil hatte jetzt 51 statt 39 mm Durchmesser und erlaubte, wie Willys sagte, »eine schnelle, ungehinderte Gasströmung zum Brennraum durch kurze, gekühlte Kanäle«. Die maximale Leistung war für die Allradmodelle auf 72 PS bei 4000/min und für die übrigen auf 75 PS bei 4000/min angestiegen. Beide Varianten verfügten über das gleiche Höchstdrehmoment von 155 Nm bei 2000/min.

Mit Einführung des neuen Motors Typ 473 gab es eine geänderte Preisliste:

Anzeige vom Oktober 1951 für den Willys Pick-up (Bild: Sammlung des Autors)

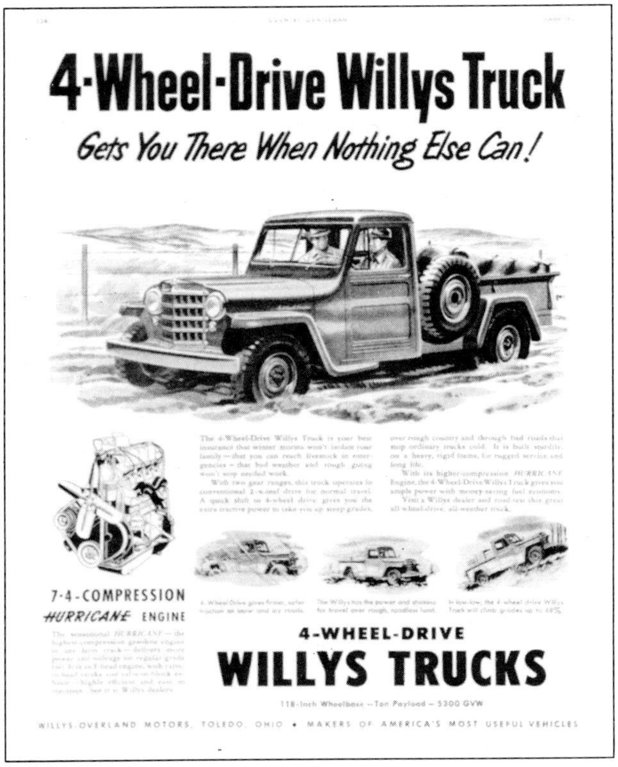

Erste Serie der 1950er Modelle

Modell 463PD Lieferwagen	**Preis (US-$)**
Panel Delivery	
(1/2-Tonner, 2WD, Radstand 2642 mm)	*1374*
Modell 2WD	
(3/4-Tonner, 2WD, Radstand 2997 mm)	
Chassis und Fahrerhaus	*1282*
offener Kastenwagen (Pick-up)	*1375*
Pritschenwagen	*1441*
Modell 4WD	
(1-Tonner, Allrad, Radstand 2997 mm)	
Chassis und Fahrerhaus	*1700*
offener Kastenwagen (Pick-up)	*1792*
Pritschenwagen	*1856*

Zweite Serie der 1950er Modelle

Modell 473SD Lieferwagen	**Preis (US-$)**
Sedan Delivery	
(1/2-Tonner, 2WD, Radstand 2642 mm)	*1374*
Modell 473 HT	
(1/2-Tonner, 2WD, Radstand 2997 mm)	
Chassis und Fahrerhaus	*1208*
offener Kastenwagen (Pick-up)	*1296*
Pritschenwagen	*1358*
Modell 473-4WD	
(1-Tonner, Allrad, Radstand 2997 mm)	
Chassis und Fahrerhaus	*1604*
offener Kastenwagen (Pick-up)	*1690*
Pritschenwagen	*1750*

Famous Willys F-h

The HURRICAN

This power plant is outstanding for efficiency—for higher horsepower output in relation to size and fuel economy. The 72-horsepower *Hurricane* Engine is of F-head design—only one of its kind in America—with valve-in-head intake and valve-in-block exhaust. Compression ratio is 7.4 to 1, yet premium fuel is not required. With its higher compression and even combustion, the *Hurricane* literally squeezes more energy from every drop of gasoline.

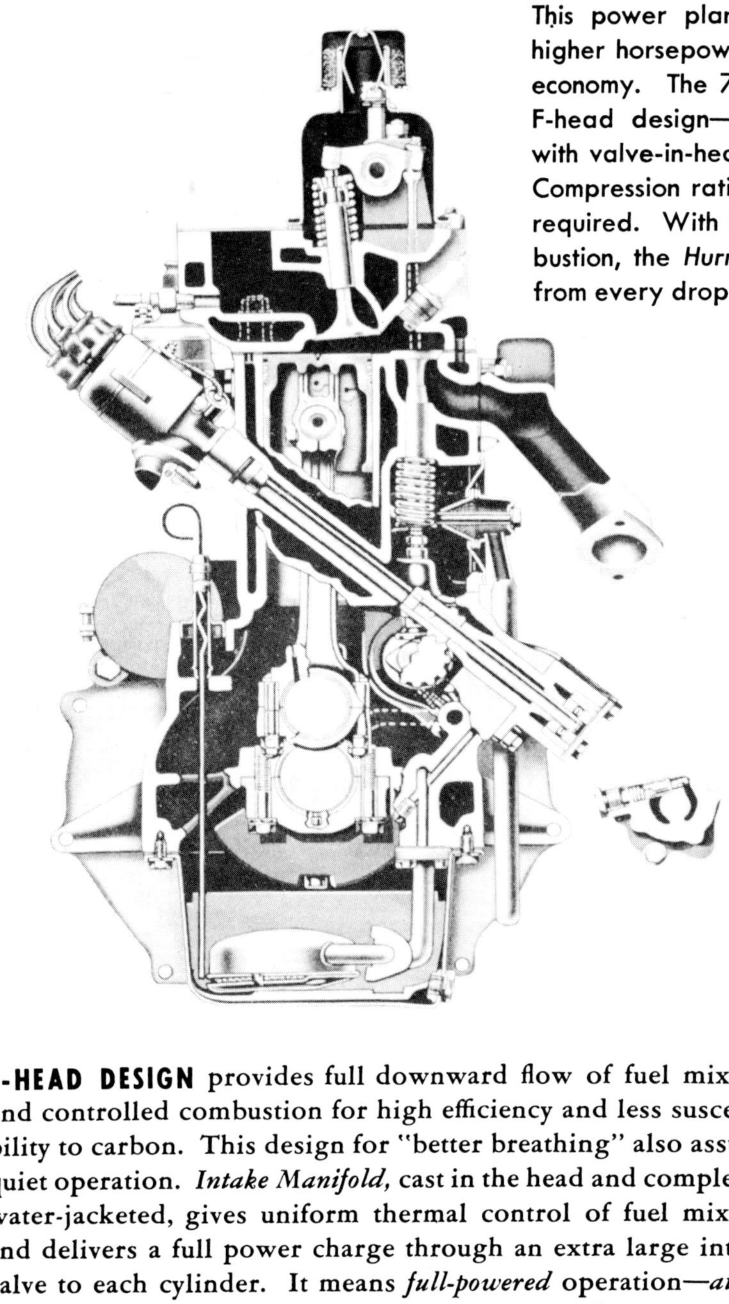

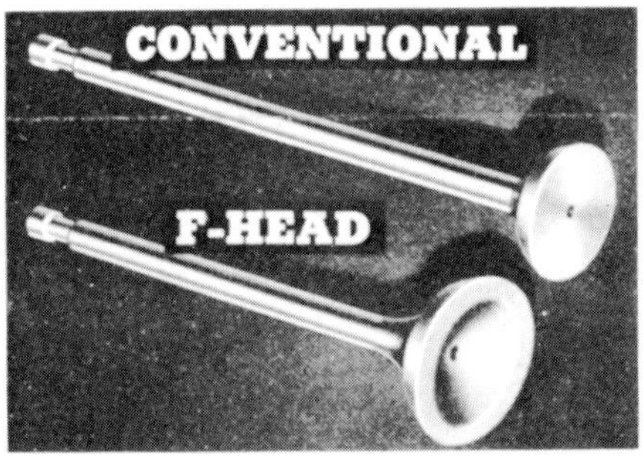

EXTRA LARGE INTAKE VALVES allow free passage of fuel mixture into the combustion chamber. Notice comparison between valves used in conventional engines and those in the F-head *Hurricane* Engine.

HEAVY-DUTY CRANKSHAFT is carbon steel, drop-forged and heat treated to assure long wear. Crankshaft is fully counterweighted and dynamically balanced for smooth engine performance.

F-HEAD DESIGN provides full downward flow of fuel mixture and controlled combustion for high efficiency and less susceptibility to carbon. This design for "better breathing" also assures quiet operation. *Intake Manifold,* cast in the head and completely water-jacketed, gives uniform thermal control of fuel mixture and delivers a full power charge through an extra large intake valve to each cylinder. It means *full-powered* operation—*at all speeds.* It is one of the most efficient engines made.

Das Verkaufsprospekt von 1954 befaßt sich mit dem Willys F-Kopf-Motor Hurricane und seinen Bauteilen (Bild: Sammlung des Autors)

Während der Fertigungsdauer des F-Kopf-Motors gab es kaum wesentliche Änderungen. So wurde ab Oktober 1952 ein größerer 115 mm-Anlasser zusammen mit einem 129-Zähne-Zahnkranz (statt 124) eingebaut. Dazu waren geänderte Kupplungsglocke, Motorendplatte und Schwungrad erforderlich. Diese Version des F-Kopf-Motors erhielt die Bezeichnung 475.

Ab Motor-Nr. 13869 (für den Station Wagon Nr. 16822) wurde die Dicke des Kolbenbodens von 4,8 auf 6,4 mm erhöht, um Festigkeit und Wärmeableitung zu verbessern.

Insgesamt entsprachen die Detailverbesserungen am Styling und an der Mechanik der Jeep Trucks denen an den Station Wagon jener Zeit. Vom 1952er Modelljahr an wurde die Fahrzeugbaureihe ohne Allradantrieb bis auf den Sedan Delivery aufgegeben. Diesen wiederum konnte man ab dem folgenden Jahr mit Allradantrieb bekommen.

1954 erhielt der Frontgrill drei statt fünf horizontale Stäbe, und zwei neue Motoren wurden angeboten. Der weiterhin gebaute Sedan Delivery mit Zweiradantrieb verwendete nun den 2,64 Liter 6-Zylinder mit F-Kopf, den es seit 1952 für den Aero Willys Pkw gab. Er leistete 90 PS bei 4200/min und hatte bei 2000/min 183 Nm Drehmoment. Alle Allradtriebler konnte man auch mit dem 6-Zylinder »Super Hurricane« mit L-Kopf bestellen.

Die Jeep Trucks erhielten zum 1960er Modelljahr die einteilige Frontscheibe und die Stylingänderungen des Maverick. Wie bei den Station Wagon wurden sie neben den 1962 neu eingeführten Modellen noch bis zum Jahr 1965 weitergebaut.

WILLYS SEDAN DELIVERY

Der Kastenlieferwagen Sedan Delivery mit 2WD von 1954 (Bild: Sammlung des Autors)

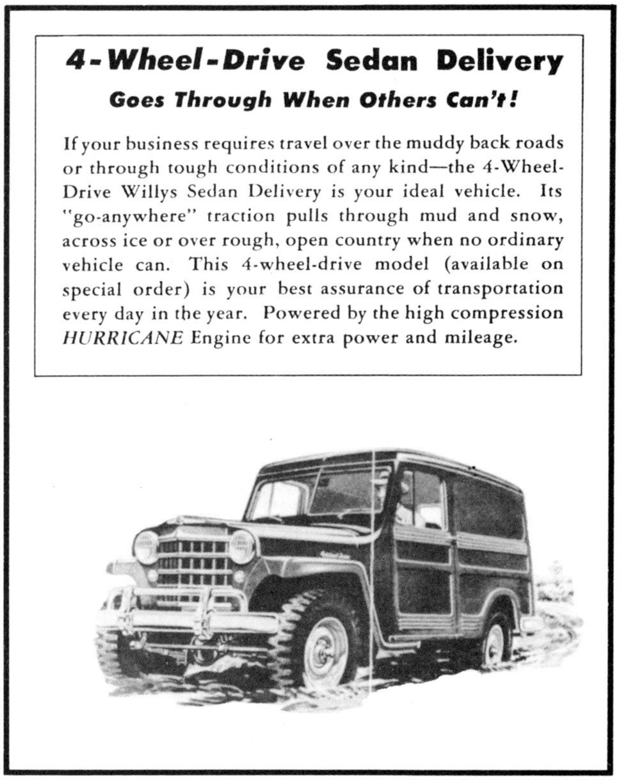

Werbung für den Sedan Delivery mit 4WD von 1954 (Bild: Sammlung des Autors)

Ansichten des Sedan Delivery mit wichtigen Maßen (Bild: Sammlung des Autors)

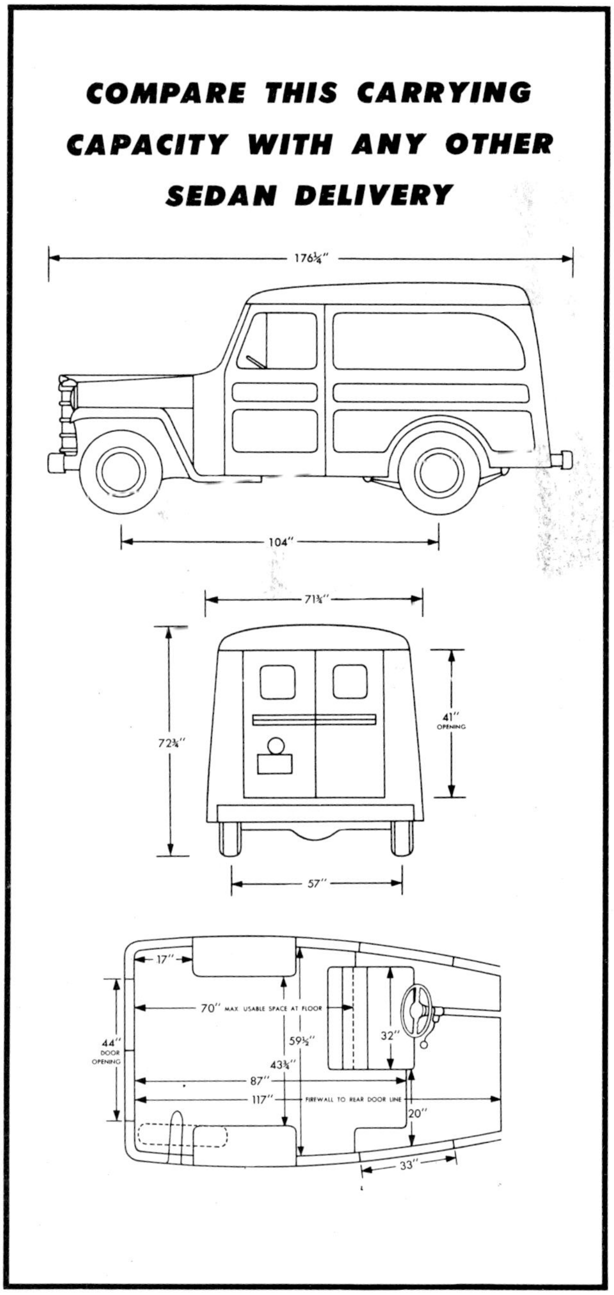

Der Brazilian Truck behielt wichtige Merkmale des Jeep-Produkts bei (Foto: Brooks Stevens)

Links: Brooks Stevens' überarbeiteter Pick-up für den brasilianischen Markt (Foto: Brooks Stevens)

5. Kapitel

Der Jeepster, eine sportliche Version

Die Einführung des »Jeepster« am 15.Oktober 1947 fiel mit derjenigen des Station Wagon und der Vorstellung eines Stylingmodells des Willys Pkw 6/71 zusammen. Alle drei waren die Attraktionen auf dem zweiten »Institutional Day«, zu dem sich 400 Bankiers, Journalisten und Industriemanager in Toledo versammelten. James Mooney, Willys' Präsident, legte zufrieden die Ergebnisse eines 21 Millionen Dollar umfassenden Modernisierungsprogramms vor.

Doch in den Wochen vor dem Meeting war es im Werk alles andere als ruhig zugegangen. Kennzeichnend dafür war eine Mitteilung von Delmar Roos vom 8.September an die leitenden Techniker im Hause bezüglich des 6/71 gewesen, in dem es hieß: »Dieses Stylingmodell muß unter allen Umständen zum 15.Oktober fertiggestellt werden – notfalls mit Überstunden.«

W.D.Appel, Leiter der »Operations Divisions«, hatte Ende August noch festgestellt, daß die Jeepster-Modelle gemäß letztem Stand der Entwicklungsplanung nicht vor dem 3.November fertig sein würden, also natürlich zu spät für die Präsentation am 14.Oktober. Mr.Mooney wünschte jedoch, daß dieses Modell am Institutional Day vorgestellt werden könne.

Schließlich war Mooney der Boss, und der Jeepster hatte zur gewünschten Zeit dazustehen. Stenggenommen war es kein wirklicher Prototyp des Serienmodells VJ-2. Da viele Jeepster-Teile einfach noch nicht fertig waren, gab Appel Roos den Rat: »Sie werden nicht umhinkönnen, alles, was voraussichtlich nicht rechtzeitig verfügbar sein wird, von Hand anzufertigen oder sonstwie zu beschaffen, nur damit ein optisch fertiges Auto präsentiert werden kann. Diese Teile müssen ja nicht nach Zeichnung sein – die Leute, denen das vorgestellt wird, sind lauter technische Laien – und nachher wird das Zeug gleich wieder abgebaut.«

Der Jeepster, den Willys als »the college boy's delight« (also etwa: »Pennälerfreude«) angekündigt hatte, war die Verwirklichung einer Idee, die Brooks Stevens Anfang der 40er Jahre dem Management von Willys-Overland unterbreitet hatte. Sie erinnern sich, Sorensen als neuer Chef hatte die Idee umgemünzt, und der Jeep Station Wagon wurde daraus geboren. Doch nachdem dieser wie auch die Kleinlastwagen nun in Serie waren, holte Stevens seine Vorstellung von einem sportlichen Phaeton wieder hervor. Seine Darstellung dieses Autos in der (später meistbestellten) Farbkombination gelb-schwarz machte den zunächst zögernden Sorensen geneigt. »Ich glaube nicht, daß es einen großen Markt für sowas gibt«, sagte er zu Stevens, »aber wenn Sie's mit minimalen Werkzeugkosten machen können, soll's mir recht sein.« Stevens hielt sowohl Werkzeug- wie auch Herstellkosten sehr niedrig. Die Vorderpartie einschließlich der A-Säulen war vom Station Wagon, und ein Großteil der Mechanik kam direkt aus Willys‹ Serienregalen.

Am 2.August 1946 lag das Lastenheft für den Jeepster, der intern noch als V-J Phaeton lief, ziemlich vollständig vor. Weitgehend entsprachen sie denen des Station Wagon 463: Radstand 2642 mm, Länge über alles 4521 mm, größte Breite 1740 mm; mit offenem Verdeck 1524 mm Höhe über Frontscheibe; Spurweite vorn und hinten 1403 bzw. 1448 mm.

Vorder- und Hinterfederung des Jeepster waren wie beim Station Wagon, vorn eine Querblattfeder mit sieben Lagen und 19,6 kg/cm Federrate und hinten zwei Längsblattfedern mit je neun Lagen und 17,8 kg/cm. Auch die Ross-Lenkung mit variabler Übersetzung 14–12–14:1 übernahm man vom Station Wagon. Vorgesehen als Bereifung waren »Goodyear oder gleichwertige« 5.50–15" Vierlagenreifen auf 4K-Rädern mit 15". Diese Räder hatte auch der Station Wagon.

Die nahe Verwandtschaft in den Konzeptionen von Jeepster und Modell 463 erkennt der Fachmann sofort aus folgender Auflistung der Karosseriedaten des V-J Phaeton vom 2.8.1946:

---

1. *Ganzstahlkarosserie, zweitürig, offen, mit angewinkelter fester Frontscheibe und Faltdach (Einmannbedienung).*
2. *Lage aller Karosserieanschlußpunkte wie am Station Wagon (abgekürzt S.W.)*
3. *Kühlventilator mit Luftführung wie S.W. (neue Ausführung).*
4. *Vorderteil der Bodengruppe wie S.W., geänderte Form mit neuen Sicken und abgedeckten Wasserablauflöchern unter Gummimatten.*

5. Instrumentenbrett wie S.W. mit Änderungen; Instumenteneinheit, Bedienteile, Ablagefächer und Türen wie S.W.; Ausnahme: neuer Schriftzug am Handschuhkastendeckel.
6. Zubehör wie Heizung, Defroster, Radio wie S.W.; Frontscheibenrahmen aus rostfreiem Stahl gepreßt.
7. Hintere Kotflügel vom Lkw-Modell 2T und 4T.
8. Alle Halterungen und Befestigungen an Bodengruppe so weit wie möglich vom S.W.
9. Fußstützen für Hintensitzende wie S.W.
10. Alle Sitze entsprechen S.W.-Ausführung mit gleichem Rohrrahmen, Sitzschale, Federn, Polsterung und Kunstlederbezügen.
11. Frontpartie der Karosserie grundsätzlich wie S.W., einschließlich Motorhaube, Grill und Luftführungen, Vorderkotflügeln, seitlichen Steinschlagblechen etc., Scheinwerfern, Parkleuchten; Ausnahme: Vorderkotflügel sind am hinteren Teil abzuändern und den neuen Seitenteilen beiderseits anzupassen, die im Bereich Tür und hinterer Kotflügel verlaufen.
12. Gesamte Heckleuchten wie S.W., jedoch mit passenden Halterungen.
13. Vorderer und hinterer Stoßfänger mit Gummipuffern identisch mit S.W.

Dennoch zeigte die Serienausführung des VJ-2 in vielerlei Hinsicht Abweichungen vom ursprünglichen VJ-1 Prototyp. Im Juli 1947 gab es eine ganz spezielle Änderung, die W.D.Appel in einer Mitteilung an Roos vom 26.7.1947 vorgeschlagen hatte, weil er sie »in bezug auf das äußere Bild des Jeepster für eine wesentliche Verbesserung« hielt.»Es hat mit der Wulst am hinteren Ende der Motorhaube zu tun. Wenn Sie genau hinsehen, entsteht dort durch Spiegelung ein Effekt, als wäre die Strecke zwischen Grill

Ein paar Studenten mit ihrem Jeepster im Jahre 1948 (Foto: Sammlung des Autors)

Die Urform des Jeepster von 1948 wurde für 1949 noch beibehalten (Foto: Brooks Stevens)

Der neu gestaltete Jeepster Baujahr 1950 (Foto: Sammlung des Autors)

Großes Foto: Trotz seines 1949 ausgestellten Nummernschilds ist dies ein Jeepster des Modelljahrs 1950 (Foto: Sammlung des Autors)

und Frontscheibe in zwei Teile geteilt; das ergibt den optischen Eindruck einer Kürzung der Frontpartie und verhindert, daß diese als große, ununterbrochene Fläche erscheint, was für das Gesamtbild des Autos aber wünschenswert wäre.« Das betroffene Teil war ohnehin ein neues Preßteil, und so erforderte die Änderung keinen zusätzlichen Werkzeugaufwand.

Anfang März 1947 erfolgte eine Anzahl konstruktiver Änderungen am Jeepster. Um den Aufbau steifer zu gestalten, wurden diverse Blechquerschnitte verändert; der Steinschlagschutz am hinteren Stoßfänger wurde verbreitert und seine Enden heruntergezogen, um das Auspuffendrohr zu schützen; die Einprägungen für die Heckleuchten wurden durch selbständige Preßteile ersetzt; zur Erleichterung der Fertigung wurde das Instrumentenbrett zweiteilig ausgeführt, die Ablagefächer wanderten weiter nach außen. Gleichzeitig wurde die Heizung um ca. 100 mm tiefer gesetzt, so daß größere Handschuhkästen Platz fanden. Ein Ergebnis dieser Überarbeitung war, daß nun das Hauptpreßteil für das Instrumentenbrett für Rechts- und Linkslenker einheitlich war, ein zweites, daß Ablagefach und Radiohalterung vom Station Wagon übernommen werden konnten. Ferner waren Lenksäule und Schalthebel jetzt lakkiert statt verchromt. Wer sich den Prototyp genau angesehen hatte, dem fiel auch die um gut 60 mm niedrigere Windschutzscheibe auf, deren Scheibenrahmen nun aus zwei Hauptteilen und nicht mehr aus mehreren bestand wie am ersten Jeepster.

Vorder- und Hintersitzbank wurden niedriger, die Sitzpolster wurden vorgezogen und ergaben bessere Auflage. Um beim Vorklappen der Beifahrerlehne nicht mit dem geänderten Instrumentenbrett zu kollidieren, wurde die ganze Bank etwas nach rechts verschoben. Ebenfalls zu dieser Zeit wurden die kleinen Nabendeckel vom Station Wagon übernommen.

Das erste Jeepster-Verdeck hatte fünf Spriegel. Für die Serie wurden nur vier mit anderer Kontur verwendet. Die aber bestanden jetzt aus dem gleichen Rohrmaterial wie die Sitzbänke des Station Wagon.

Um die Herstellung zu vereinfachen und zu verbilligen, erhielt die Serie neue Verdeckseitenteile, die zwar größer waren, aber nur noch eine statt zwei Öffnungen aufwiesen. Jedes der beiden vorderen

Oben rechts: Die Vorstadtbewohner dürften den 1950er Jeepster als Zweitwagen für sonnige Tage gehalten haben (Foto: Sammlung des Autors)

Großes Foto: Im Gegensatz zum CJ-2A wurde der Jeepster in der Werbung als »Damenwagen« angepriesen. Hier ein 1950er Modell (Foto: Sammlung des Autors)

196X

Linke Seite, oben:

Ein 1:4-Stylingmodell des von Brooks Stevens entworfenen Jeepster für Brasilien (Foto: Brooks Stevens)

Seitenteile hatte einen dreieckigen Einsatz, der zum Signalgeben im Straßenverkehr mit Reißverschluß zu öffnen war.

Wesentlich für das veränderte Aussehen des Jeepster und auch für den Wetterschutz war der Beschluß,

Großes Foto: Stevens brachte einen Großteil vom Flair des ursprünglichen Jeepster in seine neuen Entwürfe ein. Auch jetzt verwendete er möglichst viele kostengünstige Preßteile für die Südamerika-Version ((Foto: Brooks Stevens)

vorn am Frontscheibenrahmen Ausstellfenster zu montieren. Ursprünglich hatte Stevens für das Auto – wie beim CJ-2A – eine umklappbare Windschutzscheibe vorgesehen.

Zum 22.September 1947 waren bereits viele der Änderungen realisiert. So war an der hinteren Sitzbank die Polsterung um 50 mm verlängert und hatte mehr Schräglage als die des ersten Modells; hinzu kamen kurze Trittbretter vor den Hinterkotflügeln. Roos' Kommentar zu diesen Tritten, daß sie »deutlich zum guten Eindruck des Wagens beitragen und besonders für junge Leute attraktiv sein müßten«, war ein Hinweis darauf, daß man einen Markt fest im Visier hatte, von dem man hoffte, daß er den Jeepster gut aufnehmen werde.

Ein Problem freilich stand der Popularität des Jeepster noch im Wege: Die Leute wußten nicht recht, als was für eine Art von Fahrzeug sie ihn ansehen sollten. In einem Rückblick auf die Anfangszeit der Jeepster-Entwicklung sagte Brook Stevens: »Ursprünglich hätte er ein preisgünstiger amerikanischer Sportwagen werden sollen. Doch infolge der

Der fahrbare Prototyp wich nur in wenigen Details vom Stylingmodell ab (Foto: Brooks Stevens)

Die Heckansicht des modernisierten Jeepster ähnelte sehr dem früheren Modell. Man beachte auch die Teilung der Sitzbank in »2 + 1« Plätze (Foto: Brooks Stevens)

Geschäftspolitik und interner Probleme mußten wir dann um die 1900 Dollar dafür verlangen, und das war damals immens teuer. Gewiß, der MG TC war teurer (der Grundpreis des Jeepsters war 1896 Dollar, der des MG 2228), aber das Chevrolet Cabrio bekam man schon für 1750 Dollar. Doch man konnte den einen nicht mit dem anderen vergleichen – der Jeepster war nie als Straßenrenner gedacht und auch nicht als Konkurrenz zum typisch britischen Sportroadster. Immerhin hofften wir, er würde der nachdrängenden Gruppe sportlicher Autofahrer Zugang zum Markt der offenen Wagen vermitteln können.«

Tom McCahills Testbericht über den Jeepster, der in *Mechanix Illustrated* vom Januar 1950 erschien, geriet nicht gerade zum Loblied auf die Vorzüge des Prüflings. Der Autor beklagte den relativ hohen Preis, den Mangel an Leistung und das Styling des Wagens. Aber er gab zu, daß das Image des Jeepsters begonnen habe, den Leuten ans Herz zu wachsen, obgleich er feststellen mußte: »So, wie er dasteht, gibt es keinen US-Serienwagen für über 1000 Dollar, der ihm nicht in den Fahrleistungen davonliefe – er ist kein Sportwagen und ist auch nicht geräumig genug für eine Familienkutsche. Was also ist er wirklich?«

McCahill spürte sehr wohl, daß der Jeepster ausgezeichnete Möglichkeiten besaß – wenn Willys einen stärkeren Motor eingebaut und noch »ein paar andere kleinere Modifikationen« angebracht hätte. Im Original-Lastenheft hatte gestanden, daß der »W.O.Special«-Motor zu verwenden sei, mit Aluminiumkopf (»um mehr Leistung und Drehmoment zu erzielen«) anstelle des Graugußkopfes vom 463. Die Leistung wäre dadurch auf 66 PS bei 4000/min gestiegen, das Drehmoment auf 151 Nm bei 2000/min.

In dieser Form und mit einem Dreiganggetriebe, einer Achsübersetzung 4,1:1 und 1200 kg Leergewicht hatte Willys-Overland für den Jeepster 123 km/h Spitze gemessen. Bei seiner Serienfreigabe mußte er freilich wieder mit dem Graugußkopf mit 6,48:1 Verdichtung, der nur 63 PS bei 4000/min leistete und ein Drehmoment von 144 Nm bei 2000/min hatte, vorlieb nehmen.

Genau diese Art von Vergleich, die McCahill zwischen dem Jeepster und anderen US-Autos zog, hatte Barney Roos vermeiden wollen. Im September 1947 hatte sich Roos anläßlich der Frage, was für Bodenbelag der Serienwagen haben sollte, ausführlich zur Einordnung des Jeepsters geäußert: »Dieses Auto ist nicht etwa ein Cabriolet«, schrieb er in einer Mitteilung an James Mooney vom 9.September 1947. »Sein Verdeck läßt sich nicht einfach durch Druck auf einen Knopf öffnen und schließen. Er hat auch keine Seitenscheiben, die rasch hochzudrehen sind und die Verdeckseitenteile ersetzen könnten.

Es handelt sich doch vielmehr um einen zweisitzigen Sportroadster. Wenn Sie ihn unbedingt ›Cabrio‹ nennen wollen, dann doch eher ›Semi-Cabrio‹; doch ich fürchte, sobald wir hier von einem Cabriolet sprechen, wird es ganz häßliche Vergleiche mit den modernen, echten Vertretern dieser Kategorie geben. Und dabei war das ganze Konzept für dieses Fahrzeug vom modernen Cabrio doch meilenweit entfernt.

Was diese Frage mit der Verwendung von Gummimatten oder Teppichboden zu tun hat? Das liegt doch

Bei seiner Vorstellung 1961 hörte der Jeepster auf den Namen »Saci« (Foto: Brooks Stevens)

auf der Hand: Dieser Wagen wird häufig offen gefahren und dann draußen abgestellt. Wenn ein Regenschauer kommt, ist drinnen alles patschnaß. Wir müssen also geeignete Abflußlöcher im Boden für das aufgefangene Wasser vorsehen, und dazu eben Gummimatten, die sich nicht vollsaugen. Und ebenso werden die Leute oft mit Verdeck, aber ohne die Seitenvorhänge fahren, besonders wenn nur vorn jemand sitzt, denn wir haben ja Glas-Ausstellfenster eingebaut, die ihnen Windschutz geben. Wenn es dann ein bißchen regnet, werden sie vermutlich die Seitenteile nicht anbringen wollen. Ergebnis: Die hinteren Sitze werden naß, und ebenso die Bodenmatten.

So haben wir für die Sitzbezüge ein Material gewählt, dem Wasser nichts ausmacht – genau wie wir es beim Station Wagon taten. Und schon deshalb wird manch einer sich gar nicht die Mühe machen, das Verdeck bei Regen zu schließen. Also sind die Gummimatten das einzig Richtige.« Im Dezember 1947 wurde die Serienausstattung endgültig festgelegt – mit Gummimatten.

Die Preßwerkzeuge für die Jeepster-Karosserie waren für eine Mindeststückzahl von 50.000 ausgelegt. Bald schon stellte sich heraus, daß dies sehr optimistisch geschätzt war; denn die erste Jahresproduktion belief sich auf ganze 10.326.

Im folgenden Jahr kam man nur noch auf 2960 Einheiten, und zwar obwohl Mitte des Jahres der 2425cm^3 große 70 PS starke 6-Zylinder wahlweise angeboten wurde. Der VJ-3 (wie das 1949er Modell hieß) ging ohne jede Änderung ins Jahr 1950 über. Erst ab März dieses Jahres gab es den Jeepster entweder mit dem neuen 72 PS Hurricane F-Kopf-Vierzylinder oder mit dem 2,64 Liter großen, 75 PS starken Lightning »6« mit L-Kopf. Die entsprechenden Modellbezeichnungen lauteten 473VJ bzw. 673VJ. Beide hatten das neue Frontgrill-Design der zweiten Generation Station Wagon und Kleinlastwagen. Das Käuferinteresse am Jeepster stieg 1950 wieder, wie an den Produktionszahlen ersichtlich: 4066 vom Modell 473VJ, 1779 vom 673VJ. Für eine Weiterentwicklung des Jeepsters aber genügte das nicht. Schon weil zu dieser Zeit die Aero-Willys-Limousine nahezu fertig entwickelt war, gab es für die Geschäftsleitung keinen Grund mehr, noch viel Geld in den Jeepster zu stecken.

Infolgedessen wurde das Auto 1951 nicht mehr weiter gefertigt; nur 1597 Vier- und 1703 Sechszylinder waren 1950 übriggeblieben. Der ganz und gar nicht aufregende Absatz des Modells lag, wie gesagt, an einer Reihe von Faktoren, zu denen sicher nicht zuletzt der knappe Wetterschutz gehörte. Die Auswirkung des Jeepster-Preises auf die Verkaufszahlen ist nicht ganz klar. Als sein Preis 1948 höher lag als in den späteren Jahren, wurden am meisten verkauft. Die anschließenden Preissenkungen brachten ihn in die Nachbarschaft normaler US-Cabrios:

Modell	**Preis (US-Dollar)**
1949er Jeepster (4-Zylinder)	*1603*
1949er Ford Convertible (Cabrio)	*1948*
1949er Chevrolet Convertible	*2134*
1949er Plymouth Convertible	*1982*
1949er Dodge Wayfarer Roadster	*1727*

Möglich, daß die etwas schwachen Fahrleistungen des Jeepsters den Absatz behinderten. Selbst mit dem Sechszylinder schaffte es der Jeepster von 0 auf 60mph (96km/h) nicht unter als 25 Sekunden. Und schon am 3.Dezember 1947 hatte Barney Roos sich besorgt über das hohe Gewicht geäußert: »Das Leergewicht der Serienausführung ist recht enttäuschend. Ich sehe ein, daß wir wenig Zeit hatten und uns mit dem Gewicht nicht lange aufhalten konnten. Am schlimmsten scheint das beim Rahmen selbst zu sein, aber zweifellos könnte man auch an anderen Stellen mit geringeren Blechdicken etwas einsparen, vor allem weil die Steifigkeit der Karosserieteile keine Rolle spielt.«

Trotz der kurzen Produktionsdauer des Jeepsters sollte sein Name – und in etwa auch seine Konzeption – sechzehn Jahre später, 1967, eine Wiedergeburt erleben; diesmal allerdings in echter Jeep-Form, ausschließlich mit Allradantrieb. Man kann sagen, daß der Jeepster für Willys-Overland zumindest eine interessante, wenngleich abenteuerliche Idee war. Alles in allem war er in der Geschichte des Jeep ein etwas verfrühter Schritt in einen Freizeitsektor, an den in den 40er Jahren gewiß noch niemand gedacht hatte.

6. Kapitel

Die Fusion Kaiser-Frazer/ Willys-Overland

Wie alle anderen Produzenten hatte auch Willys-Overland die harte Wahrheit zu akzeptieren, daß der so gut florierende Nachskriegsmarkt härter und härter wurde. Präsident Mooney freilich war nicht der Meinung, daß dies eine Folge der Sättigung des Bedarfs sei. Bei einer Rede in Cincinnati (Ohio) am 12. Januar 1949 sagte er voraus, innerhalb von nur sechs Monaten könne ein Kunde zu jedem Autohändler in den Laden kommen und jeden Wagen, den er wolle, sofort kaufen. »Unser Geschäft hat sich in einen Käufermarkt verwandelt«, stellte er fest, »die hohen Preise beschränken die Verbreitung des Automobils.« Das war schon immer eines seiner Lieblingsthemen, und obgleich er die Autoindustrie als gesund bezeichnete, bemerkte er weiter: »Man hat Industrie und Gewerkschaften häufig für die hohen Autopreise verantwortlich gemacht. Die wahren Gründe dafür sind aber die verringerte Kaufkraft für alle Waren aufgrund der Abwertung des Dollars und die derzeitige hohe Belastung der Herstellkosten mit mehreren hundert Dollar an direkten und indirekten Steuern.«

Unabhängig von Mooneys Einschätzung der Lage gab es trotz der Mitte des Jahres gesenkten Preise (von 25 Dollar für den Jeep bis 270 Dollar für den Jeepster) eine deutlich geringere Nachfrage nach Willys-Overland-Produkten. Anfang Februar 1949 wurde das Werk geschlossen, weil Schneestürme im Mittelwesten den Jeep-Absatz in dieser Region ins Stocken gebracht hatten. Das Werk öffnete erst wieder Mitte März, eine Woche bevor die Preissenkungen veröffentlicht wurden. Zu diesem Zeitpunkt prophezeite Mooney, die Verkaufszahlen würden innerhalb weniger Monate wieder auf einsame Höhen klettern. Er nannte auch vier Gründe, warum Willys die Preissenkungen hatte vornehmen können: ein größeres Angebot an billigerem Stahl, infolge verbesserter Belieferung weniger Fertigungsstörungen, Willys' Politik der Vermeidung kostspieliger Modellwechsel und schließlich die konstruktiv wenig aufwendigen Modelle.

Dennoch mußte Mooney am 7.April 1949 Kurzarbeit ankündigen: Mindestens bis Ende April würde die Produktion nur vier Tage die Woche arbeiten. Er versuchte, dieser Nachricht die Spitze zu nehmen, und erklärte, dadurch ergäbe sich angesichts der damaligen Stückzahlen »höchste Effizienz bei niedrigsten Kosten«.

Einige Wochen später, am 20.April 1949, ließ Mooney verlauten, er habe beim Aufsichtsrat seinen Rücktritt als Präsident eingereicht. Monatelang hatte es zwischen ihm und Topleuten wie George W.Ritter und Ward Canaday Konflikte über Absatzprobleme und andere Dinge gegeben.

Kurz darauf, am 29.April, fand das jährliche Essen der Automotive Old Timers im Roosevelt Hotel in New York City statt. Mooney schien in seiner Ansprache immer noch von einem 1000-Dollar-Auto zu träumen. Er setzte sich für die Abschaffung der 40-Stunden-Woche, für längere Tagesarbeitszeit und Reduktion der Steuerbelastung ein, um preisgünstige Autos bauen zu können: »Material- und Arbeitskosten lassen sich mit der 40-Stunden-Woche und mit zuwenig Arbeit für zuviel Geld nicht verringern. Die einzige Chance für uns, um das 1000-Dollar-Auto zu bauen, ist mit einem ehrlichen Tagewerk zu einem ehrlichen Tageslohn. Und wir müssen niedrigere Steuern fordern.«

Wieder in Toledo, war Pragmatik statt Philosophie angesagt, um Willys-Overlands Tagesprobleme zu lösen, die die Produktion gefährdeten. Im Mai zwang ein Streik bei Bendix Aviation, dem Bremsenlieferanten, das Werk bis zur Sicherung der Belieferung von anderer Seite zu schließen. Das traf 5000 der 7000 Mitarbeiter, für die es bereits Kurzarbeit gegeben hatte. Später, im Oktober, wurde das Werk auch von dem bundesweit herrschenden Stahlstreik betroffen, der die Fertigung stark behinderte und infolge Materialknappheit zur Entlassung von 4000 Leuten führte. All das resultierte für Willys-Overland in den folgenden, gegenüber dem Vorjahr stark abfallenden Produktionszahlen:

	1948 (Stück)	**1949 (Stück)**
Station Wagon	*22.309*	*29.290*
Kleinlastwagen	*41.462*	*18.342*
Jeeps	*63.170*	*18.342*

Der Jahresbericht vom 28.Dezember 1949 über das am 30.September beendete Geschäftsjahr wies auf diesen Abstieg deutlich hin: Die Nettoverkaufszahlen waren von 175,3 Millionen Dollar 1948 auf 142,4 Millionen 1949, der Gewinn nach Steuern und Abgaben von 7,08 Millionen auf 3,42 Millionen gefallen. Willys erklärte den Aktionären, daß dieser Rückgang durch gesenkte Fahrzeugpreise, die Umstellung der Produktpalette während der letzten sechs Monate und eine drastische Senkung der Lagerbestände bei den Händlern bedingt sei.

Doch der Bericht ließ auch eine deutlich bessere Zukunft erwarten; denn im Laufe des Jahres hatte sich ein rasch steigender Bedarf der US-Army an Jeeps, Lkws, Station Wagons und Ersatzteilen gezeigt, so daß man am Jahresende noch einen Auftragsbestand von etwa 15 Millionen Dollar hatte. Abschließend sagte Canaday: »Man darf davon ausgehen, daß Willys-Overland – ein Unternehmen ohne Schulden, mit reduzierten Lagerbeständen und guten Produkten – auch weiterhin offensiv auftreten und dabei erfolgreich sein wird.«

Vieles von diesem Optimismus bestätigte sich durch einen öffentlichen Auftrag vom Juni 1950 über 4000 Militär-Jeeps zum Preise von etwa 12,1 Millionen Dollar. Und am 5. Juli 1950 verkündete Willys, das U.S.Ordnance Department habe sogar noch einmal 8350 Jeeps für 22,3 Millionen Dollar bestellt. Das war der größte Auftrag, den die Firma seit 5 Jahren erhalten hatte.

Henry J. Kaiser, aufgenommen 1962 (Foto: Kaiser Aluminum)

Beide Militäraufträge verlangten die Erstellung eines neuen Jeep-Modells, des MC, M38. Später, im Oktober, bestellte die Armee 20.700 Jeep-Motoren zum Preis von 5,7 Mio. Dollar. Von 1950–52 fertigte Willys 60.345 Jeeps M38, durch die die Einkünfte des Hauses kräftig anstiegen. Das kam gelegen in einer Zeit, da man für die Motorenentwicklung vom Hurricane F-Kopf und Lightning-6-Zylinder, die im März 1950 erschienen, sowie für die Entwicklung des CJ-3A und des neuen Aero Willys enorme Aufwendungen zu verkraften hatte.

Am Ende des Geschäftsjahrs 1950 hatten Willys' Kapital und Gewinne Rekordhöhen erreicht, ebenso das Auftragspolster in Höhe von etwa 93 Millionen Dollar. Bis November waren daraus 110 Millionen geworden, und die Zahl stieg weiter.

Im Rückblick auf dieses Jahr kommentierte Ward Canaday: »Der Geschäftsgang im ersten Halbjahr litt stark unter dem Zwang, Programmänderungen durchzuführen, die durch Beschaffung der Produktionsmittel für neue Modelle und Umstellung der übrigen Einrichtungen auf wirtschaftlichere Fertigung sehr kostspielig waren; außerdem litt er unter landesweiten Streiks bei unseren Lieferanten. Demgemäß war die Auslieferung in den ersten sechs Monaten außerordentlich niedrig, was zu Verlusten von gut 900.000 Dollar führte.« In der zweiten Jahreshälfte dagegen, als die neuen Modelle gefertigt wurden, kam man wieder in die schwarzen Zahlen und machte 2,5 Millionen Gewinn, so daß das Geschäftsjahr doch noch einen Überschuß in Höhe von 1,6 Millionen auswies.

All die Jahre nach dem Krieg hatte Willys-Overland Versuchsmodelle des Militär-Jeeps in der Entwicklung. Damit befand man sich in einer guten Position, als – nach einem Bericht in *Business Week* vom 13. Januar 1951 – die Behörden im Juni 1949 Willys aufforderten, »mit den Experimenten aufzuhören und das Armeemodell so zu bauen, wie es jetzt dasteht«. Der neue Jeep MC, M38 wich in vielen Details vom früheren MB ab. Er besaß jetzt eine wasserfeste 24-Volt-Anlage und eine einteilige Frontscheibe. Kenntlich war er auch an den neu gestalteten, sich wie Käferaugen nach außen wölbenden Scheinwerfern und an der Anlenkung der Scheibenwischer unterhalb der Frontscheibe.

Dieser Entwicklung war 1951 eine noch radikalere Überarbeitung des Jeep auf den Fersen gefolgt, der MD-M38A1, der für die Armee bis 1971 produziert wurde. Er war 127 mm niedriger und 51 mm breiter als der MC, M38. Für einen Jeep war sein Styling fast schon revolutionär mit den gerundeten Vorderkotflügeln, einer stark angehobenen, gekrümmten Haube,

einer zweiteiligen Frontscheibe und in die Grillstruktur vertieften Scheinwerfern. Weiteres Kennzeichen war der tiefer eingeschnittene Türeinstieg. Der MD-MB38A1 hatte den neuen Willys-Motor mit F-Kopf.

Das rasche Zurückschalten auf eine Fertigung der Militär-Jeeps in großen Stückzahlen und die offenbare Leichtigkeit, mit der man sich wechselnden Marktbedingungen anzupassen vermochte, ließen auch die etwas zerbrechliche Seite der Existenz der Firma erkennen. Maßgebend für die Anpassungsfähigkeit waren sicher auch die raschen Führungswechsel. In den Jahren seit 1936, als Ward Canaday und George Ritter Eigentümer von Willys-Overland geworden waren, hatte es drei Schlüsselfiguren auf dem Posten des Chairman oder des Präsidenten gegeben: Joseph Frazer, Charles Sorensen und James Mooney. Derart rasche Wechsel im Management hatten sowohl ungünstigen Einfluß auf die Moral als auch auf eine langfristige Produktplanung, die nötig gewesen wäre, um über den Jeep-Sektor hinaus zu expandieren. Bei Willys war man sich zwar darüber einig, daß der Beschluß von 1951, das Modell 6/71 nicht zu fertigen, richtig gewesen sei. Doch es ist auch eine historische Wahrheit, daß das Fehlen einer starken Präsenz auf dem Pkw-Sektor ein »Klotz am Bein« war für alle, die den Jeep produzierten – bis hin zur Übernahme der AMC durch Chrysler im Jahre 1987.

Eine Quelle potentieller Probleme bildete im Hintergrund auch die äußerst knappe Gewinnmarge, die laut *Business Week* vom 26.März 1951 geringer bemessen war als diejenige der meisten anderen Autohersteller. Das Magazin bezifferte den Gewinn, den Willys 1948 pro gefertigtem Fahrzeug machte, auf ganze 54 Dollar.

Hinzu kam noch die Eigenart des Marktes für Jeeps und auf dessen Konstruktion basierender Modelle. 1949 wurde ein volles Drittel der zivilen Willys-Produkte von Farmern gekauft. Und als diese Bevölkerungsgruppe im selben Jahr einen drastischen Rückgang ihres Einkommens erlebte, waren die Auswirkungen auf Willys' Absatz vorhersehbar. Von Oktober 1949 bis März 1950 gab es 900.000 Dollar Verlust, und im Juni 1950 nahm Canaday wieder selbst den Präsidentensessel ein.

Auf der Habenseite gab es natürlich auch eindrucksvolle Tatsachen. Seit 1946 hatte Willys-Overland etwa 35 Millionen Dollar für verbesserte Werksanlagen investiert, die es erlaubten, den steigenden Bedarf an Armee-Jeeps zu decken. Als die Regierung 1951 einen weiteren 63-Millionen-Auftrag erteilte, hatten die Lieferungen damit ein Gesamtvolumen von über 200 Millionen Dollar erreicht – für zivile und Militärfahrzeuge. Hinzu kam ein Liefervertrag über Bauteile für General Electrics' J-47 Düsentriebwerk. Dieser mit über 63 Millionen dotierte Auftrag war Anlaß zum Erwerb eines alten Chevrolet-Werkes in Anderson (Indiana) und von Einrichtungen im Wert von 7 Millionen für die Herstellung der J-47-Teile.

Positiv war auch, daß man einen Vertrag mit Kaiser-Frazer »an Land ziehen« konnte, unter dem Motoren für den künftigen Kleinwagen Henry J. zu liefern waren: Vierzylinder mit 2,2 Liter und Sechszylinder mit 2,64 Liter Hubraum. Sie wurden auf denselben Maschinen gefertigt wie die Motoren für die eigenen Modelle, nur daß dafür eine dritte Schicht in der Montage erforderlich wurde.

Das alles trug im Juni 1950 zu einer sehr hohen Auslastung bei Willys bei, in der Tat zur höchsten seit 18 Monaten. Zusätzlich zu den umfangreichen Arbeiten für Kaiser-Frazer lag die Stückzahl aller Modelle zusammen jetzt um 62% über dem Durchschnitt der letzten zwölf Monate.

Willys' Erfahrungen in Konstruktion und Fertigung des Jeep führten 1951 zu einer unerwarteten Anfrage aus Kanada, ob man der Ford Motor Company of Canada die nötigen Informationen für den Bau einer Variante des Jeep überlassen könne, die man im Rahmen des Fünfmilliarden-Aufrüstungsprogramms bauen wollte. Anfangs war man in Toledo nicht eben begeistert von der Idee, einen Giganten wie Ford in die Lage zu versetzen, einen potentiellen Konkurrenten für die eigenen zivilen Fahrzeuge herzustellen. Doch am 29.September 1951 kamen Ford-Canada, Willys-Overland und die kanadische Regierung überein, Jeeps in Kanada für den alleinigen Gebrauch der kanadischen Armee zu bauen.

Als der Bericht über das Geschäftsjahr 1951 herauskam, waren die Ergebnisse erwartungsgemäß erfreulich. Der Umsatz, 219,9 Millionen Dollar, war nicht nur um 104% höher als der 1950er, sondern auch der höchste in der Firmengeschichte. Er überragte auch das bisherige Spitzenjahr 1944 noch um 3%. Auch im folgenden Jahr waren die Auswirkungen der großen Militäraufträge gewaltig: Das Geschäftsjahr 1952 schloß mit 301,7 Millionen Dollar Umsatz ab, 37% über dem des Vorjahrs, und der Nettogewinn stieg auf 6.08 Millionen Dollar gegenüber 4.59 Millionen im Jahr 1951. Von den 1952 produzierten 148.216 Einheiten waren etwas über 32% militärische Jeeps; 1951 hatten die Zahlen 119.216 und knapp über 21% gelautet.

Am 28.Januar 1953 führte Willys-Overland den neuen CJ-3B ein. Einen Monat später, am 28.Februar, informierte man die Öffentlichkeit über Verhandlungen mit Kaiser-Frazer, bei denen es um eine mögliche Fusion ging. Ward Canadays Büro gab eine Meldung heraus, in der es hieß: »Verschiedene Per-

Linke Seite:

Edgar F. Kaiser (Foto: Kaiser Aluminum)

sonen und Gruppen, einschließlich Kaiser-Frazer, haben uns in den letzten Jahren auf die Möglichkeit eines Zusammenschlusses angesprochen. Bis jetzt liegt uns noch kein konkreter Vorschlag vor, und es wurde noch nichts beschlossen.« Das war gewiß ein dürftiges Mäntelchen für die (schon seit 1951 laufenden) intensiven Verhandlungen, die zur Vorbereitung einer Fusion zwischen zwei so gesunden Firmen notwendig waren.

Kaiser-Frazer war in den Nachkriegs-Automarkt mit grandiosen Plänen eingestiegen, die im Erfolgsfall schlicht revolutionär gewesen wären. Im Mittelpunkt der Träume ihrer Namensvetter sollten die Modelle Henry J.Kaiser und Joseph W.Frazer stehen, Autos mit Frontantrieb und Alukarosserie zum Traumpreis vieler Industriemanager, nämlich 1000 Dollar.

Von den beiden war Kaiser der Prominentere, ein Mann, der in den 30ern beim Bau des gigantischen Hoover-Dammes in Verbindung mit Firmen wie W.A.Bechtel mitgewirkt hatte. Das war aber nur der Anfang seiner steilen Karriere gewesen. 1938 war es das Bonneville Damm-Projekt, knapp ein Jahr später der Grand Coulee Dam, und während des Krieges verließen Hunderte von Schiffen Kaisers Werft. Kein Wunder also, daß schließlich auch der Autobau, der wohl umkämpfteste Industriezweig der Welt, Henry Kaiser reizte.

Joseph Frazer war einer, der sich in der Autoindustrie genau auskannte. Seine Verkaufspraxis hatte er zuerst bei Packard, dann bei Saxon Automobiles erworben. Danach war er zu General Motors gegangen, wo er in verschiedenen Positionen im Finanzwesen gearbeitet hatte, bevor er wegging, um eine Schlüsselfigur in Walter Chryslers Vorhaben zu spielen, ein Unternehmen aufzubauen, das mit Ford und GM konkurrieren konnte. 1939 hatte Frazer, wie erwähnt, Chrysler verlassen und war Präsident und General Manager bei Willys-Overland geworden.

Nach seiner Auseinandersetzung mit Ward Canaday über den Weg, den Willys künftig einschlagen sollte, war Frazer Chef der Firma Graham-Paige geworden, die damals nicht mehr als ein lächerliches Überbleibsel aus der Depressionszeit gewesen war. Graham-Paige hielt sich 1944 nur noch aufgrund der Gewinne aus Geschäften mit der Regierung am Leben. Ihr letztes Vorkriegsauto war der Graham Hollywood gewesen (mit Karosseriewerkzeugen des Cord 812).

So brachte die Verbindung von Kaiser und Frazer zwei bemerkenswerte Männer mit einem gemeinsamen Traum zusammen, nämlich das zu tun, was vor ihnen schon so viele vergeblich getan hatten: Detroit in der eigenen Arena herauszufordern.

Obschon das dritte Quartal des Jahres 1953 der Kaiser-Frazer einen Gewinn von 344.000 Dollar gebracht hatte, standen dem aus den ersten neun Monaten des Vorjahrs noch Verluste von 5 Millionen gegenüber. Und das war kein Sonderfall gewesen, denn seit 1945 hatte man nur in zwei Jahren wirklich Gewinne einfahren können, und dieser neueste Quartalsüberschuß stammte aus Rüstungsaufträgen. So hatte der Umsatz aus Autoverkäufen in den ersten neun Monaten 1952 zwar 35 Millionen Dollar gegenüber dem aus öffentlichen Aufträgen von 22,2 Millionen betragen, doch während die Rüstungsseite 519.000 Dollar Gewinn erbracht hatte, mußte man im Autosektor 175.000 Dollar Verluste hinnehmen.

Der Stolz des Unternehmens war das Werk Willow Run, das es 1948 für 15,1 Millionen vom Staat erworben hatte. Doch statt der möglichen 1500 Autos pro Tag wurden dort gerade 350 Einheiten täglich produziert.

Die nicht ausgeschöpfte Kapazität in Willow Run galt als einer der Gründe für Kaiser-Frazers Interesse an einer Fusion mit Willys-Overland, weil man sich eine bessere Nutzung des Werkes davon versprach. Doch diese Vermutung ließ außer Acht, daß ein wesentlicher Teil von Willow Run damals für den Bau der Militär-Transportflugzeuge vom Typ Fairchild C-119 genutzt wurde. Glaubwürdiger scheint, daß der Grund für Kaisers Interesse an Willys-Overland deren große Aktivposten waren; nicht zuletzt war Willys der drittgrößte Lkw-Exporteur der USA.

Nach einigen weiteren Verhandlungswochen und der Gründung einer Kaiser Manufacturing Corporation, die als Tochterfirma von Kaiser-Frazer den Kauf vollziehen sollte, wurde am 24.März 1953 verkündet, Kaiser-Frazer werde Willys-Overland für 62,3 Millionen Dollar erwerben.

Der Vorstandsvorsitzende von Kaiser-Frazer, Edgar F.Kaiser, stellte fest, daß der neue Firmenverbund mit Aktiva von über 200 Millionen und konsolidiertem Kapital von mehr als 60 Millionen nunmehr der viertgrößte Autokonzern der Welt nach General Motors, Ford und Chrysler sei. Damals galt diese Fusion auch als die größte in der ganzen Automobilgeschichte.

Erwartungsgemäß gab es über den Zusammenschluß heiße Debatten. Das Unternehmen Willys-Overland existierte nach dem positiven Votum der Aktionäre (bei einer außerordentlichen Aktionärsversammlung am 24. April hatten die Inhaber von 2.110.823 der 2.795.713 Anteile für die Fusion gestimmt) nur noch als Investmentfirma weiter. Aus der Kaiser Manufacturing sollte die Willys Motors Corporation werden.

Ward Canaday selbst mußte den Willys-Aktionären die Zustimmung abringen. Er erklärte, daß der von Kaiser-Frazer gebotene Preis 17 Dollar pro Aktie bedeuten würde, mehr als diese irgendwann in den vergangenen sechs Jahren wert gewesen sei. Am Tag, als die Fusionsgespräche bekanntgegeben wurden, geriet die Willys-Aktie an der New Yorker Börse in Bewegung wie kaum eine zweite und schloß mit 14 1/8 Dollar, 3/8 über dem Vortagesstand.

Canaday erläuterte auch, daß Willys-Overland trotz guter Gewinnlage unter starkem Druck stehe, notwendige Werkserweiterungen und Neueinrichtungen vorzunehmen. Später, als die Aktionäre zum Votum versammelt waren, drückte sich Canaday bezüglich der Zukunft von Willys-Overland als selbständiger Hersteller schon etwas deutlicher aus: »Größere Unternehmen mit mehr Kapital, eingerichtet für Großserien und gut organisiert, haben gewisse Rentabilitätsvorteile vor kleineren Firmen mit begrenzter Kapazität.«

Zeichen einer geistigen Annäherung war Edgar Kaisers Ankündigung, daß er Canaday den Posten des Chairmans bei Willys Motors angeboten habe.

Als man erste Nachrichten über eine bevorstehende Fusion hörte, äußerte Harry A. McDonald, Chef der Reconstruction Finance Corp., bei der Kaiser-Frazer gut 48,4 Millionen Dollar Schulden hatte, seine Zweifel: »Ein Zusammenschluß ist derzeit unwahrscheinlich.« Bis zum 25. März hatte freilich auch er eine positive Einstellung angenommen. »Ich möchte Kaiser-Frazer nichts Schlechtes nachsagen«, meinte er, »aber vor dieser Übernahme von Willys-Overland stand die Firma dicht vor dem Ruin. Die Regierung, selbst ein Gläubiger von Kaiser, war auch froh darüber: Endlich wieder ein Unternehmen, das Gewinne erzielt.« Ein kleiner Trost für McDonald mag gewesen sein, daß nach dem Fusionsvertrag eine Tilgungsrate in Höhe von 15 Millionen Dollar an die Reconstruction Finance zu zahlen war.

Weniger begeistert über die Vorgänge waren mindestens zwei republikanische Senatoren, John J.Williams in Delaware und John W.Bricker in Ohio. Williams behauptete, die RFC hätte die Interessen der Regierung nicht genügend wahrgenommen, der dadurch Verluste von mehreren Millionen Dollar entstehen würden. Er kritisierte die Rollen, die McDonald und John W.Snyder, ehemaliger Finanzminister, der Vice President bei Willys Motors wurde, bei der Übernahme von Willys-Overland durch Kaiser-Frazer gespielt hatten.

Kritisch zur Fusion eingestellt war auch eine Gruppe, die sich »Schutzvereinigung der Kaiser-Frazer-Aktionäre« nannte. Ihr Sprecher bemängelte, daß »die Vorstandsmitglieder von Kaiser-Frazer versuchen, die Transaktion durchzuführen, ohne die Kaiser-Frazer-Aktionäre über Einzelheiten zu informieren und ihnen die Chance einer Meinungsäußerung dazu zu geben.«

Doch keine dieser vielfältigen Anstrengungen konnte letztlich den Zusammenschluß verhindern, und am 28.April 1953 wurden in Toledo die abschließenden Unterschriften geleistet. Eine Woche später wurde Edgar F.Kaiser Präsident von Willys Motors mit Raymond R.Rausch als Executive Vice President. Rausch war seit 1950 Vorstandsmitglied und stellvertretender Vorsitzender bei Willys-Overland gewesen. Ward Canaday hatte das Angebot für einen leitenden Posten in der neuen Firma abgelehnt und als Grund dafür seine Verpflichtungen gegenüber den Willys-Overland-Aktionären bis zur Abwicklung aller Details der Fusion angegeben.

Bald schon wurde offenbar, daß die Neugründung von Willys Motors ein dringendes Problem Kaiser-Frazers nicht zu lösen vermochte: den schlechten Absatz seiner Autos. Die Produktion im gewaltigen Werk Willow Run wurde schrittweise nach Toledo verlegt, und am 10.November 1953 mußte Willow Run für 26 Millionen Dollar an GMC verkauft werden.

Von nun an war es nur noch eine Frage der Zeit, bis die Pkw-Fertigung der beiden Marken Kaiser und Willys eingestellt wurde. Der 1954er Kaiser war attraktiv gestylt und stach mit seinem Kompressormotor von den anderen amerikanischen Autos ab, doch er trug den Makel, daß man ihn als eine Art »Waisenkind« anzusehen hatte, und verkaufte sich entsprechend schlecht. Außerdem konnte Kaisers alter und relativ kleiner seitengesteuerter 3,7-Liter-Sechszylinder zu einer Zeit, da der große, moderne, kopfgesteuerte V8 für jeden erfolgreichen US-Autohersteller das Maß aller Dinge war, kaum mehr Käufer anlocken. Der anmutige Aero Willys, der von den meisten Kritikern so gut aufgenommen worden war, fand sich als Konkurrent des Henry J. wieder – nicht gerade die beste Ausgangsposition für Willys Motors.

Das Ende war abzusehen: Der Absatz der Modelle Kaiser, Henry J. und Aero Willys ging 1954 stark zurück, während der des Jeep CJ, der Station Wagon und Nutzfahrzeuge sich einigermaßen hielt. Ein halbherziges Facelift am Willys und einige deutliche Preissenkungen konnten auch 1955 die Verkäufe nicht ankurbeln. Die gesamte 1955er Produktion des Aero Willys betrug nur mehr 6564 Stück; die des Kaiser blieb mit lediglich 1291 Einheiten praktisch unverändert. So kam die Einstellung der Fertigung der Kaiser- wie auch der Willys-Pkws nicht überraschend. Doch wenngleich dieses Intermezzo einen kurzen Abschnitt in Willys' Geschichte beendete, so wies es gleichzeitig den Weg in einen neuen: Für Willys begann eine wichtige Ära als Fahrzeughersteller im Ausland. Zum Zeitpunkt der Fusion besaß Willys-Overland ausländische Montagewerke in Belgien, den Niederlanden, Dänemark, Indien, Irland, Mexiko, Australien und Brasilien. Diese Außenstellen aber waren nur Ausgangspunkt starker Expansionsbestrebungen in vielen Ländern der Erde.

7. Kapitel

CJ-5, CJ-6 und CJ-7: Die Jeeps, die das Buch über den Allradantrieb schrieben

So, wie die alte Armeeversion MB zum Ausgangspunkt für den ersten zivilen Jeep CJ-2A wurde, war der MD-MB38A1 die Grundlage für den CJ-5, den Willys am 11.Oktober 1954 ankündigte. Im Vergleich zum CJ-3B, der in Fertigung blieb, hatte der CJ-5 einen um 25 mm auf 2057 mm verlängerten Radstand. Seine Gesamtlänge von 3442 mm übertraf die des CJ-3B (3296 mm) um 146 mm, und auch in der Breite war er um 75 mm auf 1822 mm gewachsen. Die Ladefläche des CJ-5 hatte die Abmessungen 915 × 990 mm und mit offener Ladeklappe gar 915 × 1245 mm. Statt der Aufschrift »Willys« an der Motorhaubenseite trug der CJ-5 nun als deutlichen Unterschied den Namen »Jeep« vor dem Türausschnitt. Die Leergewichte betrugen für den CJ-3B 967 kg und für den CJ-5 980 kg. Mit 1476 Dollar war der CJ-5 nur geringfügig teurer als der CJ-3B (Grundpreis $ 1411).

Da das Erscheinen eines neuen Jeep-Modells etwas ganz anderes ist als die Präsentation eines typischen amerikanischen Pkw, erweckte es zur Freude der Willys Motors auch eine Menge Aufmerksamkeit. »Sehen Sie sich den neuen Jeep genau an«, empfahl das Werk dem potentiellen Käufer. »Auch wenn es fast unmöglich schien, einen noch robusteren Jeep zu bauen: Willys hat es fertiggebracht...und der neue Jeep beweist es mit erhöhter Ausdauer in jedem seiner Teile. Eine Menge zukunftweisender Details...erprobt in jahrelangem militärischen und zivilen Einsatz...das alles gehört Ihnen mit dem neuen Universal Jeep.«

In seinem Aufbau war der CJ-5 sehr ähnlich, wenn schon nicht identisch mit dem MB-MD38A1. Eine der sichtbaren Änderungen betraf die Scheinwerfer, die jetzt ein wenig aus der Fläche des Grills hervorstanden und mit Chromringen verziert waren. Während das Armeemodell abgedeckte Standlichter hatte, waren diese am CJ-5 wieder ganz zivil. Und so war auch die übliche 6-Volt-Anlage – im Gegensatz zur 24-Volt-Elektrik der Militärversion.

Die Militärmodelle verwendeten sowohl an der Basis der Frontscheibe als auch in Spritzwandhöhe montierte Außenspiegel an der Fahrerseite; alle CJ-5 hatten ihn nun einheitlich an der Frontscheibenbasis. Die zweiteilige Windschutzscheibe des MB38A1 mußte einer einteiligen am CJ-5 für den USA-Markt weichen; auf Wunsch bekam man aber die geteilte klappbare Scheibe, die serienmäßig in allen Exportversionen war. Übrigens lebte der alte Name Willys-Overland auch nach der Fusion mit Kaiser in der Willys-Overland Export Corporation weiter.

Die überarbeitete Karosserie des CJ-5 unterschied sich auch sonst noch von der »klassischen« des CJ-3B. Weil man wohl meinte, das erklären zu müssen, betonten Willys' PR-Leute, die Karosseriebleche seien »gebördelt und überlappt, um den Aufbau zu verstärken, die Beanspruchungen der Straße zu mildern und damit die Haltbarkeit zu erhöhen.« In ähnlicher Weise wies Willys darauf hin, daß der »kastenförmige Querträger vorn zu höherer Tragfähigkeit, Verdrehsteifigkeit und Lebensdauer des neuen Rahmens« beitrage. Die Radaufhängungen waren mit weicheren Federn ausgestattet, die dem CJ-5 angeblich »einen enorm verbesserten Fahrkomfort« verleihen sollten. Um Befürchtungen zu begegnen, der Jeep könnte als »verweichlicht« gelten, versicherte Willys, daß dadurch auch Stabilität und Haltbarkeit verbessert würden.

Auch viele andere Merkmale am CJ-5 waren neu. Im Vergleich mit dem CJ-3B war die Frontscheibe in ihrer Glasfläche um rund 650cm^2 vergrößert worden und ließ sich mit verstärkten Scharnieren flach umlegen. Für den Schutz der Frontinsassen gab es einen Sturzbügel gegen Aufpreis. Standard war dagegen das neue Instrumentenbrett mit den beleuchteten Anzeigegeräten. Ihr Debüt am CJ-5 erlebten auch ein Pkw-gemäßer Handbremshebel, ein Ablagefach, für das man auf Wunsch einen Deckel bekam, und verbesserte Sitze. Durch neue Sprungfedern waren die Vordersitze weicher geworden, und für den Fahrersitz gab es drei Rasten zur Längsverstellung. Die hintere Sitzbank konnte man zum Aufpreis viersitzig bekommen.

Von Jeep-Fahrern, die viel im Freien zu tun hatten, wurde das verbesserte »Allwetterverdeck« sehr

Rechte Seite:

Oben: Der CJ-5, hier ein 55er Modell, war vom Armee-Jeep M38A1 abgeleitet (Foto: Sammlung des Autors)

Unten: Ein 1954er CJ-5 bei der Arbeit (Foto: Sammlung des Autors)

U.S.A.

LAKESIDE SHOPPING CENTER
Lakeside
SHOPPING
CENTER
JEEP

Auf der Farm gab es allerhand zu tun für den CJ-5 (Foto: Sammlung des Autors)

begrüßt. Das war zwar kein vollständiger Regenschutz, doch es war leichter zu montieren, und die Beschläge standen nicht so weit vor wie früher.

Genau ein Jahr nach dem CJ-5 brachte Willys den Lieferwagen DJ-3A heraus und bezeichnete ihn als »Amerikas preiswertestes vierrädriges Lieferfahrzeug«. Mit einem Anfangspreis von nur 1284 Dollar war er außerdem das billigste in den USA hergestellte Auto. Doch damit nicht genug, der DJ-3A war Willys' erstes Produkt mit Jeep-Karosserie, das es mit nur zwei angetriebenen Rädern gab!

Der »Dispatcher« (Lieferwagen) DJ-3A wurde in drei Grundformen angeboten, jede mit eigenem Appeal und bestimmter Funktion. Das luftige Grundmodell besaß ein entweder halb oder voll umschließendes Dach, das aus Segeltuch aufgebaut war, sowie in beiden Fällen herausnehmbare Türen und Rückwände. Als Alternative zu diesem knappen Wetterschutz bot Willys den Wagen auch mit festem Dach (als »Hardtop«) an, und seine Form entsprach der des späteren »Postwagens«. Dieser DJ-3A hatte einen richtigen, geschlossenen Stahlblechkasten mit GFK-Dach, das zur Versteifung Quersicken trug. Ungewöhnlich waren auch seine Türen. Auf ersten Blick schienen es jene früheren »Selbstmord-Türen« zu sein, die hinten angeschlagen waren und vom Fahrtwind aufgestoßen werden konnten. Tatsächlich waren es aber Schiebetüren, die nach hinten aufgeschoben wurden, so daß der Lieferwagen für sehr enge Park- und Ladeplätze geeignet war. Alle Modelle hatten eine Ladeklappe, die geöffnet Zugang zu 1,13 Kubikmeter Laderaum erlaubte. Zusätzlich besaß der Kastenwagen (»Hardtop«) am Heck eine oben angeschlagene Ladetür.

Die dritte Variante des »Dispatcher«-Trios, der »Convertible«, war in mancherlei Hinsicht eine Wiedergeburt des verstorbenen und betrauerten Jeepsters. Wie die anderen DJ-3A-Versionen handelte es sich um einen Zweisitzer, doch die Form seines Klappverdecks (das offen auf der hinteren Karosserie-Gürtellinie auflag) gab ihm ein sportliches Erscheinungsbild, das besonders junge Leute ansprach. Die Willys-Werbung formulierte ihre Hoffnungen denn auch so: »Die sportliche, europäische Form des offenen Dispatcher ist genau das, was sich fröhliche Studenten wünschen.«

Alle Versionen des DJ-3A hatten Räder in Wagenfarbe und verchromte Nabenkappen mit dem stilisierten »W« darauf. Nur das »Cabrio« trug sein Reserverad senkrecht an der Heckwand und links und rechts davon zweigeteilte Stoßfänger, während bei den beiden anderen der hintere Stoßfänger mit der Rückwand abschloß.

Ein weiterer Unterschied zwischen diesen Versionen war die Konstruktion ihrer Frontscheiben. Keine der drei besaß die herkömmliche Umlegemechanik der Jeep-Scheibe. Die Silhouette der Variante mit dem Segeltuchdach war niedriger als die des Cabrios; doch während erstere unter der Frontscheibe eine Lüftungsklappe hatte, erhielten die Insassen des Cabrios ihre Frischluft, indem sie die Scheibe (mit einer neuen Scharnierbauweise) vorklappten. Noch eine andere Ausführung von Frontscheibe und Belüftung fand sich am Kastenwagen. Seine Scheibe war zwar die gleiche wie beim Segeltuchdach, war aber in einen breiteren und höheren Rahmen eingebaut, und dessen unterer Teil mit der Luftklappe war glattflächig und nicht in drei Felder unterteilt wie bei der Segeltuchversion.

Entsprechend seinem Kastenaufbau war der »Hardtop« größer in den Abmessungen als die anderen DJ-3A. Alle hatten den Radstand des Jeep mit 2032 mm. Der füllige Kastenwagen maß 1848 mm in der Breite, die beiden andern nur 1451 mm. In der Gesamtlänge war das Cabrio das größte mit 3302 mm; es folgte der Kastenwagen mit 3277 mm, und am kürzesten war der Segeltuchwagen mit 3213 mm. Die formalen Unterschiede zwischen den

Der CJ-6, dem man den längeren Radstand wohl ansah (Foto: Sammlung des Autors)

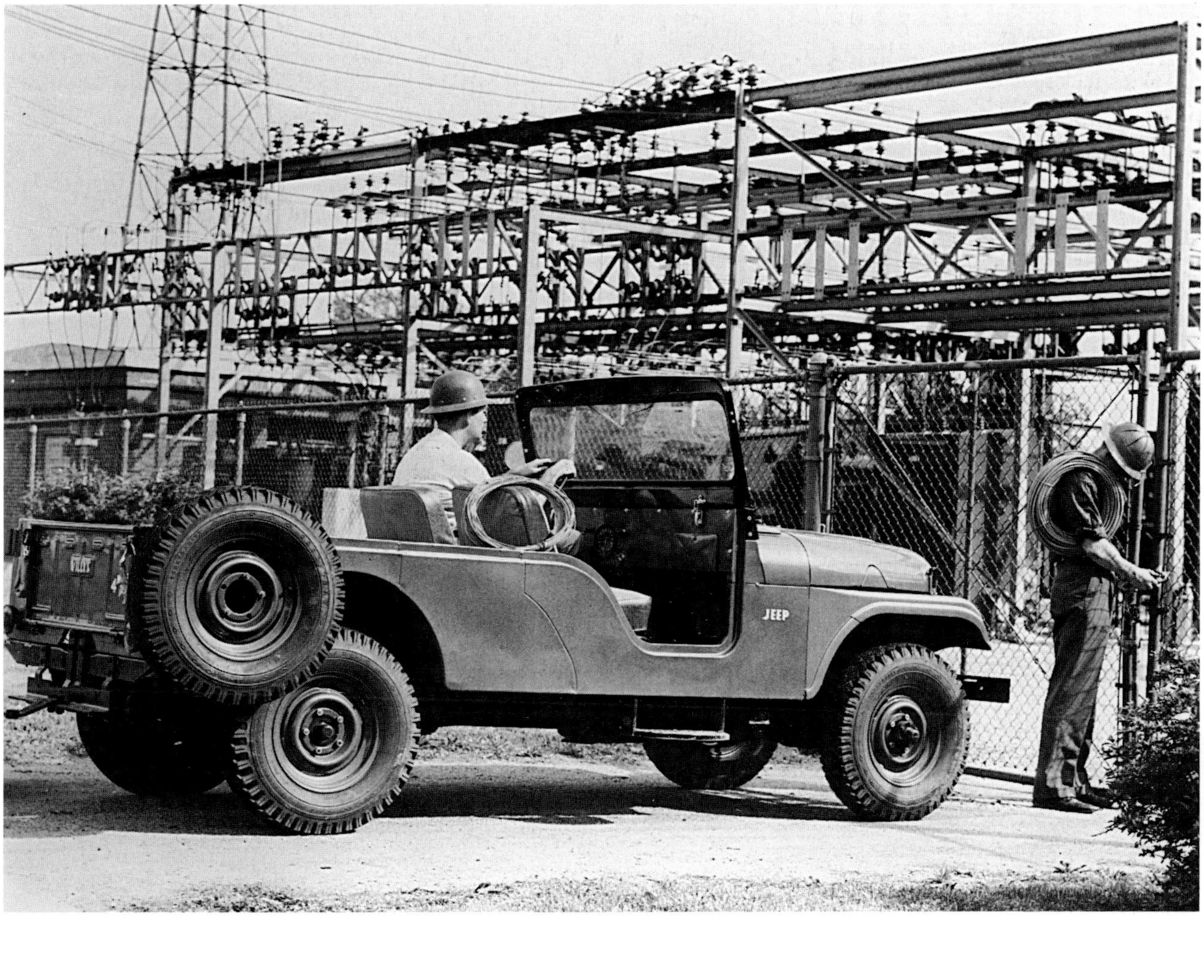

Der als Sondermodell erhältliche Jeep Universal Camper (Foto: Sammlung des Autors)

drei Karosserieversionen bedingten auch Gewichtsdifferenzen: 774 kg für die mit Segeltuchdach, 801 kg für das Cabrio und 908 kg für den Kasten.

Knapp und einfach, aber wie bei allen Jeeps extrem funktionell war das Interieur der Dispatcher-Versionen. Der Lenkradschalthebel vertrug sich durchaus mit dem klassischen schwarzen Dreispeichen-Jeep-Lenkrad. Alle Anzeigegeräte waren in einem einzigen Rundinstrument zusammengefaßt; links und rechts daneben der Chokezug und der Hauptlichtschalter. Vor sich am Armaturenbrett fand der Fahrer einen alten Freund wieder: den Handstockgriff der Handbremse. Zündschloß und Anlasserknopf waren in einer Einheit zusammengefaßt.

Da der Dispatcher keinen Allradantrieb besaß und für geringere Geländeansprüche ausgelegt war als der normale Jeep, unterschieden sich die Fahrwerke deutlich von einander. Vorn war eine Clark-Achse Modell 130097 (Reverse Elliot) montiert, die eine Bodenfreiheit von 176 mm sicherstellte. Die doppeltwirkenden Hydraulikdämpfer von 290 mm Länge waren etwas länger als bei den Allradmodellen. Die Blattfedern des DJ-3A hatten mit 921× 44 mm identische Maße wie die vom Jeep CJ, bestanden aber aus drei statt aus zehn Federlagen. Mit einer Federrate von 17 kg/cm waren sie erheblich weicher als die des Jeep mit 48 kg/cm. Ähnlich lagen die Dinge an der Hinterachse mit Blattfedern von 1067× 44 mm und ebenfalls nur drei Lagen, die für maximal 204 kg Belastung ausgelegt waren. Die hinteren Stoßdämpfer des DJ waren 329 mm lang gegenüber 273 mm Länge beim CJ. Am DJ-3A verwendete Willys eine Spicer-Achse Modell 23 mit Achsübersetzung 4,56:1, die auf dieselbe Bodenfreiheit kam wie vorn. Ein »Powr-Lok«-Sperrdifferential war auf Sonderwunsch erhältlich. Der Rahmen glich weitgehend dem ande-

Rechte Seite:

Oben: Der Camping-Sattelauflieger machte den Jeep noch vielseitiger (Foto: Sammlung des Autors)

Mitte links: Innenausstattung des Camper (Foto: Sammlung des Autors)

Unten links: Der CJ-5 hatte keine Mühe, den Camper auch in abgelegene Gegenden zu schleppen (Foto: Sammlung des Autors)

Unten rechts: Es war relativ einfach, den Sattelanhänger vom Jeep zu trennen (Foto: Sammlung des Autors)

JEEP

Werbeanzeige mit dem DJ-3A Hardtop Dispatcher (oben) und dem gleichen Modell als Cabriolet (Bild: Sammlung des Autors)

rer Jeep-Modelle, nur die K-Traverse war beim DJ durch einen einfachen Querträger ersetzt.

Die Bremsen des Dispatcher hatten die gleichen Trommeln von 229 mm Durchmesser wie der Jeep CJ; doch durch etwas größere Bremsbacken war die verfügbare Fläche hier 852 statt 760cm² groß. Stahlfelgen von Kelsey-Hayes der Größe 4.00×15J wurden mit 4.60×15er Bereifung bei 1,85 bar Reifendruck verwendet. Nicht wie am Allrad-Jeep auf eine Trommel hinter dem Getriebe, sondern auf die Hinterräder wirkte die Feststellbremse des DJ-3A.

Für den erfahrenen Jeep-Fachmann bedeutete der Blick unter die Haube des Dispatcher ein fröhliches Wiedersehen, denn auch er besaß den getreuen 2,2-Liter-Vierzylinder mit L-Kopf. Nur einige Details waren am DJ anders: die Kraftstoffpumpe von AC (Modell 1535716), der Carter-Vergaser YF-2392S, der AC-Trockenluftfilter statt der Ölbadversion des CJ.

Der DJ hatte die gleiche Einscheiben-Trockenkupplung von Auburn oder Rockford wie die CJ-3A und 3B, nur daß es wahlweise auch eine größere 9 1/2-Zoll (241 mm) Auburn-Kupplung gab. Das Warner T96 Schaltgetriebe war in den drei Gängen 2,605–1,630–1,00:1 übersetzt (Rückwärtsgang 3,536:1). Nicht mehr unter den Vordersitzen, sondern hinten rechts war der Kraftstofftank des Dispatchers angeordnet.

Willys warb für das DJ-Modell als Fahrzeug, dessen niedrigen Anschaffungskosten ebenso geringe Betriebskosten gegenüberstanden. Es bot, sagte Willys, »Robustheit und Zuverlässigkeit, wie sie seit jeher weltweit für die gesamte Jeep-Familie bekannt

Noch einmal die beiden Varianten des DJ-3A. Der Hardtop hier mit Trittbrett (Extra). Das Cabrio wirkt recht sportlich (Bild: Sammlung des Autors)
Der muntere Jeep Gala (Bild: Sammlung des Autors)

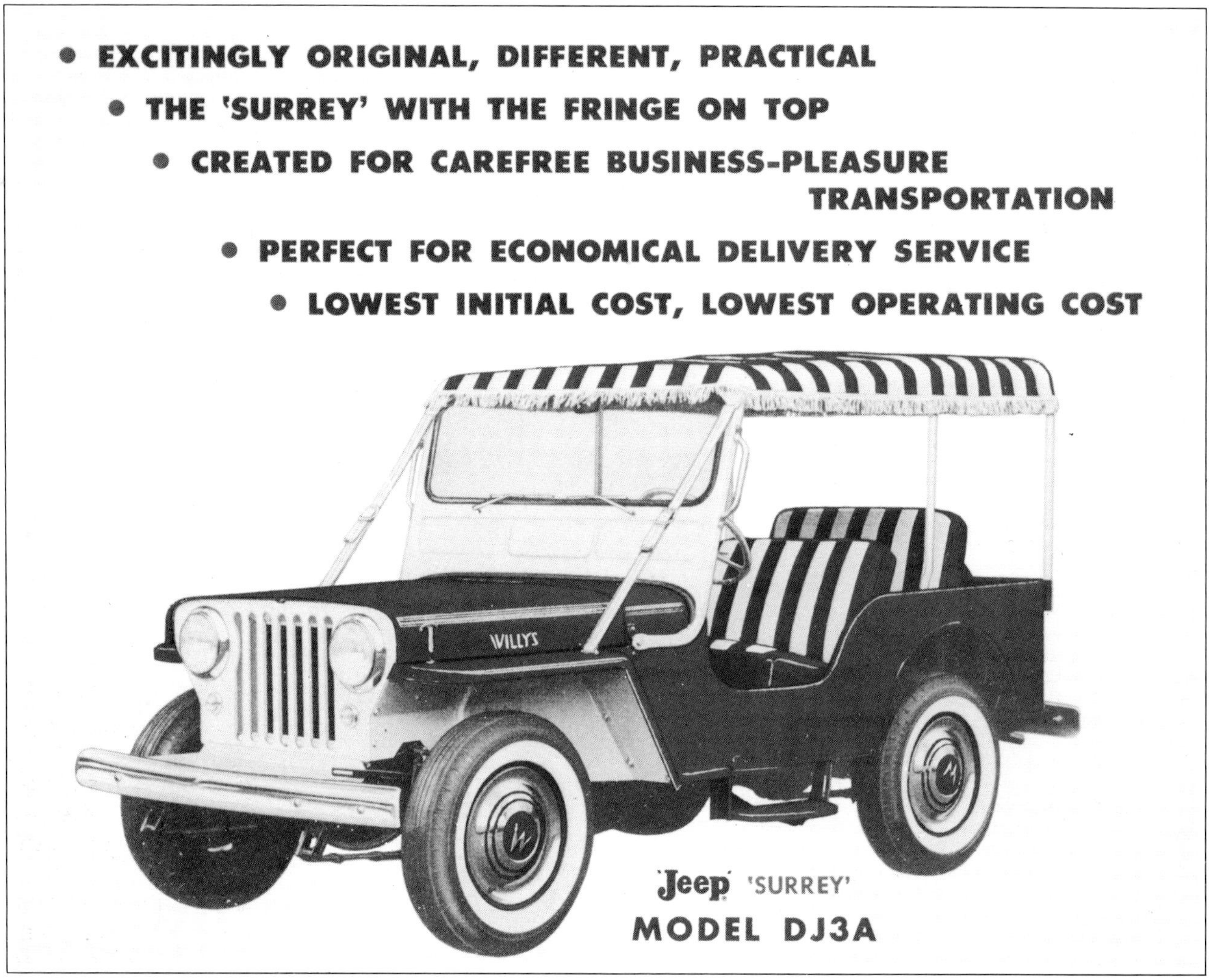

Der DJ-3A Surrey war eine Ableitung vom Modell Gala (Bild: Sammlung des Autors)

sind...und es füllt die Lücke, die es bisher noch gab: ein zweiradgetriebenes Fahrzeug, das Ihnen nie etwas übelnimmt.«

Die Produktion des Dispatcher lief bis 1973. Er war ein echter Zugewinn für die Firma und trug die Beliebtheit des Jeep in eine neue Schicht von Käufern hinein, die auf die Geländegängigkeit der CJ-Modelle verzichten konnte, die Einfachheit der Konzeption und die Zuverlässigkeit aber sehr wohl zu schätzen wußte.

Einer der Großverbraucher des DJ-Modells, der Package Delivery Service in Toledo (Ohio), berichtete 1956, daß der Dispatcher bei ihm auf Betriebskosten von 1,42 Cent pro Meile (0,92 Cent/km) käme. Zum Vergleich: Willys Eintonner, die ja vom Dispatcher abgelöst wurden, hatten durchschnittliche Kosten pro Meile in Höhe von 4,09 Cents/ml (2,56 Cent/km). Der Chef der erwähnten Servicefirma erklärte, dieser Vergleich der Betriebskosten sei »während der drei härtesten Monate Dezember, Januar und Februar« durchgeführt worden. »In dieser Zeit traten keinerlei mechanische Mängel auf. Der Dispatcher hatte keine Traktionsprobleme in Schnee und Eis und fährt sich wunderbar leicht im Straßenverkehr. Beim Jeep Dispatcher, eingesetzt als leichter Transporter, haben wir es also mit einem robusten und unerhört wirtschaftlichen kleinen Nutzfahrzeug zu tun.«

Doch zurück zum CJ-Modell: Seine allgemeine Beliebtheit sowie die zugunsten laufender Verbesserungen auf häufige Modellwechsel verzichtende Firmenpolitik, plus die erfolgreiche Einführung der »Forward Control«-(Frontlenker-)Modelle gegen Ende 1956 waren wohl die Gründe dafür, daß Willys auch nach der Einstellung der Pkw-Produktion 1955 noch Gewinne machen konnte. Das Magazin *The Iron Age* berichtete in der Ausgabe vom 12.Juni 1958, die Pkw-Produktion von Kaiser und Willys habe 1953 Verluste von 27 Millionen und 1954 von 35,5 Millionen Dollar eingefahren. 1955 habe aber der Gewinn aus dem Verkauf von Jeep-Modellen bereits 4,6 Millionen Dollar Gewinn gebracht, der im Jahr darauf auf etwas über 5 Millionen anstieg. In dem für die gesamte Autoindustrie sehr schwierigen Jahr 1958 nahm der Jeep-Umsatz nur um 6% ab, gegenüber etwa 40% bei den übrigen Nutzfahrzeugherstellern. Willys' Vertriebsvorstand (Sales Corporation) Cruse Moss äußerte sich Ende 1954 in einem Interview mit *The Iron Age* über die Situation im gleichen Jahr, die ja zur Aufgabe der Pkw-Produktion geführt hatte: »Ford hat Diskontmethoden eingeführt, die die Händlerspanne von vier bis fünf auf unter ein Prozent absinken ließen. Nur die starken Handelshäuser mit großem Vertriebsvolumen überlebten; die kleineren schafften es nicht. Das war der Punkt, an dem wir beschlossen, den Pkw-Markt den Massenherstellern zu überlassen.«

Diese Philosophie hatte zahlreiche Verzweigungen. Eine bestand in der Entwicklung spezialisierter Sondermodelle wie dem Dispatcher und den Frontlenker-Lkws, eine andere darin, daß man in begrenzten Stückzahlen besondere Varianten des CJ-5 und DJ-3A anbot, die man rückblickend als wichtige Evolutionsstufen des Jeep vom »Lastesel« zum Freizeitauto ansehen darf.

1959 stellte Willys eine Kleinserie zweiradgetriebener DJ-Varianten her, die als »Jeep Gala« bekannt wurden, mit lustigem, rot-weiß gestreiftem Stoffdach passend zu den Sitzbezügen, und dazu Weißwandreifen. Diese Fahrzeuge waren speziell für das Las Brisas, ein Urlaubshotel in Acapulco, bestimmt. Das war nun nicht der größte Sonderauftrag, den Willys je ausführte, doch es war ein Hinweis darauf, daß es Marktlücken für den Jeep gab, die der Verfolgung wert waren. Über Willys' Erfolge bei der Bedienung von Bedarfsfällen dieser Art wußte Willys-Motors-Präsident Steve A.Girard zu berichten: »Eigentlich zählen wir schon zu den Spezialitäten-Herstellern. Wir machen nicht bloß Serienmodelle vom Jeep oder Station Wagon oder vom Lkw, sondern bauen für unsere Kunden praktisch jede Art von Aufbau.«

Im Jahre 1960 bestätigte sich das mit der Einführung des Jeep Surrey. Mittlerweile hatten sich die Amerikaner längst an andere Jeep-Farbtöne als olivgrün gewöhnt. Doch der Surrey brachte diesen liberalen Zug noch ein gutes Stück voran, da man ihn in dreierlei Lackierungen anbot: zartrosa, pastellblau und pastellgrün. Die vorderen Radläufe waren weiß lackiert, ebenso der Grill, der Frontscheibenrahmen und der Willys-Schriftzug an der Seite der Haube.

Serienmäßig hatten diese Varianten schlauchlose Vierlagen-Weißwandreifen der Größe 6.40 × 15″und große verchromte Radkappen mit zwei konzentrischen Kreisen und einem runden Innenteil mit dem »W« auf in Wagenfarbe lackiertem Grund. Der Surrey hatte außerdem große Chromstoßfänger, die gleichen wie andere Jeep-Modelle.

Was den Surrey wirklich auffällig machte, waren der bunt gestreifte Stoff am Dach und an den Sitzbezügen – weiß im Wechsel mit der jeweiligen Wagenfarbe. Dieses Stylingelement paßte nicht schlecht zu der zeitlosen Karosserieform des DJ. Als kleine Verbeugung vor der englischen Grafschaft, die ihm den Namen lieh, waren die beiden Lederriemen zu verstehen, die von der Oberkante des Frontscheibenrahmens links und rechts zu den Kotflügeln liefen. In guter Jeep-Tradition hatte der Surrey Rollvorhänge auf beiden Seiten – natürlich gestreift wie das Dach.

Mit einem Preis von 1650 Dollar war der Surrey – mit Ausnahme des Dispatcher um 1367 Dollar – das billigste Auto der Jeep-Palette. »Wir sehen den Surrey nicht als Modell für eine große Serie an«, sagte Girard, »aber auf jeden Fall stellt er ein Glied in der laufend weiter modernisierten Jeep-Baureihe dar. Und auf dem weltweiten Markt, meinen wir, wird er schon seine Liebhaber finden.«

Außer Urlaubshotels, die die Benutzung solcher Wagen entweder in ihren Service einbezogen oder als Extra anboten, war es die Firma Tropical Motors, die sie auf der Insel St.Thomas für 8,80 Dollar pro Tag an Touristen vermietete.

Willys stellte sich daneben potentielle Käufer aus einer ganzen Reihe von Branchen vor – Architekten zum Beispiel oder Spezialitätenläden, Country Clubs, Süßwarengeschäfte, Boutiquen und der Getränkehandel. Und man hoffte auch, daß sich der Surrey als preiswertes Sport- und Freizeitfahrzeug durchsetzen würde.

Mit seinem Zweiradantrieb und dem 60-PS-Motor, so argumentierte Willys, werde der Surrey »mit jedem Kilometer Geld einsparen«. Überdies würde das Auto »in der Anschaffung billiger sein als irgendein anderes amerikanisches Modell. Es braucht wenig Benzin, ein Minimum an Wartung, verursacht kaum Betriebskosten. Die berühmte Jeep-Bauweise bedeutet längere Lebensdauer und höheren Wiederverkaufswert.«

Ein Allrad-Gegenstück des Surrey war dann 1961 der »Tuxedo Park«. Das war im wesentlichen ein CJ-5 mit besonderer Ausstattung wie Chrom an den Scharnieren der Haube, dem Außenspiegel und den Stoßfängern, Weißwandreifen auf Rädern mit Turbinenschaufeln, Reserveradabdeckung und neuen Farbkombinationen. Im März 1962 bot Willys einen Umbausatz mit »paradeblauem Faltdach« für den Tuxedo Park an. Paradeblau war ein neuer Jeep-Farbton, den außer dem Faltdach auch die Motorhaube und der Reserveradbezug aufwiesen. Alle diese Teile waren übrigens nach einem Verfahren von »Scotchgard« zum Schutz der Lackoberflächen behandelt. Ein solcher Bausatz für 130,20 Dollar war auch für andere CJ-5-Versionen zu bekommen.

Der Tuxedo Park blieb bis zum Ende des Modelljahrs 1966 im Handel. In seiner letzten Ausführung besaß er Federn mit variabler Härte zur Komfortverbesserung und war in fünf neuen Außenfarben erhältlich. Gemeinsam mit dem normalen »Universal« CJ-5 bekam der Tuxedo Park 1966 neue Sitzpolster in Schaumstoff.

Um die Mitte der 60er Jahre war der Jeep nicht mehr der einzige Allrad-Geländewagen auf dem US-Markt. Einer seiner ersten ausländischen Rivalen war der britische Land-Rover, der seit 1948 gefertigt wurde. Der 100.000. Land-Rover war im Herbst 1954 vom Band gerollt, einige Jahre später der 500.000. Beim Jeep war die halbe Million bereits am 23.Februar 1954 erreicht.

Es war kein Geheimnis, daß der Jeep den Land-Rover inspiriert hatte. In seinem ausgezeichneten Buch *The Land-Rover: Workhorse of The World* (im Verlag David & Charles, 1976) schrieb Graham Robson bezüglich der am ersten Land-Rover geleisteten Arbeit: »Die Konstrukteure behaupten standhaft, daß nichts am serienmäßigen Land-Rover unmittelbar vom Jeep kopiert wurde; doch alle geben zu, daß sie sich anweisungsgemäß jedes Detail des Vorbilds genau angesehen haben.«

Wie so viele andere britische Automobile war der Land-Rover für den Export bestimmt, und bis Mitte der 70er Jahre sind denn auch über 70% der Produktion ins Ausland gegangen. Überraschenderweise konnte er auf dem USA-Markt wenig ausrichten; sein bestes Jahr war hier 1965 mit 1840 verkauften Einheiten.

Dagegen gewannen in Amerika andere Allradfahrzeuge wie der Toyota Land Cruiser oder der Nissan Patrol (beide aus Japan) viele Freunde. Deren hauptsächliche technische Daten sind folgender Tabelle zu entnehmen:

	Nissan Patrol	**Toyota Land Cruiser**
Radstand	*2200 mm*	*2286 mm*
Gesamtbreite	*1689 mm*	*1666 mm*
Gesamtlänge	*3772 mm*	*3871 mm*
Gesamthöhe	*1956 mm*	*1930 mm*
Motorbauart	*6-Zylinder ohv*	*6-Zylinder ohv*
Hubraum	*3,965 l*	*3,884 l*
Leistung	*135 PS bei 3400/min*	*138 PS bei 4000/min*

Inzwischen hatten diverse amerikanische Hersteller ebenfalls erkannt, daß der Markt für Allrad-Geländefahrzeuge im Begriff war, weit über den früheren Umfang hinauszuwachsen. 1961 erschien IHC mit dem Scout auf dem Freizeit-/Nutzfahrzeugsektor. Vier Jahre später wurde der erste Ford Bronco angekündigt.

Anfangs gab es den Scout nur mit einem Motor, dem 2,49 Liter großen Vierzylinder mit 94,3 PS. Ab 1965 bot International Harvester (IHC) ihn auch mit Turboladung und 113 PS an, und ein Jahr später konnte man ihn wahlweise mit einem 4,38-Liter-V8 bekommen, der 155 PS leistete, oder einem 3,2-Liter-Vierzylinder mit 110 PS.

Der 1965er Ford Bronco besaß serienmäßig einen Sechszylinder mit 2,8 Liter und 105 PS; auf Wunsch gab es den 4,74-Liter-V8 mit einer Leistung von 200 PS.

Daß diese Entwicklungen den normalen CJ-5 mit seinem nur 75 PS starken F-Kopf-Motor in der Beschleunigung weit ins Hintertreffen brachten, wurde in verschiedenen Vergleichstests zwischen dem Jeep und seinen Konkurrenten nur zu deutlich. So ergab sich aus Tom McCahills Beitrag in *Mechanix Illustrated* vom September 1965, daß der Bronco in 15,8 Sekunden von 0 auf 60mph (96km/h) beschleunigte. Nur 11 Sekunden brauchte dafür der Nissan Patrol, den *Popular Science* im Augustheft 1965 behandelte. Ein Turbo-Scout, der Teil eines Tests desselben Magazins mit vier Modellen war, lag mit 13,2 s auch nicht gerade schlecht. In der Tat war der einzige Teilnehmer an diesem Vergleich, der noch zögerlicher war als der Jeep CJ-5 mit seinen 24 Sekunden, der Land-Rover: 28,4 s von 0 auf 60mph.

Viele altgediente Jeep-Fahrer beeilten sich daraufhin festzustellen, daß man im Gelände selten einen Spurt von 0 auf 60mph einlegen müsse und daß der CJ-5 abseits der Straße mit seinen 75 PS gut motorisiert sei. Wer sich so für den Jeep starkmachte, übersah jedoch einerseits den Wandel, der sich damals auf diesem Fahrzeugsektor vollzog, wo viele Käufer ihre Wagen auch im normalen Alltagsbetrieb benutzten, bei dem Beschleunigung schon eine Rolle spielte, und zum anderen die Tatsache, daß zahlreiche Jeep-Besitzer stärkere Motoren in ihren CJ-5 einbauen ließen.

Gewiß, der Jeep machte nach wie vor gute Umsätze auf Inland- und Exportmärkten. 1964 bauten Kaiser-Jeep und seine Konzerngesellschaften etwa 257.000 Fahrzeuge, das waren 42% mehr als die 181.000 in Kaiser-Frazers bestem Jahr 1948. Die Fertigung im Inland lag 1964 mit 120.830 Einheiten ebenfalls über den 1963 verzeichneten 110.457. Desgleichen hatten sich die Jeep-Zulassungen 1964 mit 44.385 Wagen gegenüber dem Vorjahr (44.339) praktisch nicht verändert.

Freilich wurde auch deutlich, daß der Jeep an dem neuen Boom auf diesem Fahrzeugsektor keinen entsprechenden Anteil hatte. Deshalb wurde ab 1966 als Fördermaßnahme wahlweise ein V6-Motor angeboten.

Dieser V6 ließ sich, wenn man ihn als Abkömmling eines 3,5 Liter Aluminium-V8 betrachtete, auf zwei im Jahre 1951 von GM präsentierte Showcars zurückführen, den XP-300 und den LeSabre. Beide Ausstellungswagen hatten den gewünschten Effekt, General

Motors' Fähigkeiten in Styling und Mechanik gebührend darzustellen. Angetrieben wurden beide Autos von jenem sehr kompakten 3,5-Liter-V8, der viel Leichtmetall verwendete – unter anderm für Zylinderblock, Kurbelgehäuse und die Köpfe –, einen Rootes-Kompressor besaß und 10:1 verdichtet war. Er wog knapp 160 kg und leistete 335 PS.

Inzwischen war ein weiterer Aluminium-V8, ursprünglich bei GM Engineering entwickelt (der Motor für LeSabre/XP-300 war von Anfang bis Ende ein Buick-Projekt gewesen), bis zu dem Punkt fortgeschritten, an dem er 1958 an Buick übergeben wurde. Damals wurde er in gemilderter Version für die »Compact Cars« von Oldsmobile und Buick freigegeben, die 1961 herauskommen sollten.

In dieser Form durchlief der Alumotor dann eine seltsame Entwicklung. Er war kompakt und mit nur 147 kg Gewicht sehr leicht. Seine Höchstleistung betrug 1961 beachtliche 185 PS bei 4800/min. Doch die hohen Herstellkosten dieses Triebwerks, das beim Buick Special serienmäßig und beim Oldsmobile F-85 wahlweise eingebaut wurde, sowie Korrosions- und Zuverlässigkeitsprobleme zwangen Buick, ein weniger aufwendiges Motorkonzept zu wählen.

Die Lösung war schließlich ein V6, der – obschon auf dem Alu-V8 basierend – aus Grauguß bestand. Doch mit der Zeit wurde aus dem V6 wieder ein V8, der noch in den 70er Jahren in Produktion war. Um 1965 hatte der V6 aus 95,3 mm Bohrung und 86,4 mm Hub knapp 3,7 Liter Hubraum, leistete 155 PS bei 4400/min und erreichte ein Drehmoment von 305Nm bei 2400/min. Buick hatte vor, diesen Motor zum Ende des Modelljahres 1967 aufzugeben und war mehr als zufrieden damit, daß sie ihn ab 1965 an Kaiser-Jeep liefern durfte, ja, man beeilte sich, 1967 – nach Einstellung der eigenen Produktion – die gesamten Fertigungsmittel an Kaiser zu verkaufen.

Für Kaiser stellte sich dieser Erwerb als sehr weise Entscheidung heraus. Um 1968 wurden bereits über 75% aller Jeeps mit dem »Dauntless« V6 (dem »Draufgänger«) geordert, und die Gesamtkosten, welche die Kaiser Jeep Corporation für Werk und Fertigungsanlagen des V6 aufzubringen hatte, machten weniger als 6 Millionen Dollar aus – ein Bruchteil der GM-Entwicklungskosten. Für Kaiser aber bedeutete die Zeitersparnis fast noch mehr als die finanzielle. Joseph Geschell, Detroiter Redakteur von *Automotive Industries*, berichtete in der Ausgabe vom 1.August 1968: »Die Verfügbarkeit dieser Fertigungsmittel hat es der Kaiser Jeep Corporation erlaubt, einen eigenen V6-Motor um zwei Jahre früher zu produzieren, als zu erwarten war.«

Zur Sicherstellung einer ungestörten Fertigung des V6 erstellte Kaiser Jeep anschließend an die Montagehalle des Universal-Jeep auf dem 93ha großen Gelände in Toledo ein neues Gebäude mit 9290 Quadratmeter Fläche. Ein Ausstoß von 30 Einheiten pro Tag sorgte für die Deckung des eigenen Bedarfs und erlaubte außerdem die Belieferung einiger Bootswerften mit diesen Motoren.

Jahre später, als American Motors Jeep übernommen hatte und die V6-Produktion ausgelaufen war, kaufte Buick die Fertigungsanlagen des V6 wieder von AMC zurück. Das Triebwerk wurde in den späten 70er Jahren mit 3,2 und 3,8 Liter Hubraum gebaut und in Buicks und anderen GM-Modellen verwendet.

Als ab 1978 eine Turboversion für den Buick Century angeboten wurde, begann dieser Motor eine neue Karriere als einer der führenden Hochleistungsmotoren der USA, die nach der Energiekrise wieder auftauchten. Den absoluten Gipfel erreichte er 1987 im Buick Grand National und dem noch stärkeren Buick GNX.

Kaiser Jeep nannte die mit dem V6 ausgerüstete CJ-5-Version Modell 8305-A im Gegensatz zum Vierzylinder 8305. Auch vom Motor abgesehen hatten diese beiden CJ-5-Modelle Unterschiede aufzuweisen:

	8305 (R4)	**8305-A (V6)**
Kühlwasserinhalt	*41,6 Liter*	*34,0 Liter*
Kupplungsgröße	*235 mm*	*265 mm*
Federkennung vorn	*42,8 kg/cm*	*31,4 kg/cm*
Federkennung hinten	*35,7 kg/cm*	*41,0 kg/cm*
Leergewicht	*1030 kg*	*1058 kg*

Der Unterschied in der Federsteifigkeit der 4- und 6-Zylinder-Modelle wurde durch die 5-Lagen-Blattfeder vorn beim R4 gegenüber 10 Lagen beim V6 erreicht. Hinten dagegen hatten beide Varianten zweistufige 5-Blatt-Federn. Keine Änderungen gab es an der Lenkung des Jeep, außer daß die Gesamtübersetzung der V6-Version 19,0:1 statt der 17,9:1 an den R4-Modellen betrug. Wie früher auch, bekam man den CJ-5 in beiden Motorvarianten wahlweise mit verstärkten Federn und Dämpfern.

Kaiser Jeep nutzte die Einführung der V6-Variante, um gleichzeitig einige Kenndaten zu ändern. Wichtigste Neuerung war das zweistufige Einhebel-Verteilergetriebe, das bereits in Jeep Station Wagons und Kleinlastern anstelle der alten Einheit mit separatem Schalthebel für den Frontantrieb verwendet wurde. Seine Übersetzungen blieben unverändert, und die Anbringung einer Zapfwelle war weiterhin vorgesehen. In seiner vordersten Stellung war der Schalthebel im 2WD-Schnellgang. Eine Raste zurück lag der 4WD-Schnellgang, dann kam die Neutralstellung und dann der langsame Allradantrieb. Stoppen oder sehr langsames Fahren war zum Wechsel vom schnellen 2WD zum schnellen 4WD nicht erforder-

Ein Jeep Renegade I aus dem Jahre 1970 (Foto: Sammlung des Autors)

lich. Für sicheres Abbremsen sorgten jetzt Bremsen, deren wirksame Fläche auf 1123 cm^2 vergrößert worden war.

Die CJ-Modelle mit V6 hatten unterhalb des »Jeep«-Schriftzugs an der Seite ein entsprechendes Schildchen. Alle besaßen neue Einzelsitze, hergestellt von der Bostrom Corporation in Milwaukee (Wisconsin), die ein neues Verfahren anwandte, um Rahmen, Sprungfedern und Schaumstoff in das Sitzelement einzubringen, und zwar wurde PU-Schaum in eine Form gegossen, die die genannten Teile des Sitzes bereits enthielt. Nach dem »Backen« im Hochtemperaturofen bildete das Ganze einen einteiligen Sitz. Mit Vinylmaterial bezogen, waren die dünnwandigen Sitze fertig zum Einbau in die wartenden CJ-5. Das Bild der neuen CJ-Modelle wurde abgerundet durch gegen Aufpreis erhältliche Chromteile und eine erweiterte Farbskala.

Die zusätzliche Leistung des V6-Motors führte 1969 zu einer weiteren neuen Variante, dem Camper. Obgleich der Campingaufbau auf jeden ab 1955 produzierten CJ-5 paßte, empfahl Kaiser Jeep dringend, ihn nur in Verbindung mit dem Universal Jeep mit dem V6 und einer Achsübersetzung 4,88:1 statt serienmäßig 3,73:1 einzusetzen.

Der Campingaufbau wurde mit einer Schnellkupplung am rückwärtigen Karosserieteil des Jeep befestigt. Seine Zweifarbenlackierung entsprach dem Zeitgeschmack; er bot vier Personen Platz. Zur serienmäßigen Ausstattung gehörte eine Küche mit fließend Wasser, Einbauschränken, Herd und Backofen. Zum Aufpreis lieferte Kaiser Jeep ein Heizgerät, WC, Gas/Elektro-Kühlschrank und eine Dachentlüftung zusätzlich zur serienmäßigen.

Der CJ-5 war der erste Jeep-Typ, der den Einfluß der American Motors nach deren Kaiser-Jeep-Übernahme 1970 widerspiegelte. Das geschah in Form des neuen Jeep Renegade II, den AMC als »Kleinserie auf der Basis des berühmten Allrad-Jeep Universal CJ-5« beschrieb. Jeffrey C.Williams, Jeeps Vertriebsdirektor, erläuterte: »Der Renegade II wurde entwickelt, um den sehr anspruchsvollen Geschmack der Allrad-Enthusiasten zu treffen. Er bietet in seiner Aufmachung genügend Möglichkeiten für den Jeep-Fahrer, um bei Geländewagen-Meetings seine Individualität auszudrücken.« Der Renegade II wurde ausschließlich in einem »Big Bad Orange«, also einem grellen Orangeton, geliefert, den AMC ursprünglich für seine 1969er Javelin- und AMX-Modelle eingeführt hatte, in Kombination mit anthrazitfarbenen Streifen. Serienmäßig hatte er Überrollbügel und Drehzahlmesser.

Obschon es für das Modelljahr 1971 beim CJ-5 keine Änderungen gab, nahm er an einer allgemeinen Preissenkung teil, durch welche einige Jeep-Versionen um bis zu 110 Dollar billiger wurden. In Zahlen sah das für den CJ-5 und den CJ-6 folgendermaßen aus:

	Preis 1970 (US-$)	**Preis 1971 (US-$)**
CJ-5	*2930*	*2886*
CJ-6	*3026*	*2979*

Trotz der schweren Verluste der AMC 1971 plante der Konzern offenbar für das Folgejahr größere Veränderungen in der CJ-Konstruktion. AMC verlor 1971 insgesamt viel Geld (56,2 Millionen Dollar im Geschäftsjahr) wegen eines fünfwöchigen Streiks zu Beginn des Modelljahrs, dann infolge eines allgemeinen Rückgangs in der Nachfrage nach heimischen Produkten und eines raschen Anstiegs der Lohn- und Materialkosten.

Auch die Kosten, die AMC für Jeeps Eingliederung in die eigene Firmenstruktur aufzuwenden hatte, lähmten die finanzielle Leistungsfähigkeit. Doch im vierten Quartal warf der Jeep bereits wieder Gewinn ab, und die AMC sagte ihren Aktionären, Jeep könne und werde für AMC ein wichtiger Gewinnbringer sein.

»Es gibt eine Menge Gründe, warum Jeep ein großes Potential darstellt«, setzte der AMC-Sprecher hinzu. »Die Nutzfahrzeugbaureihen sind gut konzipiert und überall bekannt. Woran es gefehlt hat, ist das volle Programm, über das die großen Hersteller heute verfügen: spezifisch angelegte Marktforschung, dann die Produktentwicklung und schließlich aggressive Vertriebsmethoden und Verkaufsprogramme, die auf realistischer Einschätzung dessen beruhen, was der Käufer eines Allradfahrzeugs erwartet.«

Die für die gesamte 1972er Jeep-Modellpalette eingeführten Änderungen demonstrierten überdeutlich, daß AMC gewillt war, diese Mittel einzusetzen. Viele langjährige Jeep-Fans, die ja den CJ-5 als lebendiges Bindeglied zur »Alten Garde« betrachteten, neigten bei jeder Änderung zur Skepsis. Und eine der Ursachen dafür war gewiß das 1970 von AMCs Jeep-Designern erstellte Experimentalfahrzeug X001. Auf einem unveränderten Jeep-Chassis saß eine Kunststoffkarosse, die eine radikale Abwendung von der traditionellen Jeep-Form verkörperte.

Die Befürchtungen des Jeep-Liebhabers, daß AMC im Begriff sei, das Basiskonzept zuschanden zu machen, schwanden aber beim Anblick des 1972er CJ-5. Und doch hatte sich unter der gewohnten Außenform der wohl einschneidendste Wandel seit dem ersten Auftritt des CJ-5 im Modelljahr 1955

Renegade

Großes Foto: Jeep Renegade von 1972 mit V8-Motor (Foto: Sammlung des Autors)

Links unten: Der Renegade II wurde erstmals auf der 1971er Detroit Auto Show vorgestellt (Foto: Sammlung des Autors)

vollzogen. Dazu gehörte vor allem die Streichung nicht nur des V6-Motors, sondern auch des bewährten F-Kopf-Vierzylinders aus dem CJ-Fertigungsprogramm. Der F-Kopf blieb für den Export lieferbar, doch serienmäßig für den US-Jeep war nun AMCs 3,8-Liter-Sechszylinder mit 100 PS bei 3600/min und 250 Nm bei 1880/min (ab 1972 waren alle Leistungs- und Drehmomentangaben bei AMC »Nettowerte« und näherten sich also den DIN-Angaben). Diese Entwicklung kam nicht unerwartet, denn seit Anfang 1971 schon waren AMC-Motoren wahlweise für Wagoneer- und Gladiator-Modelle verfügbar gewesen.

Es überraschte auch nicht, daß es auf Wunsch noch den größeren AMC-6-Zylinder mit 4,23 Liter Hubraum, 110 PS bei 3500/min und 264 Nm bei 2000/min gab, sondern eher, daß man daneben sogar AMCs gewaltigen Fünfliter-V8 für den CJ anbot. Das war der erste V8, der je werksseitig in einen CJ-Jeep eingebaut worden war, und die Auswirkungen seiner 150 PS bei 4200/min und seines Drehmoments von 332 Nm auf die Fahrleistungen des CJ-5 waren imposant. Über einen Vergleichstest mit dem letzten CJ-5 und seinen verschiedenen Motoren berichtete *Motor Trend* in seinem Heft vom August 1972: »Am besten geht's natürlich mit dem 5-Liter-V8. Er verleiht dem Jeep nun auch hohes Tempo im rauhen Gelände und läßt Steigungen zu einem Vergnügen werden statt zur herben Enttäuschung wie bisher.«

Ohne Rücksicht auf ihre Motorisierung besaßen alle CJ-5 jetzt serienmäßig ein neues, vollsynchronisiertes Warner-Dreiganggetriebe T–14A und eine größere Kupplung von 265 statt 235 mmØ. Beide 6-Zylinder konnten außerdem mit dem Warner-Vierganggetriebe T–18 kombiniert werden (mit unsynchronisiertem 1.Gang). Sein langsamer 1.Gang mit 4,02:1 konnte den Jeep-Fan beruhigen: Auch weiterhin würde AMC nicht auf die Fähigkeit des CJ-5 verzichten, schwierigstes Gelände zu durchqueren. Anzumerken ist allerdings, daß das 1972er Dana Verteilergetriebe Modell 20 im langsamen Gang nur 2,03 statt 2,46:1 übersetzt war. Die Serien-Achsübersetzung blieb wie zuvor 3,73:1 (wahlweise 4,27:1).

Der Einbau all dieser neuen Bauteile erforderte einen längeren Rahmen. Der Radstand wurde um 76 mm auf 2134 mm vergrößert, während die Gesamtlänge von 3444 mm auf 3607 mm anstieg. Dieser Längenzuwachs ging voll in den Teil hinter der Motorhaube ein. Vordere und hintere Spurweite

Der CJ-5 wurde zum Modelljahr 1973 stark überarbeitet (Foto: Sammlung des Autors)

Großes Foto: Zwei 1972er Exemplare des Renegade in schwerem Gelände (Foto: Sammlung des Autors)

Ein CJ-5 Baujahr 1973 mit dem gegen Aufpreis erhältlichen Fünfliter-V8 (Foto: Sammlung des Autors)

wuchsen ebenfalls um 79 mm auf 1308 mm (vorn) bzw. um 38 auf 1270 mm (hinten). Gleichzeitig verringerte sich der Wendekreis von 8,9 auf 8,35m, und zwar dank der neuen Dana Vorderachse Modell 30, welche die zuvor verwendete Kugelgelenkachse Dana 20 ersetzte. An der Konstruktion der Hinterachse des CJ-5 gab es hingegen keinerlei Änderungen, doch wurde die stärkere Version für 1350 statt bisher 1130 kg Tragfähigkeit verwendet.

Das alte Lenkgetriebe, das der CJ schon seit seinem Erscheinen 1955 besaß, wurde nun von einer modernen Kugelumlauflenkung abgelöst, deren indirektere Übersetzung 24,1:1 zwar mehr Umdrehungen von Anschlag zu Anschlag, aber vor allem geringere Kraft am Lenkrad bedeutete. Deutlicher Einfluß von AMC: Es gab erstmals auf Wunsch auch eine Servolenkung (Saginaw, 17,5:1 Übersetzung).

Alle mit 6- und 8-Zylinder ausgerüsteten CJ-5 erhielten 1972 mit 279 mmØ wirksamere Trommelbremsen als 1971 (254 mmØ), die bei unveränderter Breite (51 mm) 1166cm^2 Belagfläche besaßen. Mindestens ebensoviel Beifall von alten Jeep-Besitzern muß der auf 62 Liter vergrößerte Tank erhalten haben, der den Aktionsradius gegenüber den früheren 40 Litern erfreulich größer werden ließ.

War es noch schwierig, die größere Länge des neuen CJ-5 zu erkennen, so fielen manche der Änderungen am 1972er Interieur doch gleich ins Auge. Zwar nur als Sonderausführung, gab es jetzt aber doch auch eine feste Heckklappe, die das Anbringen des Reserverads dort ermöglichte – ein Wunsch, den viele geäußert hatten, die die seitliche Radbefestigung im engen Gelände gestört hatte. Neue »Extras« für 1972 waren auch Öldruckmesser und Amperemeter, die links am Instrumentenbrett angebracht wurden. Auch wenn der Jeep dadurch nicht zum Luxusauto avancierte, muß manch ein alter Hase gelächelt haben, als jetzt sogar ein Ascher im CJ auftauchte; denn bis dahin hatte manch einer Tausende von Kippen auf dem Boden seines Jeep ausdrücken müssen. In denselben Bereich fielen nun Details wie ein Zigarrenanzünder (Sonderwunsch), Radkappen für die großen 15-Zoll-Räder, ein verbessertes Whitco-Kunststoffdach und eine wirksamere Heizung.

Keine Tränen gab es für die endlich hängende Anbringung der Pedale von 1972. Mit den stehend montierten Pedalen hatte man nur durch ein paar Pfützen zu fahren brauchen, um den Fußraum voll Wasser zu haben, so daß viele wohl sehnlich auf diese Änderung an ihrem CJ gewartet haben.

Weitere Merkmale am 1972er Jeep bestanden in einem längeren Allradschalthebel und in der fußbetätigten Feststellbremse. Unsichtbar, aber bedeutsam war schließlich der Entfall des alten Schriftzugs »Universal« an den Jeep-Modellen, die jetzt einfach als »CJ« bezeichnet wurden.

Die Preise für den CJ-5, CJ-6, DJ-5 und wichtige, gegen Aufpreis erhältliche Teile lauteten 1972:

Gegenstand	**Preis (US-$)**
CJ-5	*2955*
CJ-6	*3045*
DJ-5	*2475*
Freilauf-Radnaben	*98*
Servolenkung	*148*
Bremskraftverstärker	*46*
Sperrdifferential hinten	*62*
Öldruckmesser und Amperemeter	*17*
Verstärkter Rahmen	*20*
Verstärkte Federn und Stoßdämpfer	*39*
Einzelsitze vorn	*74*
Geteilte Sitzbank vorn	*89*
Hintere Sitzbank	*92*
55Amp-Lichtmaschine	*28*
70Ah-Batterie	*12*
Zigarrenanzünder	*7*
Abschleppstange	*28*
Gepolstertes Instrumentenbrett	*38*
Unterschutz für Kraftstofftank	*10*
Sonnenblenden	*14*
4,23-Liter-Sechszylinder	*56*
5-Liter-V8	*130*

Nach den vielen Änderungen für das 72er Modelljahr des CJ-5 und der Quadra-Trac-Entwicklung für die 1973er Wagoneer- und Lkw-Versionen überraschte es nicht, daß der CJ-5 1973 im Grunde als nur leicht verfeinerte Ausführung des 1972ers weitergebaut wurde.

Die Frage, in welchem Umfang Änderungen am Jeep CJ von den gegenwärtigen und künftigen Käufern überhaupt gewünscht wurden, war Gegenstand eines Interviews, das der AMC-Chairman Roy Chapin dem Redakteur des Magazins *Four Wheelin'* gab und das im Novemberheft 1972 erschien. Chapin meinte dazu: »Als American Motors Jeep übernahm, plädierten die Händler dafür, den CJ-5 doch ja so zu lassen, wie er ist. Wir stimmten der Forderung zu, und da der Wagen jetzt die früheren technischen Daten noch übertrifft, wird es, denke ich, in nächster Zeit kaum einen Wechsel geben. Freilich haben wir für 1972 die Spurweiten und die Längenverhältnisse so geändert, daß der V8 hineinging, aber darüber hinaus sind keine größeren Änderungen vorauszusehen.«

Gewiß, es sollten doch noch einige Verbesserungen am 73er CJ-5 kommen; sie aber waren tatsächlich evolutionärer Art und zielten eher auf ein Ausfeilen der Jeep-Konstruktion ab als auf Änderungen seines Charakters. Das Verkaufsprospekt für den 1973er CJ-5 versicherte das auch dem Käufer, indem es im Anschluß an eine Aufzählung der geänderten Details meinte: »Doch keine Angst, der Jeep ist in seinem Innern auch heute noch das Fahrzeug, das er immer gewesen ist. Wir wollen ihn nur verbessern – nicht verändern.«

Der Tankunterschutz war jetzt Serie. Teile der angetriebenen Vorderachse waren zwecks längerer Lebensdauer verstärkt worden. AMC montierte auch geeignetere Serienbereifung am 1973er CJ-5: statt des 72er Basisreifens 7.35 × 15 nunmehr den F78 × 15 (jeweils mit 4 Lagen).

Sonstige technische Verbesserungen bestanden in den induktiv gehärteten Auslaßventilsitzen für den 6-Zylinder (der ab 1973 unverbleites Normalbenzin mit 91 Oktan oder mehr vertrug), einem Kupplungsgestänge anstelle des antiquierten Seilzugs und einem brandneuen zweistufigen Wischer-/Waschersystem.

Alle Schalter am Instrumentenbrett waren weich und unfallsicher, mit den internationalen Symbolen drauf. Die Instrumente waren grün beleuchtet und hatten statt der weißen grell orangefarbene Zeiger. Das Zentralinstrument und die als Extra erhältlichen Ampere- und Öldruckmesser (die links und rechts vom Hauptinstrument eingebaut wurden) waren von blanken Zierringen umgeben. Leicht erkennbar war auch, daß man den Handstockgriff der Handbremse von hinter dem Lenkrad an die linke Seite des Instrumentenbretts verlegt hatte. Die Heizung besaß jetzt einen separaten Lüfterknopf und schwarze und weiße Tastenschalter. Und zum erstenmal bot man einen werksseitig montierten Überrollbügel an.

Hier die Listenpreise für die 1973er Modelle CJ-5, CJ-6 und DJ-5 und für die am häufigsten bestellten »Extras«:

Gegenstand	**Preis (US-$)**
CJ-5	*3086,--*
CJ-6	*3176,--*
DJ-5	*2606,--*
Vergrößertes Kühlsystem	*25,60*
Abschleppstange	*26,80*
Servolenkung	*143,25*
Halbautomatische Radnaben	*59,80*
Verstärkter Rahmen	*18,90*
Verstärkte 51-Amp-Lichtmaschine	*26,75*
Track-loc-Hinterachse 3,73:1	*59,40*
Vierganggetriebe	*107,30*
H78–15 »Polyglas Suburban«-Bereifung	*81,10*
4,23-Liter-Motor	*53,85*
Verstärkte Federn und Stoßdämpfer	*37,60*
Öldruckmesser und Amperemeter	*16,65*
Zigarrenanzünder	*8,65*
Doppelte Sonnenblenden	*13,55*
Einzelsitze vorn	*72,10*
Einzelsitze hinten	*89,35*
Haltestange vorn	*6,85*
Gepolstertes Instrumentenbrett	*31,90*
Überrollbügel	*54,65*

Ab Januar 1973 wurde der Renegade ein reguläres Jeep-Modell. Zur langen Liste seiner serienmäßigen Ausstattung zählten Fünfliter-V8, Überrollbügel, besonders gestylte Räder, H78–15 Weißwandreifen, Motorhaube mit spezieller Lackierung und Racing-Seitenstreifen mit Schriftzug »Renegade«, schmale vortretende Kotflügellippen, Getriebe-Unterschutz, Öldruckmesser, Amperemeter, zwei Außenspiegel, zwei Sonnenblenden, übliche Kunstlederbezüge und heckmontiertes Reserverad.

Später im Modelljahr kam eine neue Kleinserien-Variante ins CJ-5-Programm, der Super Jeep. Er war leicht an seiner Lackierung mit den wild geschwungenen roten, weißen und blauen Streifen erkennbar, die von der Haube aus über die unteren Seitenteile, zurück zu den Hinterradläufen und um diese herum zum Heck verliefen und auf diesem Weg von Sternen übersät wurden. Ein ähnliches, abgekürztes Muster bedeckte die Vorderkotflügel.

In Serienform hatte der Super Jeep senkrecht gestreifte Vorder- und Rücksitze, den 4,23-Liter-6-Zylinder, Gummiprofile an den Kotflügeln, Chromstoßfänger vorn und eine Schutzvorrichtung für die Insassen.

1974 war der Blickfänger der Jeep-Baureihe der brandneue Cherokee. Demgegenüber erschien der CJ-5 auf ersten Blick völlig unverändert. In Wahrheit wies er jedoch eine Reihe Verfeinerungen und Verbesserungen auf.

Diese Liste wurde angeführt von induktiv gehärteten Sitzen für die Auslaßventile des 5-Liter-V8-Motors; alle Verbindungen zwischen Rahmen und Karosserie am CJ-Jeep wurden verstärkt; die Heizung erhielt mehr Leistung; gegen Aufpreis bekam man Stoßfänger, die die US-Sicherheitsnorm (5mph) erfüllten. Änderungen an den Motoren beschränkten sich auf die Erfüllung von Abgasvorschriften und Verdampfungstest für Nutzfahrzeuge, die ab Modelljahr 1974 in Kraft traten. Für höhere Bremsleistung sorgte ein neues Bremssystem mit anderen Belägen, neuem Hauptzylinder und, erstmalig am CJ, mit Dosierventilen.

Zum Modelljahr 1975 lockte die AMC-Werbung ihre potentiellen Käufer: »Der temperamentvolle Jeep CJ-5 verkörpert die ganze Freude am Allrad-Fahren. Kühnes, sportliches Styling… unter dem Lack sitzen dreißig Jahre zähe, kraftvolle Zuverlässigkeit, die uns dahin gebracht haben. Jeep CJ-5…das Auto, von dem der ganze Reiz des Geländefahrens ausgeht.« Derartige Sprüche sollten gewöhnlich nur vertuschen, daß sich seit dem Vorjahr nichts wesentliches geändert hatte. Was allerdings den CJ-5 anging, so hatte die Werbung schlicht die Wahrheit gesagt. Denn es gab 1975 eine Menge Neuerungen, die ihn entweder noch mehr zum »Jeep« werden ließen als je zuvor oder ihm ein paar Feinheiten hinzufügten.

Zur ersteren Gruppe zählte sicherlich der stärkere Rahmen des CJ-5 mit Längsträgern aus dickerem Stahlblech. Eine gehörige Portion Attraktivität gaben dem Jeep gewiß die neuen Levi's Sitzbezüge. Dieses wetterfeste Vinyl-Interieur erhielt der 1975er Renegade und zum Aufpreis auch das Grundmodell CJ-5. Mit seinen klassischen Levi's-Nähten wurde es in Blau oder in Hellbraun angeboten: als Bezugsstoff für alle Sitze, das Instrumentenbrett und die Sonnenblenden. An der vorderen Seitenwand trugen alle CJ-Modelle einen neuen »Jeep«-Schriftzug, und bei Levi's-ausgestatteten Exemplaren fand man darüber einen entsprechenden Aufkleber. Die an der gleichen Seite plazierte Typbezeichnung »CJ-5« wurde bei diesen Autos an einen Punkt eben unterhalb des Blinkers auf der Beifahrerseite verlegt. Ein ganz neues werksseitiges »Extra« war das Whitco-Verdeck in Schwarz oder Weiß. Wie in früheren Jahren wurde es bei den Händlern eingebaut. In Verbindung mit dem Levi's-Interieur wurde es in Blau oder Hellbraun geliefert.

Auch erstmals für den CJ gab es auf Wunsch ein vom Werk unter dem Instrumentenbrett eingebautes Mittelwellenradio mit wetterfestem Kunststoffgehäuse und nicht teleskopischer Peitschenantenne. Zum erstenmal waren nun für den Beifahrer die

AMC brachte 1975 Sitzbezüge von Levi's in blauem oder braunem Stoff (Foto: AMC)

Den 1975er CJ-5 konnte man auch mit werksseitig eingebautem Radio bekommen (Foto: AMC)

Sonnenblende und der Einzelsitz serienmäßig.

Der CJ Renegade erhielt einen breiten, zweifarbigen Streifen auf der Haube und dazu zwei neue Farbtöne für die Lackierung, renegadeblau und orange. Mit Ausnahme von apfelgrün und riffgrün gab es alle 1975er Jeep-Farbtöne auch für den Renegade.

Keine Änderungen fand man an den Motoren der CJ-Baureihe. Da es aber die einzigen 1976er Jeep-Triebwerke mit Katalysator waren und als solche unverbleites Benzin brauchten, mußten entsprechende Warnschilder am Instrumentenbrett und nahe beim Tankeinfüllstutzen angebracht werden. Wie alle 75er Jeep-Motoren besaßen auch die der CJ-Modelle elektronische Zündanlagen. Die CJ-Elektrik erhielt ferner einen ganz neuen Kabelstrang und einen Diagnosestecker am Instrumentenbrett. Der 75er CJ hatte außerdem ein verbessertes Abgassystem mit wirksameren Schalldämpfern; zum 6-Zylinder gehörte überdies ein geändertes Saugrohr, das ein stärker abgemagertes Gemisch ermöglichte. Das resultierte in niedrigerem Verbrauch und besserer Gasannahme. Bei den 6- und 8-Zylindern war die Wärmeisolation zwischen Motor und Vergaser verbessert worden.

Die noch 1974 für den CJ nur gegen Aufpreis lieferbaren Zusatzinstrumente wurden 1975 Serie für alle Modelle; das Amperemeter wurde freilich durch ein Voltmeter ersetzt, das den Ladezustand der Batterie und die Funktion der Lichtmaschine anzeigte.

Neue Extras waren ein Winterbausatz für kalte Zonen mit Motorblockheizung, 70-Ah-Batterie und 62-Amp-Generator; außerdem ein an der Lenksäule montierter Drehzahlmesser und Weißwand-Gürtelreifen der Größe HR78–15.

Die 1975er Rezession wirkte sich auf den Jeep-Markt nicht aus, da Allradkäufer einer höheren Einkommensklasse angehörten. Demgemäß lag der Absatz nur knapp unter der 1974er Rekordziffer von 69.300 Einheiten. Der Jeep-Verkauf in Kanada stieg um 11% gegenüber dem Vorjahr. Trotz eines Streiks im Brampton-Werk Anfang 1975 erlebten die AMC- und Jeep-Händler ihr drittbestes Jahr überhaupt.

Im April 1975 rollte das 400.000. Jeep-Fahrzeug vom Band, das seit der AMC-Übernahme von 1970 gefertigt worden war. Diese Zahl symbolisierte den Erfolg, den AMC speziell durch die Umgestaltung des Jeep auf die sich ändernden Ansprüche des Marktes für Allrad-Freizeitautos hatte ernten können. Für 1976 manifestierte sich diese Erfahrung in der Einführung des Typs CJ-7.

Die Erweiterung der CJ-Baureihe fiel zusammen mit dem Entfall des CJ-6. Diese Version war zwar nie ein großer Verkaufsschlager in den USA oder Kanada gewesen, doch für den Export war er weiterhin lieferbar.

Von Anfang an war es klar, daß AMC große Hoffnungen in den CJ-7 setzte, den man als »das seit Jahren aufregendste Fahrzeug auf dem Allradmarkt« ankündigte. Im Vergleich zum jüngsten CJ-5, der zu 4199 Dollar verkauft wurde, lag der Grundpreis des CJ-7 um 100 Dollar höher. In den Abmessungen sah es wie folgt aus:

Modell	**Radstand**	**Gesamtlänge**	**Wendekreis**
CJ-5	*2121 mm*	*3515 mm*	*10,2m*
CJ-6	*2375 mm*	*3757 mm*	*10,9m*
CJ-7	*2642 mm*	*4036 mm*	*11,5m*

Die beiden CJ-Modelle hatten praktisch gleiche Leergewichte: Dasjenige vom CJ-7 betrug mit 1245 kg gerade 18 kg mehr als das des CJ-5.

Für diese 18 kg bot nun der CJ-7 mehr Fußraum vorn und hinten und eine auf fast 860 mm verbreiterte Einstiegöffnung. Doch anders als beim CJ-6, der seine Existenz vor allem der größeren Gesamtlänge verdankte, machte der CJ-7 Jeep-Geschichte als erste CJ-Version mit dem Automatikgetriebe Turbo Hydramatik und dem ständigen Quadra-Track-Allradantrieb. Weiteres Merkmal des CJ-7 gegenüber dem CJ-5 war seine Heckklappe mit den bündig angebrachten doppelten Klappbeschlägen. Ein am Heck montierter, schwenkbarer Reserveradträger war gegen Aufpreis erhältlich.

Nur für den CJ-7 angeboten wurde ein einteiliges,

Der 1976 neu erschienene CJ-7 (Foto: AMC)

abnehmbares Hardtop aus Polycarbonat, das als Spritzteil hergestellt wurde und zu dem Metalltüren mit Kunstlederverkleidung und Kurbelfenster gehörten. Das Hardtop gab es nur in Schwarz oder Weiß.

Die Installation des 111 kg schweren, festen Kunststoffdachs am CJ-7 brachte natürlich Vor- und Nachteile. Für sicherheitsbewußte Besitzer waren die verschließbaren Türen ein großes Plus, obschon ihr Schließsystem anders war als bei den meisten US-Autos. Hatte man eine Tür z. B. mit dem Schlüssel zugesperrt, war sie nur mit diesem wieder zu öffnen; war sie mit dem Sperrknopf verriegelt worden, so entriegelte sie sich auch nur mit diesem wieder.

Bezüglich des Innenraumkomforts war das Hardtop außer Konkurrenz; das gewohnte Stoffverdeck war bekannt für seine Undichtheit bei Regen, seinen hohen Geräuschpegel und seine stets im Wind flatternden Teile. Für den reinen Fan gehörte das natür-

AMC verlor keine Zeit und schickte den neuen CJ-7 in den sportlichen Wettbewerb. Dieser Wagen nahm an der Rallye »Press-On-Regardless« von 1975 teil (Foto: Sammlung des Autors)

Der in der Rallye eingesetzte CJ-7 in »rennmäßiger« Ausrüstung (Foto: Sammlung des Autors)

lich untrennbar zum Jeep-Fahren dazu. Doch die neue Generation der Jeep-Käufer, auf die der CJ-7 abzielte, stellte höhere Ansprüche an den Komfort.

Andererseits konnte man auch nicht sagen, daß der CJ-7 mit Hardtop seine Insassen verwöhnt hätte. Noch immer fand eine Menge Regen den Weg ins Innere, und seit der Katalysator seinen Einzug gehalten hatte, neigte das gut isolierte Hardtop dazu, eine ganze Menge Wärme im Wageninnern einzufangen. Hinzu kam, daß man das Hardtop nicht an jedem schönen Wochenende auf- und abbaute, denn es wurde mit einer ganzen Anzahl Halteschrauben montiert.

Das Whitco-Stoffverdeck hingegen war für CJ-5 und CJ-7 mit besserer Sicht und größeren Türausschnitten neu konstruiert worden.

CJ-5 und CJ-7 besaßen nun neue Rahmen und Radaufhängungen. Die Federung blieb freilich den traditionellen Blattfedern mit jeweils vier Lagen für Vorder- und Hinterachse treu. Nur für den CJ-7 Hardtop galt aufgrund seiner rundum fünf Federlagen ein von 1700 auf 1880 kg erhöhtes zulässiges Gesamtge-

Großes Bild: Ein 1976er CJ-7 (Foto: Sammlung des Autors)

Linke Seite, oben: Der längere Radstand des CJ-7 nahm ihm nichts von seiner stattlichen Erscheinung (Foto: Sammlung des Autors)

Ein 1976er CJ-7 mit Hardtop (Foto: Sammlung des Autors)

Aus diesem Blickwinkel erkennt man am 1976er CJ-7 die Form des Überrollbügels (Foto: Sammlung des Autors)

Die Sonderausstattung Golden Eagle für den Jeep CJ wurde am 5.Oktober 1976 der Öffentlichkeit vorgestellt (Foto: Sammlung des Autors)

wicht. An der Hinterachse aller CJ-Modelle lagen die Federn infolge des neuen Rahmens mit den nach hinten auseinanderlaufenden Längsträgern weiter auseinander als 1974. Diese Änderungen, im Verein mit neuen Stoßdämpfern, meinte AMC, »ergeben ausgezeichnete Querstabilität des Fahrzeugs«. Und eine neue, isolierende Karosseriebefestigung sollte »Schwingungen und Geräusch minimieren«.

Als wichtigste Vorzüge der neuen Fahrwerksrahmen galten ihre erheblich erhöhte Biegefestigkeit und Verwindungssteifheit. Dazu trugen das höhere Profil der Längsträger und ihre von vorn bis zur Tanktraverse geschlossene Kastenbauweise bei. Wesentlich für den Rahmen waren die verstärkten Querträger sowie die Kombination Querträger/Unterschutz unter Motor, Getriebe und Verteilergetriebe über die ganze Fahrzeuglänge. Der Tankunterschutz gehörte weiterhin zur Serienausstattung der CJ-Modelle.

Für alle CJ-Versionen lieferbar war die neue Federung für hohe Beanspruchung (HD), die aus zweistufigen Siebenlagenfedern vorn und hinten plus HD-Stoßdämpfern und einer Verstrebung vorn bestand. Diese verstärkten Bauteile erhöhten das zulässige Gesamtgewicht von 1700 auf 1880 kg für offene wie Stoffverdeck-Aufbauten. Hier eine Gegenüberstellung der Federraten für die Serien- und Sonderwunsch-Ausführungen:

Federrate	**Serie**	**Sonderwunsch**
Federn vorn	*30 kg/cm*	*zweistufig 30/41 kg/cm*
Federn hinten	*33 kg/cm*	*zweistufig 33/45 kg/cm*

Wie im Modelljahr 1975 besaß der CJ serienmäßig ein vollsynchronisiertes Dreiganggetriebe. Für 1976 war es konstruktiv auf ein höheres Drehmoment neu ausgelegt. Außer leichtgängiger und angenehmer im Betrieb war es durch größere Zahnräder, Wellen und Synchroneinheiten vor allem haltbarer geworden.

An den CJ-Motoren beschränkten sich die Änderungen auf die Verwendung einer elektrisch unterstützten Chokevorrichtung und EGR (Abgasrückführung) für beide 6-Zylinder, und die neue Kraftstoffrücklaufleitung sorgte bei allen Motoren für ein verbessertes Heißstartverhalten.

Von vorn gesehen waren die 1976er Jeeps am Umlegemechanismus ihrer neuen Frontscheibe mit innenliegendem Wischermotor erkennbar. Hinten waren größere, höher angebrachte Heckleuchten kombiniert mit Rückfahrscheinwerfern. Sie waren nicht mehr rund wie früher, sondern rechteckig.

Die Liste der Interieur-Änderungen wurde angeführt von einem attraktiveren Zwei- statt Dreispeichenlenkrad auf energievernichtender Lenksäule mit Zünd-Lenkschloß. Die Instrumententafel war vollständig umgestaltet, um Radio und Lautsprecher (Sonderwunsch) im Instrumentenbrett statt darunter (wie noch im Vorjahr) montieren zu können. Bestellte man zum Aufpreis Drehzahlmesser und »Rallyeuhr«, so wurden diese links und rechts der Lenksäule plaziert. Kühlwasserthermometer und Amperemeter fanden dann ihren neuen Platz rechts vom Tachometer.

Mehr Beinfreiheit im CJ-5 gab es durch andere Bodenbrettform; bessere Belüftung durch geänderte Defrosterdüsen. Den alten Klappsitz für den Beifahrer ersetzte ein vor/zurück-verschiebbarer Sitz mit neuem Vierrohrgestell, der zum Einsteigen in den Fond ganz nach vorn glitt.

Die 1976er Sonderwunsch-Angebote umfaßten für CJ-5 und CJ-7 ein Komfortpaket mit Innenleuchten, Beifahrerseitenspiegel, Beifahrerhaltegriff, Anzünder, Ascher, einem abblendbaren Innenspiegel; ferner ein Dekorpaket mit Sportlenkrad, bezogenem und gepolstertem Instrumentenbrett etc.; dann eine mit Schaumgummi gepolsterte Sitzbank vorn mit 2 + 1 Sitzen, Teppichbelägen »für innen und außen«, Lederlenkrad und Stabi für vorn.

Das vielgekaufte Renegade-Zusatzpaket gab es für CJ-5 und CJ-7. Für den letzteren enthielt es den wegschwenkbaren Reserveradhalter fürs Heck, während die Renegade-Version des CJ-5 ein am Heck auf starrer Platte montiertes Reserverad bekam. Zum erstenmal waren folgende Dinge im Renegade-Paket enthalten: Leselicht unter dem Instrumentenbrett, Abblend-Innenspiegel, Sportlenkrad, bezogenes Instrumentenbrett und so fort.

Wie schon 1975 waren zwei Farbkombinationen für die Zierstreifen der Renegade-Haube lieferbar, blau mit orange oder gold mit braun, jeweils mit weißen Akzenten. Wieder waren die Levi's Sitzbezüge in Blau oder Hellbraun mit dazu passendem Instrumentenbrettbezug und Sonnenblenden im Renegade-Paket enthalten, blieben jedoch auch ohne den Rest des Renegade-Pakets erhältlich.

American Motors hatte 1977 ihren 75.Geburtstag – und leider ging gerade jetzt der Pkw-Absatz gegenüber 1976 zurück. Das lag vor allem an einem kräftigen Ruck am Pkw-Markt weg vom »Subcompact Car« (eine Klasse unter den sog. »Compacts«), zu denen die meisten AMC-Modelle zählten. Demge-

Ein 1977er CJ-7 in Renegade-Ausstattung (Foto: Sammlung des Autors)

mäß fiel für AMC die Zahl der ausgelieferten Einheiten von 328.181 im Jahre 1976 auf 292.087 Einheiten 1977. Gleichzeitig aber erreichten die Jeep-Verkaufszahlen mit einer Steigerung von 67.771 auf 95.718 Einheiten Rekordhöhen.

Die Auswirkungen, die diese Nachfrage nach den Jeep-Modellen auf deren Ansehen im Hause AMC hatte, waren unheimlich. In den sechs Jahren, seit AMC Jeep von Kaiser übernommen hatte, war die Produktion von 175 Tagesstückzahl auf 560 in zwei Schichten gestiegen. Doch selbst diese Zahl reichte nicht zur Deckung der Nachfrage. In den ersten drei Monaten 1977 verkauften die Jeep-Händler 25.754 Fahrzeuge (1976: 20.581). Hinzu kam, daß die wenigsten von ihnen ohne Sonderzubehör geliefert wurden. Nach einem Besuch im Werk Toledo schrieb Jack Walsh, Nutzfahrzeugredakteur von *Automotive News*, in der Ausgabe vom 25.April 1977: »Wenn man zusieht, wie die Jeeps in Toledo vom Band rollen, entdeckt man bald, daß nur wenige Leute nackte Serienwagen haben wollen. Mehr als die Hälfte aller Fahrzeuge haben eine besondere Lackierung oder spezielle Streifen und Dekors.« Tatsächlich bestellten 25% der Kunden ihren CJ-5 bzw. CJ-7 als Renegade. Sehr beliebt war für CJ-Jeeps und J-10 Lkws auch das »Golden Eagle«-Paket, dessen Fertigung im Januar 1977 begann. Den CJ mit dem goldenen Adler gab es für weniger als 200 Dollar Aufpreis gegenüber einem vergleichbar ausgestatteten Jeep Renegade, und zwar für die Stoffverdeckversionen von CJ-5 und CJ-7. Für einen Golden Eagle CJ konnte man alle regulären Mehrausstattungen bekommen. Das Golden-Eagle-Paket hatte folgenden Inhalt: eine ausgefallene Lackierung – drosselbraun mit gold-schwarz-weißem Adler als Folie auf der Haube; ein Schriftzug »golden eagle« in schwarzen, gold eingefaßten Lettern an der Seite der Haube; eine Dekorfolie »Limited Edition« darunter; eine dünne goldene Zierlinie vorn um den Grill; schließlich gold lackierte und schwarz verzierte Räder 15 × 8″.

Zu diesen äußeren Merkmalen kamen beim Golden-Eagle-Paket hinzu: Bereifung 9 × 15 Tracker RWL, Reserverad am Heck, Levi's hellbraunes Vinylverdeck und Interieur, Überrollbügel, Levi's hellbraun bezogene Instrumententafel, verbreiterte Radläufe, Diebstahlsicherung für Reserverad, Komfortpaket, Dekorpaket, Drehzahlmesser und Uhr und brauner Teppichboden rundum. Bis Ende April waren 2000 goldene Adler gebaut, und eine zweite Serie von 2000 Stück war fast fertig. Von den 560 Fahrzeugen pro Tag waren 300 CJ-Jeeps. Damit hatte Jeep einen Anteil von 16% am Allradmarkt der USA. Das war schon beeindruckend, aber noch imposanter sah es auf dem Sektor Freizeit/Nutzfahrzeuge aus, denn hier belegten Jeeps CJ, Cherokee und Wagoneer nahezu 40 Prozent des Marktes.

Auch 1977 erlebten die CJ-Jeeps einige totale Neuerungen. Gegen Aufpreis – und das nicht so knapp – gab es nun erstmals vordere Scheibenbremsen und Klimaanlage. Letztere kostete immerhin 499 Dollar, während die Scheibenbremsen mit Bremskraftverstärkung 73 Dollar zusätzlich kosteten, aber auch ohne die Verstärkung erhältlich waren. Beim Einbau der Klimaanlage mit ihren Luftführungen mußte der Ascher von unten nach oben versetzt werden.

Die deftigen Preise für diese beiden »Extras« waren ein Hinweis darauf, daß der Erwerb eines neuen Jeeps mit der Zeit teurer geworden war. Zwar war die Zeit der fünfstelligen Zahlen noch nicht gekommen, aber 1977 deutete die Preisspirale bereits unübersehbar nach oben.

Jahr	**CJ-5 Grundpreis (US-$)**
1966	*2284*
1967	*2361*
1968	*2683*
1969	*2823*
1970	*2930*
1971	*2886*
1972	*2955*
1973	*3086*
1974	*3574*
1975	*4099*
1976	*4199*
1977	*4399*

Repräsentative Preise für Sonderwünsche lauteten im Jahr 1977 wie folgt:

Gegenstand	**Preis (US-$)**
5-Liter-V8-Motor	*140*
4,23-Liter-Sechszylinder	*73*
Freilaufnaben vorn	*95*
Servolenkung	*166*
Mittelkonsole	*62*
Mittelwellenradio	*73*
Drehzahlmesser und Rallyeuhr	*73*
Teppichboden	*63*
Whitco-Verdeck	*275*
Stabilisator Vorderachse	*27*
Lenkungsdämpfer	*10*
Renegade-Ausstattungspaket	*839*

Zusätzlich im Renegade-Paket 1977 waren enthalten: Reifen 9.00 × 15 mit erhabener weißer Beschriftung »Goodyear Tracker A-T« auf weißlackierten Rädern mit neu gestylten Speichen und schmalen, roten Zierstreifen. Ihre Verwendung plus die der neuen 305 mm-Scheibenbremsen erforderte den Einbau einer verstärkten Vorderachse mit kräftigeren Achsschenkeln. Ebenfalls eine Nummer stärker waren der Rahmen, dessen Träger von vorn bis hinten aus vollen Kastenprofilen bestanden, und die Karosserieteile im Heckbereich.

Keine Änderung gab es beim Serien-Dreiganggetriebe des CJ, das man, wie wir wissen, 1976 erneuert hatte. Dafür bekam das nur zum 4,23-Liter-6-Zylinder erhältliche Vierganggetriebe einen neuen Radsatz mit einem 6,32:1 Kriechgang statt dem 1.Gang mit 4,02:1.

Auch 1977 war für AMC ein Jahr der Gegensätze. Die Pkw-Verkaufszahlen fielen von 292.087 im Vorjahr auf 226.640 im Jahr 1977. Der Jeep-Absatz dagegen stieg in USA und Kanada auf 117.077.

Den Grund für diesen Erfolg der Jeeps nannte AMC kurz und bündig: »Jeeps verkaufen sich gut, weil das Werk eine lange Liste Sonderzubehör für den Kunden entwickelt hat – nicht nur eine Typenvielfalt, sondern eine wachsende Anzahl Komfort-, Ausstattungs- und Stylingpakete. Jeep-Käufer wünschen sich immer mehr Individualität und gutes Aussehen in Verbindung mit der Zähigkeit und Haltbarkeit dieser Modelle.«

Obschon es im Grunde keine dramatischen Änderungen am 1978er CJ gab, ging AMC auf diesen Trend in den Kundenwünschen noch stärker ein als bisher. Alle CJ-Versionen erhielten eine vollständig überarbeitete Heizung, die besonders im Fondraum für bessere Wärmeverteilung, ferner für höhere Defrostertemperatur, mehr Luftdurchsatz und wirksamere Belüftung sorgte.

Zuvor nur gegen Aufpreis lieferbare Dinge wurden nun Serienstand, so die vorderen Scheibenbremsen, Ascher und Zigarrenanzünder, rechter Außenspiegel und H78 Suburbanite XG Fiberglasgürtelreifen. Zur »Convenience Group« zählte jetzt auch eine Motorraumbeleuchtung, und Türtafeln und Sitzunterteile waren nun flachsblond statt lederartig bezogen.

An den CJ-Motoren änderte sich nichts, außer einem neuen Einlaß für die Außenluft, durch welche sich der Wirkungsgrad leicht erhöhte.

Für alle Jeep-Fahrzeuge waren nun 14 Außenfarben erhältlich, darunter die drei neuen Farbtöne sonnenorange, goldrot-metallic und marineblau-metallic. Die übrigen elf Namen lauteten zu Deutsch etwa: alpenweiß, lodengrün-metallic, mokkabraun-metallic, herbstrot-metallic, eichenlaubbraun, brillantblau, klassikschwarz, knallfroschrot, zinnmetallic, sandfarben und sonnenscheingelb.

Die Ausstattungsvariante »Golden Eagle«, die es seit Mitte 1977 gab, wurde auch 1978 für den CJ angeboten. Ihr Mehrpreis war jetzt 1249 Dollar, und sie war wieder vor allem erkennbar an dem gewaltigen weiß-gold-schwarzen Adler-Dekor auf der Haube. Zu beiden Seiten war die goldumrandete Beschriftung »Golden Eagle« noch größer geworden. Das Paket enthielt auch spezielle Zierstreifen für Grill und Karosse, schwarze Radlauferweiterungen, anodisch gold oxidierte Stahlfelgen 9 × 15 und Bereifung 9.00–15LT mit erhabener Beschriftung »Goodyear Tracker A-T«. Außerdem enthielt diese Sonderausstattung die meisten Elemente des Renegade-Pakets.

Die folgenden Farbtöne waren für den CJ mit dem goldenen Adler erhältlich: lodengrün-metallic, mokkabraun-metallic, eichenlaubbraun, alpenweiß, sandfarben, klassikschwarz und goldrot-metallic.

Im Verlauf des Jahres hob AMC die Preise aller Jeep-Modelle um 100 Dollar und die der Sonderausstattungen um durchschnittlich 29 Dollar pro Auto an. Daher können die folgenden Preise von den vom Kunden 1978 tatsächlich bezahlten leicht abweichen:

Modell	**Grundpreis (US-$)**
CJ-5	*5095*
CJ-7	*5195*

Gegenstand	**Preis (US-$)**
Sonderausstattung »Golden Eagle«	*1248*
Sonderausstattung »Renegade«	*799*
Hardtop	*610*
Drehzahlmesser und Uhr	*77*
Sitzbank hinten	*106*
4,23-Liter-R6-Motor (Serie im CA)	*77*
Fünfliter-V8-Motor	*186*
4-Gang-Schaltgetriebe (zum 4,23-l-Motor)	*153*
3-Gang Turbo-Hydramatic mit Quadra-Trac	*366*
Reduziergetriebe zum Quadra-Trac	*145*
Freilaufnaben vorn	*101*
Sperrdifferential (nicht mit Quadra-Trac)	*82*
Servolenkung	*176*
Bremskraftverstärker	*73*
Verstärkte Achsbauteile	*85*
Stabilisator vorn	*29*

Anfang März 1978 meldete AMC, es wolle sein Werk in Brampton (Ontario) auf die Produktion von Jeep CJ umstellen. Grund dafür waren AMCs weiterhin rückläufiger Pkw-Absatz (die Fertigung des Kompaktautos Concord wurde von Brampton nach Kenosha verlegt) und das starke Wachstum der Jeep-Verkaufszahlen. Diese Umstellung, die 4,8 Millionen Dollar kostete, war zwar nicht vor September 1978 abgeschlossen, erhöhte aber die Kapazität der CJ-Fertigung um 50.000 Einheiten. Gleichzeitig steigerte AMC die Jeep-Produktion in Toledo ab Juli durch Überstunden. Nach dieser Sofortmaßnahme zur Befriedigung der Nachfrage wurde eine Kapazitätserweiterung auch in Toledo geplant.

Wenn AMC die Nachfrage nach Allradfahrzeugen

Der CJ-5 von 1977 (Foto: Sammlung des Autors)

als »Flutwelle« bezeichnete, war das fast noch untertrieben. Am 27.Juni 1978 fuhr der Gouverneur von Ohio, James A.Rhodes, den 150.000. Jeep des Baujahrs 78 – einen CJ-7 Renegade – vom Band. Aus gutem Grund sagte man den AMC-Aktionären: »Die Jeep-Modelle sind ein lebenswichtiger Bestandteil der AMC-Planung.«

Für das Kalenderjahr betrug die Produktion insgesamt 153.000 Einheiten, während der Verkauf, der am Jahresende seit 37 Monaten ununterbrochen den jeweiligen Vorjahresstand übertroffen hatte, 161.912 Stück erreichte. Weltweit verzeichnete der Großhandel einen Absatzanstieg an Jeeps von 125.879 (1976) über 153.485 (1977) auf 180.667 (1978). Das bedeutete Zugewinne von 21,9 bzw. 17,7% von Jahr zu Jahr. Am Jahresende gab es 1999 Jeep-Händler in den USA und Kanada sowie 1517 weitere, die Pkws und Jeeps verkauften.

Mit dem Vermerk, daß der Markt für Jeeps und seine Konkurrenten »alle Prognosen der Industrie übertroffen« habe, berichtet AMC: »Das Verlangen der Menschen nach etwas völlig anderem – nach etwas, das man für mehrere Zwecke verwenden kann – sorgt für die anhaltende Nachfrage auf dem Markt für Allradfahrzeuge. Die AMC ist bereit, dieses Potential zu nutzen.«

Insgesamt erwartete man am US-Markt für Allradfahrzeuge einen Bedarf von über eine Million Stück für 1979, nachdem er 1978 schon 964.000 betragen hatte. Vom Sport/Freizeit/Nutzfahrzeugsektor dieses Marktes deckten CJ, Cherokee und Wagoneer 34% ab.

Die höchst aussichtsreiche Situation, die sich damit bot, betonte AMC-Präsident W.Paul Tippett jr. auf einer Pressekonferenz anläßlich des Genfer Salons vom Februar 1979: »Bei uns läuft ein Projekt, durch das wir ab 1981 den Außstoß in unserem Werk Toledo um 50% erhöhen können... Aller Voraussicht nach werden wir dann die Jahresproduktion an Jeeps von 1978 mit 170.000 auf über 350.000 Stück gesteigert haben – und das in drei Jahren.«

In Tippetts Augen waren diese Vorgänge »als einschneidende Veränderungen anzusehen, als kühne Antwort auf das, was draußen vor sich geht. Der Markt der Allradmodelle wird in den USA und Kanada 1979 eine Million übertreffen; vor ein paar Jahren noch bezifferte man ihn auf 200.000 Stück. Und wir stehen erst am Anfang. Wesentliche Änderungen im Lebensstil sind verantwortlich für diese Entwicklung, die deshalb wohl auch nicht so schnell wieder vorbeisein wird.«

Da er vor Pressevertretern eines der großen

CJ-5 Baujahr 1978 in offener Form (Foto: Sammlung des Autors)

1978er Modell CJ-5 mit Whitco-Verdeck (Foto: Sammlung des Autors)

Ein 1978er CJ-7 in der Golden-Eagle-Ausstattung (Foto: Sammlung des Autors)

Exportmärkte sprach, nutzte Tippett die Gelegenheit zu folgender Vorhersage: »Die gleichen Veränderungen stehen auf vielen überseeischen Märkten bevor. Wir müssen genügend Fahrzeuge bauen, um daraus Nutzen ziehen zu können. Die Jeep-Produktreihe ist weltweit am bekanntesten.«

American Motors' erster Quartalsbericht für 1979 fußte auf den Darstellungen Tippetts bezüglich Jeep-Verkäufen und Expansionsplänen und stellte fest: »Der Jeep-Absatz erreichte die Rekordzahl von 54.070 Einheiten gegenüber den 38.091 des Vorjahrszeitraums. Die Firma kann jetzt von der Rekord-Nachfrage nach den Jeep-Modellen profitieren. Das Hauptwerk in Toledo läuft schon monatelang an der Kapazitätsgrenze. Die Fabrik in Brampton hat erst vor sechs Monaten auf die Jeep-Montage umgestellt, läuft mit Überstunden und kann dennoch nicht die Nachfrage befriedigen. Daher werden wir in diesem Jahr ein drittes Werk in den USA hinzunehmen, indem wir in einem Teil der Fabrik in Kenosha (Wisconsin) die Jeep-Fertigung aufnehmen.«

Außer diesen Maßnahmen stand auch der Neubau einer Lackiererei in Toledo für 30 Millionen Dollar an, der Teil eines zweijährigen Expansionsprogramms war, aus dem bis Anfang 1981 eine 50%ige Kapazitätserhöhung resultieren sollte. Nach Fertigstellung sollte hier laut AMC »die modernste Autolackiertechnik der Welt« zur Verfügung stehen. Beispielsweise werden hier die Karosserien vor dem Grundieren elektrisch negativ aufgeladen, so daß die positiv geladenen Ionen des Rostschutzmediums von der entgegengesetzten Ladung des Blechs angezogen werden. Nachdem die Karosserie das Tauchbecken mit dem Primer verlassen hat, durchläuft sie eine Reinigungsdusche, um dann die Spritzgrundierung zu erhalten, der anschließend drei Lackiergänge folgen.

Das von AMC euphorisch gezeichnete Zukunftsbild machte deutlich, daß die Probleme, mit denen der Allradfahrzeugmarkt schon bald darauf konfrontiert werden sollte, fast aus heiterem Himmel kamen. Und doch war die Perspektive schon im Frühjahr

Das 150.000. Jeep-Fahrzeug des Jahres 1978, ein roter CJ-7 Renegade, wird hier von Ohios Gouverneur James A.Rhodes mit AMC-Präsident Gerald Meyers als Beifahrer in Toledo vom Band gefahren (Foto: AMC)

1979 nicht ganz so rosig wie es schien. Als schwierige Sache entpuppten sich jedenfalls die gesetzlichen Verbrauchsvorschriften, die vom CJ-Jeep 1979 maximale Werte von 14,9 l/100km verlangten.

Was das Erreichen dieser Verbrauchswerte wesentlich erschwerte, waren die verschärften Abgasnormen. Alle CJ und alle übrigen 1979er Jeep-Modelle waren, um diese zu erfüllen, mit Katalysatoren ausgerüstet und erforderten somit unverbleiten Kraftstoff. Einen Beitrag zur Verbrauchssenkung sollte das um etwa 36 kg reduzierte Gewicht leisten, das auf die Anwendung leichterer Rahmen- und Karosserieteile zurückging.

Serienmäßiger CJ-Motor war damals der 4,23-Liter-6-Zylinder mit Doppelvergaser. Er war, wie der Fünfliter-V8 (der ebenfalls einen Doppelvergaser besaß), auf Wunsch mit Viergangschaltgetriebe lieferbar, das inzwischen einen verbesserten Schaltdom und ein neues Schaltbild erhalten hatte. Keine Änderungen gab es bei der Achsübersetzung des CJ mit 3,54:1. Das bedeutete aber nicht, daß er auch die Fahrleistungen von 1978 behalten hätte, denn beide Motoren hatten an Leistung verloren. Vom V8 z. B. bekam man nur mehr 130 PS, 20 weniger als noch vor einem Jahr.

Renegade- und Golden-Eagle-Ausstattungspakete waren für 1979 überarbeitet, um – wie die Werbung sagte – »dem Käufer des CJ noch mehr Individualität innen wie außen« zu ermöglichen. Das Renegade-Paket enthielt ein neues Streifendesign für außen, mit unterschiedlichen Strichbreiten in drei Blau- bzw. Orangetönen mit goldfarbener Einfassung. Andere neue oder geänderte Details umfaßten Dinge wie das Styling der Räder oder die L78–15-Bereifung mit weißer Beschriftung.

Die Ausstattung »Golden Eagle« beinhaltete die meisten Elemente des Renegade, zusätzlich ein sandfarbenes Segeltuchdach (dieses Verdeck gab es für den CJ als Extra in schwarzem oder weißem Vinyl oder sandfarbenem oder blauem Segeltuch); ferner eine Uhr, volle Teppichauslegung und eben die nachgerade berühmten Stylingfolien auf der Haube

golden eagle
Jeep
Jeep

Renegade
Jeep
Jeep

Geschlossener 1979er CJ-5 Renegade (Foto: AMC)

und die Dekorationen an Karosserie, Grill und Radläufen.

Nur für diese »Adler«-Variante gab es auf Wunsch ein sandfarbenes Hardtop, aus Kunststoff gespritzt, mit bronzegefärbten Scheiben am Heck und an den hinteren Seiten. Für das Hardtop war auch ein Sonnendach lieferbar.

Alle CJ-Versionen bekamen 1979 ein neues weiches Verdeck aus einem Material mit Baumwoll-Polyester-Rücken, das, wie Jeep versprach, »...deutliche konstruktive Verbesserungen in bezug auf Paßsitz, Haltbarkeit und Dichtheit« bedeutete. Zur Wahl standen die Farben blau, schwarz, weiß und sandfarben.

Linke Seite:

Oben: 1979er CJ-5 mit dem Golden-Eagle-Paket (Foto: AMC)

Unten: Ein offener CJ-7 Renegade von 1979 (Foto: AMC)

Im AMC-Geschäftsjahr 1979 bedeutete der Absatz von 207.642 Wagen neuen Rekord (Vorjahr:180.667). Diese Zahl verriet freilich nichts über die Auswirkungen, die die wachsende Sorge um steigende Preise und Kraftstoffverfügbarkeit etwa ab Jahresmitte auf den Automarkt hatte. Zu diesem Zeitpunkt nämlich lag der Jeep-Verkauf im Großhandel noch bei 41% über dem vom Vorjahr (63.436 Stück gegenüber 44.944 in 1978). Drei Monate später war die Situation weniger rosig, und AMC berichtete: »Obgleich der Absatz von Jeep-Fahrzeugen insgesamt im letzten Quartal zurückging, haben sich die kleineren CJ gut halten können, und so werden die Jeep-Verkaufszahlen für das ganze Modelljahr deutlich über denen des Rekordjahrs 1978 liegen.« Für das Kalenderjahr (bis 31.Dezember) traf das freilich nicht zu; jetzt war der Rückgang auf 140.431 Stück (1978: 161.912) nur allzu deutlich.

Dennoch waren die CJ-Modelle gegenüber den Konkurrenten in der Hitparade immer noch auf Platz eins, wie diese Auflistung zeigt:

Marke/Modell	Verkauf im Kalenderjahr 1979 (Stück)
Jeep CJ	*74.878*
Dodge Ramcharger	*18.863*
Ford Bronco	*69.724*
Chevrolet Blazer / GMC Jimmy	*62.185*
International Harvester Scout / Traveler	*24.269*

In Erinnerung an die vor 25 Jahren, am 1.Mai 1954, vollzogene Fusion von Nash-Kelvinator Corporation und Hudson Motor Company zur AMC wurde im Mai 1979 eine Sonderausgabe des Pkw AMC Concord DL vorgestellt. Zur gleichen Zeit erschien eine limitierte Ausgabe CJ-5 »Silver Anniversary«, diese allerdings zum 25. Geburtstag des Modells CJ-5. Zu seiner Ausstattung gehörten eine Lackierung in Quecksilber-metallic, silbern getönte Renegade-Dekors, schwarzes Stoffverdeck, schwarze Einzelsitze mit silberfarbenem Dekor und eine Erinnerungsplakette am Instrumentenbrett.

Die Verschlechterung der Kraftstoffversorgung der USA machte es trotz allem zwingend nötig, deutliche Schritte zu unternehmen, um das Image des Jeep als sparsames Fahrzeug zu stützen. Den Eindruck, man habe alles gut im Griff, vermittelte ein Kommentar im Geschäftsbericht von 1979: »American Motors hat bewiesen, daß sie imstande ist, den Zusammenbruch von Märkten zu verkraften und flexibel zu reagieren. Auch die Herausforderungen des Jahres 1980 werden wir meistern.«

Einer der ganz konkreten Beweise dafür, daß AMC solche Äußerungen ernst meinte, war die Mitteilung, daß der 1980er CJ serienmäßig den »Hurricane«-Vierzylinder bekommen würde. Das war freilich ein schlecht gehütetes Geheimnis gewesen. Bereits im Mai 1978 hatte das Magazin *Motor Trend* den Lesern seines Testberichts über CJ-5 und CJ-7 enthüllt, daß AMC beschlossen habe, anstatt die CJ-Motoren schrumpfen zu lassen, ab 1980 Pontiac-Vierzylinder einzusetzen.

American Motors hatte bis dahin noch wenig Erfahrung mit 4-Zylindern. Von 1954 bis 1962 hatte man den importierten Metropolitan vertrieben, der anfangs einen modifizierten 42PS-Vierzylinder vom Austin A40 verwendet hatte. 1962 hatte die Firma sich mit dem luftgekühlten Leichtmetall-V4 »Mighty Mite« beschäftigt. Und natürlich war der Willys-F-Kopf Hurricane 1970, als man Jeep übernahm, noch für einige Zeit in Produktion geblieben.

Eine Zeitlang war zu vermuten gewesen, daß der 1980er CJ einen von AMC gebauten Vierzylinder haben würde. Die nach der ersten Energiekrise von der US-Regierung erlassene Verordnung, daß amerikanische Autos ab Mitte der 80er Jahre einen Marken-Durchschnittsverbrauch (CAFE) von maximal 8,55 l/100km erfüllen müßten, hatte AMC große Probleme bereitet. Obschon ihr 6-Zylinder schon einmal als 3,26-Liter gefertigt worden war, würde er gewiß nicht auf einen so niedrigen Benzinverbrauch kommen.

Anfang der 70er Jahre hatte man geglaubt, der Drehkolbenmotor werde eine Lösung für AMCs Problem bringen können. Der Pacer, mit dem man so viele Hoffnungen verbunden hatte, sollte in der Tat einen Rotationsmotor bekommen. Doch Schwierigkeiten mit Abgasemissionen, Haltbarkeit und auch dem Verbrauch machten dem Versuch ein Ende.

AMCs Dilemma damals hatte Gerald Meyers, seinerzeit im Vorstand der Firma, in *Motor Trend* vom Februar 1977 beschrieben: »Jeder, der einen neuen Motor vom leeren Blatt konstruiert, und sei er auch irgendwo abgezeichnet, braucht ein Minimum von fünf Jahren Entwicklungszeit. Die hatten wir aber nicht, und so gaben wir bald die Absicht auf, ein eigenes Triebwerk zu bauen.«

Stattdessen begann AMC, die vorhandenen Motoren Dritter auf ihre Eignung für den Einsatzzweck zu prüfen. Keines der AMC-Produkte und schon gar nicht die damaligen Jeeps waren als Leichtgewichte bekannt. Das hinderte AMC jedoch nicht daran, von Volkswagen eine Lizenz für den Nachbau des Golf-(Rabbit-)Motors zu erwerben. Er war schon in einigen frühen Plymouth Horizon und Dodge Omni verwendet worden, doch das waren weitaus leichtere Autos als AMC-Modelle wie der Gremlin, der bei 1270 kg Leergewicht lag.

Schließlich gelang es AMC, von der Firma Audi, die bereits zu VW gehörte, die Fertigungseinrichtungen für den Zweiliter-ohc-Motor zu erwerben, ein Triebwerk, das außer im Audi 100 auch im Porsche 924 eingesetzt wurde.

Alles in allem war dies für AMC eine größere Aktion, für die 60 Millionen Dollar hätten investiert werden müssen, unter anderem für die Umrüstung der 46.450 Quadratmeter großen Fabrik in Richmond (Indiana), wo der Motor ab Herbst 1976 hergestellt werden sollte. Obschon einige Gremlin-Exemplare mit diesem Motor ausgerüstet wurden, gab AMC es 1977 auf, ihn in den USA zu fertigen. Am Ende kaufte AMC von General Motors deren 2,5-Liter-Vierzylinder, den Pontiac fertigte, und verwendete ihn ab Modelljahr 1980 in AMC-Pkws und im Jeep CJ. American Motors teilte mit, diese Richtungsänderung erspare ihr Millionen von Dollar, die in die Fertigungsmittel hätten investiert werden müssen, und für die nun ein hochwertiger, sparsamer Motor für die Zukunft erworben werde.

Der Pontiac-Motor »Iron Duke« (eiserner Herzog) war 1962 aus dem 90 PS starken Chevy-II-Triebwerk hervorgegangen. In der Folgezeit wurde er für den

Das Laredo-Paket am 1980er CJ-7 (Foto: AMC)

Einbau in den Pontiac Sunbird ab 1978 adaptiert, nachdem der unglückliche Vega Aluminiummotor aus der Fertigung genommen worden war. So, wie es im CJ-5 und CJ-7 eingebaut wurde, hatte das Aggregat 2,47 Liter Hubraum aus 101,6 mm Bohrung und 76,2 mm Hub. Mit einem Registervergaser von Rochester, Verdichtung 8,2:1 und einer Hochenergiezündung leistete es 82 PS bei 4000/min und gab 170 Nm Drehmoment bei 2600/min ab. Sein Fertiggewicht betrug 145 kg. In allen CJ außer den für Kalifornien bestimmten erhielt der Motor das Pulsair Zusatzluftsystem anstelle einer Luftpumpe, wie sie zur FFB-Anlage (Fuel Feedback) der CJ-Wagen für Kalifornien gehörte. Pulsair machte sich das Pulsieren der Abgassäule zunutze, um zusätzliche Frischluft in die Auslaßkanäle einzublasen. Der CJ für Kalifornien besaß einen Dreiwege-Kat, alle übrigen einen Zweiwege-Kat.

Wie Paul Tippett in einem Interview in der Januar-Ausgabe 1980 des *Four Wheeler* erklärte, war das Wiedererscheinen des Vierzylinders im CJ »nicht nur ein Schritt zu größerer Sparsamkeit, sondern auch einer zum Ausfüllen einer Marktnische. Einen Blazer oder Bronco mit einem verbrauchsgünstigen und doch temperamentvollen Motor wie dem Vierzylinder bekommen Sie nicht zu kaufen, und daher wollen wir mit seiner Einführung die Konkurrenz ausschalten und dem Käufer etwas anbieten, was er dringend braucht.

Mit seinem neuen Vierzylinder wurde der Jeep CJ das erste konventionelle Allradfahrzeug mit einem Verbrauchswert, der besser als 20mpg (11,8 l/100km) lag. Der EPA-Verbrauch betrug 21mpg (11,2 l/100km), der Highway-Verbrauch 25mpg (9,4 l/100km). Auf der Straße erwies sich der Jeep als erstaunlich sparsam. Im Straßentest des Magazins *Pickup, Van & 4WD* vom April 1980 mit dem CJ-5 hieß es: »Der 1980er Testwagen wurde auf unserm Verbrauchskurs mit 20% City-/ 80% Freeway-Anteil gefahren. Am Ende einer rund 42km langen Fahrt verzeichnete das elektronische Meßgerät einen Verbrauch von 10,18 l/100km, ein überaus guter Wert für einen CJ. Verglichen mit dem CJ-5-Testergebnis vom vorigen Jahr (4,23-Liter-6-Zylinder, Dreiganggetriebe, Achse 3,54:1) und seinen 14,3 l/100km hat sich das 80er Modell im City/ Freeway-Test um 40% verbessert. Was für ein Wandel! Praktisch über Nacht hat sich der Kraftstoffverbrauch des CJ-5 von ›gerade noch‹ zum besten unter den amerikanischen Allradwagen gewendet.«

Beiträge zu diesem beachtlichen Vorsprung im

Verbrauch waren die nunmehr am CJ serienmäßigen, von Hand geschalteten Freilaufnaben an den Vorderrädern und ein neues 4-Gang-Schaltgetriebe Borg-Warner SR-4, ebenfalls Serienausrüstung für alle CJ. Hauptmerkmale des Getriebes waren das Gehäuse mit Kupplungsglocke und Schaltdom aus Leichtmetall und die Synchronisierung aller Vorwärtsgänge. Nicht mehr lieferbar war das früher erhältliche 4-Gang-Getriebe mit nicht synchronisiertem Kriechgang 6,32:1. Die Übersetzungen des neuen Getriebes lauteten 4,07 – 2,39 – 1,49 – 1,0:1.

Da die Achsübersetzung des CJ-Jeep mit Vierzylindermotor weiterhin 3,54:1 betrug, fürchteten manche der Allradfans, er könne einiges von seinen Geländefähigkeiten eingebüßt haben, die ja immer ein Markenzeichen des CJ waren. Doch diese Furcht war doppelt unbegründet: Einerseits wurde gleichzeitig ein neues Dana 300 Verteilergetriebe anstelle des Dana 20 eingesetzt, und sein langsamer Gang war deutlich kürzer übersetzt, nämlich 2,62 anstatt 2,03:1. Zum andern wurde der CJ nun wahlweise mit Achsübersetzung 4,09:1 angeboten, der in einer Gesamtübersetzung im 1.Gang bei langsamer Stufe im Verteilergetriebe von 43,59:1 resultierte. Und das war kaum mehr ein Unterschied zur langsamsten 1979er Gesamtübersetzung (Achse 3,54 und Reduzierstufe 2,03), die 45,38:1 betragen hatte. Überdies aber war nun der 1.Gang mit 4,07:1 auch im täglichen Betrieb verwendbar.

Für CJ-Jeeps mit dem 4,23-Liter-6-Zylinder oder 5-Liter-V8 verwendete man ein anderes Vollsynchron-Vierganggetriebe, das Tremac T–176, mit 3,52 – 2,27 – 1,46 – 1,0:1 in den vier Gängen. War die Serien-Achsübersetzung 1979 bei Einbau eines dieser beiden Motoren 3,54:1 gewesen, so war sie nun 3,07 (Sonderwunsch 3,54:1).

Als teuerstes Ausstattungspaket für den CJ fungierte jetzt das Sondermodell »Laredo« zum Mehrpreis von 1950 Dollar. Das gab es für CJ-5 und CJ-7 jeweils mit Stoffverdeck oder Hardtop. Es bestand aus verchromten Stahlfelgen 15 × 8″ mit ebensolchen Nabenkappen, neuen Goodyear-Gürtelreifen Wrangler 9R für Straße und Gelände, verchromten, schlichten Stoßfängern vorn und hinten, schwenkbarem Reserveradträger mit Chromhalterung und Schloß, verchromten Außenspiegeln, Dämmplatten an der Haube, Zierstreifen rundum in Silber- oder Blautönen, Bodenteppichen, Lenkrad und Beifahrerhandgriff mit Lederbezug, Chromgrill, Instrumententafel mit Zierstreifen, speziell bezogener, geschlossener Mittelkonsole und »Laredo«-Schriftzügen an Haube und Interieur.

Der CJ-7 in Laredo-Ausstattung hatte getönte hintere Seitenscheiben im Hardtop. Zum erstenmal im Jeep zu sehen und Standard beim Laredo waren Einzelsitze mit integrierter Kopfstütze in schwarz-

Links, oben und unten:

Front- und Heckansicht des 1980er CJ-5 Renegade (Foto: AMC)

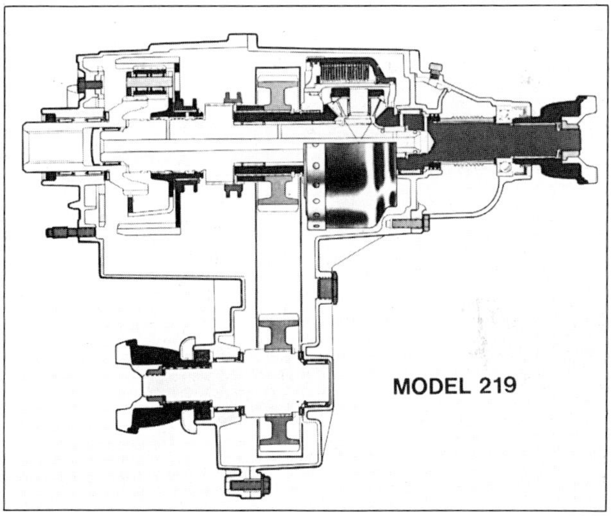

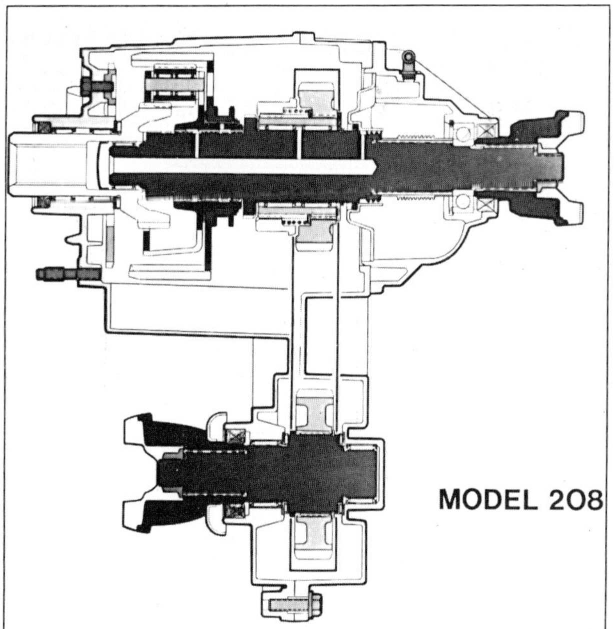

Zeichnungen, rechte Spalte:

1980 verwendete Jeep zwei verschiedene Verteilergetriebe, die Typen 219 und 208 (Bild: AMC)

Der Jeep Hurricane 2,5-Liter-Motor, eingeführt 1980 (Foto: AMC)

silber oder beige-braun. Dazu paßten die Rücksitze des Laredo-Pakets. Die Einzelsitze waren nun auch Bestandteil der Pakete Renegade und Golden Eagle, deren Preise 899 bzw. 1450 Dollar betrugen.

Das Sondermodell Renegade war für 1980 leicht überarbeitet worden und enthielt ein »Soft feel«-Sportlenkrad sowie die Farben orange-gold oder blau-gold für das typische Dekor.

Änderungen sowohl technischer als auch kosmetischer Art bewirkten, daß sich der CJ-7 nun von andern Modellen abhob. Die Technik war betroffen durch den Einbau der Chrysler TorqueFlite-Automatik anstelle der Turbo Hydra-Matic. Darüber gab es unterschiedliche Meinungen, denn Kritiker hielten den GM-Automaten für besser als das Chrysler-Produkt. Abgesehen von dieser Debatte hatte sich daraus ergeben, daß der CJ-7 mit Automatik nur in Verbindung mit »part time 4WD«, also bei Bedarf zuschaltbarem Vierradantrieb, erhältlich war.

Mit Ausnahme von klassikschwarz war die ganze Jeep-Farbskala neu für 1980. Unter den 13 neuen Farbtönen waren olympiaweiß, kameebraun, mittel-entenblau, dunkelgrün-metallic, dunkelbraun-metallic, bordeaux-metallic und sächsischgelb. Für Laredo und Golden Eagle nicht lieferbar waren die Farben mittel-entenblau, rauchgrau-metallic und kardinalrot. Erhältlich für den Golden Eagle, doch nicht für den Laredo waren dunkelgrün-metallic, karamel und rostbraun-metallic. Nicht für den Golden Eagle erhältlich war marineblau.

Zum erstenmal konnte man die Stoffverdeck-Version des CJ-7 mit Türen aus Stahlblech und Kurbelfenstern kaufen. Serienmäßig an allen CJ-7 war nun die schwenkbare Reserveradhalterung. Zuvor war

Rechte Seite:

Oben: CJ-5 Renegade von 1981 (Foto: AMC)

Unten: CJ-7 Laredo von 1981. Alle 1981er CJ-Jeeps besaßen als Serienmotoren den 2,5-Liter-Hurricane (Foto: AMC)

RENEGADE
19 MICHIGAN 81
JEEP81
GREAT LAKE STATE

LAREDO
Jeep
JEEP81

das Rad normalerweise im Innern untergebracht und nur auf Wunsch außen am Heck.

Hier wieder die Preise der CJ-Modelle und einiger ausgewählter Extras im Modelljahr 1980:

Modell	**Preis (US-$)**
CJ-5	*6195*
CJ-7	*6445*

Gegenstand	**Preis (US-$)**
Ausstattungspaket Renegade	*899*
Ausstattungspaket Golden Eagle	*1450*
Ausstattungspaket Laredo	*1950*
Drehzahlmesser und Rallyeuhr	*84*
Sperrdifferential	*90*
Bremskraftverstärker	*73*
Stabilisator vorn	*41*
Lenkungsdämpfer	*21*
Verstärkte Federn	*93*
stärkere Stoßdämpfer	*28*
4,23-Liter-Sechszylinder	*129*
5-Liter-V8	*383*
Getriebeautomatik	*33*
Hardtop (CJ-7)	*676*

American Motors' Topmanager Gerald Meyers und W.Paul Tippett zierten sich nicht, als sie die Lage der AMC im Jahre 1980 erläuterten. »Die Leistungen der AMC«, so hieß es in ihrem Jahresbericht 1980, »muß man vor dem Hintergrund einer sehr schwierigen Zeit in der Geschichte der US-Autoindustrie sehen. Hohes Zinsniveau, stark rückläufige Wirtschaft, steigende Benzinkosten, unangemessen scharfe gesetzliche Vorschriften und die Flut japanischer Importe waren Faktoren, die zu einem massiven Rückgang des industriellen Absatzes und zu Verlusten der US-Autoindustrie von mehr als 4 Milliarden Dollar beitrugen.«

Vorher, bei derselben Hauptversammlung, hatte sich Gerald Meyers mit der gleichen Direktheit geäußert: »Seit der großen Wirtschaftskrise ist die Weltwirtschaft nicht mehr in solche Turbulenz geraten wie jetzt. Zu keiner Zeit seit der Kuba-Krise war der Weltfrieden so in Gefahr wie heute. Die OPEC-Länder haben eine internationale Energiekrise heraufbeschworen, die nicht so bald vorübersein wird. Die Androhung von Liefersperren und Mondpreisen für Erdöl hat weltweit Schockwellen erzeugt. So beginnt das Jahrzehnt in einer Atmosphäre größter politischer und wirtschaftlicher Besorgnis.«

Gefangen zwar in diesem grenzenlosen Morast, schien es doch eine Zeitlang so, als könne AMC dem Schlimmsten entgehen. Im Verlauf des Jahres aber verlangsamte sich das anfangs gute Geschäft und schleppte sich dann nur noch dahin. Meyers und

Ein Safari-Verdeck wie hier im Bild war 1981 ein beliebtes Extra (Foto: AMC)

Elektrische Seilwinde, häufig für den Jeep CJ zugekauft (Foto: AMC)

Verschließbarer Kasten am Heck für das Verdeck der CJ-Modelle als Sonderwunsch (Foto: AMC)

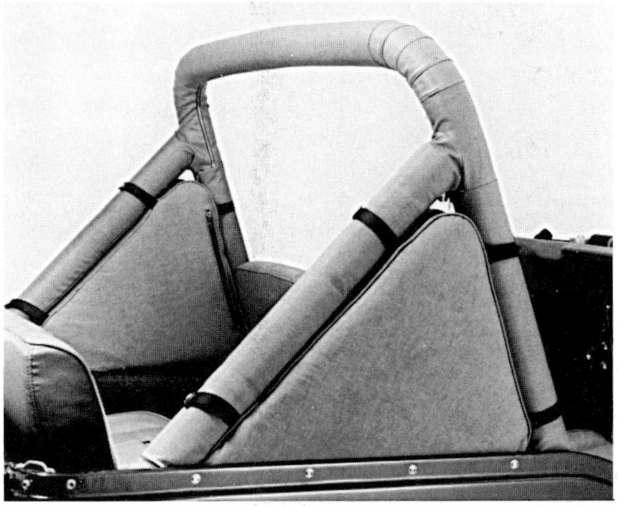

1981er Zubehör: Polsterung für den Überrollbügel und dreieckige Stautaschen (Foto: AMC)

Tippett erklärten: »Die negativen Einwirkungen von außen erwiesen sich als unüberwindbar. Die abnehmende Tendenz verschlimmerte sich für AMC infolge des stark geschrumpften Allrad-Marktes noch weiter.«

Der gesamte Jeep-Absatz im Kalenderjahr 1980 betrug nur mehr 77.852 Einheiten, ein Rückgang um volle 62.579 Autos. Beim CJ, wo man zwar erhebliche Einbußen registrierte, lief es dennoch glimpflicher ab als bei anderen Jeep-Modellen: 47.304 Fahrzeuge, »nur« 27.574 weniger als im Vorjahr.

Trotz dieser Entwicklung und des gewaltigen Verlustes von 197,5 Millionen Dollar (1979 hatte man noch den Rekordgewinn von 95,2 Millionen eingeschoben) gab es doch noch einige Glanzlichter. Die Einführung des Allrad-»Eagle« 1980 war sicher ein deutlicher Beweis dafür, daß AMC in einer Marktnische Fuß zu fassen vermochte, die ihre größeren Konkurrenten schlicht übersehen hatten.

Obschon der Jeep-Absatz stark gefallen war, stieg sein Anteil am Markt der Allradfahrzeuge 1980 auf 19,2%, und das zeigte, daß seine Beliebtheit anhaltender war als die mancher seiner Wettbewerber. Außerdem tat AMC einige sehr sichtbare Dinge dazu, das Qualitätsimage der Jeep-Produkte zu pflegen. Am deutlichsten wurde das durch die Errich-

Der 1982er CJ-7 Laredo (Foto: AMC)

RENEGADE
Jeep

Jeep

Jeep

Linke Seite:

Oben: Das funktionell wirkende Profil eines 1982er CJ-7 Renegade (Foto: AMC)

Mitte und unten: Der 1982 neu angebotene CJ-7 Limited von beiden Seiten (Foto: AMC)

Rechte Seite:

Oben: Ein 1982er CJ-5 Renegade mit gepolstertem Überrollbügel und Dreieckstaschen (Foto: AMC)

Unten: Derselbe CJ-5 mit geschlossenem Verdeck (Foto: AMC)

tung der »Final Inspection Acceptance« (FIA), eines Freigabe-Kontrollbandes in Toledo. »Das FIA-Band bedeutet noch mehr Qualitätssicherung in einer schon sehr umfangreichen Inspektion«, sagte AMC. »Jedes Jeep-Fahrzeug wird nach der letzten Kontrolle am Montageband über einen kurzen Straßen-Testkurs zum FIA-Band gefahren. Zusätzlich zum Straßentest werden dann die Fahrzeuge auf Undichtigkeiten geprüft und in mehr als 150 Punkten kontrolliert, bevor sie für die Auslieferung an die Händler freigegeben werden.«

Vielleicht das Wichtigste am FIA-Band war das

Schild »Jeep Quality – Come See For Yourself« (Schauen Sie sich's selber an!), das weithin sichtbar und selbst von der North Cove Avenue aus im Vorbeifahren lesbar war. Da diese Seite des Gebäudes eine riesige Glasfront bildete, bedeutete das Schild genau das, was draufstand.

Erhebliche Beachtung fand auch die Mitteilung, daß AMC am Konzept für eine komplett neue, sparsamere Jeep-Generation arbeite. Das Unternehmen betonte, dieses Projekt habe »absolute Vorfahrt«.

Vor diesem Hintergrund eines Werkes, das mit der größten Fertigungsumstellung in seiner Geschichte beschäftigt war, gingen die 1981er Jeeps in Serie. 1980 hatte AMC für den CJ den Titel gewählt »Die Legende geht weiter«; in diesem Jahr lautete das abgewandelte Motto: »Die Legende überlebt«. Das war nicht völlig unpassend, denn seit den Tagen des Willys MA-Jeep waren nun 40 Jahre vergangen, und selbst den CJ-5 gab es inzwischen seit 27 Jahren.

AMC erinnerte daran, daß es der CJ gewesen war, der nahezu im Alleingang die Industrie für Freizeitfahrzeuge in Gang gebracht hatte, und demonstrierte erneut, daß die betagte Konzeption, obschon im dritten Lebensjahrzehnt, immer noch für eine Überarbei-

Der 1983er CJ-7 Renegade (Foto: AMC)

tung gut sei. Denn selbst die größten Puristen unter den Jeep-Fans waren im Grunde scharf darauf, wieder einmal etwas Neues am Jeep zu finden. So vermerkte das Magazin *Four Wheeler* in einem Testbericht vom September 1981: »Im Lauf der Jahre hat der Jeep CJ das Image eines zähen, robusten Geländewagens erworben, und der gute Ruf ist Tradition geworden. 1981 ist nun diese Tradition etwas verschlissen wie die Sitzfläche eines alten Nadelstreifenanzugs: immer noch ganz gut, aber vielleicht an der Zeit, erneuert zu werden.«

Nachdem vom Verkehrsminister für Fahrzeuge mit Vierradantrieb ein Marken-Durchschnittsverbrauch (CAFE) von 14,25 l/100km vorgeschrieben worden war, war es fast unausweichlich, daß der Verbrauch des CJ 1981 gegenüber dem ohnehin guten Wert von 1980 noch weiter verbessert würde. Einen bedeutenden Beitrag dazu leistete der neue, leichtere 4,23-Liter-6-Zylinder, den wir im Cherokee-Kapitel behandeln werden.

Gleichermaßen wichtig war der Einbau eines Wandlers mit Überbrückungskupplung in die Chrysler TorqueFlite-Automatik, die es zusammen mit dem 6-Zylinder gab. Zum erstenmal war auch die Vierzy-

RENEGADE
Jeep

Den 1985er CJ-7 konnte man mit Stoffverdeck, Hardtop oder ganz ohne Oberteil bekommen (Foto: AMC)

lindervariante mit breit gespreizter Automatik lieferbar.

Neben einer geänderten Hinterachsübersetzung führte Jeep Änderungen am Radsatz des Viergang-Schaltgetriebes ein. Wie zu erwarten, war deren Hauptzweck, den Verbrauch ohne wesentliche Einbußen an der Fahrleistung zu verbessern. Trotz verringerter Zugkraft in den drei oberen Gängen blieb – zum Glück für alle, die sich um die Traktion im Gelände Sorgen machten – die Durchzugskraft im 1.Gang ungeschmälert.

CJs mit dem Sechszylinder bekamen jetzt eine Achsübersetzung 2,73 statt 3,07:1, und eine 3,73er Achse war Sonderwunsch. Der erste Gang war auf 4,07:1 verkürzt, also nicht mehr 3,5:1 wie 1980. Für CJs mit dem V8-Motor (für Kalifornien nicht lieferbar) hatte man im 1.Gang statt 3,52 die kürzere Übersetzung 3,82:1. Ihre Serienachse war, gleich mit welchem Getriebe, 2,73:1 gegenüber bisher 3,07:1, und auf Wunsch gab es eine mit 3,31:1. Während die Kraftübertragung der 4-Zylinder CJ unverändert blieb, war ihr Verbrauch mit 8,7 l/100km (Highway) und 10,7 l/100km (EPA-Durchschnitt) jetzt günstiger.

Außer diesen Änderungen wiesen die Modelle kleinere Verbesserungen auf mehreren Gebieten auf. So hatte man die gegen Aufpreis erhältliche Trittstufe länger gemacht, das Renegade-Paket bekam neue Dekors und beim CJ-7 mit Stoffverdeck und Blechtüren gab es ein zusätzliches Ausstellfenster.

Die 1981er Farbpalette umfaßte die Farbtöne kameebraun, altrot-metallic, klassikschwarz, herbstgold, mondscheinblau, stahlgrau-metallic, dunkelbraun-metallic, kastanienbraun-metallic, olympiaweiß, kupfer-metallic, orientrot, montanablau, sherwoodgrün-metallic und maronen-metallic.

1984 wurden die Jeep CJ-Modelle mit neuem 2,5-Liter-Motor angeboten. Hier im Bild ein CJ-7 (Foto: AMC)

Ein 1986er CJ-7 mit Laredo-Ausstattung und Hardtop (Foto: AMC)

1981 kosteten die CJ-Modelle deutlich mehr als 1980: der CJ-5 7240 und der CJ-7 7490 Dollar, jeweils 1045 Dollar über 1980er Stand. Und ähnlich war es bei den meisten Extras: Renegade-Paket statt 899 jetzt 945 Dollar, Laredo-Ausstattung statt 1950 nunmehr 2049 Dollar.

In seiner endgültigen Form von 1986 war der Jeep CJ-7 immer noch eine der bekanntesten Erscheinungen auf den Straßen der Welt (Foto: AMC)

In die entgegengesetzte Richtung liefen die Verkaufszahlen der Jeeps und speziell der CJ-Modelle. Da es die Zeit der »Preisschocks« war, werden die Verteuerungen beim Jeep wohl auch das Ihre getan haben. Nur 30.564 CJ, 16.740 weniger als 1980, wurden im Kalenderjahr abgesetzt. Das Bild wäre wohl noch schlimmer gewesen, hätte sich AMC nicht im April entschlossen, die Jeep-Preise um 10% zu senken.

Seinen Kommentar zu dieser Situation gab auf der Hauptversammlung 1981 AMC-Chairman Gerald Meyers: »Zum Schluß noch ein Wort zum Jeep-Absatz: AMC ist und bleibt der Marktführer in Allradfahrzeugen. Doch die Erholung dieses Sektors geht nach den großen Einbrüchen infolge Benzinknappheit und Preisschock sehr langsam voran. Aber auch hier kämpfen wir uns vorwärts. Kürzlich beschlossen wir eine 10%ige Reduktion bei den Jeep-Preisen, und wir erwarten davon eine deutliche Verbesserung der Lage.«

Insgesamt aber war trotz der von 77.852 auf 63.275 zurückgegangenen Jeep-Verkäufe der Anteil der

Jeep-Modelle am Vierradmarkt auf 21,2% gestiegen. Gleichfalls wichtig, obschon nur rückblickend erkennbar, war, daß 1981 der Tiefpunkt im Jeep-Absatz erreicht wurde. In den folgenden Jahren würde er erst zaghaft, dann rascher ansteigen. Die größte Ironie lag darin, daß dieser enorme Erfolg einige Jahre später zur Übernahme der AMC durch Chrysler (1987) führen sollte.

Von beachtlicher Bedeutung für die Firmenfinanzen war 1982 die Aufnahme eines neuen Ausstattungspakets für den CJ, des »Limited«. AMC hatte jahrelang gleichzeitig zwei ganz unterschiedliche Marktstrategien für den CJ angewandt, um seine Attraktivität zu heben. Auf der einen Ebene lag der traditionsreiche, »nackte« CJ-Jeep, nur mit dem Allernötigsten ausgestattet, ein Fahrzeug für Leute, die es ernst meinten und keinen Wert auf »Schnickschnack« legten. Diese Mentalität hatte die Ölkrise noch unterstützt, indem sie den Jeep zu seinen 4-Zylinder-Wurzeln zurückbrachte.

Eine freilich viel größere Gruppe schrie ständig nach mehr Extras und neuen Details, die AMC ihnen bieten mußte. Sie waren Allradfans, die das, was sie für »Geländesport« hielten, mit immer mehr Komfort kombiniert sehen wollten.

In einem Vergleichstest vom Februar 1982 zwischen dem CJ-7 mit Limited-Paket und einem Dodge Ramcharger meinte dazu das Magazin *Pickup, Van & 4WD* : »Seien wir ehrlich: Der CJ-7 wirkt selbst in seiner farbigsten Spitzenversion neben der mit üppigem Luxus vollgestopften Konkurrenz noch immer recht nackt, ja spartanisch – sogar mit Hardtop und massiven Türen.«

Dennoch versprach der Vertrieb in seiner Werbung, das Limited-Paket werde sich »dieser speziellen Sorte von Fahrern gut anpassen, die sich gehobenen Komfort und modisches Design für ihre sportlichen Aktivitäten auf guten und schlechten Straßen wünschen.«

Die Limited-Variante enthielt eine ganze Reihe Einzelpunkte: Auf dem Basis-CJ aufbauend, gab es Servolenkung, Bremskraftverstärker, UKW/MW-Radio mit zwei Lautsprechern; eine einfarbige Lakkierung mit farblich passenedem Hardtop und Kotflügellippen; spezielle zweifarbige Streifenmuster an Karosse und Grill; »Limited«-Plaketten außen; Chrom am Stoßfänger vorn und am »bumperette« hinten; kleine Trittbretter; schwarz lackierte Rahmen an Front- und Seitenscheiben; spezielle Duo-Außenspiegel; Stahlfelgen 15×7" mit blanken Zierringen; Dekor- und Komfortpakete; hochlehnige Einzelsitze vorn und Sitzbank hinten in schieferblauem oder muskatbraunem Stoff (muskatbraune Ledersitze gab es gegen Aufpreis); speziellen geräusch- und wärmedämmenden Teppichboden; Dekorteile für Radlauf, Heckklappe, Interieur und vordere Seitenteile; zusätzliche Fußmatten vorn; reflexionsarme Oberflächen an Mittelkonsole, Lenksäule, Gehäuse der Klimaanlage etc.; farblich passend bezogenen Überrollbügel; Sonderbezüge an Türtafel und im Kopfbereich; Innenbeleuchtung mit Türschaltern; Lederbezug für Lenkrad und Beifahrergriff; Zierteil für die Gürtellinie im Heckbereich.

Die Limited-Ausstattung des CJ-7 war in fünf Farbkombinationen für außen/innen erhältlich: Außenfarben nebelgrau-metallic, schieferblau-metallic, olympiaweiß – Interieur schieferblau; oder: außen kupfermetallic oder olympiaweiß – innen muskatbrauner Stoff oder Leder (Aufpreis).

Alle 1982er CJ-Versionen profitierten von einer verbreiterten Spur vorn und hinten mit folgenden Maßen:

	CJ-5 1981	**CJ-7 1981**	**CJ-5 1982**	**CJ-7 1982**
vorn	*1308 mm*	*1308 mm*	*1331 mm*	*1417 mm*
hinten	*1283 mm*	*1283 mm*	*1283 mm*	*1374 mm*

In Verbindung mit neuen Arriva-Reifen ergaben die größeren Spurweiten bessere Fahreigenschaften. Im Fall des Limited traf diese Änderung mit einem Ausstattungspaket zusammen, das für Puristen noch vor wenigen Jahren ein Sakrileg gewesen wäre: Das »Fahrkomfort-Paket« war eine Umschreibung für weichere Federn vorn und hinten und entsprechende Stoßdämpfer.

Da der Limited-Aufpreis jetzt 2895 Dollar betrug, war es inzwischen möglich, für einen Jeep mit ausgewählten Extras volle 12.000 Dollar auf den Tisch legen zu müssen, wie die folgende Übersicht zeigt:

Modell	**Preis (US-$)**
CJ-5	*7515*
CJ-7	*7765*
Gegenstand	**Preis (US-$)**
4,23-Liter-Sechszylinder	*145*
Fünfgangschaltgetriebe	*199*
Achsübersetzung 3,31:1	*33*
Verstärkte Federn	*103*
Servolenkung	*229*
Scheibenbremsen mit Bremskraftverstärker	*499*
Stärkere Batterie	*45*
Winterausstattung für kalte Länder	*115*
Renegade-Paket	*979*
Laredo-Paket	*2149*
Limited-Paket	*2895*

Die 1983er Modelländerungen waren nicht sehr umfangreich. Der 4,23-Liter-Motor war höher verdichtet, auf 9,2 statt bisher 8,6:1, und besaß nun

Klopfsensor und Kraftstoffrückführung. Serienmäßig erhielt der CJ-5 diesen 6-Zylinder anstelle des Vierzylinders, der 1982 noch Standard für alle CJ war.

Die CJ-Versionen wurden mit den gleichen »Paketen« angeboten wie 1982. Nur der Renegade hatte etwas geänderte Dekors, vor allem an den vorderen Seitenteilen.

Nachdem AMC 14 Monate in Folge Verluste gemacht hatte, konnte im vierten Quartal 1983 ein Gewinn von 7,4 Millionen Dollar ausgewiesen werden. Obschon man dies zur Hauptsache den bei AMC gebauten Renault Alliance und Encore sowie der Einführung des brandneuen Jeep Cherokee für 1984 zuschreiben mußte, trugen auch die CJ-Versionen mit 36.308 verkauften Einheiten zu dieser verbesserten Lage bei.

Insgesamt reichte der Jeep-Absatz wieder aus, um nicht nur alle vorübergehend entlassenen Mitarbeiter nach Toledo zurückholen zu können, sondern auch neue einzustellen. Dieser Umstand wurde durch die Nachricht unterstrichen, daß die Jeep-Produktion in Toledo 1983 höher war als in irgendeinem Jahr seit der 1970er Übernahme von Kaiser.

Das Erscheinen des neuen Cherokee ließ das Gerücht entstehen, die Tage des alten CJ seien nun gezählt. Ein harter Brocken für die langjährigen CJ-Fans, und obgleich AMC sich zu dieser Frage nicht offiziell äußerte, wurde immer deutlicher, daß es nur mehr eine Frage der Zeit sein könne, bis der letzte CJ das Band in Toledo verlassen würde. Außerdem deuteten die nur noch geringen Modelländerungen am 1984er CJ darauf hin, daß AMC Arbeit und Geld in anderes steckte als in irgendein größeres CJ-Projekt.

Zum Modelljahr 1984 wurde der CJ-5 aufgegeben, und man überließ es allein dem CJ-7, Jeep auf einem Marktsektor zu vertreten, auf dem er einst seine größten Verkaufserfolge erzielt hatte. Aufgegeben wurde auch die Ausstattungsversion Limited, während Renegade und Laredo weiter angeboten wurden. Da AMC das Styling des CJ-7 als »legendär« bezeichnet hatte, gab es für 1984 erwartungsgemäß keine formalen Änderungen.

Keine Überraschung war die Übernahme von AMCs neuem 2,5-Liter-Vierzylinder in die CJ-7-Serie. Den älteren 4,2-Liter-6-Zylinder bekam man auf Wunsch weiterhin. Wählen konnte man auch zwischen dem Serien-Viergang- und einem Fünfganggetriebe bzw. der Dreigangautomatik (letztere nur für den 6-Zylinder).

Den CJ-7 für 1985 beschrieb das Werk als »Hüter jahrzehntelanger Reputation der Jeep-Hersteller für die Fertigung eines der haltbarsten und verläßlichsten Allradfahrzeuge für Straße und Gelände«. Neu für 1985 waren die klapp- und schwenkbaren Rücksitze im CJ, die die festen Sitze ersetzten. Vorn hatte er serienmäßig die hochlehnigen Einzelsitze. Renegade- und Laredo-Paket enthielten neue Dekors für innen und außen. Für beide gemeinsam gab es wieder andere Streifen, drei neue Außen- und eine neue Innenfarbe (honiggelb statt muskat). Lackiert bekam man den 1985er CJ in vier Serienfarbtönen: olympiaweiß, mandelbraun, klassikschwarz und sebringrot. Gegen Aufpreis lieferbar waren die Metallicfarben sterling, eisblau, anthrazit, dunkel-honig, dunkelbraun und granat. Alle Sonderwunschfarben erhielten einen Klarlacküberzug.

»Zur Feier des 40. Geburtstags der Jeep-Idee«, sagte die AMC, »soll der CJ-7 1986 seine Gesamtkonzeption und seinen langjährigen Ruf als besonders robuster, langlebiger Allrad-Geländewagen wahren.« Mit andern Worten, auch 1986 gab es praktisch keine Neuerungen am CJ-7. Bei den Farbtönen änderte sich nichts, nur daß alle eine Klarlackschicht bekamen. Wie alle 1986er Jeep-Produkte, unterlag auch der CJ-7 den schon 1985 geltenden Garantiebedingungen, unter denen für 12 Monate bzw. 12.000 Meilen (19.200km) für das gesamte Fahrzeug mit Ausnahme der Bereifung gewährleistet wurde – plus einer dreijährigem Rostschutzgarantie. Hinzu kam eine doppelte Garantiedauer für die Baugruppen Motor und Kraftübertragung.

8. Kapitel

Die Frontlenker-Lkws

Gerade ein Jahr nach Einführung der Modelle CJ-6 und Dispatcher erweiterte Willys sein Verkaufsprogramm erneut und bot in rascher Folge zwei neue Lkws an: am 27.November 1956 den FC-150 und am 20.Mai 1957 den FC-170. Ein Blick auf diese Fahrzeuge erklärt, warum Willys sie als »Forward Control«-Modelle, also »Frontlenker«, bezeichnete. Anders als die bekannten Jeep Trucks in der herkömmlichen Bauweise mit langem Frontteil war bei den Frontlenkern das Fahrerhaus über dem Motor angeordnet. Damals war das für ein solches Fahrzeug ein ungewohntes, fast futuristisches Bild. Über diese Form des FC schrieb im Februar 1957 Bob Scolly in *Motor Trend* : »Wenn Willys' Designer den FC-150 Allrad-Jeep schon nicht mit einer Jet-Kanzel ausstatten durften, so können sie sich damit trösten, daß sie den ›Hubschrauber-Look‹ für Lastwagen eingeführt haben.«

Und dennoch war der FC nicht nur recht attraktiv, sondern auch klar als Jeep-Produkt erkennbar, und zwar durch einen Grill mit sieben senkrechten Einlaßschlitzen, der zusammen mit Scheinwerfern und Positionslampen von einer Sicke im Blech begrenzt wurde, die stark an die typische Frontpartie der CJ-Modelle erinnerte.

Die gesamte FC-Formgebung war einfach, sauber und funktionell. Die Jeep-Front vertrug sich ausgezeichnet mit der üppig verglasten Kabine. Die Panoramascheibe hatte eine Glasfläche von etwa 0,77 und das Rückfenster eine solche von 0,4 Quadratmetern. Hinzu kamen große Scheiben in den Seitentüren und bei den Luxusversionen auch feste Fenster im Eck hinter den Türen. Daraus ergab sich mehr Glasfläche (fast 1,8 Quadratmeter mit Luxuskabine) als bei irgendeinem Lkw in dieser Klasse. Willys attestierte dem »Safety View«-Fahrerhaus hohe Verkehrssicherheit und behauptete, die Sicht nach vorn sei nahezu 200% besser als bei konventionellen Nutzfahrzeugen: Der Fahrer konnte die Fahrbahn bis 1,80m vor dem Stoßfänger einsehen.

Die hinteren Kotflügel des FC waren eckig und entsprachen in ihrer Form denen der Jeep Trucks. Im Gegensatz zu den meisten US-Lkws jener Jahre, die noch ausgeprägte Vorderkotflügel besaßen, war beim FC nur noch eine Andeutung davon zu sehen, eine einfache Gummiwulst rund um den Radausschnitt.

Den Zutritt zum Fahrerhaus gewährte eine breite Tür, die erst beim Öffnen die Trittstufen sichtbar werden ließ. Das Interieur der Kabine paßte farblich zur Lackierung. Unmittelbar vor dem Fahrer befanden sich die zu einer Art Konsole zusammengefaßten Instrumente. Lichtschalter, Zünd-Anlaßschloß, Wischerschalter usf. waren gut erkennbar und bedienbar. Recht sinnvoll war die Anordnung des Nachfüllbehälters für die Öldruckbremse am Instrumentenbrett. Kupplungs- und Bremspedal waren hängend angebracht, wodurch mehr Fußraum verfügbar und die Pedale leichter zu betätigen waren, weil diese Bauweise günstigere Hebelübersetzungen zuließ.

Rasch abzunehmen war der Motordeckel, der Zugang zum Triebwerk mit allen zugehörigen Bauteilen bot. Durch eine dicke GFK-Isolation wurden Geräusch und Aufheizung im Fahrerhaus in Grenzen gehalten.

Das Zuschalten des Allradantriebs erfolgte über einen einzigen Hebel am Verteilergetriebe. Wie bei anderen Jeeps sorgte auch hier eine Sperre dafür, daß man den Kriechgang nur bei zugeschaltetem Vierradantrieb benutzen konnte. Damit sollten Schäden infolge plötzlicher Überlastung der Hinterachse vermieden werden. Dagegen konnte man bei normaler Straßenfahrt den Allradantrieb zuschalten, ohne erst anhalten zu müssen.

Mit dem serienmäßigen Dreiganggetriebe mit Knüppelschaltung hatte man sechs Vorwärts- und zwei Rückwärtsgänge zur Verfügung; das wahlweise angebotene Vierganggetriebe offerierte entsprechend acht Vorwärtsgänge.

Wie zu erwarten, war das Serien-Fahrerhaus spartanisch ausgestattet, besaß jedoch (manuelle) Scheibenwischer, verschließbare Türen, Ablagefach, Ascher, Sonnenblende links, Innenleuchte, Rückspiegel, verstellbaren Fahrersitz und »Plasti-Strand«-Sitzbezüge.

Die Deluxe-Version hatte zwei Sonnenblenden, Eckscheiben hinten, Dämmatten in den Türen und über der Frontscheibe, Sitzpolster in Schaumstoff, Zigarrenanzünder und zusätzliche Verkleidungen vorn.

Sonderausstattungen zum Aufpreis waren beim FC vor allem funktioneller Art, und nur einige dienten der »Kosmetik«. Extra für den FC entwickelt war ein neues Heizungs- und Belüftungssystem, das im Winter für rasches Aufheizen der großen Kabine sorgte. Lieferbar waren sodann Radio, Zweifarbenlackierung, Stoßfängerhörner, Blinkleuchten, eingefärbte (E-Z Eye) Frontscheibe, Scheibenwascher, Belüftungsklappe vorn (nur FC-170), Scheibenwischermotor, Gurte, Sitzbank für 3 Personen (nur FC-150), Bremskraftverstärker (nur FC-150), Ölbad-Luftfilter, Ölfilter, Getriebebremse (nur FC-170), »Powr-Lok« Sperrdifferential hinten (in diesem Fall war ein Messingschild mit dem Buchstaben »T« unter einem der Differentialdeckel angebracht), verstärkte Hinterachse, Federn und Dämpfer, Vierganggetriebe, Ventilator für heiße Zonen.

Beide FC-Versionen waren auch mit drei Zapfwellen vorn, Mitte und hinten erhältlich. Diejenige an der Hinterachse lieferte bis zu 40 PS Leistung für Arbeitsgeräte, die über Riemen oder Welle angetrieben wurden. Dazu bekam man eine Zugstange als Extra. Schließlich gab es als Sonderwunsch ab Werk verschiedene Reifengrößen und -typen sowie Drehzahlregler für feste und variable Drehzahlwahl.

Willys-Händler boten daneben ebenfalls Sonderausrüstung an, wie z. B. Seilwinden, Abtriebsriemenscheiben, Schneepflüge, Planierschilde und Abschleppkrane mit allem Zubehör. Ein Beispiel dafür war der »Watson Towboy« von der H.S.Watson Company in Toledo. Damit konnte man Fahrzeuge bis zu zwei Tonnen abschleppen; die Vorrichtung ließ sich in fünf Minuten vom Fahrzeug demontieren.

Beide FC-Versionen wurden nur mit Vierradantrieb angeboten. In ihren Außenabmessungen waren sie außerordentlich kompakt, was sich z. B. beim FC-150 in einem Wendekreisradius von rund 5,50m äußerte. Für den FC-170 war dieses Maß 6,70m. Der Radstand des FC-150 betrug 2057 mm, seine Gesamtlänge 3750 mm. In diesen engen Abmessungen aber hatte ein Kastenaufbau von 1885 mm Länge Platz. Damit hatte der kompakte FC-150 mehr Ladefläche pro Zentimeter Radstand als irgendein Konkurrent in seiner Klasse. Außerdem war seine Ladehöhe mit nur 610 mm die niedrigste aller seinerzeit erhältlichen Allradfahrzeuge mit Kastenaufbau. Sein einziges Manko waren dabei wohl die von vorn bis hinten durchgezogenen Radläufe am Kastenboden, die die Ladeflächenbreite auf 914 mm beschränkten.

Der Motor des FC-150 war der wohlbekannte »Hurricane«-Vierzylinder mit F-Kopf und 2,2 Liter Hubraum. Er leistete 75 PS bei 4000/min und hatte ein Drehmoment von 156 Nm bei 2000/min. Serienmäßig 6,9:1 verdichtet, konnte man ihn auf Wunsch auch mit 7,4:1 erhalten.

Im FC-170 dagegen saß der größere 3,7-Liter-6-Zylinder »High-Torque Hurricane« mit L-Kopf, der 105 PS Leistung und 258 Nm Drehmoment anzubieten hatte. Beide Lkws hatten Einscheiben-Trockenkupplungen, wobei die Reibfläche beim FC-150 465 und beim FC-170 648cm² betrug.

Neben den genannten Daten gab es noch eine Reihe weiterer Unterschiede zwischen FC-150 und FC-170, wie folgende Auflistung zeigt:

	FC-150	**FC-170**
Radstand	*2057 mm*	*2630 mm*
Spurweite	*1229 mm*	*1613 mm*
Gesamtlänge	*3750 mm*	*4585 mm*
Gesamtbreite	*1813 mm*	*1943 mm*
Gesamthöhe	*1965 mm*	*2016 mm*
Tankinhalt	*60 l*	*83 l*
Kühlwassermenge	*12,5 l*	*13,6 l *)*
Felgengröße	*4.50×15″*	*5.00×16″*
Reifengröße	*7.00×15, 4 Lagen*	*7.00×16, 6 Lagen*
Rahmenquerträger	*6*	*7*
Serien-Achsübersetzung	*5,38:1*	*4,88:1*
Gewichte	*siehe nächste Übersicht*	

**) einschl. Heizungssystem; Ausführung ohne Heizung: Wassermenge wie FC-150.*

Jedes der beiden FC-Modelle wurde in mehreren Formen angeboten: als Pick-up; mit hochbordiger Pritsche; mit Plattform; als nacktes Chassis ohne Fahrerhaus; als Chassis mit Stirnwand und Frontscheibe; als Chassis mit Fahrerhaus. Damit bestanden alle Möglichkeiten, Spezialaufbauten zu montieren. Zusätzlich gab es den FC-170 auch mit Zwillingsreifen hinten. Die Hauptvarianten wogen fahrfertig mit Wasser, Öl und Kraftstoff (Leergewichte um ca.72 kg weniger):

Lieferform	**FC-150**	**FC-170**	**FC-170 zwillingsbereift**
Pick-up	*1423 kg*	*1581 kg*	----
Pritsche	*1465 kg*	*1687 kg*	*2149 kg*
Plattform	*1414 kg*	*1605 kg*	*2009 kg*
Chassis m.Fahrerhaus	*1307 kg*	*1386 kg*	*1685 kg*

Beide Modelle hatten vorn und hinten Starrachsen; die Tragfähigkeit von Vorder- bzw. Hinterachse war beim FC-170 1675 bzw. 2040 kg, beim FC-150 betrug sie 1040 bzw. 1360 kg. Beide Lkws besaßen die gleiche Bremsanlage, nämlich hydraulische Bendix-Trommelbremsen von 280 mmØ und 50 mm Breite.

Rechte Seite:
Oben: Ein FC-150 mit einem Spezialaufbau für medizinische Betreuung (Foto: Medical Coaches, Inc., Oneonta, NY)

Unten: Etwa von 1960 ist dieser FC-150, der als Hilfsfahrzeug für Ceylon ausgerüstet wurde (Foto: Medical Coaches, Inc.)

UNIT Nº 1
A GIFT TO
THE PEOPLE OF CEYLON
FROM THE PEOPLE OF
THE UNITED STATES OF AMERICA

Frontlenker FC-170 mit hohem Sonderaufbau für Indien (Foto: Medical Coaches, Inc.)

Die Gesamtbremsfläche war damit 1150 Quadratzentimeter.

Als Achstriebe verwendete man Hotchkiss-Hypoidkegeltriebe. Der FC-170 hatte 6-Lagen-Blattfedern der Abmessungen 1168 mm × 64 mm vorn und 1320 mm × 64 mm hinten; der FC-150 dagegen wies vorn 7-Lagen-Federn mit den Maßen 1005 mm × 45 mm auf und hinten 9-Lagen-Federn von 1168 mm × 45 mm. Die maximale Zuladung der beiden Modelle entsprach den oben angegebenen Achslasten.

Das Verteilergetriebe der FC-Modelle hatte einen direkten Durchtrieb (1:1) und eine Reduzierstufe mit 2,46:1. Ihr serienmäßiges Dreiganggetriebe war 2,799 – 1,441 – 1,000:1 übersetzt.

Wie aus folgendem Vergleich hervorgeht, lagen die FC-Frontlenker (zumindest der FC-150) mit ihren Preisen nahe bei denen der Willys-Lkw-Serie L6–226:

Lieferform/Preis (US-$)	L6–226	FC-150	FC-170
Chassis m.Fahrerhaus	*2079*	*2044*	*2396*
Pick-up	*2190*	*2140*	*2508*
Pritsche	*2267*	*2223*	*2678*

Wenngleich das äußere Bild der Frontlenker während ihrer Produktionsdauer praktisch unverändert blieb, wurden doch im Rahmen der Modellpflege viele Modifikationen und Verbesserungen eingeführt. Beginnend mit Fahrgestellnummer 65548–18206 vom Sommer 1961 erhielt der FC-150 eine größere Spur von 1448 mm. Vor dieser Änderung hatte man die letzten Exemplare mit 1229 mm Spurweite mit einer zwischen den Federgehängen beider Seiten eingeschweißten Querverbindung versehen, um das Fahrwerk zu stabilisieren und das häufig beanstandete Flattern der Vorderräder zu beheben. Mit Einführung der breiteren Spur wurde die Bauhöhe des FC-150 auf 1981 mm vergrößert, wobei er an Bodenfreiheit gewann (von 203 auf 216 mm). Außerdem stieg das Leergewicht des FC-150 um durchschnittlich 60 kg.

Ab Motornummer FW6L-226–141158 erhielt der 6-Zylinder des FC-170 gehärtete Sitzringe für die Auslaßventile; ab Motornummer FW6L-226–15478 hatte er eine neue Morse-Steuerkette und Kettenräder anstelle des Gliederriemens erhalten. Einzelne Teile des Steuertriebs waren zwar nicht austauschbar, aber man konnte ältere Motoren mit einem Bausatz nachrüsten, der aus den Kettenrädern für Kurbel- und Nockenwelle plus Morse-Kette bestand.

Alle FC-170-Motoren verwendeten einen Vergaser Carter YF-2467-S, während am FC-150 verschiedene andere Typen zu finden waren: bis Anfang 1962 (bis Fgst.-Nr. 65548–18842) ein Carter YF-938-SA; von da bis Fgst.Nr. 65548–22077 ein YF-938-SD; von nun an bis zum Auslauf der Produktion ein YF-938–1SO. Diese Vergaser hatten alle die gleiche Grundkonstruktion, doch die beiden ersten Typen neigten zum Stottern des Motors im unteren Drehzahlbereich und zu schlechter Gasannahme.

Der FC-170 besaß anfangs einen Vierflügel-Ventilator, der später durch einen mit 6 Flügeln ersetzt wurde, als der Lufteinlaß für das Kühlsystem geändert wurde.

Während des Kalenderjahrs 1958 führte Willys für alle Modelle eine 12-Volt-Anlage ein. Für den Export und auf Sonderwunsch auch für das Inland blieb die 6-Volt-Anlage erhältlich.

Vordere und hintere Federn am FC-150 waren mit U-förmigen Federbügeln und mit Herzbolzenbüchsen mit Gewinde ausgerüstet. Ab Fgst.Nr. 14961 gab es stattdessen die herkömmlichen Briden und Stahl-Gummi-Büchsen.

Die Produktion der Frontlenker lief 1966 aus. Jahre zuvor, 1958, kurz nach Einführung der FC-Serie, hatte Willys' Konstrukteur Brooks Stevens nach eigenen Angaben bei Reutter in Stuttgart drei Prototypen eines Pendlerbusses auf FC-150-Fahrwerk anfertigen lassen. Rückblickend mußte Stevens einräumen: »Vermutlich kamen wir zu früh mit dieser Idee, aber wir hätten damals vielleicht eine neue Modewelle einführen können: den Kleinbus für junge Amerikaner.«

Der Kleinbus sollte sechs Türen und Sitzplätze für neun Personen haben. Um die Fertigungskosten niedrig zu halten, wollte Stevens die Türen beider Seiten identisch und auswechselbar machen.

FC-150 »Medicoach Mobile« beim Ausladen in Istanbul Anfang der 60er Jahre (Foto: Medical Coaches, Inc.)

Details der Frontlenker FC: fast senkrecht stehende Lenksäule (Foto: Sammlung des Autors)

Die breite Heckscheibe mit 4050 Quadratzentimeter Glasfläche (Foto: Sammlung des Autors)

Die 7740 Quadratzentimeter große Windschutzscheibe (Foto: Sammlung des Autors)

Das Fahrwerk des FC-150 (Foto: Sammlung des Autors)

Der Kasten des FC-150 mit seiner ungewöhnlichen Form (Foto: Sammlung des Autors)

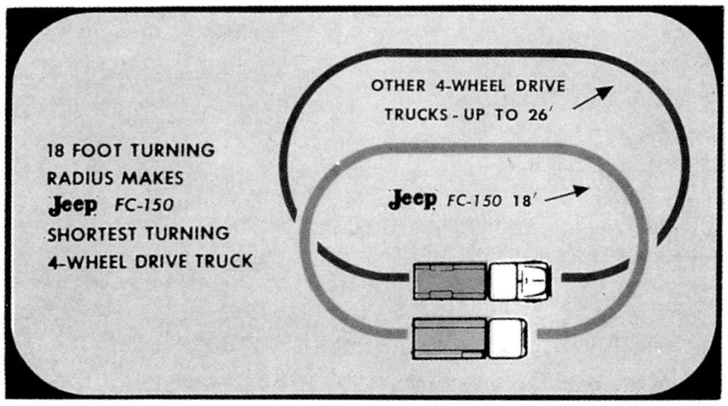

Eindrucksvolle Darstellung des kleinen Wendekreises beim FC-150 (Bild: Sammlung des Autors)

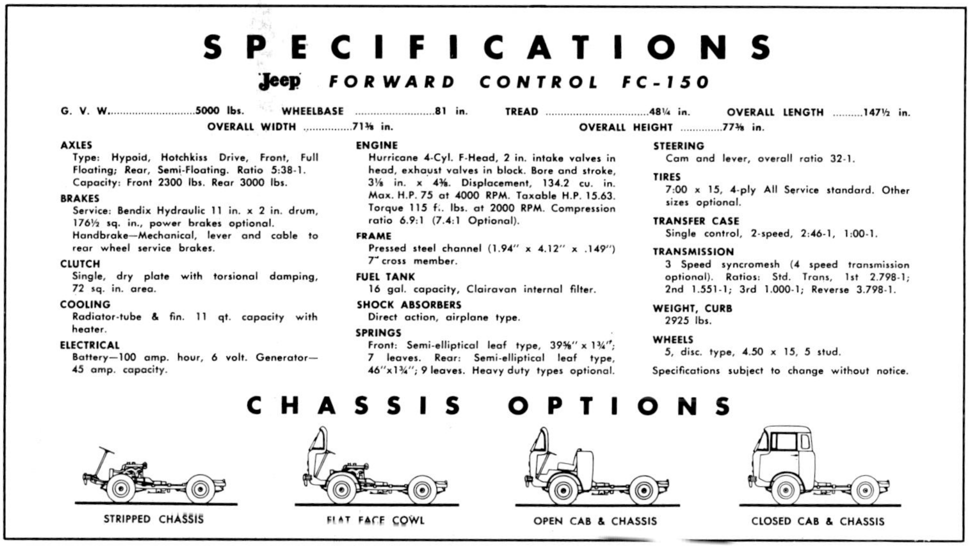

SPECIFICATIONS

'Jeep' FORWARD CONTROL FC-150

G. V. W. ....5000 lbs. WHEELBASE ....81 in. TREAD ....48¼ in. OVERALL LENGTH ....147½ in.
OVERALL WIDTH ....71⅜ in. OVERALL HEIGHT ....77⅜ in.

AXLES
Type: Hypoid, Hotchkiss Drive, Front, Full Floating; Rear, Semi-Floating. Ratio 5:38-1. Capacity: Front 2300 lbs. Rear 3000 lbs.

BRAKES
Service: Bendix Hydraulic 11 in. x 2 in. drum, 176½ sq. in., power brakes optional. Handbrake—Mechanical, lever and cable to rear wheel service brakes.

CLUTCH
Single, dry plate with torsional damping, 72 sq. in. area.

COOLING
Radiator-tube & fin. 11 qt. capacity with heater.

ELECTRICAL
Battery—100 amp. hour, 6 volt. Generator—45 amp. capacity.

ENGINE
Hurricane 4-Cyl. F-Head, 2 in. intake valves in head, exhaust valves in block. Bore and stroke, 3⅛ in. x 4⅜. Displacement, 134.2 cu. in. Max. H.P. 75 at 4000 RPM. Taxable H.P. 15.63. Torque 115 f:. lbs. at 2000 RPM. Compression ratio 6.9:1 (7.4:1 Optional).

FRAME
Pressed steel channel (1.94" x 4.12" x .149") 7" cross member.

FUEL TANK
16 gal. capacity, Clairavan internal filter.

SHOCK ABSORBERS
Direct action, airplane type.

SPRINGS
Front: Semi-elliptical leaf type, 39⅝" x 1¾"; 7 leaves. Rear: Semi-elliptical leaf type, 46"x1¾"; 9 leaves. Heavy duty types optional.

STEERING
Cam and lever, overall ratio 32-1.

TIRES
7:00 x 15, 4-ply All Service standard. Other sizes optional.

TRANSFER CASE
Single control, 2-speed, 2:46-1, 1:00-1.

TRANSMISSION
3 Speed syncromesh (4 speed transmission optional). Ratios: Std. Trans, 1st 2.798-1; 2nd 1.551-1; 3rd 1.000-1; Reverse 3.798-1.

WEIGHT, CURB
2925 lbs.

WHEELS
5, disc. type, 4.50 x 15, 5 stud.

Specifications subject to change without notice.

CHASSIS OPTIONS

STRIPPED CHASSIS — FLAT FACE COWL — OPEN CAB & CHASSIS — CLOSED CAB & CHASSIS

Fahrwerksvarianten für den FC-150 (Bild: Sammlung des Autors)

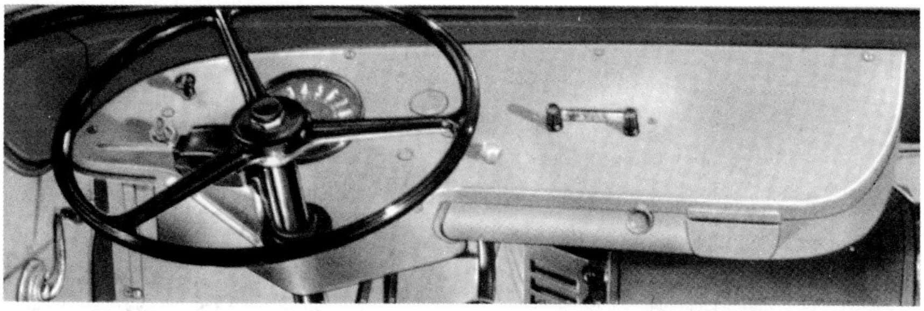

Einfaches, aber funktionelles Instumentenbrett (Foto: Sammlung des Autors)

Das ungewöhnlich große Sichtfeld nach vorn (Bild: Sammlung des Autors)

'Jeep'
FORWARD CO
The all NEW 4-Wheel
TURNPIKE PERFORMANCE Plus O

NEW

SAFETY
COMFORT
and
CONVENIENCE

GREATER

CARGO AREA
per inch of
WHEELBASE

GREATER

"GO-ANYWHERE"

PERFORMANCE

Anzeige für den FC-150 in besonders auffallender Aufmachung (Bild: Sammlung des Autors)

Der FC-170 mit 2629 mm Radstand (Bild: Sammlung des Autors)

Anzeigen Seite 180/181

Zwei Ansichten des FC-170 mit Hauptdaten und Abmessungen des Fahrwerks (Bild: Sammlung des Autors)

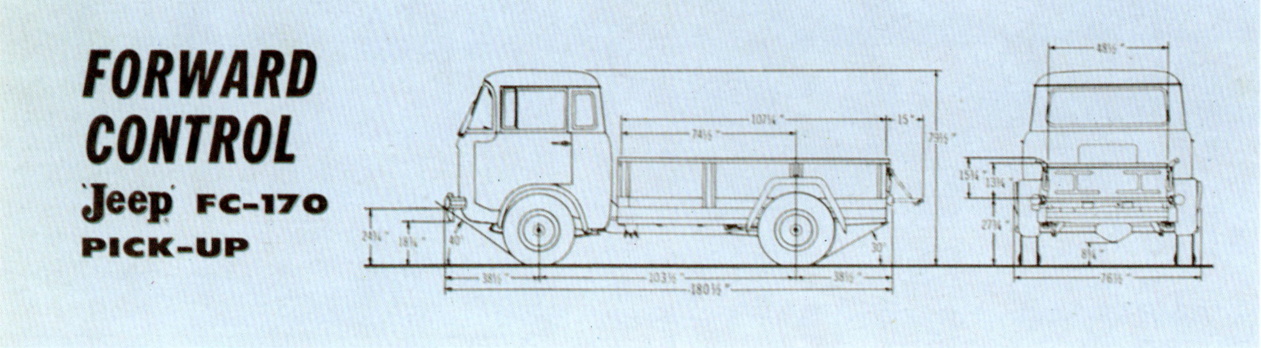

SPECIFICATIONS

FORWARD CONTROL Jeep FC-170

G. V. W. ....7000 lbs. **WHEELBASE**..........103½ in. **TREAD**................63½ in. **OVERALL LENGTH**....180½ in.
OVERALL WIDTH......76½ in. **OVERALL HEIGHT**.....79⅜ in.

AXLES
Type: Hypoid, Hotchkiss Drive, Front, Full Floating; Rear, Semi-Floating. Ratio 4.88-1. Capacity: Front 3700 lbs. Rear 4500 lbs.

BRAKES
Service: Bendix Hydraulic 11 in. x 2 in. drum, 176½ sq. in.
Handbrake—Mechanical, lever and cable to rear wheel service brakes. (Drive shaft brake optional.)

CLUTCH
Single, dry plate with torsional damping, 100.5 sq. in. area.

COOLING
Radiator-Tube & fin. 11½ qt. capacity with heater.

ELECTRICAL
Battery—100 amp. hour, 6 volt. Generator 45 amp. capacity.

ENGINE
High-Torque Hurricane—6 cyl. L-head. Bore and stroke 3-5/16 in. x 4-3/8 in. Displacement 226.2 cu. in. Max. H.P., 105 at 3600 RPM. Taxable H.P., 26.33. Torque 190 ft. lbs. at 1400 RPM. Compression ratio, 6.86:1 (7.3:1 optional).

FRAME
Pressed steel channel. Section Modulus 2.581. 6 cross member.

FUEL TANK
22 gal. capacity. Clairavan internal filter.

SHOCK ABSORBERS
Direct action, airplane type.

SPRINGS
Front: Semi-elliptical leaf type, 46 x 2½"; 6 leaves. Rear: Semi-elliptical leaf type, 52" x 2½"; 6 leaves.

STEERING
Cam and lever, overall ratio 32-1.

TIRES
7:00 x 16 6-ply All Service standard. Other sizes optional.

TRANSFER CASE
Single control, 2-speed, 2:46-1, 1:00-1.

TRANSMISSION
3 speed syncromesh (4 speed transmission optional). Ratios: Std. Trans. 1st 2.798-1; 2nd 1.551-1; 3rd 1.000-1; Reverse 3.798-1.

WEIGHT, CURB
3490 lbs.

WHEELS
5, disc. type, 5.00 x 16, 5 stud.

Specifications subject to change without notice.

CHASSIS OPTIONS

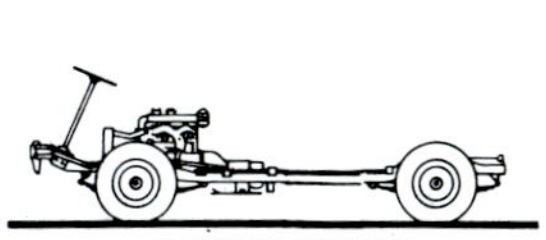
STRIPPED CHASSIS

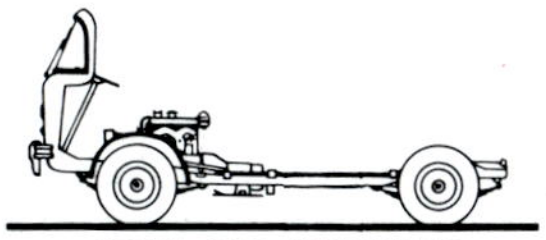
COWL AND WINDSHIELD

CLOSED CAB & CHASSIS

FORWARD CONTROL

Jeep FC-170 PLATFORM STAKE

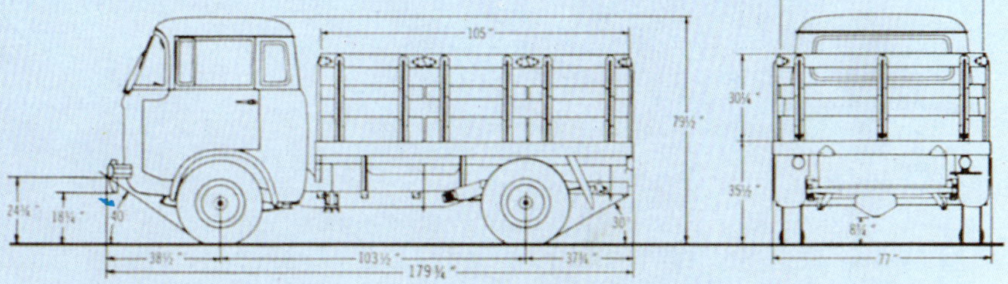

9. Kapitel

Der Jeep Jeepster/Commando: 1967–1973

Sechzehn Jahre nachdem die Kaiser Jeep Corporation ihren ersten Jeepster aufgegeben hatte, beschloß sie, daß die Zeit reif sei für ein weiteres Fahrzeug mit starker Familienähnlichkeit zum Jeep, das aber für einen etwas anderen Markt bestimmt war. Obschon der neue Wagen den Namen Jeepster noch einmal ins Leben rief, erinnerte nur weniges an seiner Konzeption wirklich an den gleichnamigen Vorfahr.

1948 hatte Willys ein Phaeton mit 2WD angeboten, das nichts für Querfeldeinfahrten war. Das Werk hatte die an sich richtige Vorstellung, man müsse irgendwie eine Verbindung herstellen zwischen den Fähigkeiten des Jeep als reinem Gebrauchsfahrzeug und einer Sorte Autos, die von bestimmten Leuten vor allem zum Spaß gekauft wurden. Gemessen an seinem Verkaufserfolg aber hatte Willys beim ersten Jeepster offenbar nicht das richtige Rezept gefunden.

Doch das sollte man der Firma nicht anlasten. Ein Blick auf den damals sehr gefragten MG-Sportwagen schien zu bekräftigen, daß auch der Jeepster vielen Leuten hätte gefallen müssen. Beide Modelle hatten wohlbekannte, typische Formen, an denen man sie sofort erkannte, und wenngleich der Willys nicht gerade ein Sprinter war – der MG TC war es ebensowenig. Natürlich lag der MG sehr tief und war kurvenstabil, aber der Willys machte auf seine Art auch echten Fahrspaß. Die Tatsache, daß der MG in vielerlei Hinsicht veraltet war, tat seiner Beliebtheit in den USA keinen Abbruch. Der Jeepster mit seinem »klassischen« Styling war da in guter Gesellschaft. Selbst GM-Stylingchef Harley Earl begeisterte sich für das Jeepster-Konzept und machte es zur Basis für die spätere Corvette.

1967 war die Situation deutlicher konturiert. Der zivile Jeep war weit über seine ursprüngliche Rolle als Farmgerät und Nutzfahrzeug hinausgewachsen und war Amerikas führendes Freizeitauto geworden. Und seine Popularität ließ vermuten, daß dieser Markt weit umfangreicher sein müsse als je gedacht. Das war für Willys eine gute Gelegenheit, die Jeepster-Idee wieder aufleben zu lassen.

Der Jeepster der neuen Generation debütierte im Januar 1967 und war dem früheren Modell so ähnlich, daß manch einer ihn zuerst für einen gut restaurierten Oldtimer hielt. Das aber war allenfalls der erste Eindruck. Im Jeepster erkannte man zweifellos den Jeep wieder, doch seine Designer hatten ihm auch genügend Eigenständigkeit gegeben, um ihn von anderen Jeep-Modellen deutlich abzusetzen. Vorn trug er das Gesicht des CJ mit den sieben vertikalen Schlitzen und den Scheinwerfern, die sich ein wenig in die beiden äußeren Grillstäbe hereindrängten. Wie stets seit den Tagen des MA-Jeeps waren die Kotflügel einfach und kantig geformt.

Und doch gab es etwas, das nicht ganz in das gewohnte Bild eines Jeep passen wollte. Beim zweiten Hinsehen wurde es klar: Die Motorhaube war fast so breit wie das Auto, und die Parklichter saßen weiter außen, neben und nicht unter den Scheinwerfern.

Lackiert war der neue Jeepster in tannengrün, präsidentrot, empireblau, goldbeige, gletscherweiß oder präriegold. Jede dieser Farben brachte seine eigenwillige Linie gut zur Geltung. Sein Radstand betrug 2565 mm, seine Außenabmessungen 1656 mm (Breite) × 1631 mm (Höhe) × 4277 mm (Länge).

In den 60er Jahren dominierten lange Motorhauben und kurze Heckpartien das amerikanische Styling, und das beachtete man auch bei der Gestaltung des Jeepsters. Sein Heck war kurz geschnitten und endete abrupt in einem steil abfallenden Abschlußblech, an dem die rechteckigen Rückleuchten links und rechts den vertieften Mittelteil säumten. Sicher nicht der damaligen Mode entsprach das nach »kontinentalem Stil« am Heck montierte Reserverad, durch das der Jeepster deutlich länger geworden und zu dessen Schutz der Stoßfänger örtlich nach hinten herausgezogen war.

Dieses antiquierte Stylingelement verdeutlichte besonders, was passiert, wenn man »klassisches« Sportwagendesign mit Charakterzügen des groben, aber durchaus fertigen CJ-Jeeps kombinieren will. Das Ergebnis war auf seine Weise amüsant. So standen die Türscharniere in einer Art hervor, die der Käufer nur bei einem Jeep-Produkt gutheißen konnte, und die Haubenbeschläge hätten unverändert zu Hause an den Stalltüren sitzen können. Dann waren da die auf Wunsch erhältlichen Radzierblenden, die den Eindruck teurer Speichenräder und Rudge-Naben mit dem billiger Radschrauben vermengten. »Als kämen sie direkt vom Dragster« war Willys' Werbespruch zu diesen Blenden.

Sein Serienpreis von 3195 Dollar brachte dem Jeepster vollends das Nachsehen gegenüber Autos wie Camaro und Mustang, die als 6-Zylinder-Cabrios schon ab 2704 bzw. 2698 Dollar zu haben waren. Gewiß, das hieß Äpfel mit Birnen vergleichen, weil der Jeepster mit ihnen nicht direkt konkurrierte. Dennoch bildeten sich manche Händler ein, der Jeepster sei ein Auto, das der Konkurrenz den einen oder anderen Kunden wegnehmen könnte. Ein Jeep-Händler im Mittelwesten äußerte sich in der Ausgabe vom 15.Januar 1967 des Magazins *Sales Management*: »Wir glauben, wir können ihn Leuten verkaufen, die sich einen Mustang wünschen, aber angeln oder jagen gehen und dabei querfeldein fahren wollen.« Ein anderer Jeep-Händler im Osten der USA meinte: »Zum erstenmal haben wir etwas für junge Leute in derselben Preisklasse wie der Mustang. Es sollte mich nicht wundern, wenn ihn eine Menge Studenten kaufen würden.« Zweifellos war das auch der Grund für die doppelseitige Anzeige, die Kaiser-Jeep im *Playboy* zum Erscheinen des Jeepster brachte.

Doch die Verbindung von hohem Preis und begrenztem praktischen Nutzen bremste den Absatz des Wagens. So konnte ein mit vielen Extras ausgestatteter Jeepster über 4000 Dollar kosten. Und manch einer, der das 1967 tatsächlich zahlte, stellte enttäuscht fest, daß das Auto bei offenem Verdeck absolut keinen Kofferraum für das Gepäck seiner vier Insassen anzubieten hatte. Bei geschlossenem Verdeck gab es zwar ein wenig Platz hinter den Fondsitzen, doch nur die Vordersitzlehnen ließen sich zum besseren Einstieg vorklappen.

Dieser Mangel wog um so schwerer, als der Vierradantrieb (4WD) den Jeepster befähigte, vier Personen dort zu transportieren, wo konventionelle 2WD-Autos keine Chance mehr hatten. Sowohl zum vollsynchronisierten Dreiganggetriebe als auch zur Turbo Hydra-Matic Typ 1400 (Aufpreis 208 Dollar) gehörte ein Verteilergetriebe mit Reduzierstufe 2,03:1. Beide Varianten hatten Knüppelschaltung. Mit Wandlung 2,30:1 im Drehmomentwandler ergab sich für die Automatikversion eine Gesamtübersetzung von 38,32:1.

Das Fahrwerk bildeten ein steifer Leiterrahmen mit fünf Querträgern und vorderen Verstärkungsteilen, eine an Längsblattfedern aufgehängte Vorderachse mit doppeltwirkenden Teleskopstoßdämpfern von 30 mmØ und Stabilisator und dazu eine Hinterachse, die ungewohnterweise Längsblattfedern mit nur einer Lage aufwies. Die Achse lag um 127 mm vor der Längsmitte der Federn, eine Maßnahme, die

Ein Jeepster-Prototyp von 1967 (Foto: Old Cars Weekly)

Das Jeepster Cabriolet gab es entweder mit manuell oder elektrisch betätigtem Verdeck (Foto: Sammlung des Autors)

das Schwimmen der Hinterachse beim Beschleunigen minimieren sollte.

Diese Achsauslegung resultierte in einem Fahrverhalten ähnlich dem des AMC Eagle der 80er Jahre. Der Jeepster verfügte über ausgezeichnete Allradqualitäten, war jedoch ganz und gar kein Auto für harte Arbeit im Gelände. Seine Rollenlenkung war insgesamt 24,01 : 1 übersetzt, das bedeutete 4,5 Lenkradumdrehungen von Anschlag zu Anschlag. Der Wendekreis betrug 13,25m. Serienmäßige Bereifung waren 7.35 × 16 Niederquerschnitt-Reifen mit schwarzer Seitenwand auf Felgen 15–5.5K, während es für 60 Dollar Mehrpreis entweder 8.45 × 15 »Power Cushion«-Weißwandreifen oder M & S Suburbanite gab. In Serienausstattung wog der Jeepster 1285 kg; sein zulässiges Gesamtgewicht betrug 1610 kg, konnte aber durch Einbau der stärkeren oder mit einer Zusatzluftfederung kombinierten Federn auf 1900 kg erhöht werden. Vorn und hinten hatte der Jeepster hydraulische Trommelbremsen mit 254 mm-Gußtrommeln (51 mm breit) und einer Belagfläche von 1122 Quadratzentimetern, dazu Tandem-Hauptzylinder und Zweikreissystem.

Basismotor des Jeepster war der Hurricane-Vierzylinder mit F-Kopf, 75 PS bei 4000/min und 155 Nm Drehmoment bei 2000/min. Für 194 Dollar mehr bekam man den 3,7-Liter-V6 Dauntless-Motor mit einem Doppelvergaser und automatischem Choke (beim 4-Zylinder handbetätigt). Er gab 160 PS bei 4200/min und 319 Nm bei 2400/min ab. Mit diesem Motor und Hydra-Matic beschleunigte der Jeepster von 0 auf 60mph (96km/h) in nicht viel über 12,5 Sekunden und schaffte die stehende Viertelmeile (400m) in etwa 19s und mit gut 115km/h. Die Kraftübertragung und die aerodynamischen Mängel begrenzten seine Höchstgeschwindigkeit jedoch auf Werte um 140km/h. Die normale Achsübersetzung für einen Jeepster mit V6 und Hydra-Matic war 3,31 : 1, (wahlweise 3,73 : 1), mit V6 und Dreigang 3,73 : 1 (auf Wunsch 4,88 : 1). Die Vierzylinderversion gab es nicht in Kombination mit Automatik; sie wurde mit Achsübersetzung 4,27 : 1 (wahlweise 5,38 : 1) geliefert. Alle wahlweisen Übersetzungen waren ohne Aufpreis zu haben.

Das Jeepster-Sportcabrio gab es neben der serienmäßigen auch in einer Sonderausstattungs-Variante. Das Basismodell enthielt Polster in Schaumstoff, Fußmatten vorn/hinten und Türbespannungen passend zur Lackierung, Armlehnen vorn, Chromstoßfänger, Haubenbeschläge in Chrom, dazu Nabenkappen, ein manuell betätigtes Verdeck mit Heckscheibe aus Glas sowie einen Außenspiegel.

10703 A

Commando Station Wagon aus dem Jahre 1973 (Foto: Sammlung des Autors)

Die Sonderausführung (»Custom«) hatte Kunstledersitze, Armstützen auch hinten, dicken Teppichboden vorn/hinten, Abdeckung für Rücksitz, Innenleuchten, Radzierblenden und einen Stauraum für das offene Verdeck.

Kaiser Jeep behauptete, der Jeepster mit seinem Allradantrieb habe »die doppelte Traktion normaler Autos auf glatten, regennassen Straßen« und liefe »doppelt so sicher auf Schnee und Eis«. Gleichzeitig aber konnte man sich mit der passiven Sicherheit des Serienwagens brüsten, die gepolsterte Instrumententafel und Sonnenblenden umfaßte, zurückgesetzte Anzeigegeräte, elektrische Zweigangwischer mit blendfreien Wischerarmen, Frontscheibe in Sicherheitsglas, Gurte und Sicherheits-Türbeschläge.

Natürlich war Kaiser Jeep ebenso darauf bedacht, Extras wie ein elektrisch betätigtes Verdeck zu verkaufen (das hatte der Jeepster als einziges Allradauto zu bieten), oder Bremskraftverstärker, eine Mittelkonsole (Standard bei Automatik), getönte Scheiben (E-Z Eye) oder Klimaanlage, Heizung und Belüftung. Zur Hydra-Matic war eine Getriebebremse erhältlich, zum V6-Motor ein erweitertes Kühlsystem.

Beim Händler bekam man darüber hinaus noch Radzierblenden, Reserveradüberzüge, Transistorradios, Selektivantrieb, Freilaufnaben für vorn, verschließbare Tankdeckel, Reserveradschloß, elektrische Uhr (nur zusammen mit Schalthebel auf Mittelkonsole), Zusatz-Stahl-/Luftfedern, Verdeck-Staukasten (für Standardversion), Anbaugeräte wie Schneepflug oder Seilwinde (vorn) und für Vierzylinderversionen ein keramisches Kraftstoffilter oder Ölablaßschraube mit Magnet.

Die Instrumententafel am Jeepster entsprach weitgehend der vom Wagoneer und Gladiator-Lkw, mit Benzinuhr und Thermometer sowie Kontrollampen für Öldruck und Generator. Direkt links vom Fahrer waren eingelassene Schalter für Licht, Wischer/Wascher, Lüfter, Defroster und Heizung. Das Radio wurde, falls vorhanden, zentral neben dem Handschuhfach eingebaut.

Rechts neben dem Getriebetunnel befand sich der Schalthebel für den Allradantrieb, über den die meisten Fahrer klagten, weil er zu weit vorn läge. In den Allradbetrieb schaltete man, indem man ihn nach hinten zog. Um die Reduzierstufe zu schalten, mußte man mit ihm ein »U« nach vorn beschreiben, was viele als zu schwierig empfanden.

Als weniger »plüschige« Alternativen zum Jeepster Sport bot Kaiser Jeep vier Varianten zur Wahl an: den Jeepster »Commando« als Station Wagon, Cabrio, Pick-up und Roadster. Ausgangsbasis aller Varianten war jeweils das normale Jeepster Sportca-

briolet, doch jede von ihnen war eigenständig in Funktion und Ausstrahlung. So fehlte ihnen zum Beispiel der Chromschmuck, und dafür trugen sie den Schriftzug »Commando« an der Seite vorn und hinten. Anders als beim Sportcabrio besaß der Commando eine Tür oder Klappe am Heck, durch die man sehr guten Zugang zum Innern hatte. Ansonsten waren diese Varianten in allen Außenabmessungen außer der Gesamtlänge (hier 4277 mm) identisch mit dem Jeepster Sport.

Der Commando Station Wagon trug ein Stahldach, ein nach oben aufklappbares Heckfenster und den serienmäßigen Rücksitz. Nur für diesen Typ gab es auch Dachständer für Gepäck oder Ski und die sogenannte »Luxusausstattung Gruppe B«. Sie enthielt Deluxe-Sitze, -Türtafeln und -Dachhimmel, Teppichboden und Armlehnen vorn und hinten, Anzünder, Innenleuchten, hintere ausstellbare Seitenfenster, verchromte Außenspiegel und Stoßfänger, Radkappen und -zierblenden. Daneben waren alle vier Commando-Varianten mit dem Luxuspaket »Gruppe A« lieferbar, das den Anzünder, vordere Armlehnen, Fußmatten vorn und hinten, Türverkleidungen, Chromstoßfänger, Radkappen und Zierringe umfaßte.

Commando Station Wagon und Cabrio hatten ihr Reserverad flach an der Ladetür hinter den Rücksitzen. Das Verdeck des Cabrios erinnerte an dasjenige vom CJ-3A: Das Heckfenster des in Roadsterform ausgeführten Cabriodachs war mit Reißverschluß eingesetzt.

Der Commando Pick-up war ein kleiner Transporter mit offener Ladefläche und seiner Zeit weit voraus. Kaiser Jeep beschrieb ihn als »Pick-up, der viel Fahrkomfort, modisches Styling und echte Nutzfahrzeugfunktion mit Allradantrieb in sich vereinigt«. Durch horizontale Lage des Reserverads in einer Mulde gleich hinter dem Fahrerhaus hatte man eine Ladefläche von über 1600 mm Länge geschaffen. Mit herabgelassener Ladeklappe verlängerte sie sich noch um weitere 475 mm. Größte Ladebreite war 1500 mm; dabei war das Maß zwischen den Radläufen freilich nur 915 mm. Wie bei allen Commando-Versionen war auch die Gesamtlänge des Pick-up 4277 mm oder knapp 180 mm geringer als beim Jeepster Sportcabrio.

Die letzte Variante des Commando, den Roadster, bekam man entweder mit vollem oder halbem oder ganz ohne Stoffverdeck. Wie der Pick-up war er ein reiner Zweisitzer, doch in der Form mit dem vollen (Station Wagon-) Verdeck mit Heck- und Seitenscheiben aus nicht-gilbendem Plexiglas war auch eine hintere Sitzbank lieferbar.

Da die Commando-Varianten eine Käuferschicht mit »Unternehmergeist« ansprachen, bot man für sie auch die vom Jeep gewohnten Zusatzgeräte an, also Hakenwinde, Anhängerkupplung, »Aufräumer« und Zapfwellen. Für sie alle gab es auch einen Zusatztank, der das normale Fassungsvermögen von 57 auf 93 Liter erhöhte.

Die Farbpalette für den Commando war reichhaltig. Das Verdeck für Roadster und Cabrio bekam man gletscherweiß, empireblau oder anthrazit, das Dach von Station Wagon und Pick-up nur gletscherweiß. Die Karosseriefarbtöne waren für das Cabrio präirieweiß, präsidentrot, gletscherweiß und empireblau. Für die übrigen Varianten standen diese Farbtöne und außerdem tannengrün und goldbeige zur Verfügung.

Konstruktive Änderungen am Jeepster von 1968 bis 1970 beschränkten sich auf ein neues Stoffverdeck und eine klappbare Heckwand für das Sportcabrio 1969 sowie eine Servolenkung zum Aufpreis für die Versionen mit V6-Motor 1970.

Im Jahr 1970 wurden zwei neue Commando-Varianten eingeführt, die heute wohl die von Sammlern meistgesuchten Jeepster sein dürften. Die erste erschien im 71er Modelljahr zu »Halbzeit« unter dem Namen Commando SC-1. Abgeleitet vom Station Wagon, war sie in einem »Butterscotch«-Goldton lakkiert, hatte ein weißes Verdeck und schwarze Rallyestreifen auf Haube und Seitenwänden, wo auch der Schriftzug »SC-1« zu finden war. Dieser Wagen besaß serienmäßig den V6 sowie Radio und Dachständer.

Die zweite, ebenfalls auf dem Commando Station Wagon basierende Variante hieß Hurst/Jeepster Special, eine gemeinsame Entwicklung der AMC und der Hurst Performance Company. Die Zusammenarbeit der beiden datierte von Ende der 60er Jahre, als man gemeinsam am S/C Rambler Scrambler, am AMX SS und an der Rebel Machine gearbeitet hatte. Das waren lauter Hochleistungsmodelle, die AMC helfen sollten, ein neues sportliches Image aufzubauen.

Anfangs hatte man vor, 500 Stück des Hurst/Jeepster Special zu bauen, von denen 300 mit Automatik und Hurst »Dual Gate« Wählhebel, die restlichen 200 mit Dreigangschaltgetriebe und Hurst T-Griff-Schalthebel geliefert werden sollten. Am Ende wurden aber noch unter 100 Einheiten hergestellt. Sie waren alle weiß lackiert und hatten blaue und rote Rallyestreifen, die von Mitte Haube die Seiten entlang und zum Heck hin verliefen.

Mit der Rebel Machine gemeinsam hatte der Hurst/Jeepster den Kunststoffaufsatz von ABS auf der Motorhaube, unter dem sich ein vom Fahrer gut einsehbarer Drehzahlmesser (0 bis 8000/min) befand. Ein Dachgepäckträger sowie Goodyear-Reifen Polyglas F70 × 15 mit weißer, erhabener Beschriftung gehörten dazu. Nur im Interieur des Hurst/Jeepster waren ein schaumgepolstertes, 380 mm großes Lenkrad mit mattverchromten Speichen sowie die lederfarben, anthrazit oder blau überzogenen Einzelsitze. Der Bremskraftverstärker war hier Serie.

Zum Modelljahr 1972 verschwand der Name Jeepster zusammen mit dem Sportcabrio. Was blieb, nannte sich von nun an Jeep Commando, ein Produkt, das AMC künftig enger in die Konzernfertigung einbeziehen wollte. Daraus ergab sich eine Reihe wesentlicher Änderungen für 1972. Die wichtigste technische Maßnahme war zweifellos der Entfall des F-Kopf-Motors (außer für den Export) und sogar des V6-Aggregats. Stattdessen wurde AMCs 6-Zylinder 3,8-Liter mit 100 PS Standard im Commando. Auf Wunsch gab es dazu den 4,23 Liter 6-Zylinder mit 110 PS (plus 56 Dollar) und den Fünfliter-V8 mit 150 PS Leistung (für 130 Dollar Aufpreis). Das Motorenangebot wurde begleitet von einer überarbeiteten Getriebebaureihe. War der Kunde zuvor auf Dreigang-Schaltgetriebe oder Dreigang-Automat angewiesen, so gesellte sich jetzt ein verstärktes Vierganggetriebe hinzu, das man aber nur zusammen mit einem der 6-Zylinder bekam. Die Achsübersetzung betrug für alle Modelle und Motoren 3,73:1 mit einer Variante 4,27:1 auf Wunsch. 1971 war die Serien-Übersetzung noch 3,31:1 gewesen.

Der Einbau der neuen Motoren erforderte eine Rahmenverlängerung; der Radstand des Commando betrug nun 2642 mm. Die alten Blattfedern mit einer Lage hinten wurden durch neue Federpakete ersetzt. Eine stärkere, wartungsfreundlichere Dana 30 Vorderachse wurde eingebaut, die den Wendekreis auf 11,5m reduzierte. Die Spurweite erhöhte sich vorn von 1270 auf 1308 mm, während sie hinten unverändert 1270 mm blieb. Verlegt wurden auch die unteren Anschlußpunkte der vorderen Stoßdämpfer: Im Gegensatz zu den Modellen 67–71 lagen sie jetzt vor statt hinter der Achse. Weiter gab es eine Hinterachse höherer Tragfähigkeit, 1360 statt 1130 kg, und steifere Federn vorn und hinten. Diese Änderungen hoben das zulässige Gesamtgewicht des Commando von 1585 auf 1770 kg an. Darüber hinaus war ein HD-Paket gegen Aufpreis lieferbar, das diesen Wert auf 2130 kg erhöhte.

Auf Wunsch erhältlich (nur mit V8) war ein Bremskraftverstärker. Die Serien-Trommeln hatten 280 mmØ × 51 mm Breite rundum (bisher 255 mmØ). Schließlich wurde 1972 noch der Tank von 57 auf 62 Liter vergrößert und die Haubenschere durch eine selbst aufhaltende Gasfeder ersetzt.

Obschon der ursprüngliche Jeepster durch seine dem CJ-5 entlehnte Frontpartie große Familienähnlichkeit mit den übrigen Jeep-Produkten aufwies, fand sein Äußeres oft schlechte Kritiken. So bezeichnete *Off-Road Vehicles* im Mai/Juni-Heft 1972 die 67–71er Modelle des Commando als »plump und kastenförmig«. Als Reaktion auf das neue Erscheinungsbild des 1972er Commando bemerkte *4WD Recreation Vehicles* im Frühjahr 1972: »Wir bedauern, daß solche Stylingänderungen nötig sind, um den Absatz zu steigern, aber er wird sich damit einfach besser verkaufen lassen.«

Nun, der große Wechsel im äußeren Bild des Commando betraf die Frontpartie, an der sich praktisch die gesamte Verlängerung des Fahrzeugs auswirkte. An die längere Motorhaube schloß sich ein gewaltiger, breiter Grill an, an dessen Enden die Scheinwerfer saßen und neben ihnen, eingebettet in den großmaschigen Grill, die Parkleuchten. Von hinten erkannte man die neue Karosserie an der Ausbeulung in der Heckpartie, die die Unterbringung des Reserverads stehend hinter der hinteren Sitzbank (Aufpreis 10 Dollar) oder direkt hinter der Stauraumwand ermöglichte.

Wesentliche Neuerungen wies auch das Interieur des Commando auf. So gab es vorn jetzt serienmäßig schaumstoffgepolsterte Einzelsitze. Durch Zurücksetzen der Vordersitze um 38 und der Rücksitzbank um 122 mm gewann man viel Komfort und Beinfreiheit. Fondpassagiere begrüßten auch die kleineren Radläufe innen. Weitere Änderungen im Innenraum umfaßten ein ovales anstelle des bisher kreisrunden Lenkrads, sowie einen weißen statt schwarzen Dachhimmel. Serienausstattung und B-Paket enthielten jeweils Armstützen vorn.

Hier die Listenpreise des 1972er Commando und der beliebtesten Extras:

Commando-Modell	**Preis (US-Dollar)**
Roadster	*3334*
Pick-up	*3431*
Station Wagon	*3491*
Gegenstand	**Preis (US-Dollar)**
Automat Hydra-Matic	*262*
Klimaanlage	*411*
Servolenkung	*148*
Bremskraftverstärker	*46*
Freilaufnaben vorn	*98*
Sperrdifferential hinten	*61*
Dekorpaket	*121*
Sonder-(Custom-)Dekorpaket	*225*
Rücksitzbank (Station Wagon)	*92*
Vordere Sitzbank mit Abtrennung	*89*
Mittelwellenradio	*74*
Verstärkte Federn und Dämpfer	*39*
HD-Vierganggetriebe	*175*
HD-Kühlsystem	*24*
4,23-Liter-Motor	*56*
5-Liter-V8	*130*
Generator mit 55 Ampere	*25*
Batterie mit 70 Ah	*12*
Zigarrenanzünder	*7*
Dachgepäckträger	*72*

1973 beschränkten sich die Änderungen am Modell Commando auf die Federung, auf verbesserte, langlebigere Gelenke an Vorderachs- und Kardanwellen und auf die neue Bereifung F78 × 15 anstelle von 7.35 × 15 (jeweils 4 Lagen). Den alten Seilzug für die Kupplung ersetzte jetzt ein Gestänge, wie es die 73er CJ-Modelle verwendeten; das gleiche galt für die Vorderachse und die Antriebswellen. Der 6-Zylinder im Commando erhielt induktiv gehärtete Ventilsitzringe. Zur Liste der Extras kamen Schiebefenster hinten (nur für Station Wagon) sowie neue Dekorpakete für alle Modelle und ein neues »Custom« Dekorpaket mit Holzverkleidungen für den Station Wagon. Grüne Sitzbezüge traten an die Stelle der bisher blauen für das »Custom«-Paket des Station Wagon. Die Sitze waren – wie 1972 – auch schwarz oder lederfarbig lieferbar.

Schließlich entschloß sich American Motors, anstatt weiterhin Neuerungen für ein Modell zu entwickeln, dessen Konzeption nach allgemeiner Auffassung nicht mehr mit dem Chevrolet Blazer zu konkurrieren vermochte, das Modell Commando am Ende des Modelljahrs 1973 aufzugeben und durch die neue Cherokee-Serie zu ersetzen.

10. Kapitel

Der Jeep Wagoneer 1962–1990: Vom Pionier zur großen Dame

Am 14. November 1962, etwas mehr als zehn Jahre nach der Einführung des so kurzlebigen Personenwagens von 1952, erschien Willys mit dem Wagoneer erneut auf dem Pkw-Markt. Um sicherzugehen, daß die Leute aufhorchten, ließ man gleichzeitig eine Werbeaktion laufen, die das Werk selbst als »die größte aller Zeiten« bezeichnete: Willys belegte zu Beginn der äußerst beliebten Fernsehsendung »Lloyd Bridges Show« eine Werbezeit von 100 Sekunden für den Wagoneer und am Ende der Show eine solche von 60 Sekunden für den Lkw-Typ Gladiator, jeweils am 13. und 20. November. Parallel dazu lief ein noch gezielterer Werbefeldzug in der Presse, und zwar in 18 der größten Blätter, darunter *Farm Journal, Life, The New Yorker* und das Magazin *Time* .

Konstruktion und Entwicklung des Wagoneer und seiner Abkömmlinge dauerten drei Jahre und kosteten 20 Millionen Dollar. Ein Großteil an Zeit und Geld ging auf das Konto des neuen Motors, der wegen seiner obenliegenden Nockenwelle viel Beachtung fand. Dieses Aufhorchen gab es jedoch nicht nur unter Jeep-Fans. Das ohc-Konzept, in den USA zuletzt 1949 an einem Crosley zu finden, wurde nämlich gern mit Klassikern wie Duesenberg und Stutz in Zusammenhang gebracht. Mit Ausnahme des Crosley betrachtete man Motoren mit obenliegender Nockenwelle immer noch als eine rein europäische Spezialität.

Demgemäß wurde Willys' ohc-Motor (sehr zum Vorteil) häufig mit Jaguars ohc-Sechszylinder verglichen. Überdies gab es heftige Spekulationen darüber, daß Willys noch etwas anderes als Pkw- und Lkw-Baureihen in der Planung haben könne, nämlich z. B. eine moderne Neuauflage des Sportwagens Jeepster.

Gewiß, der neue Jeepster war wirklich nicht mehr allzu fern, doch daraus wurde dann ja nicht der erhoffte echte Sportwagen mit dem ohc-Motor. Solche Träume hatten aber keine negativen Auswirkungen auf die Attraktivität des neuen Willys Wagoneer.

Einzige lieferbare Karosserieform war der zwei- oder viertürige Station Wagon mit oder ohne Allradantrieb. Den Zweitürer gab es auch als Kasten-Lieferwagen; bei ihm waren die hinteren Seitenscheiben durch Blech ersetzt und nur eine vordere Sitzbank eingebaut. Statt der klappbaren Rückwand und der oben angeschlagenen Heckscheibe des Wagoneer hatte diese Version normale Lieferwagentüren. Für alle 2- und 4-türigen Station Wagons und Lieferwagen verwendete Willys die Typbezeichnung J-100. Mit 4WD hießen sie Modell 164, mit 2WD Modell 162.

Für die verschiedenen Aufbauvarianten des J-100 galten die folgenden Kennziffern:

Kennziffer	**Aufbauversion**	**Antriebsart *)**
1312	*2-türiger Station Wagon*	*2WD*
1312C	*2-türiger Custom Station Wagon*	*2WD*
1314	*4-türiger Station Wagon*	*2WD*
1314C	*4-türiger Custom Station Wagon*	*2WD*
1313	*2-türiger Lieferwagen*	*2WD*
1412	*2-türiger Station Wagon*	*4WD*
1412C	*2-türiger Custom Station Wagon*	*4WD*
1414	*4-türiger Station Wagon*	*4WD*
1414C	*4-türiger Custom Station Wagon*	*4WD*
1413	*2-türiger Lieferwagen*	*4WD*

**) 2WD = Zweiradantrieb; 4WD = Vierrad-(Allrad-)Antrieb*

Das Grundmodell vom 2-türigen Station Wagon 162 wog 1584 kg fahrfertig. Die entsprechenden Gewichte vom Viertürer und Lieferwagen (2WD) lauteten 1606 bzw. 1507 kg. Wie zu erwarten, waren die 4WD-Modelle schwerer, nämlich 1662 kg (2-türiger Station Wagon), 1677 kg (Viertürer) und 1585 kg (Lieferwagen). Der Einbau eines Automatikgetriebes fügte weitere 40 kg hinzu, Bremskraftverstärker und Servolenkung nochmals 6 bzw. 9 kg. Mit Heizung war jede der Varianten um gut 15 kg schwerer.

Mit dem Styling des Wagoneer hatte man das Designstudio Brooks Stevens Associates unter Leitung von Brooks Stevens beauftragt, der ja vor Jahren den Jeepster entworfen hatte. Er war außerdem für die Brasilien-Modelle verantwortlich gewesen, d. h. den wiedererstandenen Willys-Pkw und die »Rural Willys«-Lkws und Pkws.

Da bei Willys häufige Modellwechsel – im Gegensatz zu Detroit – nicht üblich waren, bemühte sich Stevens, ein Erscheinungsbild zu schaffen, dem man den Jahrgang möglichst nicht ansah. Andererseits mußte die Familienähnlichkeit mit jetzigen und früheren Willys-Produkten erhalten bleiben. Wie konnte man das besser bewerkstelligen, dachte sich Stevens, als auf der Grundlage des klassischen Jeep-Gesichts aufzubauen. Deshalb erhielt der Wagoneer eine funktionelle Front und einen einfachen Grill mit senkrechten Schlitzen. Das wurde kombiniert mit einer leicht angehobenen Haubenlinie, die dem gewohnten Grill ein bißchen Eleganz verlieh, weil das Ganze an klassische Automobile erinnerte. Gleichzeitig gaben die Designer dem Wagoneer eine kesse Linienführung, indem sie die gerundeten Vorderkanten von Haube und Kotflügeln gerade so weit vorzogen, daß sie eine Umrahmung für Grill und Scheinwerfer darstellten. Zwischen Scheinwerfern und Grill waren Einlaßöffnungen für die Innenbelüftung und unter den Scheinwerfern rechteckige Blink-/Parkleuchten angeordnet. Unten in der Ecke des Grills saß ein Jeep-Emblem, modern gestaltet mit einem Kranz von Turbinenschaufeln, der die abwechselnd goldenen und roten Kreissegmente umgab. In der Mitte stand der Name Jeep in großen goldenen Lettern. Die »Custom«-Versionen erkannte man übrigens an der Einfassung der Frontscheibe aus Edelstahl und ebensolchen Zierrahmen um Seitenfenster und Rückleuchten.

Mit 2794 mm Radstand, 4666 mm Gesamtlänge, 1920 mm Breite und 1631 mm Höhe stellte der Wagoneer die Antithese dar zum damals populären Trend amerikanischer Autos zu langgestreckten, breiten und niedrigen Formen. Während diese Abmessungen den Wagoneer zu einem außerordentlich praktischen Fahrzeug machten, waren sie nicht gerade die Basis für ein gefälliges Styling. Stevens aber war seit langem für seine Fähigkeit kreativen Denkens bekannt, an der es seinen großen Zeitgenossen in Detroit, isoliert durch riesige Budgets und fast unbegrenzte technische Möglichkeiten, sichtbar mangelte. Das Resultat war ein Wagoneer, dessen innere und äußere Werte es ihm gestatteten, alle seine Detroiter Konkurrenten zu überleben. Man überlege doch einmal, wie antiquiert heute die 1963er Modelle von GM, Ford und Chrysler wirken, während der Wagoneer immer noch ein attraktives, gut beim Käufer ankommendes Auto geblieben ist.

Stevens erreichte diesen Erfolg durch Anwendung gerader, horizontaler Linien als Hauptthema für die Flanken des Wagens in Verbindung mit einer hohen, rundum reichlich verglasten »Kanzel«, die Jeep mit dem Wort »pano-scopic« umschrieb. Die Kombination von Türen mit 82° Öffnungswinkel (mehr als bei irgendeinem anderen Station Wagon) und den geraden A-Säulen (vordere Türpfosten ohne die damals so störenden »Dackelbeine«) machten den Einstieg ungewöhnlich bequem.

Zu erkennen war auch »ein Hauch von CJ« in Form der winkligen Radausschnitte. Am Heck sorgten einfache, unkomplizierte rechteckige Rückleuchten und runde Rückfahrscheinwerfer für eine schlichte Rückfront ohne viel Schnickschnack.

Car Life vom April 1963 lobte das Styling des Wagoneer und fand, daß er »genauso aussieht wie er ist: ein ehrlicher, sehr leistungsfähiger Station Wagon, der konstruiert wurde, um die Arbeit eines Station Wagon zu verrichten...er fährt mit Erfolg auf der Linie früherer Jeep Wagons (im Styling heißt das ›product identity‹). Er schaut einem Lkw genügend ähnlich, um dem Fahrer ein Gefühl von Kraft und Robustheit zu geben, und dennoch verhindern die schlanken Dachpfosten und die großen Glasflächen den Eindruck von Plumpheit, ja sie ergeben sogar das Gesamtbild eines modernen Autos.«

Danny Collins, der den Wagoneer für die 1965er Märzausgabe von Floyd Clymers *Auto Topics* testete, meinte, daß »die rauhe, gesunde Schale des Wagoneer bei männlichen und weiblichen Passanten, die ihn bei uns zum erstenmal sahen, gleichermaßen gut ankam.«

Aus gutem Grund war Willys ungeheuer stolz auf den neuen Wagoneer, den die Werbung als »ganz neu – und ein ganzer Jeep« anpries. Darunter hieß es dann: »Der Wagoneer ist kein umgebauter Pkw mit eingesetzter Heckklappe und kein umgebauter Kastenwagen mit Fenstern. Der brandneue Jeep wurde als Station Wagon entworfen und entwickelt – von den Rädern bis zum verstärkten Dach.«

Ein Vielzweck-Familienauto sei er, mit der Zuverlässigkeit und Robustheit eines Jeeps. Und das bedeutete für viele Neuwagenkäufer in Amerika eine erfrischende Idee. Nicht nur das, sie halfen mit – auch durch sorgfältiges Verschönern des Wagoneers – ein Statussymbol zu schaffen. Eine 1987 von AMC durchgeführte Umfrage ergab, daß die Käufer des Grand Wagoneer im Jahre 1986 ein höheres Durchschnittseinkommen hatten als die eines 1986er Cadillac Seville.

An all das aber hatte 1962 natürlich noch niemand denken können, als Willys die Vorzüge des Wagoneer, insbesondere seine bewährten Jeep-Qualitäten, anpries, wie z. B. die große Bodenfreiheit durch geschützten Einbau der empfindlichen Fahrwerksteile wie Spurstangen und Antriebsgelenke, oder die Anwendung galvanisch verzinkter Bleche für die Bauteile der Bodengruppe.

Die Jeep-Fans wären gewiß auch dann in Scharen herbeigeströmt, um das neue Angebot aus Toledo zu sehen, hätte es nur einen der betagten Willys-Motoren unter der Haube gehabt. Sein ohc-Aggregat aber rief, wie schon erwähnt, ein leichtes Erdbeben hervor. Den als »Tornado OHC« bezeichneten Motor verdankte man Chefingenieur A.C.Sampietro, der 1952 von Donald Healey in England zu Willys gekommen war. Healey (und dann Austin Healey) hatte eine wichtige Rolle gespielt bei den Vorgängen, die zu jener im ersten Nachkriegsjahrzehnt über Amerika dahinflutenden Sportwagenwelle führten.

Die Beliebtheit des Austin-Healey war nur ein Beispiel für Healeys Einfluß gewesen. Abgesehen von der Entwicklung dieses Sportwagens hatte Healey auch Autos unter seinem eigenen Namen sowie die Nash-Healey zusammen mit der Nash-Kelvinator Corporation gebaut. In diesem Zusammenhang hatte Sampietro auf sich aufmerksam gemacht durch die Entwicklung eines Zylinderkopfes für den Nash-Motor, durch den dessen Leistung von 140 auf 189 PS gestiegen war. Außerdem hatte Sampietro als Chassiskonstrukteur bei Healey, wo er die Ablösung des alten Fahrwerks betrieb, festgestellt, daß es nicht möglich sei, eine weiche Federung mit sicherem Fahrverhalten in Einklang zu bringen.

Die Entwicklung des neuen Willys-Motors wurde beeinflußt sowohl von vorhandenen Trends in der Industrie als auch von Willys' Erfahrungen mit den L- und F-Kopf-Motoren, mit kopfgesteuerten und sogar schiebergesteuerten Triebwerken. In einem SAE-Paper vom Juni 1962 hatte Sampietro geschrieben, Willys habe »gelernt, die Vorzüge der verschiedenen Systeme zu nutzen und mit ihren Nachteilen zu leben«.

Von Anfang an hatte der halbkugelförmige (hemisphärische oder kurz »Hemi«-) Brennraum bei der Entwicklung des neuen Willys-Motors eine wichtige Rolle gespielt. Sampietro berichtete: »Unsere Untersuchungen bestätigen meine im SAE-Paper geäußerte Ansicht: Die Halbkugelform ist jeder anderen bekannten Brennraumform weit überlegen.«

Um diese Aussagen zu untermauern, wies Sampietro auf Vergleichsversuche an einem »sehr guten« 4,1-Liter-Sechszylinder mit einem üblichen ohv-Zylinderkopf und einem Versuchskopf mit Hemi-Brennräumen hin. Das Ergebnis war ein enormer Leistungsgewinn: Mit konventioneller Brennraumform leistete der Motor 140 PS bei 4200/min, mit Hemi-Brennraum nahezu 190 PS bei 4400/min.

Dieser 4,1-Liter mit den Abmessungen 88,9 mm (Bohrung) × 111,1 mm (Hub) war ganz das Gegenteil eines modernen Kurzhubers. Nun gab es Fachleute, die meinten, der Vorteil des Hemi-Brennraums sei beim Kurzhuber nicht erzielbar. Um sie zu widerlegen und seine These zu beweisen, hatte Sampietro schon vor Jahren ein Versuchsprogramm mit einem luftgekühlten V4 durchgeführt, dem sog. AO-4 mit 101,6 mm Bohrung und 82,55 mm Hub, einem ausgesprochenen Kurzhuber. Einer dieser 2,7-Liter-Motoren besaß den üblichen keilförmigen Brennraum, der andere einen hemisphärischen. »Das Ergebnis des Tests war überzeugend«, stellte Sampietro fest. »Es wurde beschlossen, den neuen Motor mit einem Hemi-Zylinderkopf zu bauen.« Und das waren die Leistungsdaten des AO-4: 85 PS bei 4000/min und ein Drehmoment von 193 Nm bei 2400/min mit keilförmigem Brennraum; 105 PS bei 4000/min und 214 Nm bei 2600/min mit dem Hemi-Kopf.

Im Zuge der Willys-Motorentwicklung wurden drei Versuchsmotoren auf der Grundlage des Serien-6-Zylinders von 2,64 Liter hergestellt. Zwei von ihnen waren freilich nicht ausgesprochene Prototypen, weil der eine den üblichen L-Kopf, der andere den F-Kopf besaß. Für Vergleichszwecke seien noch ihre Leistungswerte genannt: 72 PS bei 4000 bzw. 87 PS bei 4300/min. Der dritte Versuchsträger, der Sampietros europäischen Background erkennen ließ, war weitaus interessanter: Er verwendete einen Kopf mit halbkugeligen Brennräumen und schräggestellte Stoßstangen, betätigt von einer seitlich im Kurbelgehäuse angeordneten Nockenwelle. Die Stoßstangen wirkten auf die Kipphebel der Auslaßventile über kurze Zwischenstößel. Diese Bauweise war früher schon beim BMW 328 und bei dem von ihm abgeleiteten britischen Bristol-Motor zu sehen gewesen. Letzterer diente in den frühen 60ern als Antrieb des AC Ace-Bristol, der bei zahlreichen Veranstaltungen des Sports Car Club of America Siege und Meisterschaften eingebracht hatte.

Die Willys-Version lief in den ersten Versuchsreihen ausgezeichnet, leistete 112 PS bei 4300/min und erfüllte die Erwartungen bezüglich eines hohen volumetrischen Wirkungsgrads. Außer höherer Leistung zeigte der Motor gegenüber den L- und F-Kopf-Varianten auch noch einen günstigeren Verbrauch. Nur mit dem komplizierten Ventiltrieb und dem relativ schweren Zylinderkopf war Sampietro nicht so recht glücklich. Er verwarf diese Konzeption, denn, so sagte er, »man kann zwar eine wie üblich im Kurbelgehäuse gelagerte Nockenwelle verwenden, doch das kompliziert das Gußteil und stört die Kühlwasserströmung.« Ebenfalls nicht nach seinem Geschmack waren die doppelten Stoßstangen, die zwar einwandfrei funktionierten, aber eine »von Haus aus häßliche Konstruktion« darstellten.

Als Konsequenz daraus erhielt der Motor eine einzelne obenliegende Nockenwelle und hemisphärische Brennräume (die Willys gern als »spheroidal« bezeichnete). Er mußte drei Grundforderungen erfüllen: so wenig wie möglich Bauteile zwischen Nocken und Ventil; leichter und steifer Ventiltrieb; einfache, präzise und unempfindliche Ventilspieleinstellung.

Die Konstruktion des neuen Willys-Motors begann im Februar 1960, und der erste Prototyp lief ein Jahr später. Die Konstruktionsziele waren folgende:

1. Literleistung und Verbrauch besser als bei irgendeinem der Konkurrenten.
2. Einfachheit in der Konstruktion, lange Lebensdauer, Service-Freundlichkeit.
3. Minimierung der Werkzeugkosten durch Anpassung der Konstruktion an vorhandene Einrichtungen.
4. Weitgehende Baugleichheit mit Teilen von kurzhubigeren und vierzylindrigen Versionen, die möglicherweise später entwickelt werden.
5. Auslegung des Motors für eine spätere Fertigung von Zylinderkopf und Kurbelgehäuse aus Leichtmetalldruckguß, sofern Ergebnisse positiv.

Als Ergebnis der Vorgabe Nr. 3 entstand der neue 6-Zylinder als konstruktiv überarbeitete Version des alten 3,7-Liter mit flachem Kopf, der noch aus Zeiten der Fusion Kaiser-Frazer/Willys-Overland existierte. Selbst damals, 1953, hatte dieses Triebwerk bereits eine lange Geschichte gehabt. Ursprünglich von Continental für den Vorkriegs-Graham gefertigt, war es das einzige Aggregat gewesen, das für den »full size« Kaiser und Frazer vom Beginn seiner Produktion 1946 bis zum Jahre 1955 eingesetzt worden war. 1954 und 1955 hatte es mit McCulloch-Kompressor 140 PS (ohne: 118 PS) geleistet. Auch Checker hatte diesen R6 entweder seiten- oder kopfgesteuert für seine berühmten Taxis gekauft; letztere Version leistete dann 122 PS.

Obgleich beim Willys ohc-Sechszylinder nun Zylinderabstand, Blockhöhe und Länge die gleichen waren wie beim alten 3,7-Liter, besaßen beide Motoren doch nur wenige gemeinsame Teile. Dazu gehörten Pleuel und Schwungrad. Der ohc-Motor hatte seinen eigenen Zylinderblock und Kopf, eigene Kolben, Kurbelwelle und eine Vielzahl nicht austauschbarer Bauteile. Auch die Bohrung des neuen war mit 87,3 mm etwas größer als früher (84,1 mm), so daß bei unverändertem Hub von 111,1 mm das Hubvolumen nun rund 4 Liter betrug. Der lange Hub war schon ein wenig aus der Mode, bot aber den Vorteil eines hohen Drehmoments bei niedrigen Drehzahlen.

Das interessanteste am Tornado-Motor war natürlich seine obenliegende Nockenwelle, getrieben von einer laufruhigen Morsekette. Der Ventiltrieb war auf besonders hohe Lebensdauer ausgelegt; die Kontaktflächen der Graugußnockenwelle waren speziell gehärtet. Es gab nur insgesamt sechs Nocken, so daß jeder von ihnen ein Aus- und ein Einlaßventil betätigte, die jeweils Öffnungswinkel von 250 Grad und eine Überschneidung von 30 Grad aufwiesen. Die Ventile waren schräg zur Zylinderachse gestellt, ihre Teller-Ø betrugen 48,1 mm (Einlaß) und 41,1 mm (Auslaß). Die Ventilfederrate war 23 kg/cm.

»Die Kurbelwelle«, meinte Sampietro, »ist die eigentliche Grundlage für jedes robuste Hochleistungstriebwerk.« So wundert es auch nicht, daß die Ingenieure ihr ganz besonders viel Aufmerksamkeit widmeten. Weiter bemerkte er: »Der Motorenkonstrukteur möchte sie so steif wie nur möglich machen und ihr so viele Hauptlager wie möglich geben.« Dennoch gab es gute Gründe, sich auf eine vierfach statt der idealen siebenfach gelagerten Welle zu beschränken. Denn wenn auch der Wunsch nach einer sehr drehsteifen und damit schwingungstechnisch günstigen Kurbelwelle sieben großdimensionierte Lager favorisiert, so frißt doch die zusätzliche Lagerreibung – besonders im Teillastbereich – viel Leistung. Hingegen ist es alles andere als einfach, eine vierfach gelagerte Sechszylinderwelle in einem Motor für extrem hohe Beanspruchungen zu konstruieren und zu entwickeln.

Bevor die gesteckten Ziele erreicht wurden, waren umfangreiche analytische und experimentelle Untersuchungen an der eigenen und an Kurbelwellen von Konkurrenten erforderlich. Die Willys-Kurbelwelle lief in vier Hauptlagern von 35 mm Breite. Die Durchmesser der Haupt- und Pleuellagerzapfen betrugen 60 bzw. 54 mm. Der Wellenwerkstoff war SAE-Stahl 1045, teniferbehandelt. Das ist ein Nitrierverfahren der deutschen Firma Degussa, das von der Kolene Corporation, Detroit, als Alleinlizenznehmer in den USA eingeführt wurde.

Bei der Teniferbehandlung wird die Welle in einem besonderen Nitrierbad zwei Stunden bei 550 °C mit Stickstoff angereichert. Dadurch wurde, wie Willys erklärte, die Ermüdungs-Lebensdauer des Motors um die Hälfte erhöht, weil das Verfahren die Kurbelzapfen (bei geringsten Formänderungen) genügend hart machte, um mit »tri-metal« Hochleistungs-Lagerschalen gepaart werden zu können. Natürlich wurde dieser Aufwand vor allem wegen der hohen Drehzahl des neuen Motors getrieben. Zum Vergleich: Kugelstrahlen verfestigt die Lagerzapfen um etwa 25%, während der Einsatz von kaltgewalztem SAE 1045 etwa 35% brachte. Und Sampietro erläuterte weiter: »Aber diese beiden Alternativen haben den Nachteil, daß die Laufflächen nicht hart genug werden, um HD-Lagerschalen zu verwenden.« Sein Vertrauen in das Teniferverfahren wurde durch die Ergebnisse eines sehr erfolgreich absolvierten, harten Testprogramms mit dem Willys-Motor erhärtet, das nicht nur Tausende von Kilometern im Straßenversuch, sondern auch viele hundert Stunden auf der Bremse bei Nenndrehzahl 4000/min und bei 10% über Nenndrehzahl, also 4400/min, umfaßt hatte.

Die für den Tornado-Motor gewählten Kolben waren oval geschliffene Autothermics in Alulegierung mit verzinnter Lauffläche, zwei Kompressionsringen und einem Ölring. Der obere Ring war hartverchromt, der zweite ein Graugußring mit Abschrägung.

Der ohc-Sechszylinder wog mit Schwungrad 260 kg. Damit war er ganz gewiß nicht der leichteste Motor weit und breit, denn der 3,25 Liter Buick-Motor z. B. wog immerhin 77 kg weniger. Und Willys verwendete aus Gewichtsgründen schon Leichtmetall, wo immer es ging. So waren der vordere Deckel, der Ventildeckel und das Ölpumpengehäuse aus Aluminiumguß. Zwecks besserem Zugang bei Reparaturen waren alle Hilfsaggregate (außer dem Ölfilter) am vorderen Deckel angeordnet.

Obschon in SAE-Grauguß gefertigt, wog der Zylinderkopf mit 26,3 kg nur um gut 3,5 kg mehr als der Leichtmetallkopf des Jaguar. Seine Konstruktion ermöglichte sowohl relativ große Ventile als auch die erwähnte Hemi-Brennraumform, die Willys »spheroidal« nannte. Diese unterschied sich nämlich von der Halbkugelform durch ein leicht versetztes Auslaßventil, das demgemäß eine kleine Tasche im Kugelsegment erforderte. Tatsächlich entstand dadurch eine sekundär-sphäroidische Form, die die Verwirbelung der Gasströmung begünstigte. Der Versatz der Mitte Auslaßventil gegenüber der Zylindermitte um 9,5 mm erlaubt überdies, die Zündkerze nahezu im Zentrum des Brennraums anzuordnen. Das wiederum war die Bedingung für kurze, gleichmäßige Flammenwege nach allen Seiten des Brennraums. Die Formgebung von Ventiltellern und Kanälen war natürlich auf größtmöglichen Gasdurchsatz ausgelegt.

Zu den weiteren besonderen Merkmalen des ohc-Motors gehörten die geschmiedeten Schwinghebel mit balliger Lagerung und der Graugußblock ohne Laufbüchsen mit sehr geringem Wärmeverzug und entsprechend gutem Verschleißverhalten. Ein Saugkanal war der Länge nach im Zylinderkopf eingegossen und erlaubte so die Verwendung eines zweiteiligen äußeren Leichtmetallkrümmers mit sechs getrennten Saugrohren.

Mit Recht war Willys stolz auf sein neues Triebwerk und scheute sich nicht, es mit den 15 Sechszylindern seiner Konkurrenten Chevrolet, Buick, IHC, GMC, Ford, Chrysler, Continental und AMC zu vergleichen. Mit Ausnahme des GMC 5-Liter-V6 hatte der Willys die größten Ventildurchmesser aller dieser Motoren. In bezug auf sein maximales Drehmoment wurde der Tornado zwar von einer Anzahl Motoren wie Chevrolets 3,85 Liter, Chryslers 3,7 Liter und IHCs Vierliter übertroffen, doch kein einziger erreichte sein Höchstdrehmoment bei so niedriger Drehzahl, und nur einer, der Buick 3,25-Liter-V6, brachte mehr Drehmoment pro Liter Hubraum als der Jeep-Motor. Da aber dieser V6, so Willys, »eine um 650/min höhere Drehzahl braucht, um dasselbe zu erreichen, wird seine Wirtschaftlichkeit durch höheren Verbrauch und kürzere Service-Intervalle recht fragwürdig.«

Für eine hohe Lebensdauer und geringe Wartungskosten sorgten laut Willys vor allem die Hemi-Brennräume mit den großen Ventilen, die obenliegende Nockenwelle und die teniferbehandelte Kurbelwelle. Das Werk behauptete, der einfachere Ventiltrieb mache Reparaturen im Ventilbereich um mindestens 50% weniger wahrscheinlich, und die Kurbelwelle sei eine moderne Lösung für die geforderten höheren Motorleistungen. »Um mehr Leistung oder längere Lebensdauer zu erzielen«, erklärte Willys, »muß man für gewöhnlich die Abmessungen der Kurbelwelle vergrößern, was natürlich eine Vergrößerung anderer Bauteile zur Folge hat, und das Ergebnis ist schlicht ein größerer, schwererer Motor. Das auf große Härte und Zähigkeit der Welle angelegte Nitrocarburierverfahren dagegen gestattet weit höhere Leistungen des Tornado-Triebwerks *ohne* Vergrößerung der Abmessungen der Welle und der übrigen Bauteile.«

Willys brachte den neuen 6-Zylinder auch in Verbindung mit der traditionellen Einfachheit und Unempfindlichkeit der bisherigen Jeep-Motoren. Die gute Zugänglichkeit der Anbauteile wie Vergaser, Kerzen, Benzinpumpe, Verteiler, Generator, Ölfilter, Ölpeilstab und Öleinfüllstutzen wurde potentiellen Käufern klargemacht. Und auch der Ventildeckel sei nach Lösen von nur vier Schrauben abzunehmen.

Die Leistungskennlinien des Willys-Motors waren eindrucksvoll. Das Werk nannte offiziell 140 PS bei 4000/min und 287 Nm bei 2000/min. Doch das waren reine Nettowerte, wie sie etwa der DIN entsprechen würden. US-Hersteller verwendeten damals fast ausschließlich SAE-PS-Angaben, um mit höheren Werten werben zu können. Demgemäß hätte der Willys etwa 155 PS bei 4000/min und ein Drehmoment von umgerechnet 312 Nm bei 1750/min gehabt. Bescheiden gab Sampietro seiner offenbaren Zufriedenheit mit der Neuschöpfung Ausdruck: »Höherdrehende Versionen des Motors werden natürlich erheblich mehr Leistung produzieren.«

Wagoneers mit Schaltgetriebe erhielten einen Holley-Einfachvergaser Typ 1920, diejenigen mit Automatik einen Doppelvergaser Holley Typ 2415. Die serienmäßige Kühlung hatte 12,5 Liter Inhalt, bei Einbau einer Heizungsanlage 13,6 Liter. An den ersten Exemplaren hatten Auspuffrohre und Endrohre jeweis etwa 50 mm Durchmesser. Bei späteren Wagoneers waren sie auf 57 mm erweitert. Daneben fanden während der 1963er Saison noch eine Reihe weiterer Änderungen statt. Hierzu zählte eine mit Paßstiften zentrierte Zwischenplatte vorn am Motor zur präziseren Ausrichtung der Bauteile; ferner waren an späteren Modellen die Zylinderkopfschrauben Nr. 12 und 14 gegen Korrosion verzinkt;

schließlich wurde die Kurbelgehäuseentlüftung den Vorschriften gemäß geändert und durch eine Schlauchverbindung zum Luftfilter ergänzt.

Der Stromversorgung dienten eine 12-V/50-Ah-Batterie unter der Haube und ein 35-Amp-Wechselstromgenerator (wahlweise 40 Amp). Serienmäßig waren 14 mm/L12Y Champion-Zündkerzen und ein Hauptstromölfilter.

Die Einscheiben-Trockenkupplung der ersten 2WD-Exemplare des Wagoneer hatte noch 235 mmØ mit 325 Nm Nenndrehmoment; diejenige der späteren 2WD- und aller Vierrad-Wagoneers war 250 mm im Durchmesser und gut für 340 Nm. Diese Kupplungen lieferten Borg & Beck, die auch die auf Wunsch montierbare Variante mit 267 mmØ und 360 Nm Nennmoment herstellten. Eine weitere wahlweise Kupplung gleicher Größe, aber für bis zu 390 Nm ausgelegt, gab es von Auburn für die Allrad-Wagoneers.

Die Fahrleistungen des 4WD mit Automatikgetriebe lagen gut im Rahmen des Wettbewerbs. Von 0 auf 48 km/h wurden 4,6s gemessen, von 0 auf 72 km/h 8,8s und von 0 auf 96 km/h 16,1s. Die Viertelmeile (etwa 400m) mit stehendem Start schaffte der Wagen in 20,5s und mit 109 km/h Endgeschwindigkeit. Das gestoppte Höchsttempo betrug 144 km/h.

Fast ebensoviel Aufmerksamkeit wie der ohc-Motor erregten die neuen für die J-Modelle angebotenen Vorderachsen. Insgesamt waren vier verschiedene Versionen erhältlich: je eine Einzelradfederung für die 2WD- und 4WD-Fahrzeuge und zwei unterschiedliche Starrachstypen für den »Heavy Duty«-Einsatz sowohl für 2WD- wie für 4WD-Versionen. Serienmäßig hatte der 2WD J-162 Einzelradfederung mit Drehstabfedern und Schwingachse, eine Dana-Konstruktion Typ 27DFSO. Sie hatte ihren Drehpunkt nahe der Fahrzeugmitte und übernahm die Funktion der unteren Querlenker. Zur seitlichen Achsführung und Einstellung des Nachlaufs diente eine Querstrebe. Oben befanden sich kurze Querlenker mit Kugelgelenkverbindung zu den Drehstäben von 19,8 mmØ.

Sampietro erklärte, daß diese Konstruktion »erst nach langer Versuchsarbeit erreicht wurde und einen vernünftigen Rollradius ohne allzugroße Reifenreibung oder zu starke Kreiselwirkung ergibt«. Diese Vorderachse konnte man auch für die Allradversionen gegen 160 Dollar Mehrpreis erhalten.

Für den rauheren Einsatz als HD-Ausführung gab es die zumindest für alte Jeep-Hasen gewohnteren Starrachsen mit Längsblattfedern sowohl für den zweiradgetriebenen J-162 als auch für den Allrad-J-164. Die Halbelliptikfedern hatten vier Blätter von 1118 mm Länge und 64 mm Breite. Der J-162 hatte aber eine Rockwell-Elliot-Achse, während der J-164 eine angetriebene Dana 27AF mit einer Standard-Übersetzung 4,89:1 (auf Wunsch 3,73 und 4,27:1) besaß.

Sowohl die einzelradgefederten wie die Starrachsmodelle verwendeten hydraulische, doppeltwirkende Stoßdämpfer; die ersteren mit 309 mm, die anderen mit 324 mm Länge.

Wie zu erwarten war, konnte die Einzelradfederung mit wesentlich besseren Federungseigenschaften aufwarten, und zwar aufgrund einer um 27% weicheren Federrate von 19,6 kg/cm (gegenüber 26,7 kg/cm). Damit fühlte sich der J-162 zwar straffer an als andere US-Station-Wagon, lag aber gut im akzeptablen Bereich für damalige Familienautos.

Die Bauteile von Hinterachse und Federung des J-162 und J-164 waren untereinander austauschbar. Sie enthielten doppeltwirkende hydraulische Dämpfer von 273 mm Länge und Längsblattfedern mit 4 1/2 Lagen und den Maßen 1320 × 64 mm. Standard für die Lieferwagenversion und als Extra für die Station Wagon erhältlich waren Federn mit 6 Lagen und den gleichen Abmessungen. Zweistufige hintere Federn wurden für alle Station-Wagon-Versionen ebenfalls als Extra angeboten. Alle J-100 hatten gemeinsam die Dana 44 Hinterachse. Außer den allerersten waren alle Allradwagen der J-Serie mit einer Getriebeölkühlung ausgestattet, die es für den J-162 als Extra gab und ansonsten als Umbausatz für 4WD-Wagen aus einer Produktionsserie, die den Kühler noch nicht hatte. Die J-Serie war von Anbeginn sehr gefragt, so daß Willys bald über ein beruhigendes Auftragspolster verfügte. Einer der vielen Gründe dafür war die Verbindung von Automatikgetriebe und Allradantrieb. Verwendet wurde eine 3-Gang-Automatik von Borg-Warner Modell AS-8F mit den Übersetzungen 2,40 – 1,47 – 1,00:1 in den drei Vorwärts- und 2,01:1 im Rückwärtsgang. Das Verteilergetriebe für J-100 4WD mit Automatik war ein Spicer Modell 21 ohne Reduzierstufe, betätigt über einen Wählhebel am Boden mit zwei Schaltstellungen.

Drei verschiedene Schaltgetriebe waren für den Wagoneer verfügbar. In Serie beim J-162 war ein 3-Gang Warner Gear Modell T–86 mit 2,57 – 1,55 – 1,00:1 in den Vorwärtsgängen und 3,489:1 im R-Gang. Das gleiche Getriebe, jedoch mit Overdrive und der Benennung T–86E war als Extra nur für den J-162 erhältlich. Der 0,7:1 übersetzte Overdrive arbeitete ab einer Fahrgeschwindigkeit von 42 km/h.

Die J-Modelle mit Allradantrieb besaßen ein 3-Gang-Getriebe T–90 von Warner Gear mit den Übersetzungen 2,79 – 1,55 – 1,00:1 (R-Gang 3,79:1). Es arbeitete zusammen mit einem Spicer-Verteilergetriebe Modell 20 mit Reduzierstufe und Knüppelschalthebel, dessen vier Positionen in einer Ebene lagen. Ganz vorn war der schnelle 4WD, dann folgte 2WD, dann eine Leerlaufstellung, die z. B. für den Antrieb von Arbeitsgeräten benötigt wurde, und als letzte Hebelstellung die Kombination von langsamem Gang und Allradantrieb.

Alle 4WD-Wagoneers hatten Kontrolleuchten für die Schaltstellungen im Verteilergetriebe unter dem Zentralinstrument. Bei Automatik-Autos zeigte ein grünes Licht an, wenn der Allradantrieb zugeschaltet war. Zwei Leuchten waren bei Schaltgetriebe-Versionen vorhanden: Ein grünes Licht brannte bei Allradbetrieb, sowohl im schnellen als auch im langsamen Gang; ein gelbes zeigte an, daß das Verteilergetriebe im Leerlauf war; beide Lichter erloschen, wenn man mit 2WD fuhr.

Mitte des Modelljahrs wurde als Extra eine Vierfach-Kontrolleuchte angeboten, bei der jeder Schaltstellung eine Farbe zugeordnet war:

Weiß:	*Zweiradantrieb geschaltet*
Grün:	*Vierradantrieb geschaltet*
Gelb:	*Neutralstellung*
Rot:	*Vierradantrieb mit Kriechgang (Reduzierstufe)*

Mit einem Kippschalter links neben den Leuchten konnte man sie abschalten, wenn man wollte.

Hydraulische Bremsen mit 280 × 51 mm Graugußtrommeln vorn und hinten wurden verwendet, mit einer wirksamen Belagfläche von 1040cm². Die gegen Ende 1962 gefertigten Wagen hatten eine Servoverstärkung mit Stellrad in der Bremsanlage, im Gegensatz zu den verstärkungsfreien, selbstzentrierenden Backen der früheren Exemplare. Die auf die Hinterräder wirkende Handbremse konnte beim 4WD-Wagoneer mit Automatik durch eine Ausführung mit Außentrommel auf der Kardanwelle hinter dem Verteilergetriebe ersetzt werden.

Angeboten wurden auch zwei Bremskraftverstärker-Varianten zur Wahl. Für die Automatikfahrzeuge war eine Bendix-Anlage bestimmt, bei der das Pedal breit war und tief unten lag. War ein Schaltgetriebe im Wagen, so verwendete man ein Midland-Modell mit höher liegendem, schmalerem Pedal.

Sowohl 2WD- als auch 4WD-Versionen waren mit Stahlscheibenrädern 15 × 5.5K von Kelsey-Hayes ausgerüstet. Serienmäßig waren 6.70 × 15er Vierlagenreifen montiert, auf Wunsch gab es die Bereifung 7.10 × 15.

Für den Wagoneer hatte die Ross-Lenkung 5,6 Umdrehungen von Anschlag zu Anschlag und eine Gesamtübersetzung von 24:1. Der Wendekreis der J-100-Modelle mit Einzelradfederung vorn betrug 11,8m, der des Starrachsers 12,5m. Als Extra wurde eine Thompson-Servolenkung angeboten – anfangs 20:1 übersetzt, später wie die Serie 24:1.

Da Willys die gleiche Grundkonstruktion des Rahmens für Versionen mit Zwei- und Vierradantrieb einsetzte, lag er mit 295 mm relativ hoch. Seine Längsträger waren aus 140 mm hohem U-Profil und nur leicht über den Achsen hochgezogen. Je nach Verwendungszweck (2WD, 4WD, Art der Vorderachse) wurden die fünf Querträger verschieden ausgeführt.

Ein 75-Liter-Tank war zwischen hinterer Kardanwelle und rechtem Rahmenlängsträger montiert. Obschon ausreichend groß, hatte er doch den Nachteil, daß er sich durch das fast horizontale Füllrohr und seine lange, schmale Form schlecht betanken ließ.

Das Interieur der J-Serie war modern, funktionell und attraktiv. Die Grundmodelle hatten alle Bezüge in Vinyl und praktische gummierte Fußmatten. Willys' Ausstattungspaket enthielt Teppichboden für vorderen und hinteren Fußraum, Verkleidung des Laderaums, Stoffteile an den Sitzen, qualitativ bessere Türtafeln und Dachhimmel, Radlaufauskleidungen, verchromten Rückspiegel, Chromzierat am Instrumentenbrett und an den Lautsprechern, verchromten Anzünder, Schaumstoffpolsterung der Sitze, Hupenring am Lenkrad. Der Custom Wagoneer hatte darüber hinaus einen Chromgrill, Radblenden sowie Front- und Türfensterrahmen in Edelstahl.

Zehn Farbtöne gab es für den Wagoneer: schaumkronenweiß, tannenspitzengrün, heckengrün, präsidentenrot, nordischblau, sierrablau, paradeblau, jetgrau, rindenbraun und bernstein-metallic.

Die Innenfarben umfaßten dagegen nur drei Farbtöne, waldgrün für Lackierungen in Grüntönen, nordischblau für solche in Blau und bernsteinfarben für alle übrigen.

Für den Wagoneer standen Extras in großer Auswahl zur Verfügung. So gab es im Fahrwerksbereich einen 40/60-Amp-Drehstromgenerator, Einzelradfederung vorn (nur 2WD), Overdrive (nur 2WD), Servolenkung, Bremskraftverstärker, Getriebebremse, Powr-Lok-Sperrdifferential (nur hinten), Ölbadluftfilter, Seilwinde vorn (nur 4WD), Zapfwelle hinten, Freilaufnaben vorn und Drehzahlregler von Firma Warn.

Luxus- und Komfort-Pakete enthielten Dinge wie verschließbaren Tankdeckel, Magnet-Ablaßschraube, Tachoteilung in km/h, Heckklappe mit elektrischem Antrieb, zweistufigen Wischer, Scheibenwascher, Belüftungs- und Heizungsanlage, elektrische Uhr, Mittelwellenradio, Rückfahrscheinwerfer, Kontrolleuchte für Standlicht, desgleichen für Verteilergetriebe-Positionen, Kompaß, verchromten Außenspiegel, gepolstertes Armaturenbrett, Sicherheitsgurte, getönte Scheiben (E-Z Eye) und eine Handschuhfachbeleuchtung.

Hier die Preisliste für 1963er Wagoneer-Modelle:

Serie	Werks-Listenpreis (US-Dollar)
J-100/Zweiradantrieb	
Viertüriger Station Wagon	*2579*
Zweitüriger Station Wagon	*2546*
Viertüriger Custom Station Wagon	*2783*
Zweitüriger Custom Station Wagon	*2738*
J-100/Vierradantrieb	
Viertüriger Station Wagon	*3332*
Zweitüriger Station Wagon	*3278*
Viertüriger Custom Station Wagon	*3526*
Zweitüriger Custom Station Wagon	*3472*

Die meisten Urteile über den neuen Jeep-Abkömmling waren, wie erwartet, sehr positiv. *Car Life* vom April 1963 begann seinen Überblick mit der langen Geschichte der Willys-Overland, die seit zehn Jahren einen »mutigen Kampf« gegen vielerlei Widerstände bestritten habe – einschließlich Zahlungsunfähigkeit, Wirtschafts- und Finanzkrisen. Und durch all diese Zeiten habe sich Willys (Anfang 1963 von Willys Motors Inc. in Kaiser Jeep Corporation umbenannt und voll im Besitz der Kaiser Industries Corp.) den Witz und Scharfsinn seiner Ingenieure erhalten können. Autor des Tests in *Car Life* war John R.Bond, Chefredakteur dieses wie auch des Fachblatts *Road & Track* und wohl einer der besten Fachleute unter den damaligen Motorjournalisten. Selbstverständlich richtete er sein Hauptaugenmerk auf Willys' neuen ohc-Motor, »eines der derzeit interessantesten Serientriebwerke«, wie er sagte.

Obgleich Bond sich etwas an dem hohen Preis seines Allrad-Testwagens, einem Custom Station Wagon, störte, nannte er ihn ein »offenbar für viele Funktionen gut durchdachtes Auto«. Bond, selbst einer von der »alten Schule«, meinte: »Wenn Sie Autos wie etwa den Corvair Monza gewohnt sind, werden Ihnen die Sitze entsetzlich hoch vorkommen, obwohl sich die Sitzposition nicht wesentlich von der eines 1948er Ford oder Mercury unterscheidet.« Dem Tester gefielen Fahrleistungen und Fahreigenschaften gleichermaßen. Er erinnerte seine Leser daran, daß der Tornado ohc ein Lkw-Motor war und erklärte damit, daß er »auch nicht so seidenweich wie ein modernes V8-Pkw-Triebwerk« sei. »Egal, dieser Tornado-Sechszylinder fühlt sich außerordentlich stark und solide an – und das ganz besonders im unteren Drehzahlbereich.«

Ähnliches Lob erhielt die Federung des Wagoneer. Bond nannte sie »ganz außerordentlich gut, auf jeden Fall etwas straffer als bei einem typischen Kombi auf Pkw-Basis und damit besser für den Zweck. Das Fahrgefühl ist alles andere als lastwagenmäßig, und der Wagoneer fühlt sich stabil und beherrschbar an auf Straßen, die andere Fahrzeuge zum Schwimmen und Schwänzeln bringen.«

In England wurde das Interesse am Wagoneer durch den Import einer Anzahl dieser Autos seitens der Baggerfirma J.C.Bamford erweckt, die sich den ersten Wagoneer per Boeing 707 direkt vom Hersteller schicken ließ, als es dort noch keine Rechtslenker von diesem Typ gab. Der Bamford-Wagoneer war Gegenstand eines Straßentests, den *The Autocar* am 19.Juni 1964 veröffentlichte. Das Blatt fand, der Wagoneer sei – mit nur wenigen Einschränkungen – ein leistungsfähiges, unterhaltsames Fahrzeug. Es sei in der Lage, »zwei Qualitäten miteinander zu kombinieren: einerseits die Fähigkeit, sich in Matsch und Morast noch mobil zu halten, wo mancher Geländesportwagen mit durchdrehenden Rädern liegenbleibt, zum andern Komfort, großes Raumangebot und müheloses Erreichen der hohen Reisegeschwindigkeiten eines großen US-Station-Wagons.«

Anerkennung gab es ferner für die Fahrleistungen des Wagoneer, z.B. von *The Autocar* : »Für ein Fahrzeug dieser Größe mit einem so kompromißlosen Styling ist die Höchstgeschwindigkeit ausgezeichnet, und bis etwa 130 km/h beschleunigt es auch ganz exzellent.« Bedenkt man die jahrelange Beschäftigung der Tester dieses Magazins mit Hochleistungswagen, die den Maßstab für die Wagoneer-Untersuchung mitbestimmte, so sind die Kommentare zum Fahrverhalten des Autos sicher besonders interessant: »Trotz seiner ungewöhnlich großen Bodenfreiheit und seinem lastwagenhaften Aussehen hat der Wagoneer unerwartet gute Handling-Eigenschaften und erstaunlich wenig Rollneigung in scharf gefahrenen Kurven.«

Für 1964 erfuhr der Wagoneer im Aussehen und in den technischen Hauptdaten keine Änderungen. Als neues Extra war jetzt auch eine Klimaanlage erhältlich. Für den Wagoneer und auch für das betagte Modell 6–230 wurde eine nur 7,5:1 verdichtete Variante des ohc-Motors angeboten, die 133 PS bei 4000/min leistete und ein Drehmoment von 270 Nm bei 2400/min hatte.

Die Preise der 1964er Wagoneers lauteten wie folgt:

Serie	Werks-Listenpreis (US-Dollar)
J-100/Zweiradantrieb	
Viertüriger Station Wagon	*2673*
Zweitüriger Station Wagon	*2629*
Viertüriger Custom Station Wagon	*2871*
Zweitüriger Custom Station Wagon	*2827*
Zweitüriger Lieferwagen	*2511*

J-100/Vierradantrieb	Werks-Listenpreis (US-Dollar)
Viertüriger Station Wagon	*3434*
Zweitüriger Station Wagon	*3379*
Viertüriger Custom Station Wagon	*3633*
Zweitüriger Custom Station Wagon	*3578*
Zweitüriger Lieferwagen	*3082*

Der Wagoneer war das erste Jeep-Produkt, das man auch mit einem V8-Motor erwerben konnte, und zwar ab April 1965, als auf Wunsch ein 5,36-Liter-V8 der AMC eingebaut wurde. Diesen Schritt zum Großmotor verkündete mitten im Modelljahr der Marketingdirektor der Kaiser Jeep Corporation, James Beattie, der es als Kaisers Politik bezeichnete, mit bereits lieferbaren Neuerungen nicht erst bis zum Erscheinen des neuen Modells zu warten. In Serie blieb weiterhin der ohc-6-Zylinder, doch der »Vigilante« V8 war zu 190,83 Dollar Aufpreis eine rasante Alternative. Mit Doppelvergaser leistete der V8 volle 250 PS bei 4700/min und hatte 461 Nm bei 2600/min.

Dieses Aggregat war ursprünglich 1956 für den Nash Ambassador Special entwickelt worden. Damals hatte es 4,1 Liter Hubraum gehabt (88,9 mm Bohrung, 82,6 mm Hub) und hatte mit 8:1 Verdichtung und Carter-Doppelvergaser 190 PS bei 4900/min abgegeben. Die meisten Fachleute bezeichneten es als eine brave, gute Konstruktion, zwar nicht aufregend, aber doch technisch auf modernem Stand und zuverlässig. Der Motor mit vierfach gelagerter Welle wog mit allem Zubehör, aber ohne Schwungrad und Kupplung, 272 kg. Für alle Graugußteile wurde dünnwandiger Guß verwendet. Mit seinen großen Ventilen (Einlaß 45,5 mm, Auslaß 35,8 mm) und dem reichlichen Zylinderabstand von 120,7 mm war es leicht, ihn 1957 bis auf 5,36 Liter aufzubohren, d. h. auf 101,6 mm Bohrung bei gleichem Hub 82,6 mm. Zu diesem Zeitpunkt leistete er mit Carter-Vierfachvergaser und 9:1 Verdichtung 255 PS bei 4700/min. Im Dezember 1956 hatte AMC angekündigt, daß dieser V8 für ihren Einstieg in das damals hochaktuelle Thema »Hochleistungswagen in Kleinserie« vorgesehen sei, für das Modell Rambler Rebel, und die 255-PS-Version würde die Serienmaschine sein. Der V8 würde auf Wunsch mit elektronischer Einspritzung von Bendix angeboten werden. Infolge Produktionsengpässen wurde aber kein Rebel mit Einspritzung ausgeliefert, doch im Jahr darauf bot AMC einen stärkeren V8 mit 9,7:1 Verdichtung und 270 PS bei 4700/min an.

In Verbindung mit diesem V8 lieferte Kaiser Jeep auch die von GMC hergestellte 3-Gang-Automatik mit Drehmomentwandler »Turbo Hydra-Matic« sowohl für 2WD- als auch für 4WD-Modelle. Diese Kombination kam als zusätzliches Extra für den Wagoneer und ersetzte keine der bisherigen Motor-Getriebe-Alternativen.

Das Zweigang-Verteilergetriebe, das in Verbindung mit GMs Hydra-Matic eingesetzt wurde, war ein 2,03:1 übersetztes Spicer Typ 20. Andere Wagoneers mit Automatik hatten diese starke Reduktion nicht, weil für deren Schaltung eine mechanische Kupplung nötig war. GMC Saginaw Division lieferte im übrigen auch die Servolenkung für den Wagoneer, eine Kugelumlauflenkung.

Die Fahrleistungen des V8 Wagoneer waren erwartungsgemäß denen der 6-Zylinder überlegen. *Motor Trend* vom September 1965 testete ein solches Auto mit einer Auswahl von Extras einschließlich Turbo Hydra-Matic (zum V8 gehörte normal ein 3-Gang-Schaltgetriebe, auf Wunsch mit Overdrive), ferner Klimaanlage, Bremskraftverstärker und Servolenkung. Mit einem Leergewicht fahrbereit von 1900 kg und der zur Automatik gehörigen Hinterachse 3,31:1 beschleunigte der Wagoneer von 0 auf 60mph (96km/h) in 14,5 Sekunden. Ein vom Fachblatt *Popular Mechanics* im Oktober 1965 gefahrener anderer Wagoneer V8 schaffte das etwas schneller, in 13,1 Sekunden. Der Testwagen von *Motor Trend* brauchte für die stehende Viertelmeile (ca.400m) 19,6s mit Endtempo 109 km/h, während die Spitze mit 142,5 km/h gestoppt wurde.

Im Vergleich mit anderen US-Wagen war der Wagoneer recht teuer. In der von *Motor Trend* getesteten Zusammenstellung hatte das Auto immerhin 5330,80 Dollar gekostet. Sein Grundpreis betrug 3633 Dollar; hier ein Vergleich mit anderen amerikanischen Station Wagon Baujahr 1965:

Marke/Modell	Werks-Listenpreis (US-Dollar)
Chevrolet Impala 4-türig, 9-sitzig	*3181*
Buick Skylark 4-türig, 9-sitzig	*3285*
Dodge Custom 880 4-türig, 3-sitzig	*3407*
Ford Country Squire, 9-sitzig	*3283*
Mercury Colony Park, 9-sitzig	*3511*
Oldsmobile F-85 Custom, 8-sitzig	*3865*
Plymouth Fury III, 9-sitzig	*3193*
Pontiac Catalina Safari, 9-sitzig	*3202*

Die vollständige Liste der Wagoneer-Varianten sah wie folgt aus:

Serie	Werks-Listenpreis (US-Dollar)
J-100/Zweiradantrieb	
Viertüriger Station Wagon	*2701*
Zweitüriger Station Wagon	*2658*
Viertüriger Custom Station Wagon	*2896*
Zweitüriger Custom Station Wagon	*2853*
Zweitüriger Lieferwagen	*2511*

J-100/Vierradantrieb	Werks-Listenpreis (US-Dollar)
Viertüriger Station Wagon	*3449*
Zweitüriger Station Wagon	*3395*
Viertüriger Custom Station Wagon	*3644*
Zweitüriger Custom Station Wagon	*3590*
Zweitüriger Lieferwagen	*3396*

Alle Wagoneer-Modelle für 1965 hatten serienmäßig ein neues Sicherheitspaket. Es bestand aus Sicherheitsgurten vorn und hinten, gepolsterten Sonnenblenden, hoch schlagfester Frontscheibe, verchromtem Außenspiegel, Zweikreisbremse, Warnblinkanlage, Rückfahrscheinwerfern und zweistufiger Wischer-/Wascheranlage.

Wichtiger noch für die Stärkung der Position des Wagoneer am Markt war die Einführung des Super Wagoneer 1966. Bis heute hat es kein dramatischeres Beispiel für die Eskalation der Komplexität am Allradmarkt gegeben. Kaiser Jeep sparte nicht mit rhetorischen Mitteln, um den Super Wagoneer bei seinen potentiellen Käufern ins rechte Licht zu rücken. Außer daß man ihn als »eine neue Dimension im Automobilbau« bezeichnete, stellte man fest: »Egal, wie viele Autos einer in seinem Leben schon besessen hat: es gibt kaum etwas Materielles, das einen derart aufregen kann wie die ersten paar Stunden und Tage, die man in einem wirklich tollen Auto verbringt«.

Auf den Grand Wagoneer zwei Jahrzehnte später hätte das alles sicher besser gepaßt, doch 1966 stellte der Super Wagoneer bei seiner Einführung wenigstens schon einen deutlichen Schritt in der Entwicklung zum Prestigefahrzeug dar.

Sein Exterieur war geprägt von dem – vielleicht mit Ausnahme der Modelle Gala und Surrey – wohl ungewöhnlichsten Styling, das bis heute ein Jeep vorzuweisen hatte. Zwei farblich abgesetzte Seitenstreifen, die von vorn nach hinten breiter wurden, unterschieden den Super Wagoneer (auch wenn sie etwas altbacken wirkten) von anderen Modellen. Der breitere obere, geriffelte Teil dieser Streifen war altgold, der untere Teil passend zum bezogenen Wagendach schwarz lackiert. Am Heck fanden sich ähnliche, noch flächendeckendere Zierelemente des gleichen Stils. Den üblichen Schriftzug »Wagoneer« am hinteren Seitenteil ergänzte hier das Wort »Super« in Gold. Auf den Vorderkotflügeln fand sich verspielter Zierat, während die Radzierblenden mit vorgetäuschten Rudge-Naben schon etwas moderner wirkten. Den Super Wagoneer gab es in den Lackierungen empire-blau, indischkeramik, gletscherweiß, präriegold.

Kaiser Jeep bezeichnete den Super Wagoneer als

'Jeep' Wagoneer

Das Wetter, das der Wagoneer-Fahrer liebt (Bild: Sammlung des Autors)

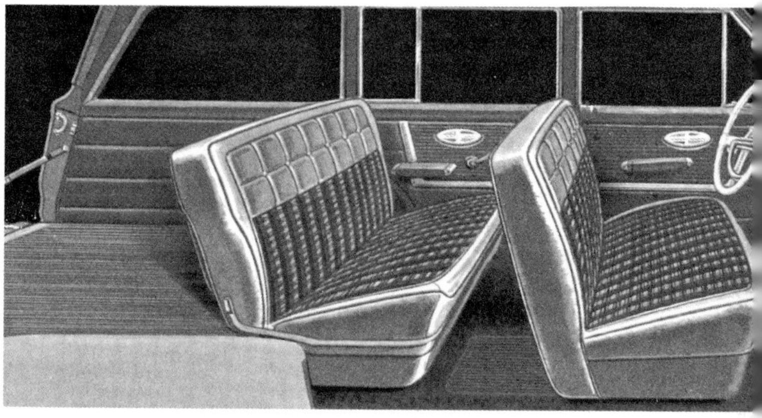

Interieur des 1963er Wagoneer Deluxe (Bild: Sammlung des Autors)

Rechte Seite:

Oben: Dieses Deckblatt eines Wagoneer-Prospekts von 1963 stellt vorteilhaft den Charakter des Wagens als Familien-Freizeitauto heraus (Bild: Sammlung des Autors)

Unten: Der 1963er Wagoneer mit seinen gefälligen Linien (Bild: Sammlung des Autors)

ALL NEW ALL 'JEEP'
'Jeep' Wagoneers

Jeep
'Jeep'

Funktionelles Interieur, ein wichtiges Merkmal des 1963er Wagoneer – hier in Rechtslenkerversion (Foto: Sammlung des Autors)

Zweitürige Serienausführung des Wagoneer 1963 (Foto: Sammlung des Autors)

Der geräumige Laderaum des Wagoneer (Foto: Sammlung des Autors)

Der ohc-Motor »Tornado« (Foto: Sammlung des Autors)

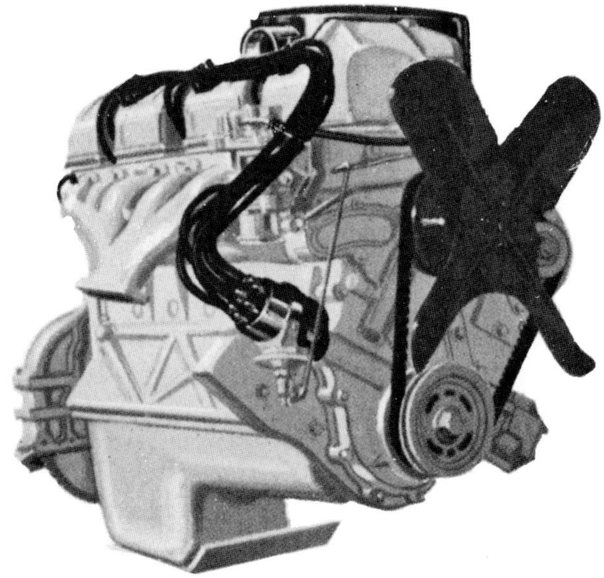

Phantombild der Vorderachsaufhängung des Wagoneer (Foto: Sammlung des Autors)

Anordnung der als Sonderwunsch lieferbaren Kontrollampen für die Antriebswahl im 1963er Wagoneer (Foto: Sammlung des Autors)

Serienmäßige Details der Version Super Wagoneer (Bild: Sammlung des Autors)

The electrically-operated rear window is activated by a slight touch of the power-control switch located conveniently to the driver, or by insertion of the ignition key into the tailgate lock. Unless this window is lowered, the tailgate can't be opened accidentally.

Gleaming chrome skid strips brighten the plush appearance of the Super Wagoneer's carpeted cargo area and provide additional ease in loading and unloading. The Super Wagoneer has a larger tailgate opening and a bigger cargo area than any wagon in its wheelbase class — an example of the superb craftsmanship displayed throughout this lavish wagon.

Even the roof of the Super Wagoneer is elegant. The smartly textured, padded vinyl covering is hand fitted, and especially treated for durability. Further enhancing the attractiveness of the 'Jeep' Super Wagoneer is a chromium luggage carrier that easily supports anything from safari equipment to resort luggage.

The careful attention paid to each design detail becomes apparent upon close examination of any of the carefully fitted components of the Super Wagoneer. The door panels keynote this design coordination. Each panel is carefully trimmed in supple pleated vinyl with simulated walnut wood-grain and chromium accents. And a carpeted scuff panel helps soften door closing noise.

Der 270-PS-V8 »Vigilante« des Super Wagoneer (Bild: Sammlung des Autors)

Der Super Wagoneer von 1966 (Bild: Sammlung des Autors)

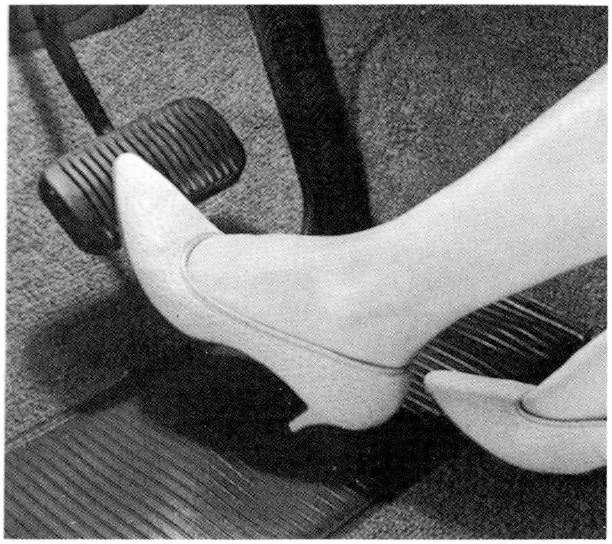

Dezenter Hinweis darauf, daß man den Super Wagoneer auch als Auto für die Dame sehen wollte (Foto: Sammlung des Autors)

Serie	Werks-Listenpreis (US-Dollar)
J-100/Zweiradantrieb	
Viertüriger Station Wagon	*2838*
Zweitüriger Station Wagon	*2794*
Viertüriger Custom Station Wagon	*3033*
Zweitüriger Custom Station Wagon	*2989*
Zweitüriger Lieferwagen	*2650*
J-100/Vierradantrieb	
Viertüriger Station Wagon	*3585*
Zweitüriger Station Wagon	*3531*
Viertüriger Custom Station Wagon	*3780*
Zweitüriger Custom Station Wagon	*3726*
Zweitüriger Lieferwagen	*3223*
Viertüriger Super Wagoneer	*5943*

das »eleganteste Allradauto, das je gebaut wurde«, und seine Innenausstattung bestätigte das. Innenleuchten befanden sich am Dachhimmel und in Bodennähe, und das Lenkrad ließ sich siebenfach verstellen. Die Sitze (vorn einzeln, hinten Sitzbank) waren schaumstoffgepolstert und mit elegant strukturierten Materialien bezogen. Die Türtafeln hatten weiche Vinylbezüge mit imitierten Walnußholzdekors und Chromteilen. An den Sitzen waren nicht, wie sonst an US-Wagen üblich, eingeprägte, sondern wirklich maschinengearbeitete Nähte. Sonnenblenden und Instrumententafel waren gepolstert; die Beifahrersonnenblende hatte einen eingelegten Frisierspiegel und der Innenspiegel war abblendbar. Vorn wurden Automatikgurte eingebaut, und auch für die Fondsitze gab es serienmäßig Gurte.

Außer den schon genannten Punkten war der Super Wagoneer mit einer Vielzahl von Serienzubehör ausgestattet, unter anderm Klimaanlage, Turbo Hydra-Matik, Bremskraftverstärker, Servolenkung, elektrische Rückfensterbetätigung, getöntes Sicherheitsglas rundum, Weißwandreifen 8.45 × 15 Power Cushion (4 Lagen), Dachgepäckträger, verchromter Außenspiegel, Transistorradio mit Drucktasten. Ein interessantes Detail des Radios war eine automatische Lautstärkeregelung, die den Schallpegel stets konstant hielt.

Als Antrieb für den Super Wagoneer diente die 9,7 : 1 verdichtete Vierfachvergaserversion des 5,36-Liter-V8 Vigilante. Sie leistete 270 PS bei 4700/min, das Drehmoment erreichte 488 Nm bei 2600/min.

Mit Einführung des Super Wagoneer lautete die vollständige Preisliste für die Wagoneer-Versionen Modelljahr 1966:

Wie die übrigen Wagoneer-Versionen, so hatte 1966 auch der Super Wagoneer einen neuen, fast über die ganze Wagenbreite gehendem Grill mit senkrechten Rippen erhalten, durch den er sich deutlich von den Gladiator-Lkws und dem Kasten-Lieferwagen unterschied. Alle Wagoneer-Modelle waren nun serienmäßig mit dem Sicherheitspaket ausgerüstet, das auch der Gladiator besaß. Schließlich war für alle Modelle noch die Auswahl der Interieurfarben erweitert worden.

1967 dagegen gab es keine Stylingänderungen an den Wagoneer-Modellen, so daß sich die Medien vor allem dem wiedererstandenen Jeepster zuwenden konnten. Das bedeutete jedoch nicht, daß nicht auch wichtige Neuerungen am jüngsten Wagoneer zu finden waren. Zweifellos war darunter die schwerwiegendste der Ersatz des ohc-Motors durch einen 3,8-Liter-Sechszylinder von AMC.

Die Aufgabe des ohc-Motors schon nach so kurzer Zeit enttäuschte sicherlich viele Willys-Fans, doch der Kauf eines sehr viel kostengünstigeren Triebwerks an dessen Stelle war ökonomisch sinnvoll. Der 3,8-Liter war Mitte 1964 für die neue Luxusversion des Rambler, das zweitürige Typhoon-Hardtop, eingeführt worden. Zu dieser Zeit war er mit 95,3 mm Bohrung und 88,9 mm Hub der größte 6-Zylinder der US-Produktion. Obgleich sehr konventionell ausgelegt, hatte dieser Motor, der noch im Jahre 1988 als 4,23-Liter in Fertigung war, eine Menge Pluspunkte. Zunächst einmal war er mit 188 kg Gewicht sehr leicht gebaut. Seine gegossene Kurbelwelle war siebenfach gelagert, und die Ein- und Auslaßventile maßen 45,4 mm bzw. 35,7 mm. In den keilförmigen Brennräumen saßen die Ventile unter 10° angewinkelt. Die Leistungswerte betrugen 145 PS bei 4300/min und 292 Nm bei 1600/min.

Die Wagoneer-Baureihe blieb 1967 ungekürzt,

obschon Kaiser Jeep das Spektrum der Gladiator Lkw-Reihe deutlich verringert hatte. Hier die Preise:

Serie	Werks-Listenpreis (US-Dollar)
J-100/Zweiradantrieb	
Viertüriger Station Wagon	*2953*
Zweitüriger Station Wagon	*2909*
Viertüriger Custom Station Wagon	*3150*
Zweitüriger Custom Station Wagon	*3106*
Zweitüriger Lieferwagen	*2783*
J-100/Vierradantrieb	
Viertüriger Station Wagon	*3702*
Zweitüriger Station Wagon	*3648*
Viertüriger Custom Station Wagon	*3898*
Zweitüriger Custom Station Wagon	*3844*
Viertüriger Super Wagoneer	*6048*
Zweitüriger Lieferwagen	*3357*

Zum Modelljahr 1968 war dann der Wagoneer nur mehr in Allradform lieferbar. Dieser Schritt ging einher mit der Bildung einer neuen Untergruppe, die aus dem Super Wagoneer mit V8-Motor und einem neuen Modell, dem Custom V8, bestand. Damit sah die Wagoneer-Baureihe mit ihren 1968er Preisen wie folgt aus:

Serie	Werks-Listenpreis (US-Dollar)
J-100/Vierradantrieb	
Viertüriger Station Wagon	*3869*
Zweitüriger Station Wagon	*3815*
Viertüriger Custom Station Wagon	*4065*
Zweitüriger Custom Station Wagon	*4011*
Zweitüriger Lieferwagen	*3457*
J-100 V8/Vierradantrieb	
Viertüriger Super Wagoneer (V8)	*6163*
Viertüriger Custom Station Wagon (V8)	*5671*

Wagoneer von 1968. Ein kleiner Gag: Rechts liest man »V–8 Jeep«, drüben an der linken Seite heißt es »Jeep V–8« (Foto: Sammlung des Autors)

Den 1968er Wagoneer bekam man entweder mit dem 145-PS-Sechszylinder oder dem 230-PS-V8 (Foto: Sammlung des Autors)

Obgleich 1969 das letzte Jahr für die Firma Kaiser Jeep war, so war es doch ein Jahr, in dem eine ganze Reihe wichtiger Änderungen am Wagoneer wie auch an seinen Varianten erschienen. Dabei wurden der Super Wagoneer und alle Zweitürer aufgegeben, so daß nur noch die folgenden vier Angebote verblieben:

Serie	Werks-Listenpreis (US-Dollar)
J-100/Vierradantrieb	
Viertüriger Station Wagon	*4145*
Viertüriger Custom Station Wagon	*4342*
J-100 V8/Vierradantrieb	
Viertüriger Station Wagon	*5671*
Viertüriger Custom Station Wagon	*6163*

Diese Modelle wurden in sieben verschiedenen Farben angeboten: empire-blau, broncenebel, präriegold, tannenspitzengrün, goldbeige, gletscherweiß und präsident-rot. Alle lackierten Flächen wurden zuvor zinkphosphatiert und grundiert. Nach dem Lackieren und der Endkontrolle behandelte das Werk jeden Wagoneer mit Unterbodenschutz sowie mit einem Schutzwachs für den Transport.

Das Interieur des Grundmodells mit genarbtem Vinyl wurde in den Farbtönen rohleder, anthrazit und marlin-blau geliefert. Dazu passend gab es Dachhimmel, Instrumententafelbezug, Sonnenblenden, Teppichboden und Sicherheitsgurte.

Die gleichen Innenfarben waren auch für den Custom verfügbar, dessen Bezugsstoffe aber aus einer Kombination von Nylon/Kunstseide mit weichem, gedehntem Vinyl bestanden. Als Extra gab es plissiertes Vinyl in Anthrazit oder präsident-rot für den Custom Wagoneer.

Der 145 PS »Hi-Torque«-Sechszylinder blieb serienmäßiger Motor des Wagoneer. Beim V8 aber ersetzte ein 5,74 Liter »Dauntless«-Triebwerk von Buick den 5,36-Liter von AMC. Die Verbindung zu Buick kam zustande, als Kaiser Jeep die Fertigungseinrichtungen des Buick V6-Motors für die CJ-Modelle erwarb.

Als Buick mit seinem ersten Compact Car, dem Special, 1964 ins Mittelklassefeld umstieg, verwendete er erstmals diesen V8 wahlweise zum Serien-6-Zylinder. Damals besaß der Motor 4,92 Liter Hubraum, leistete 210 PS bei 4600/min und hatte ein

Drehmoment von 420 Nm bei 2400/min. Konstruktiv war er der Nachfahr sowohl vom Buick V6 wie auch vom älteren Leichtmetall-V8 und hatte anfangs Alu-Zylinderköpfe, die aber 1965 durch Graugußköpfe ersetzt wurden. Im Jahr darauf erhielt er über einen längeren Hub (97,8 statt 86,4 mm) bei weiterhin 95,3 mm Bohrung 5,57 Liter Hubraum. Für das Modelljahr 1968 vergrößerte Buick durch Aufbohren auf 96,5 mm den Hubraum dieses als »small block V8« bezeichneten Motors auf 5,74 Liter. In dieser Form, mit Doppelvergaser und Verdichtung 9:1, wurde er an Kaiser Jeep geliefert. Seine Daten: 230 PS bei 4400/min; 475 Nm bei 2400/min. Wagoneers mit diesem Motor trugen vorn seitlich die Aufschrift »350 V8 Jeep« (350 für den in Kubikzoll ausgedrückten Hubraum).

Die 1970er Wagoneers, die letzten, die unter der Flagge von Kaiser Jeep produziert wurden, erkannte man an einer geänderten Farbskala für innen und außen, dem neuen »Eierschneider«-Frontgrill sowie Positionslampen am Vorderkotflügel und geänderten Dekors rundherum. Den alten Grill spendierte man der Gladiator-Lkw-Baureihe und verschaffte dem Wagoneer mit dem neuen wieder ein eigenes Image innerhalb der Jeep-Modelle. Das alte, runde Jeep-Markenemblem am Grill wurde durch ein zeitgemäßeres »JEEP« in Blockbuchstaben ersetzt. An den Flanken trug der Wagoneer vorn einen etwas tiefer als 1969 angebrachten Jeep-Schriftzug und einen ebensolchen vor dem hinteren Radlauf mit einer geänderten Modellbezeichnung, während der »Wagoneer«-Schriftzug am Heck entfiel. Beim Custom gab es rund um das Kennzeichen am Heck einen Ziereinsatz in Schachbrettmuster.

Insgesamt wurden neun Außenfarbtöne für das 70er Modell angeboten, zwei mehr als für den 1969er Wagoneer: islandblau, kerzenlichtgelb, bronzefarben, tannenspitzengrün, präsident-rot, champagnerweiß, vintage-gold, avokadonebel und frühlingsgrün.

Ein halbes Jahr nach Übernahme der Firma Kaiser Jeep vom Januar 1970 bot American Motors für den Wagoneer ein neues Schiebedach für 490,50 Dollar Aufpreis an. In diesem Preis war auch ein vinylbezogenes Dach enthalten, ebenso Verzierungen an den Seiten in der Art des nicht mehr gefertigten Super Wagoneer in vier verschiedenen Farben.

Für die Wagoneer-Modelle 1970 galten folgende Preise:

Modell	**Werks-Listenpreis (US-Dollar)**
J-100/6-Zylinder, 4-türiger Station Wagon	*4284*
J-100/6-Zylinder, 4-türiger Custom	*4526*
J-100/V8	*5876*

Zum Modelljahr 1971 gab es zunächst keine Änderungen am Wagoneer, bis AMC ab 4. Januar 1971 den 4,23-Liter-Sechszylinder serienmäßig einbaute. Das war ein vom 3,8 Liter abgeleiteter Motor und hatte die Zylinderabmessungen 95,3 (Bohrung) und 99,1 (Hub) sowie 150 PS Leistung. Wahlweise dazu bot AMC jetzt seine V8-Triebwerke an, entweder mit 5,0 oder 5,9 Liter Hubraum, die 210 PS bei 4400/min bzw. 245 PS bei 4400/min leisteten. Das maximale Drehmoment des 5,9-Liter-V8 betrug 495 Nm bei 2600/min.

Wie man hier ersehen kann, wurden die Preise 1971 nochmals erhöht:

Modell	**Werks-Listenpreis (US-Dollar)**
J-100/6-Zylinder, 4-türiger Station Wagon	*4447*
J-100/6-Zylinder, 4-türiger Custom	*4697*
J-100/V8, 4-türiger Special	*6114*

Der Wagoneer war 1972 zwar der Typ im Jeep-Programm mit den geringsten Änderungen, und doch gab es – außer der aus 1971 übernommenen Motorenbaureihe, die ganz von AMC stammte – einige deutliche Zeichen für den AMC-Einfluß. So waren die Sitze jetzt serienmäßig mit geprägtem Vinyl überzogen, während die Käufer des Custom zwischen Stoff mit Hahnentrittmuster und gelocht-plissiertem Vinyl wählen durften. Die Custom Wagoneers besaßen auch eine andere Verkleidung der Türen. Neu in Serie gingen ein großer Abblendspiegel von 230 mm Länge und eine leisere Saginaw-Pumpe für die Servolenkung. Als Extra für den Wagoneer wurden vordere Einzelsitze genannt. Aufgegeben wurde ab 1972 das Modell Custom Special; die einzelnen Zubehörteile blieben allerdings weiterhin als separate Extras lieferbar.

1972 gab es beim Wagoneer zwei deutliche Preissenkungen: Das Grundmodell des Station Wagon kostete mit 4398 Dollar um 49 Dollar weniger als 1971, und der Custom wies bei 4640 Dollar einen Rückgang um 57 Dollar aus. Die Preise der beliebtesten Extras für den Wagoneer lauteten:

Gegenstand	**Listenpreis (US-Dollar)**
5,9-Liter-V8-Motor	*218*
Turbo Hydra-Matic (Automat)	*275*
Klimaanlage	*455*
Servolenkung	*148*
Bremskraftverstärker	*46*
Freilaufnaben vorn	*102*
Sperrdifferential hinten	*61*
Verstärkte Stoßdämpfer	*15*
Verstärkte Federn	*23*
Mittelwellenradio	*72*

Das Quadra-Trac-System wurde 1973 am Wagoneer eingeführt (Foto: Sammlung des Autors)

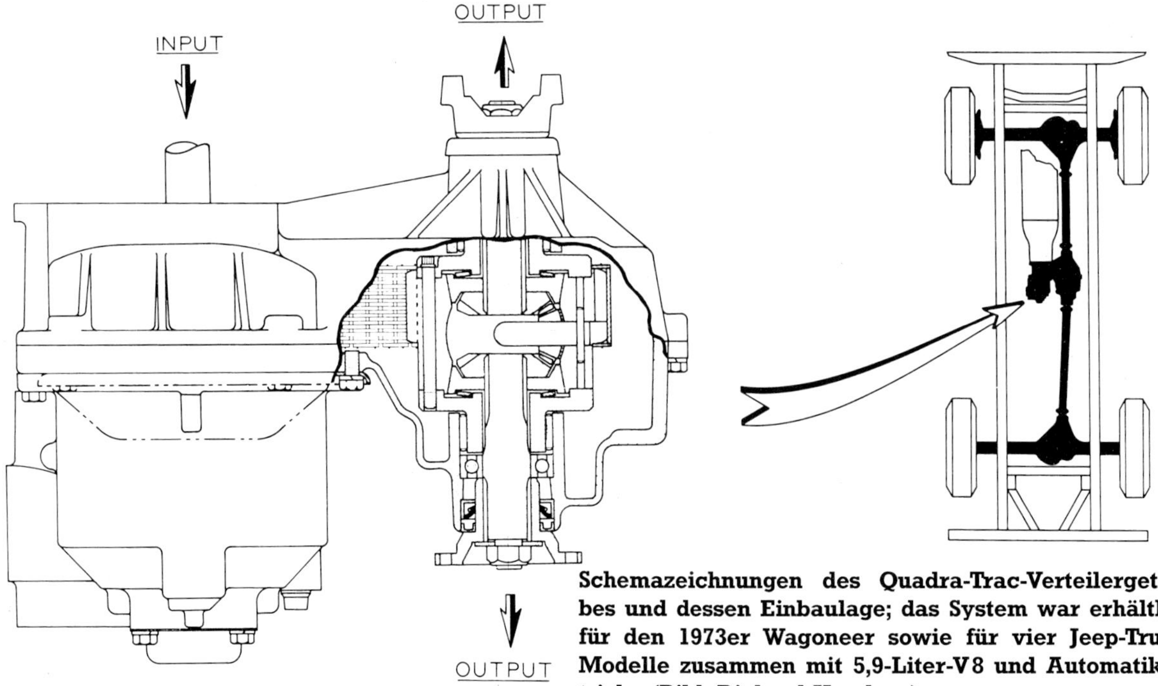

Schemazeichnungen des Quadra-Trac-Verteilergetriebes und dessen Einbaulage; das System war erhältlich für den 1973er Wagoneer sowie für vier Jeep-Truck-Modelle zusammen mit 5,9-Liter-V8 und Automatikgetriebe (Bild: Richard Knudson)

Das Jahr 1973 brachte als große Neuerung den wahlweisen Einbau des von Borg-Warner gelieferten Allradantriebssystems »Quadra-Trac«. Marvin Stucky, Jeep-Entwicklungsvorstand bei AMC, erklärte: »Quadra-Trac haben wir seit mehr als vier Jahren in der Entwicklung. Es stellt einen für den vierradgetriebenen Wagen etwa ebenso bedeutsamen Fortschritt dar wie seinerzeit der erste Getriebeautomat für das Auto. Die Revolution der Allradantriebe beginnt«.

Die Grundidee des Quadra-Trac war simpel. Zunächst sorgte je ein Sperrdifferential an Vorder- und Hinterachse für eine genau den momentanen Fahrbahnbedingungen entsprechende Aufteilung des Antriebsmoments an der jeweiligen Achse auf deren Räder. In gleicher Weise arbeitete in der Mitte des Antriebstraktes ein drittes Sperrdifferential (das »Mittendifferential«, das sein Antriebsmoment vom Getriebeausgang über eine Duplexkette bezog) mit einer Konuskupplung und momentenabhängiger Sperre, die das gesamte Antriebsmoment – wiederum entsprechend den Fahrbahnverhältnissen – auf Vorder- und Hinterachse aufteilte. Daraus folgte, so Stucky, daß Quadra-Trac »...auf der Straße und im Gelände stets und unter allen Außenbedingungen größtmögliche Fahrsicherheit« garantierte.

Außer diesen verbesserten Antriebseigenschaften war Quadra-Trac im Betrieb wesentlich leiser als vergleichbare Systeme, verringerte den Reifenverschleiß und machte die Freilaufnaben vorn überflüssig. Zusammen mit dem Quadra-Trac wurden die Turbo Hydra-Matic und der 5,9-Liter-V8 mit nur einem Doppelvergaser und einer Verdichtung 8,5:1 eingebaut. In seiner 1973er Form leistete er 175 PS bei 4000/min und brachte 386 Nm bei 2400/min auf die Bremse. Eine Version mit Vierfachvergaser, 195 PS bei 4400/min und 400 Nm bei 2900/min stand wahlweise zur Verfügung. Da das Quadra-Trac Leistungen bis etwa 250 PS bzw. Drehmomente bis 440 Nm verkraftete, konnten beide Motoren verwendet werden.

Entweder werksseitig oder vom Händler zu montieren war ein auf Wunsch zum Quadra-Trac erhältliches, selbständiges Kriechganggetriebe mit Übersetzung 2,57:1. Es schloß unmittelbar an das Verteilergetriebe (hinter dem Automaten) an und wurde über einen Knopf am Instrumentenbrett rechts von der Lenksäule zugeschaltet. Den Kriechgang durfte man nur im Stillstand bzw. unter 8 km/h schalten. Dazu wurde der Wählhebel auf Neutral gestellt und der Knopf gezogen. Für extreme Bedingungen konnte man das Mittendifferential durch einen Schalter im Handschuhfach sperren, was (bei Linksdrehung des Schalters) durch eine Kontrolleuchte angezeigt wurde. In Normalstellung (nach rechts) brannte das Licht nicht.

AMC-Verkaufschef William G.Morgan teilte mit, daß man Quadra-Trac nach und nach in die Wagoneer-Produktion einfließen lassen wolle, um dabei den Bedarf zu ermitteln. Demgemäß gab es anfangs den Wagoneer mit Quadra-Trac nur in begrenzter Stückzahl.

Neben dieser »epochalen« Neuerung hatte der 1973er Wagoneer aber auch eine Reihe weiterer Änderungen aufzuweisen. Auffallend für den Kenner war die zum vollsynchronisierten Dreiganggetriebe eingebaute Knüppelschaltung, die auch das gegen Aufpreis lieferbare Vierganggetriebe hatte. Lediglich der Wählhebel der Automatik saß weiterhin am Lenkrad. Ins Auge fiel auch das neue Armaturenbrett mit dem dreigeteilten Instrumententeil, in dem der Tachometer mit Kilometerzähler in der Mitte und links davon Benzinuhr und Wasserthermometer sowie Bremswarn- und Handbrems-Kontrolleuchten angeordnet waren. Rechts saßen zusammengefaßt neue Anzeigegeräte für Öldruck und Ladezustand (welche die allgemein verschmähten »Idiotenleuchten« ersetzten). Alle Schalter hatten eine »soft feel« Oberfläche und weiße Symbole nach internationaler Norm. Die neue Instrumententafel war von einer wesentlich breiteren Wulst umrahmt als die bisherige. Die Ascherschublade lief nun in Kugelführungen. Alle Modelle besaßen eine neue, energieaufnehmende Lenksäule, ein umgestaltetes Lenkrad, neue Armstützen, eine neue Uhr als Extra, Zünd-Lenkschloß und eine Anzeigelampe für die Warnblinkanlage.

Der Wagoneer wurde weiterhin in Standard- und Custom-Ausführung angeboten. Letzterer konnte ein Instrumentenbrett mit Holzmaserungs-Dekor vorweisen, dessen übrige Flächen ebenso wie Lenkrad und -säule mit der Außenfarbe abgestimmt waren, dazu gab es Sitze mit Doppelnadelstreifen an den Stoffeinsätzen. In Serie waren Sitzbezüge in geprägtem Vinyl Typ »Rio Grande«. Die Bezüge des Custom waren serienmäßig aus plissiertem Material Typ »Leo« oder auf Wunsch aus perforiertem Vinyl Typ »Uganda«. Die 1973er Farbauswahl enthielt neun Farbtöne: champagnerweiß, rehbraun, jetsetblau-metallic, fairwaygrün-metallic, avocadonebel-metallic, kupferrot-metallic, karamel, gänseblümchengelb und TransAm-rot.

1974 gelang Jeep mit dem neuen Cherokee der Einstieg in einen sehr wichtigen, wachsenden Sektor des Allradmarktes. Parallel dazu wurde der Wagoneer in kaum weniger dramatischer Weise zu einem vollständig ausgestatteten, unter US-Allradfahrzeugen einzigartigen Prestigemodell angehoben. Der neue Grill mit anderer Unterteilung und viereckigen Aussparungen für Stand-/Blinkleuchten gab ihm ein gefälligeres Gesicht. Umgestaltet und anders angebracht waren auch die seitlichen Positionslampen.

Ein Dachgepäckträger wurde wie bisher angeboten, doch 1974 hatte er verstellbare Querstreben und Seitenschienen mit Holzdekor. Die neuen Extras umfaßten Aluräder und »5 mph bumpers« (die bis zu einem Aufprall mit 8 km/h das Auto schützenden Stoßfänger) und ein hochklappbares Lenkrad.

Obschon es immer noch zwei Wagoneer-Varianten gab, Standard und Custom, waren sie jetzt beide mit erstaunlich viel serienmäßigem Zubehör ausgestattet – zumindest für Leute erstaunlich, die unter einem Jeep immer noch ein spartanisches Auto verstanden. Alle Wagoneers erhielten den 5,9-Liter-V8 mit Doppelvergaser und 175 PS. Gegen Mehrpreis lieferte AMC außer der sonst gleichen V8-Version mit Vierfachvergaser, die 195 PS bei 4400/min und 400 Nm bei 2900/min abgab, den eigenen 6,57 Liter großen V8 mit Vierfachvergaser und 235 PS Leistung. Das Abgassystem des Wagoneer erhielt Rohre von 63,5 statt bisher 50,8 mmØ sowie einen neuen Schalldämpfer. Angeblich soll damit die Auspuffanlage deutlich verbessert worden sein. Zur Turbo Hydra-Matic gab es keine Alternative mehr als Sonderwunsch. Dafür war Quadra-Trac und auch ein Bremskraftverstärker jetzt serienmäßig (vorn waren ab sofort 305 mm große Scheibenbremsen, hinten die gleichen 280 mm großen Trommeln wie 1973), ebenso die Saginaw-Servolenkung mit veränderlicher Übersetzung, die die alte, oft bemängelte Ausführung ersetzen mußte. Neu war auch die Wischer-/Wascher-Anlage mit Gelenkarmen, die eine größere Scheibenfläche reinigten. Auf Wunsch konnte der Wagoneer vorn und hinten mit den neuen 5mph-Stoßfängern, dem schwenkbaren Lenkrad und den Alugußrädern ausgerüstet werden.

Aus Sicht der Jeep-Fans sicher weit wichtiger war der Einbau einer neuen Vorderachse Modell Dana 44, durch die der Wendekreis des Wagoneers von 13,6 auf 11,7m reduziert werden konnte. Da diese Achse am Differential aufgehängt war statt wie bisher an den Federn, bot sie auch längere Federwege. Den gleichen Effekt hatten die reibungsarmen, konisch zulaufenden und 38 mm längeren Federn, die die alten Paketblattfedern ersetzten. Wegen der neuen Vorderachse wurde der Radstand des Wagoneers von 2794 auf 2769 mm verkürzt. Die beiden letzten 1974er Fahrwerksänderungen waren dann die Verwendung von 6 statt 5 Radschrauben und die von 3,31 auf 3,07:1 verlängerte Achsübersetzung (Sonderwunsch: 3,54:1).

In einem Fahrbericht vom Mai 1974 lobte *Pickup, Van & 4WD* die Vorzüge und besonders die Fahrleistungen des neuen Wagoneer Custom mit dem 5,9-Liter-V8 mit Vierfachvergaser (Aufpreis). Der Wagoneer beschleunigte mit der Serien-Achsübersetzung 3,07:1 von 0 auf 60 mph (96km/h) in genau 12,5s. Für die stehende Viertelmeile (ca.400m) brauchte er 18,6s (Endgeschwindigkeit 120 km/h. Das Blatt berichtete weiter: »Bei unseren Bremsmessungen stellten wir fest, daß die Bremsen dieses Wagoneer unter all unseren Testfahrzeugen zu den besten zählten.« Basis für diese Aussage war eine Bremsstrecke von 48 Meter beim Abbremsen von 96km/h bis zum Stillstand.

Was die Geländegängigkeit betraf, hieß es in der Zeitschrift *PV4*: »Lassen Sie sich nicht durch das Äußere des Wagens täuschen: Er ist und bleibt ein Jeep, und im Gelände hat er keine Probleme. Fahrverhalten und Handling dieses Wagoneers auf Schlechtwegen und die Funktion des ständig geschalteten Quadra-Trac-Allradantriebs sind beispielhaft.« Alles in allem ließ das Magazin keinen Zweifel daran, wo es den Wagoneer unter seinen Konkurrenten einstufte. Und indem er an einen Bericht vom April 1973 erinnerte, schloß der Artikel schlicht: »Der Wagoneer mit Quadra-Trac ist das beste vierradgetriebene Fahrzeug der Welt.«

Die Motoren der 1975er Wagoneers erhielten, wie diejenigen anderer Jeep-Produkte auch, eine neue elektronische Zündanlage, verbesserten Wärmeschutz für den Vergaser und für die V8-Motoren neue Vergaser mit kleineren Primär- und größeren Sekundärdüsen. Gemeinsam mit Cherokee und J-Serie-Lkws wurden vorn und hinten neue Mehrlagenfedern (hinten progressiv) und längere, schräg eingebaute Stoßdämpfer an der Hinterachse verwendet, ferner Hitzeschilde für die Abgasleitung, eine neue Servolenkung für verbesserten Straßenkontakt, ein Zusatzantrieb mit Dreiriemenpulley an den V8-Motoren sowie eine neue Peitschenantenne aus rostfreiem Stahl. Wie den Cherokee gab es den Wagoneer jetzt auch auf Wunsch mit Weißwandreifen HR 78×15 Radial.

Der Wagoneer Custom an der Spitze der Preisliste bot auf Wunsch ein nun wesentlich breiteres Holzdekor an den Wagenseiten. Serienmäßig war die Custom-Ausstattung um eine neue Beleuchtungsgruppe erweitert worden, die aus Leuchten im Laderaum, am Himmel, im Handschuhfach und am Ascher bestand. Letzteres war nur eines von mehreren neuen oder geänderten Extras für das Wagoneer-Grundmodell, zu denen auch ein Mittelwelle/UKW-Stereo-Radio mit vier Lautsprechern, die heizbare Heckscheibe, ein Tempomat »Cruise Command«, ein 380 mm-Lederlenkrad, farblich abgestimmter Teppichboden mit Dämmschicht aus Gummi und schützenden Verstärkungsstreifen für den Laderaum, Motorblockheizung, 70-Amp-Generator und ein kleines Ausstattungspaket mit von innen verstellbarem Außenspiegel, Frisierspiegel an der Sonnenblende rechts und eine elektrische Uhr zählten.

Sowohl Standard- als auch Custom-Ausführung des Wagoneer hatten vier Interieurfarben: blau, grün, schwarz und blaßgelb. Während erstere »Laramie« vinylbezogene Sitzbänke hatte, waren sie beim Custom mit »Derby Check«-Stoff bezogen, und passend dazu war das Holzdekor der Türtafeln. Einzelsitze gab es nur als Extra für den Custom Wagoneer.

AMC benannte zwei Fahrzeugmodelle als Hauptkonkurrenten des Wagoneer auf dem US-Markt: den Chevrolet/GMC Suburban K-10 und den IHC Travelall 150. Eine Gegenüberstellung von Daten dieser 1976er Modelle mit denen des Wagoneer erlaubt interessante Vergleiche:

nun auch die gleichen Vorderfedern mit erhöhter Bodenfreiheit wie der Cherokee, sowie seine neuen asymmetrischen hinteren Federn. Die jeweiligen Federraten 1975 und 1976 lauteten wie folgt:

Federraten [kg/cm]	**1975**		**1976**	
	vorn	**hinten**	**vorn**	**hinten**
Serienmäßig	*35,7*	*28,5/46,4*	*38,3*	*29,4*
Sonderwunsch	*46,4*	*41,0*	*46,4*	*29,4/47,2*

	Jeep Wagoneer	**Chevrolet/GMC Suburban K-10**	**IHC Travelall Modell 150**
Listenpreis	*$ 6013 *)*	*$ 5620*	*$ 5836*
Grundmotor	*5,9-l-V8*	*5,74-l-V8*	*5-l-V8*
Getriebe	*3-Gang-Automat*	*3-Gang-Schaltg.*	*3-Gang-Schaltg.*
Bremsen vorn	*Scheibenbremse Br.kraftverstärker*	*Scheibenbremse Br.kraftverstärker*	*Trommelbremse, Bremskraftverstärker*
Lenkung	*Servolenkung*	*ohne Servo*	*ohne Servo*
Radstand	*2769 mm*	*3289 mm*	*3048 mm*
Gesamtlänge	*4666 mm*	*5558 mm*	*5202 mm*
Gesamthöhe	*1651 mm*	*1867 mm*	*1811 mm*
Gesamtbreite	*1920 mm*	*2019 mm*	*2024 mm*
Wendekreis-Ø	*11,7m*	*13,7m (K-20)*	*13,0 m*
Leergewicht	*1921 kg*	*2213 kg*	*1869 kg*
zul.Gesamtgewicht	*2730 kg*	*2810 kg*	*2990 kg*
Zuladung serienm.	*800 kg*	*500 kg*	*720 kg*
Tankinhalt	*83 l*	*95 l*	*80 l*

**) Grundpreis des Custom: $ 6246*

Listenpreise der Sonderausstattungen (US-Dollar)

	Wagoneer	**Suburban**	**Travelall**
Verteilergetriebe mit Reduktionsstufe	*105*	*286*	*58 *)*
Servolenkung	*Serie*	*170*	*287*
Rücksitzbank	*Serie*	*184*	*Serie*
Zusatzinstrumente	*Serie*	*17*	*Serie*
Chromstoßfänger	*Serie*	*36*	*37*

**)Preis für ein zweigängiges Zuschaltgetriebe; ein permanenter Allradantrieb wurde von IHC nicht angeboten*

Genau wie im Vorjahr wurde der jüngste Wagoneer von AMC zum »größten Erlebnis mit Allradantrieb« hochstilisiert. Wagoneer und Cherokee hatten einige der wesentlichen technischen Fortschritte miteinander gemein. So waren beide mit völlig neuen Rahmen ausgerüstet, deren Längsträger zur Erhöhung von Robustheit und Lebensdauer zum großen Teil aus geschlossenen Kastenprofilen gebildet wurden, so daß auch das Lenkgetriebe unmittelbar daran montiert werden konnte. Der Wagoneer besaß

Die Zeile »Sonderwunsch« zeigt, daß auch eine neue verstärkte Federung gegen Mehrpreis angeboten wurde, ebenso ein Stabi vorn.

Eine weithin begrüßte Änderung war der am Boden montierte Hebel für die langsame Stufe des Quadra-Trac anstelle des bisher am Instrumentenbrett befindlichen Stellhebels mit Kabelzug. Der 1976er Wagoneer erhielt auch eine wirksamere Scheibenwaschanlage mit zwei Spritzdüsen und eine neue Warnanlage für das Anlegen der ebenfalls neuen Dreipunkt-Schrägschultergurte. Keine grundlegenden Änderungen gab es an der Instrumententafel; lediglich die Beschriftung von Anzeigegeräten, Schaltern und Knöpfen war besser lesbar geworden.

Obgleich beim Wagoneer und beim Custom Wagoneer überarbeitet, war das Interieur dieser Versionen in den bisherigen Farben blau, grün, schwarz und hellgelb lieferbar. Das Grundmodell besaß »Fairway« Vinylbezüge für vordere und hintere Sitzbank, die Custom-Modelle Bezüge in Stoff (»Potomac Stripe«) mit plissierten gemusterten Einsätzen. Einzelsitze für den Custom (Serie bzw. Extra) waren mit einem neuen Weich-Vinyl überzogen.

Die in Holzdekor ausgeführten Seitenteile (nur für Custom-Modelle) lehnten sich wieder an das konservativere Styling von vor 1975 an. Geändert wurden auch die 15-Zoll-Radzierblenden, die Standard waren am 6572 Dollar teuren Custom und Sonderwunsch am Serien-Wagoneer für 6339 Dollar. Für 1976 war die Radkappe mit dem Jeep-Emblem geändert worden und die Flügelchen rundherum vergrößert.

Nur ein einziges Wagoneer-Modell gab es 1977 noch. Zum Listenpreis von 6966 Dollar war es das Äquivalent zum 1976er Custom, trug jedoch keine entsprechende Beschriftung. Änderungen gegenüber 1976 waren äußerst gering; sie umfaßten einen innen senkrecht angebrachten Reserveradträger (den gleichen bekam der Cherokee) anstelle der bisherigen Unterbodenmontage am Heck, sowie Änderungen an der Innenausstattung. Wagoneers mit Sitzbank hatten jetzt serienmäßig perforierte Rallye-Vinylbezüge. Zum Aufpreis für Wagoneers mit Einzelsitzen oder Sitzbank gab es Brampton-Schottenstoff. All das war in den Farben braun, blau, schwarz und einem neuen beerenrot erhältlich.

Wie andere Jeep-Produkte auch, war der Wagoneer in einer von zwölf Lackierungen lieferbar, einschließlich der vier neuen Töne herbstlaub-metallic, lodengrün-metallic, mokkabraun-metallic und lohorange. Dazu kamen die bisherigen Farben alpenweiß, brillantblau, klassikschwarz, knallfroschrot, zinngrau-metallic, sandfarben und sonnenscheingelb.

AMC erklärte den Wagoneer für den »luxuriösesten Allrad-Station-Wagon« und hatte keine Bedenken zu betonen, daß man die »Stylingänderungen für 1978 auf ein Mindestmaß beschränkt« habe. Wahrlich, sie waren nicht nur minimal, sondern kaum auffindbar: Gurte passend zur Interieurfarbe, eine neue Ausführung für den Hupenknopf am Lenkrad, »soft feel« Vinylbezüge, Chrom an den Armstützen und ein anderer Platz für den Tankdeckel. Neben den Serien-Stahlblechrädern bekam man jetzt als Extra entweder geschmiedete Alufelgen oder verchromte 7-Zoll-Stahlräder mit Speichendesign. Zusammen mit dem Cherokee wies der Wagoneer 64 mm mehr Fußraum für den Fahrer auf, weil man an der Pedalerie und an der Frischluftführung Änderungen durchgeführt hatte, die auch der Motortemperatur zugutekamen.

Nichts Neues gab es bei den Motoren des Wagoneer für 1978. Doch anders als im Vorjahr, als die Kalifornien-Version werksmäßig den 5,9-Liter-V8 mit Vierfachvergaser hatte, waren alle 1978er Serien-Wagoneers mit Doppelvergasern ausgerüstet. Als Extra für alle 49 Staaten außer Kalifornien konnte man jetzt den 5,9-Liter-V8 mit Vierfachvergaser oder den ebenso bestückten 6,57-Liter-V8 bekommen.

War der Preis des Wagoneer mit 7695 Dollar schon beachtlich, so kletterte der des Limited, den AMC um die Mitte des Modelljahrs 78 einführte, noch einmal um volle 3120 auf 10715 Dollar. Jeep bezeichnete den Limited als »Griff nach den Sternen...gebaut für Leute, die das Höchste an Allradtechnik wollen ohne jeden Kompromiß an Komfort und Luxus«. Über den schon recht gut ausgestatteten Wagoneer hinaus hatte die neue Version eine lange Liste von Dingen zu bieten, die alle zusammen den Limited ausmachten. Dazu zählten: Klimaanlage, getöntes Glas, elektrischer Heber für Heckscheibe, Tempomat, verstellbares Lenkrad, MW/UKW/CB-Radio (oder MW/8-Spur-UKW), Stabis vorn und hinten, Stoßfängergummis vorn, besonders starke Schallisolierung, Warnsummer für eingeschaltete Scheinwerfer, Wischer mit Intervallschaltung, fernbedienter Außenspiegel links, Ledersitzbezüge, Lederlenkrad, extradicke Teppiche im ganzen Innenraum, besondere Plaketten mit Schriftzügen innen und außen, breite Dekorflächen in Holzimitation seitlich und hinten, Dachgepäckträger, extra gestylte, geschmiedete Alufelgen und Weißwandreifen »American Eagle Flexten«.

Das Super-Dämmpaket wurde 1979 auch für den normalen Wagoneer in die Extra-Liste aufgenommen. Andere Extras waren eine weichere Federung, ein beleuchteter Make-up-Spiegel, Innenleuchten als Teil der Luxusausstattung, Caberfae-Cordsamt im Interieur, Sitzbezüge ganz in Vinyl, seitliche Scheuerleisten mit breiten Dekoreinsätzen in Holzimitation und eine neue Palette von Zweifarbenlackierungen, darunter drei spezielle Kombinationen für den Wagoneer Limited.

Die jüngste Wagoneer-Ausgabe erkannte man leicht an ihrem einteiligen Grill mit vertikalen Stäben, den rechteckigen Einfachscheinwerfern und den einteiligen Alu-Stoßfängern. Der einzige Motor für den Wagoneer war der 5,9-Liter-V8 mit Doppelvergaser.

Die Verkaufszahlen des Wagoneer und der übrigen 1979er Jeep-Modelle sahen folgendermaßen aus:

Modell	**Einheiten**
CJ	*74.878*
Cherokee	*27.568*
Wagoneer	*22.566*
Lkws J-Serie	*15.419*

Rechte Seite:

Oben: Der 1975er Wagoneer hatte an den Seiten neues Holzdekor und war zu diesem Modelljahr mit neuer elektronischer Zündung, verbesserter Servolenkung, anderen Stoßdämpfern und Federn ausgestattet (Foto: AMC)

Unten: 1976er Wagoneer (Foto: AMC)

JEEP75

1976

Großes Foto: Der 1978er Wagoneer (Foto: AMC)

Kleines Foto: Wagoneer von 1977 (Foto: AMC)

1979 kostete der Wagoneer 9065, der Limited 12.485 Dollar.

Zum erstenmal nach sieben Jahren wurde der Wagoneer wieder wahlweise mit permanentem und mit zuschaltbarem Allradantrieb angeboten. Das Quadra-Trac und das zugehörige Automatikgetriebe sind im Kapitel über den Cherokee eingehend beschrieben. Selbst der alte 6-Zylinder mit 4,23 Liter war (zum Minderpreis) wieder mit 4-Gang-Schaltgetriebe, Automatik, zuschaltbarem oder permanentem (Quadra-Trac) Allradantrieb für den Wagoneer erhältlich. Einen 6-Zylinder für den Wagoneer hatte es zuletzt 1973 gegeben.

Neben diesen bedeutsamen Änderungen hatte der 1980er Wagoneer mehrere neue Sonderwunsch-Artikel zu bieten, u. a. ein Hubdach und ein MW/UKW-Kassettenradio. Der Limited erhielt eine neue elektronische Quarz-Digitaluhr und neu gestylte Leichtmetallräder. Alle Wagoneers besaßen nun den bislang nur als Extra erhältlichen Stabi vorn.

Und wieder stiegen die Preise des Wagoneer. Das Grundmodell kostete 1980 bereits 9732, das Modell Limited 13.653 Dollar.

Gemeinsam mit dem Absatz der übrigen Jeep-Modelle ging auch der des Wagoneer in diesem Jahr um über die Hälfte auf 10.402 Einheiten zurück.

Während 1981 der Verkauf aller anderen Modelle weiter abnahm, konnte der Wagoneer wieder einen Zuwachs auf 12.554 Einheiten melden. Das war zumindest ein Erfolg, der dem Wagoneer Auftrieb für die kommenden Jahre gab. Gründe für diese erfreuliche Entwicklung waren einmal die Erweiterung der Wagoneer-Baureihe auf drei Ebenen, Custom, Brougham und Limited, zum andern die ständigen Bemühungen um niedrigere Verbrauchswerte bei allen Modellen.

Wie der Cherokee und die J-Serie-Lkws hatte auch der 1981er Wagoneer einen Spoiler unterhalb des vorderen Stoßfängers bekommen, um die Luft nach unten zu leiten und den Luftwiderstand zu verringern. Der Einbau geänderter Federn vorn und hinten ergab für Wagoneer, Cherokee und J-10-Lkw niedrigere Stirnquerschnitte. So wurde die Höhe des Wagoneer um 5 mm reduziert, von 1699 auf 1694 mm. Ebenfalls mit Cherokee und Jeep Trucks gemeinsam erhielt der Wagoneer neue vordere Scheibenbremsen mit reibungsfrei beweglicher Bremszange. Das System enthielt gleichzeitig eine Reihe leichterer Bauteile wie den Unterdruckverstärker, das Verteilerventil und den Hauptbremszylinder aus Leichtmetall mit Nachfüllbehälter aus Glasfaser/Nylon.

Im Gegensatz zu den Vorjahren war der 5,9-Liter-V8 1981 nicht mehr Serie, sondern Extra zum Preis von 345 Dollar. An seine Stelle trat der kleinere 6-Zylinder mit 4,23 Liter Hubraum, zu dem es entweder ein Vierganggetriebe oder eine 3-Gang-Automatik gab. An dem Motor aber hatten die AMC-Ingenieure lange gearbeitet, um ihn nicht nur wesentlich sparsamer im Verbrauch, sondern auch zuverlässiger, leichter, leiser und anspruchsloser in der Wartung zu machen.

Die beachtliche Gewichtsreduzierung um fast 41 kg wurde durch Neukonstruktion der Hauptbauteile und durch Anwendung alternativer Werkstoffe erreicht, vor allem Aluminium. Die Details dieser Schlankheitskur sind im Cherokee-Kapitel kurz geschildert; so war der Motorblock um 13,5 kg leichter als 1980, und zwar durch dünnere Wandungen, weniger Rippen und Wegfall von Flanschen. Der Zylinderkopf wog nach konstruktiven Änderungen über 5 kg weniger. Die Auflagefläche für den Ventildeckel wurde umgestaltet und erhielt gerade verlaufende Dichtkanten, die eine bessere Abdichtung mit selbstvulkanisierender Silikondichtung erlaubten und etwas an Gewicht einsparten. Weitere Gewichtsminderung um fast ein Kilo brachte der nunmehr statt aus Stahlblech aus GFK gefertigte Ventildeckel. Öl- und Wasserpumpe erhielten Gehäuse aus Leichtmetall statt aus Grauguß. Der Auspuffkrümmer wurde vereinfacht, indem man ihn vom Saugrohr getrennt und ohne Vorwärmklappe ausführte. Der Ansaugkrümmer seinerseits wurde vollständig umgestaltet und nun in Aluminium statt Grauguß gefertigt. Die Vorwärmung übernahm jetzt eine elektrische Beheizung mit einem Warmwasserkreislauf, der die Klappe am Abgaskrümmer ersetzte. Der Einsatz einer neuen Nockenwelle mit geändertem Nockenprofil resultierte in niedrigerer Leerlaufdrehzahl und höherem Drehmoment im unteren Bereich. Zum langsameren Leerlauf ohne Kompromiß im Rundlauf trug nun eine Leerlaufgemischregelung bei.

Der neue Wandler mit Überbrückungskupplung in der Wagoneer-Automatik »TorqueFlite« diente der Verbrauchssenkung, der Verschleißminderung und dem Erreichen niedrigerer Betriebstemperaturen. Grund dafür war der bei geschlossener Kupplung entfallende hohe Schlupf im Wandler. Die Überbrükkung trat automatisch bei einer Abtriebsdrehzahl von etwa 1100/min ein, und von da ab war die Drehzahl am Getriebeeingang die gleiche wie die des Motors. Das ergab eine weiche, verlustfreie Übertragung des Motordrehmoments auf den Antriebsstrang.

Wie beim Cherokee, so waren auch beim 1981er Wagoneer die Achsen länger übersetzt und der jeweils erste Gang ihrer Schaltgetriebe kürzer. Der einzige Unterschied zwischen den im Cherokee-Kapitel aufgelisteten Übersetzungen und denen vom Wagoneer war hier die Lieferbarkeit (als Extra) einer 3,31 : 1 übersetzten Achse für Wagoneers mit Automatikgetriebe und 4,23-l-Motor. Andererseits konnte man für den Wagoneer diesen Achstrieb nicht – wie für den Cherokee – in Verbindung mit Schaltgetriebe und 5,9-l-V8 bekommen.

Mit Lob für die neue Wagoneer-Baureihe hielt der Hersteller nicht zurück: »Das Grundmodell des Wagoneer ist jetzt der Custom...doch was er bietet, würden Sie wohl kaum von einem Grundmodell erwarten«. Zu seiner Serienausrüstung zählten ein 4-Gang-Vollsynchrongetriebe, Freilaufnaben vorn, Servolenkung und vordere Scheibenbremsen mit Unterdruckverstärker. Der Insassenbereich war vollständig teppichbelegt, und die Sitze waren mit einem Cara-Struktur-Vinyl schwarz, blau oder beige bezogen. Wie alle neuen Wagoneer-Versionen, hatte auch

Wagoneer Limited von 1980 (Foto: AMC)

der Custom eine neue innenliegende Haubenentriegelung.

Der neu eingeführte Brougham wies die volle Ausstattung des Custom auf, dazu aber noch karierte (Coventry)-Stoffbezüge für die serienmäßigen Sitzbänke oder die Sonderwunsch-Einzelsitze. Erhältlich war ferner eine Luxusversion des gemaserten Vinylbezugs. Beide wurden in den Farben schwarz, blau, beige oder muskat angeboten. Auch besonders wertvoll verkleidete Türtafeln gehörten zum Standard des Brougham, ein Himmel aus weichem Kunststoff und Holzdekor an Instrumententafel und Lenkrad. Äußerlich zu erkennen war er an seinen hellen Umrahmungen von Tür- und hinteren Seitenscheiben, den Zierleisten am unteren Heckteil und einer schmalen Scheuerleiste am Seitenteil mit eingelegtem Holzdekor. Der Custom dagegen trug an den Flanken breite Holzdekoreinsätze in ähnlicher Form wie einst der 1966er Super Wagoneer. Alle 1981er Wagoneers hatten serienmäßig Radialreifen P225/75R 15 Goodyear Viva. Die des Brougham waren auf verchromten 15×7″ Stahlfelgen montiert.

In dem gegenüber dem Custom um 970 Dollar höheren Preis des Brougham (11.434 gegenüber 10.464 Dollar) waren enthalten: besonders starke Schalldämmung; »Convenience Group« (Deluxe-Paket) mit Motorraumbeleuchtung, Warnsummer für eingeschaltetes Licht und Digitaluhr; »Light Group« mit Laderaumbeleuchtung (Kontaktschalter an Hecktür), beleuchtetem Frisierspiegel an der rechten Sonnenblende, Lese-, Handschuhfach- und Ascherbeleuchtung; Dachgepäckträger, Fußmatten und elektrischer Heber für die Hecktürscheibe.

Der Preis des Limited war im Vergleich zu 1980 um 1511 auf 15.164 Dollar gestiegen. Jeep nannte ihn den »am vollständigsten und elegantesten ausgestatteten US-Station-Wagon im Großformat, den Sie erwerben können«. Außer allem, was den Brougham auszeichnete, hatte der Limited eine Menge weiteren Luxus zu bieten: Einzelsitze mit Leder/Cordsamtbezügen; Mittelarmstütze; eigenes Design von Türtafeln in Muskat oder Beige; Lederlenkrad; besonders dicke Teppichböden (Sitzbereich: 624 g, Laderaum: 567 g plus Dämmaterial); Abdeckung des Laderaums; Holzmaserung am unteren Teil der Instrumententafel.

Äußerlich fiel der Limited durch die kräftigen weißen Zierleisten auf, welche die großen Seiten- und Heckflächen in Holzdekor umrahmten, ferner durch Zierteile in Holzmaserung am Dachständer, breite Regenleisten und 15×7″ geschmiedete Aluräder mit Namenszug »Limited«. Hinzu kamen wieder Quadra-Trac, Automatikgetriebe, Klimaanlage, getönte Scheiben, elektrische Fenster- und Heckscheibenheber, Zentralverriegelung, Tempomat, Stereoradio MW/UKW mit erstklassigen Boxen, »Convenience Group«, »Visibility Group«, Stoßfängerhörner, Fußmatten, starke Schalldämmung und sechsfach elektrisch verstellbare Vordersitze.

Das Modelljahr 1982 sah den Wagoneer mit nur geringfügigen Änderungen: Halogenscheinwerfer, Kassettenradio MW/UKW mit elektronischem Suchlauf, verstellbares Lenkrad auch in Verbindung mit Schaltgetriebe (bisher nur bei Automatik). Doch das wirkte sich auf den Wagoneer-Absatz nicht negativ aus, der erfreulich anstieg: von 12.554 (1981) auf 15.547 Einheiten. Zu dieser Entwicklung bemerkte Joseph E.Cappy, damals Marketing-Vorstand bei AMC: »Der Verkauf des Wagoneer konnte 1982 um 24% gegenüber 1981 angehoben werden, und wir erwarten in Zukunft für viele Jahre einen kräftigen weiteren Anstieg.« Die positiven Zahlen waren angesichts der gestiegenen Listenpreise besonders eindrucksvoll: Custom 11.114 Dollar, Brougham 12.084 Dollar, Limited 15.964 Dollar.

Hier eine Preisübersicht der besonders beliebten Extras 1982:

Gegenstand	**Listenpreis (US-Dollar)**
*MW/UKW-Stereoanlage **	*249*
MW/UKW-Kassettenradio (Stereo)	*359*
MW/UKW-Stereo/CB-Anlage	*456*
*Tempomat (autom. Geschwindigkeitsregelung) **	*159*
Heckscheibenheizung	*125*
*Dachgepäckträger **	*118*
Sonnendach	*377*
elektrisches Sonnendach	*1586*
*elektrische Sitzverstellung (vorn beide) **	*169*
5,9-Liter-V8-Motor	*351*
*Positionen mit * sind im Modell Limited enthalten*	

Der 1983er Wagoneer hatte serienmäßig das neue Antriebssystem Selec-Trac für 2WD/4WD, das im einzelnen im Cherokee-Kapitel beschrieben wird. Außer dieser größeren Änderung und dem Wegfall der Custom-Version (es blieben nur der Brougham und der Limited) gab es in diesem Jahr nicht viel Neues.

1984 wurden mit dem Erscheinen der neuen verkleinerten Cherokee- und Wagoneer-Modelle Gerüchte laut, daß AMC womöglich die Produktion des großen Wagoneer aufgeben würde, genauso wie es bei seinem Abkömmling, dem Original-Cherokee, geschehen war. Dem war nicht so; vielmehr trat der Wagoneer als Grand Wagoneer neu ins Rampenlicht, den AMC keß den »Grand Daddy in 4WD« (Großvater des Allradantriebs) nannte.

Doch das hohe Alter seiner Konzeption und der reißende Absatz des neuen, kleinen Modells schienen keinen Einfluß auf die Nachfrage nach dem Grand Wagoneer zu haben, und die Verkaufszahl von 19.081 Stück 1984 entsprach praktisch der des Vorjahrs (19.155 Stück). Alles in allem betrug 1983 der Absatz an Jeep-Modellen 82.140 Einheiten, d.h. er lag 29% über dem des Jahres 1982 (63.761 Stück) und war der höchste seit 1979, als man 140.431 Wagen hatte absetzen können.

Der 1983er Wagoneer Limited. 1983 erhielt der Serien-Wagoneer die neue Selec-Trac Kraftübertragung (Foto: AMC)

1982er Wagoneer Limited (Foto: AMC)

Im Listenpreis des Grand Wagoneer von 19.306 Dollar waren praktisch alle Extras, die AMC anbot, serienmäßig enthalten, sogar die Metallic-Klarlackierung. Zu den wenigen Extras, die es dann noch gab, zählten der 5,9-Liter-V8, ein elektrisch betätigtes Sonnendach (Anfang der 80er zunehmend als »Monddach« bezeichnet) sowie ein Bausatz für 2260 kg Anhängelast.

Zur Vorstellung des 1985er Modells stellte AMC an seine potentiellen Käufer einige Fragen: »Warum

glauben Sie, daß Jahr für Jahr der Grand Wagoneer der einzig mögliche Einstieg in die Klasse der großen Luxus-Station-Wagons mit Allradantrieb ist? Könnte es sein«, beantwortete Jeep rhetorisch diese Frage, »daß diejenigen, die Luxusautos bauen, herzlich wenig vom Allradantrieb verstehen, und die, die Allradantriebswagen herstellen, sich kaum etwas aus Luxus machen?«

Aus dieser Sicht betrachtet, stand Jeep allerdings einsam an der Spitze. In 45 Jahren hatte man dort über vier Millionen Allradantriebler produziert und schon seit den Tagen der Super Wagoneers von 1966 das Rezept Jahr für Jahr weiter verfeinert, nach dem der Grand Wagoneer gebaut war.

Zu den größeren Neuerungen des Modelljahrs 1985 zählte ein spezielles Handling-Paket, das mehr Fahrkomfort auf allen Arten von Oberflächen bieten sollte. Es enthielt vorn und hinten neue Achsführungselemente und vorn neue Stabis, die, wie es hieß, »durch sorgfältige Abstimmung aufeinander erhöhte Richtungsstabilität ergeben« sollten. Ergänzt wurde dies durch gasgefüllte Stoßdämpfer, verbesserte Federlagerungen und hintere Federn mit verringerter Eigenreibung.

In der Praxis bestand der Unterschied zwischen Quadra-Trac und Selec-Trac darin, daß Selec-Trac auch einen normalen 2WD für gute Straßen und damit bessere Verbrauchswerte anbot. Für 1985 war das Selec-Trac so verfeinert worden, daß man zwischen 2WD und 4WD unter fast allen Geländebedingungen und bei jedem Tempo umschalten konnte.

Die Bedienung des Selec-Trac geschah ganz einfach durch einen Hebel am Instrumentenbrett mit den Stellungen »2WD« und »4WD«, umschaltbar im Stillstand oder während der Fahrt. Da das Mittendifferential automatisch und permanent das Drehmoment an die Achse mit der jeweils besseren Bodenhaftung weitergab, konnte man in 4WD-Stellung bleiben, solange man wollte, ohne dabei höheren Verschleiß an Antrieb oder Reifen der Vorderräder befürchten zu müssen. Zusätzlich konnte ein 4WD-Kriechgang für extreme Bodenbedingungen

1984 erschien der Wagoneer unter dem neuen Namen Grand Wagoneer (Foto: AMC)

geschaltet werden; dies freilich nicht für den Dauerbetrieb. Um ihn einzuschalten, mußte man den Wagen mit Selec-Trac-Hebel in 4WD-Stellung anhalten und dann den Hebel am Verteilergetriebe in »Low« bringen.

Die Farbpalette für den 1985er Wagoneer bestand aus olympiaweiß, klassikschwarz, nachtblau und dem neuen Farbton mandelbraun. Hinzu kamen die sechs Klarlack-Metallic-Töne mittelgrün-, sterling-, champagner-, dunkelhonig-, dunkelbraun- und granatmetallic. Neu an der vorderen Sitzbank war die Sitzmöglichkeit für eine dritte Person durch Umklappen der Armlehne.

Die genannten Neuerungen am 85er Grand Wagoneer wirkten sich im Preis so aus, daß dieser mit einem Schlag die 20.000-Dollar-Grenze durchbrach und für 20.462 Dollar angeboten wurde.

Kein Wunder, daß Jeep sich in der Werbung für den Grand Wagoneer 1986 darin gefiel, ihn zum »Synonym für den Familien-Reisewagen auf höchstem Niveau von Eleganz und Zweckmäßigkeit« zu machen, »versehen mit allem Komfort, den man in einem solchen Luxusauto der Weltklasse erwarten darf«.

Demgemäß blieben die reinen Ausstattungs-Extras für das 1986er Modell auch auf ein elektrisch

1986er Grand Wagoneer (Foto: AMC)

betätigtes Sonnendach und ein vinylbezogenes Dach in einer der Farben weiß, schwarz, beige, dunkelblau oder granatrot beschränkt. Die einzigen zur Technik zählenden Extras bestanden in einem 5,9-Liter-V8; in dem für Kalifornien vorgeschriebenen Abgasemissions-Paket; in einer Emissionsabstimmung auf »High Altitude« für Fahrzeuge, die dauernd in oder über einer Höhe von 4000 Fuß (1220m) gefahren wurden; in einer Motorblock-Vorwärmung, einem zusätzlichen Ölkühler, verstärkten Stoßdämpfern und zwei Anhänger-Montagesätzen.

Unbehelligt als luxuriösester unter den viertürigen »full size« Station Wagons mit Allradantrieb, stärkte sich die Marktposition des Wagoneer 1986 dank vieler konstruktiver Verfeinerungen und recht einleuchtender Stylingretuschen auch weiterhin. Doch insgesamt waren das alles keine radikalen Veränderungen. »Lauter aus der Modellpflege hervorgegangene Verbesserungen«, meinte AMCs Entwicklungsvorstand John W.Mowrey, »an einem Fahrzeug, das bereits seit Jahren in seiner Klasse die Maßstäbe setzt...Wir glauben, daß die für 1986 getroffenen Maßnahmen das Image unseres Grand Wagoneer in den Augen unserer kritischen 4WD-Kundschaft nur stärken können.«

Eine der äußerlich gut erkennbaren Änderungen war der neue Chromgrill mit seinen zwei dominierenden waagrechten Linien, welche die aus vielen schmalen Einzelstrichen bestehende Grillfläche in drei gleiche Felder unterteilten. Die Scheinwerfer setzten dieses Muster nach den Seiten hin fort, und das Ganze war eingerahmt von einer Randleiste, die jetzt bis in die Kotflügel hineinreichte.

Diese Änderungen, zusammen mit einem vorn auf der Haube stehenden Jeep-Emblem, waren, so AMC, »dazu bestimmt, das schon bisher klassische Exterieur des Grand Wagoneer zu verschönern, doch die wirklich bedeutsamen Verbesserungen sind im Wageninnern zu finden.« Allem voran war das eine neu gestaltete Instrumententafel, an der es funktio-

1987er Grand Wagoneer (Foto: AMC)

nelle wie auch Stylingänderungen gab. Für Heizung, Enteisung und Klima (1986 alle in ihrer Wirkung verbessert) waren die Schalter jetzt in einer Einheit zusammengefaßt. Gleichzeitig war das Angebot an Instrumenten vervollständigt und die Instrumententafel mit Holzmaserung verschönert worden. Die jetzt umgestaltete Stereoanlage (»Accusound by Jensen«) verwendete vier Lautsprecher. Auch die Lenksäule war neu und trug jetzt unter dem Lenkrad die Abblend- und Wischer/Waschersschalter. Die Sitze waren weiterhin lederbesetzt, hatten aber neue Cumberland-Cordstoffeinsätze vorn und hinten.

Das Selec-Trac-System des Grand Wagoneer wurde durch ein weiteres Element ergänzt, ein »Trac-Loc«-Sperrdifferential an der Hinterachse. Seine Aufgabe war, das Motordrehmoment an das Rad mit der höchsten Traktion zu leiten (entsprechend dem geregelten Mittendifferential). Das war besonders vorteilhaft, wenn man auf sehr glattem Untergrund fuhr, oder wenn die Räder bei Geländebetrieb in der Luft hingen.

Der Listenpreis des 1986er Grand Wagoneer, von dem 17.254 Einheiten verkauft wurden, betrug 21.350 Dollar. Hier die Preise der wichtigsten Extras:

Gegenstand	**Listenpreis (US-Dollar)**
5,9-Liter-V8-Motor	*673*
Abgasemissionssystem für Kalifornien	*252*
Zusatzölkühler für Automatikgetriebe	*63*
Bausatz für kalte Klimazonen	*34*
Verstärkte Stoßdämpfer	*40*
elektrisch betätigtes Sonnendach	*1295*
elektrisch betätigtes Sonnendach mit Vinyl-Dachbezug	*1816*
Anhängerkupplung/Montagesatz »A«	*107*
Anhängerkupplung/Montagesatz »B«	*205*

Nach einem Vierteljahrhundert war der Wagoneer (hier der Grand Wagoneer 1988) nach wie vor beliebt (Foto: AMC)

1987, im Jahr des 25. Jubiläums des Wagoneers, erfuhr der Grand Wagoneer noch einige Verbesserungen. Die wichtigste von ihnen war der serienmäßige Einbau des 5,9-Liter-V8-Motors. Daneben erhielt das Modell als erster Serienwagen der Welt die neue Michelin-Bereifung »Tru Seal« P235/75R 15. Diese Reifen zeichneten sich dadurch aus, daß sie sich bei Beschädigungen selbsttätig abdichteten.

An seinen Flanken hatte der neue Grand Wagoneer jetzt ein Holzdekor in Englisch Nußbaum sowie einen neuen Schriftzug »Grand Wagoneer« und eine Kennzeichnung als »V8«. Die Farbskala war um zwei Tönungen mit Klarlackbehandlung erweitert worden, granat- und rosenholz-metallic. Das Interieur gab es dazu in den Farben braun und korduanleder.

Nachdem Jeep und AMC inzwischen den »Penastar« im Wappen trugen (nach Übernahme durch Chrysler), hielten die neuen Herren es für angebracht, die Käufer ihres mitübernommenen Produktes kurz über die Geschichte des Grand Wagoneer zu unterrichten. »Luxus wird auch auf dem heutigen Markt der Allradautos häufig stillschweigend vorausgesetzt«, erklärte Chrysler, »doch das Fahrzeug, mit dem vor einem Vierteljahrhundert alles begann – der Jeep Grand Wagoneer – blieb für den kritisch prüfenden Käufer eines der beliebtesten Modelle ...Vielleicht war der bedeutsamste Aspekt des großen Wagoneer zur Zeit seiner Einführung 1963 durch Jeep seine Getriebeautomatik – der erste je zu einem Allradfahrzeug angebotene Automat.

Gerade dieser Umstand öffnete den Markt der Allradfahrzeuge, der zuvor auf rein technische Gesichtspunkte ausgerichtet war, für eine breite Käuferschaft. Das waren Leute, die Komfort und Annehmlichkeiten verlangten, die es bis zu diesem Tage bei solchen Produkten nicht gegeben hatte. Laufende Verbesserungen, wie etwa 1973 die Einführung des ersten permanenten Allradantriebs, den die Industrie zu bieten hatte, und ebenso die Namensänderung von Wagoneer in Grand Wagoneer 1984 haben ihn seither stets an der Spitze der luxuriösen Allradfahrzeuge halten können.«

Der jüngste Grand Wagoneer ist serienmäßig mit einer neuen Stereoanlage ausgestattet, einem MW/UKW MPX mit elektronischer Senderabstimmung, Kassettenspieler mit Dolby und vier erstklassigen Lautsprechern Marke »Akkusound by Jensen«. Als neues Extra wurde noch ein elektrisch betätigtes Sonnendach mit integriertem Windabweiser und einer Belüftungsstellung eingeführt.

»Nach wie vor«, so heißt es im Autokatalog zum Modelljahr 1990 von *auto motor und sport,* »ist der Grand Wagoneer im Programm; wie andere große Modelle erfreut sich dieser riesige Kombi mit V8-Motor [in der Bundesrepublik] einer stabilen Nachfrage.«

11. Kapitel

Die Transporter der J-Serie

Obgleich Kaiser Jeep die Frontlenker und die L6–226 und 6–230 das Jahr 1963 über noch in Produktion hatte, war die Einführung der brandneuen Modelle der J-Serie doch ein deutlicher Hinweis darauf, daß dies das letzte Jahr für die übrigen Lkw-Typen sein würde. Wie die ersten Jeep-Trucks nach dem Krieg, so sahen die neuen Modelle den gleichzeitig gebauten Station Wagons verteufelt ähnlich. Die J-Serie umfaßte zwei Grundtypen des »Gladiator« genannten Pick-ups: J-200 mit 3048 mm Radstand und J-300 mit 3200 mm Radstand.

Beide Versionen wurden in je vier Varianten angeboten: als Chassis/Fahrerhaus; als Pick-up (offener Kastenwagen) »Townside« und »Thriftside«; als Pritschenwagen. Letzterer hatte bei der Version J-300 entweder Einfach- oder Zwillingsbereifung hinten. Bei den Pick-ups hatte der Townside die breitere Ladefläche und glatter erscheinende Seitenflächen, während beim Thriftside Kasten und Kotflügel eine separate Einheit bildeten, eine Form, die trotz geringerer Ladefläche bei Pick-up-Käufern allgemein populärer war.

Alle J-200 und J-300 besaßen eine Sitzbank in voller Breite und waren mit »Standard«- oder »Deluxe«-Innenausstattung lieferbar. Das Grundmodell war im Dachbereich innen mit vinylbezogenen Verkleidungen hinten und an den Dachkanten versehen; in der Luxusversion gab es zusätzlich Dinge wie einen Dachhimmel, vordere Stirnverkleidung und Armlehnen.

Wie für L6–226 und 6–230, so hielt Kaiser Jeep auch für die beiden J-Modelle zahlreiche Varianten bereit. Außer mit 2WD oder 4WD und Bereifung 6.70×15 gab es die Version J-200 auch als J-210 mit den größeren Reifen 7.60×15. Beide wurden als Halbtonner bezeichnet.

Wollte ein Kunde den J mit 3048 mm Radstand als Dreivierteltonner, so konnte er ihn aus der Reihe J-220 wählen, die ebenfalls wahlweise 2WD oder 4WD hatte. Auch eine Variante des Dreivierteltonners mit 3200 mm Radstand gab es als J-310, wiederum mit 2WD oder 4WD.

Diese Angebotspalette wurde abgerundet durch drei weitere Versionen: durch den J-320 3/4-Tonner mit 3200 mm Radstand und Reifen 7.50×16; durch den J-230 Eintonner mit 3200 mm Radstand und Reifen 7.00×16; schließlich durch den kleinen »Panel Delivery« oder Kastenwagen J-100 mit 2794 mm Radstand. Die Versionen J-320 und J-230 gab es übrigens nur entweder als Chassis mit Fahrerhaus oder mit Pritschenaufbau.

Mit all diesen Varianten sah die Preisliste 1963 folgendermaßen aus:

Modell	**Listenpreis (US-Dollar)**
J-100 2WD Panel Delivery (Kastenwagen)	*2438*
J-100 4WD Panel Delivery (Kastenwagen)	*2996*
J-200 2WD Chassis/Kabine	*1913*
J-200 2WD Pick-up Thriftside	*2014*
J-200 2WD Pick-up Townside	*2722*
J-200 4WD Chassis/Kabine	*2596*
J-200 4WD Pick-up Thriftside	*2696*
J-200 4WD Pick-up Townside	*2722*
J-210 2WD Chassis/Kabine	*1977*
J-210 2WD Pick-up Thriftside	*2078*
J-210 4WD Chassis/Kabine	*2653*
J-210 4WD Pick-up Thriftside	*2734*
J-210 4WD Pick-up Townside	*2781*
J-300 2WD Chassis/Kabine	*2017*
J-300 2WD Pick-up Thriftside	*2133*
J-300 2WD Pick-up Townside	*2160*
J-300 4WD Chassis/Kabine	*2654*
J-300 4WD Pick-up Thriftside	*2769*
J-300 4WD Pick-up Townside	*2796*
J-220 2WD Chassis/Kabine	*2062*
J-220 2WD Pick-up Thriftside	*2163*
J-220 2WD Pick-up Townside	*2189*
J-220 4WD Chassis/Kabine	*2753*
J-220 4WD Pick-up Thriftside	*2854*
J-220 4WD Pick-up Townside	*2811*
J-220 4WD Pritschenwagen	*3060*
J-310 2WD Chassis/Kabine	*2128*
J-310 2WD Pick-up Thriftside	*2243*
J-310 2WD Pick-up Townside	*2270*
J-310 2WD Pritschenwagen	*2468*
J-310 4WD Chassis/Kabine	*2771*
J-310 4WD Pick-up Thriftside	*2886*
J-310 4WD Pick-up Townside	*2913*
J-310 4WD Pritschenwagen	*3111*
J-320 2WD Chassis/Kabine	*2283*
J-320 2WD Pick-up Thriftside	*2398*

J-320 2WD Pick-up Townside	*2425*
J-320 2WD Pritschenwagen	*2623*
J-230 4WD Chassis/Kabine	*3578*
J-230 4WD Pritschenwagen	*3870*
J-330 4WD Chassis/Kabine	*3597*
J-330 4WD Pritschenwagen	*4011*

Wie die Wagoneers, so waren auch alle Allrad-Lkws entweder mit Starrachse oder mit Einzelradfederung vorn erhältlich. Zu beiden Versionen gehörte eine Dana-Achse Typ 44F, die man wahlweise mit 4,27 oder 4,88:1 bekam, ebenso wie doppeltwirkende Stoßdämpfer, die im Fall der Starrachse 330 mm und andernfalls 314 mm lang waren.

Alle Allrad-Lkws verwendeten Halbelliptik-Blattfedern, deren Blattzahl und -größe vom jeweiligen zulässigen Fahrzeuggewicht abhing. 2WD-Versionen hatten vorn die Drehstäbe des Station Wagons J-162. Hinten wurde für alle Lkws außer den zwillingsbereiften die gleiche Dana-Schwebeachse eingesetzt. Mit Zwillingsbereifung bekamen die Fahrzeuge eine Dana-Achse Typ 70 entweder mit der serienmäßigen Übersetzung 4,88:1 oder wahlweise mit 5,89:1. Ein Sperrdifferential Powr-Lok stand für alle Versionen als Extra zur Verfügung.

Für die 2WD-Ausführungen gab es die Dreigang-Automatik Warner AS-8F. Alle 4WD-Versionen hatten ein Spicer-Verteilergetriebe Modell 20 mit vier Schaltpositionen, das einen direkten und einen langsamen Gang mit 2,03:1 besaß. Bei Fahrzeugen mit 2WD und Schaltgetriebe wurde das Warner T–89 eingesetzt mit den Übersetzungen 3,47 – 1,92 – 1,00:1. Die 4WD-Modelle mit einem Gesamtgewicht zwischen etwa 1800 und 2500 kg hatten ein Warner T–90-Schaltgetriebe mit den Übersetzungen 3,17 – 1,75 – 1,00:1, den gleichen wie im T–89 für Fahrzeuge mit einem Gesamtgewicht über 2500 kg. Alle Versionen J-200 und J-300 erhielt man auf Wunsch auch mit dem Vierganggetriebe Warner T–98A mit Knüppelschaltung. Seine Übersetzungen lauteten 6,398 – 3,092 – 1,686 – 1,00:1, und die zugehörige Kupplung war in diesem Fall eine Auburn-Einscheiben-Trockenkupplung von 267 mm∅, die bis 395 Nm Drehmoment reichte. Fahrzeuge mit Dreigang-Seriengetriebe hatten dagegen die 10-Zoll-Kupplung von Borg & Beck (254 mm∅, Nenndrehmoment 340 Nm). Zum Aufpreis gab es von Borg & Beck oder von Auburn die 267 mm große Kupplung mit 360 Nm Nennmoment.

Der Rahmen des Gladiator J-200 und J-300 war ähnlich dem des kleineren J-100, doch größer und

1973er Gladiator Pick-up (Foto: Old Cars Weekly)

Umschlagbild eines Gladiator-Prospekts von 1966 (Bild: Sammlung des Autors)

Ein J-3000 Gladiator-Lkw von 1966 (Bild: Sammlung des Autors)

robuster gebaut, obschon die Rahmenbreite aller dieser Fahrzeuge mit vorn 873 und hinten 1130 mm identisch war. Die Länge des Rahmens betrug 4667 mm (J-200) bzw. 4972 mm (J-300). Vordere und hintere Spur waren mit 1613 bzw. 1619 mm erheblich breiter als die des J-100 mit 1448 vorn und hinten, und ebenso übertraf die Gesamthöhe (1803 mm) die des Kastenwagens noch um volle 178 mm. Die Gesamtbreite der beiden großen Modelle (1929 mm) lag dagegen nur geringfügig über der des J-100 (1921 mm). Mit seinem größeren Radstand war der J-330 5217 mm lang, deutlich länger also als der J-200 mit 4912 mm. Schließlich waren die großen Modelle mit 222 mm Bodenfreiheit auch noch hochbeiniger als der J-100 mit 197 mm.

Die Räder aller Modelle waren Tiefbettfelgen von Kelsey Hayes; bei den Lkws mit Gesamtgewicht unter 2990 kg war es die Größe 15 × 5.50, bei 2990 kg und mehr 16 × 5.00K. Nur der J-300 mit 3440 kg Gesamtgewicht verwendete die Größe 16 × 6.00L bzw. mit Zwillingsreifen die Felgengröße 16 × 5.50F.

Obgleich die Trucks mit dem gleichen Lenksystem ausgerüstet waren wie die Station Wagons, bedingten ihre größeren Abmessungen doch einen deutlich größeren Wendekreis. Dieser betrug für den J-200 mit Einzelradfederung vorn 13,4m und mit Starrachse fast 16m; für die entsprechenden Versionen des J-300 waren es sogar 15,1 bzw. 17,6m.

Kaiser Jeep nannte seine Gladiator-Lkws »bezaubernde Viecher« (beautiful brute) und meinte damit eine Kombination aus der traditionellen, bärenstarken Robustheit des Jeep und einem neuen Aspekt von gefälligem Styling, Fahr- und Bedienungskomfort. Sie stellten das neueste Mitglied in der Familie der vielseitigen, kraftvollen, kaum umzubringenden Jeep-Produkte dar, erklärte das Werk, »auf der Straße wie ein Personenwagen, im Gelände so sicher, wie nur ein Jeep sein kann«.

Da der Gladiator vieles mit dem Wagoneer gemeinhatte, war er, an normalen Jeep-Maßstäben gemessen, ein recht zivilisiertes Fahrzeug. Sein Interieur war geräumig; an Extras gab es ein automatisches Getriebe, Einzelradfederung, Servolenkung und Bremskraftverstärker, eine Ausstattung, die 1963 kein anderer amerikanischer Allrad-Lkw zu bieten hatte. Darüber hinaus sicherte der Tornado-Motor mit obenliegender Nockenwelle dem Gladiator eine Sonderstellung unter den Lkws und Transportern in den USA. Trotz seiner Jeep-typischen hochbeinigen Bauweise war das Ein- und Aussteigen dank der weit (82°) öffnenden Türen bequem.

Getreu der alten Jeep-Philosophie hielt man sich mit äußerlich sichtbaren Änderungen sehr zurück. Das wirkte sich jedoch kaum verkaufshemmend aus, da es bei den meisten anderen Lkw-Herstellern auch nur selten Stylingänderungen gab. Außerdem hatte das Erscheinungsbild des Gladiator, obschon hoch und kantig, den Vorzug, sehr zweckmäßig und schnörkellos zu wirken, Elemente, die ihm eine nahezu drei Jahrzehnte lange Bauzeit ermöglichten.

Für scharfe Augen aber waren da Jahr für Jahr kleine Verfeinerungen zu entdecken. So ersetzte ein Schriftzug »Kaiser Jeep« das bisherige »Jeep« an den Vorderkotflügeln des 1965er Gladiator ebenso wie beim Wagoneer desselben Jahrgangs. Außerdem aber wies die 1965er Modellpalette die folgenden neu ins Programm genommenen Varianten auf, die zumeist ein höheres Gesamtgewicht zuließen:

Variante	**Klasse**	**Antriebsart**	**Radstand**	**zul.Ges.gew.**
J-2500	*1/2-Tonner*	*2WD u.4WD*	*3048 mm*	*2265 kg*
J-2600	*1/2-Tonner*	*2WD u.4WD*	*3048 mm*	*2720 kg*
J-3500	*1/2-Tonner*	*2WD u.4WD*	*3200 mm*	*2265 kg*
J-3600	*1/2-Tonner*	*2WD u.4WD*	*3200 mm*	*2720 kg*
J-2700	*3/4-Tonner*	*2WD u.4WD*	*3048 mm*	*3170 kg*
J-3700	*3/4-Tonner*	*2WD u.4WD*	*3200 mm*	*3170 kg*
J-2800	*1-Tonner*	*4WD*	*3048 mm*	*3900 kg*
J-3800	*1-Tonner*	*4WD*	*3200 mm*	*3900 kg*

Diese neuen Varianten unterschieden sich von den bisherigen im übrigen durch den auf Sonderwunsch erhältlichen »Vigilante«-Motor, einen 5,36-Liter-V8 von AMC anstelle des Serien-ohc-Sechszylinders mit 140 PS. Der auch im Wagoneer verwendete starke V8 leistete 250 PS bei 4700/min und hatte 460 Nm Drehmoment bei 2600/min.

Ab 1966 begann Kaiser Jeep, das Gladiator-Bauprogramm wieder zu straffen. Vom J-100 Kastenwagen bis zum J-3800 1-Tonner gab es jetzt nur mehr 9 Haupttypen.

1967 erfolgten neben der weiteren Straffung eine Reihe Änderungen. Alle Gladiator-Modelle erhielten Sitzgurte, eine Frontscheibe aus besserem Sicherheitsglas, gepolstertes Instrumentenbrett, zweistufige Wischer, Außenspiegel, gepolsterte Sonnenblenden, Warnblinkanlage und Scheibenwascher. Außer bei Fahrzeugen mit 3900 kg zul. Gesamtgewicht bekamen alle Gladiator-Modelle werksseitig eine selbstnachstellende Zweikreisbremse. In Verbindung mit der Turbo Hydra-Matic (die seit 1964 angeboten wurde) gab es Verbesserungen der Allradschaltelemente, eine weiterentwickelte Servolenkung, neue Lack- und Interieurfarben zur Wahl. Zu den bevorzugten Extras für die Gladiator-Modelle zählten jetzt: stärkerer Generator; Anhängerkupplung; größere Batterie; gestufte Stoßfänger; verchromte Stoßfänger vorn und hinten; große Radzierblenden; elektrische Zeituhr; getöntes Glas (E-Z Eye); Freilaufnaben vorn; Zapfwellen; Transistor-Tastenradios; Schonbezüge; Luxus-Rückscheibe;

Beide Fotos: J-4000 Pick-ups von 1972
(Fotos: Sammlung des Autors)

Powr-Lok-Differential für die Hinterachse; Spritzschutz für die Räder und – für Wagen mit der Sonderausstattung Custom – Einzelsitze und Mittelkonsole. Das »Custom-Fahrerhaus« enthielt: Luxus-Innenausstattung, dazu passendes Instrumentenbrett, Zigarrenanzünder, zwei gepolsterte Sonnenblenden und Türverkleidungen passend zur Lackierung. Drei Farbtöne wurden für das Fahrerhaus des Custom angeboten: rohleder, anthrazit und marlinblau. Außen gehörten dazu Edelstahlrahmen für Front-, Heck- und Türscheiben, verchromte Stoßfänger vorn und (für Fahrzeuge mit 2265 kg Gesamtgewicht) verchromte Radkappen. Für den Gladiator standen sieben Lackfarben zur Verfügung: präriegold, bronzenebel, tannenspitzengrün, goldbeige, empireblau, gletscherweiß und präsidentrot.

Die wohl bedeutendsten Änderungen für 1967 waren das Ende der Produktion des ohc-Motors und der 2WD-Gladiator-Modelle. Den ohc-Sechszylinder ersetzte man durch einen ohv-Sechszylinder mit 3,8 Liter Hubraum von American Motors, der bei Jeep als »Hi-Torque Six« bezeichnet wurde. Dieses serienmäßig eingebaute Aggregat leistete 145 PS bei 4300/min und erreichte ein Drehmoment von 292 Nm bereits bei 1600/min. Mit 8,5:1 Verdichtung und einem Einfachvergaser konnte es mit Normalbenzin betrieben werden. Auf Wunsch erhielt man den Gladiator mit einem anderen zugekauften Motor, einem 5,74-Liter-V8 von Buick. Dieser »Dauntless V8« leistete 230 PS bei 4400/min und hatte sein Höchstdrehmoment von 475 Nm bei 2400/min. Trotz seiner höheren Verdichtung von 9:1 vertrug er ebenfalls Normalbenzin.

Die Gladiator-Versionen erhielten ihre erste wesentliche Stylingänderung zum Modelljahr 1970, nämlich den über die ganze Wagenfront gehenden Kühlergrill, wie ihn der Wagoneer bereits seit 1966 hatte. Ähnlich bedeutsam war die zusammen mit der Custom-Kabine gegen Aufpreis lieferbare Zweifarbenlackierung. Sie bestand in einer champagnerweißen oberen Karosseriepartie, zu der für die untere Karosseriehälfte einer der übrigen acht Farbtöne verfügbar war.

Die Gladiator-Baureihe wurde um drei weitere Varianten bereichert, den J-3800, den J-4500 und den J-4700, alle mit einem auf 3353 mm verlängerten Radstand. Serienmotor für den J-3800 war der große 5,74-Liter-V8; das zulässige Gesamtgewicht betrug 3625 kg. Er wurde nur als Chassis mit Fahrerhaus angeboten, und zwar zu 4320 Dollar. Die anderen neuen Versionen gab es sowohl in dieser Form als auch als Pick-up Thriftside.

Ab 1971 wurde weiter vereinfacht: Nun standen nur noch die Versionen J-2000 mit 3048 mm Radstand (als Pick-up Townside oder Thriftside) und J-4000 mit 3353 mm Radstand (nur als Pick-up Townside) zur Wahl, deren Hauptdaten lauteten:

	J-2000	**J-4000**
Zulässiges Gesamtgewicht	*2265 kg*	*2265–3625 kg*
Radstand	*3048 mm*	*3353 mm*
Länge des Kastens	*2134 mm*	*2438 mm*
Gesamtlänge	*4792 mm*	*5223 mm*

Den J-4000 beschrieb Jeep als den »ersten Allradtransporter speziell fürs Camping«. Der über fünf Meter lange Pick-up war zumindest respekteinflößend und konnte in seiner verstärkten Chassisvariante (3625 kg Gesamtgewicht) immerhin 1650 kg Nutzlast mitnehmen. Anders als viele Allrad-Lkws, die nur mit Hinterradantrieb begonnen hatten, kam der J-4000 nicht wie auf Stelzen daher; freilich lag er infolge seiner bewußt sehr steifen Hinterachsfederung vorn tiefer als hinten. Und so fühlte sich seine Federung extrem steif an. Das meinte auch der Tester von *Four Wheeler* in der Ausgabe vom Februar 1972, der über den J-4000 meinte: »Im unbeladenen Zustand wäre es eine glatte Untertreibung zu sagen, er wäre hart gefedert!« Und doch war er – ausgerüstet mit der aufpreisigen Servolenkung – ungewöhnlich leicht zu fahren. Mit seinem Wendekreis von 15,8 Meter war er allerdings für schweren Geländebetrieb nicht unbedingt geeignet.

1971, als alle Gladiator-Versionen bereits AMC-Motoren besaßen, war der J-4000 bei entweder 3170 oder 3625 kg Gesamtgewicht serienmäßig mit einem 5,9-l-V8 mit 175 PS bei 4000/min und 386 Nm bei 2400/min ausgerüstet. Alle anderen Versionen des Gladiator hatten serienmäßig den 4,23-Liter-Sechszylinder und waren auf Wunsch mit V8-Motoren von 5,0 oder 5,9 Liter Hubraum lieferbar. Beim J-4000 gehörte zum V8 ein »Heavy Duty«-Vierganggetriebe, während sich alle andern Versionen mit einem vollsynchronisierten Dreiganggetriebe begnügten.

1972 entfiel der Name Gladiator, und AMC nannte die Fahrzeuge schlicht »Jeep Truck«. Änderungen im Aussehen und an der Mechanik waren geringfügig. Wie beim Wagoneer wurde ein abblendbarer Innenspiegel statt des bisherigen normalen Spiegels eingebaut, ferner eine neue Saginaw-Pumpe für die Servolenkung. Erstmals konnte man auf Wunsch auch Einzelsitze bekommen. Einschließlich einer neuen J-2000-Variante mit 2720 kg Gesamtgewicht lautete die komplette Preisliste der Jeep Trucks jetzt wie folgt:

Modell	Gesamt-gew.	Lieferform	Laderaum-länge	Preis (US-$)
J-2500	*2265 kg*	*Chassis/Kabine*	--	*3181*
		Pick-up Thriftside	*2134 mm*	*3328*
		Pick-up Townside	*2134 mm*	*3328*
J-2600	*2720 kg*	*Chassis/Kabine*	--	*3302*
		Pick-up Thriftside	*2134 mm*	*3449*
		Pick-up Townside	*2134 mm*	*3449*
J-4500	*2265 kg*	*Chassis/Kabine*	--	*3210*
		Pick-up Townside	*2438 mm*	*3365*
J-4600	*2720 kg*	*Chassis/Kabine*	--	*3331*
		Pick-up Townside	*2438 mm*	*3486*
J-4700	*3170 kg*	*Chassis/Kabine*	--	*3698*
		Pick-up Townside	*2438 mm*	*3853*
J-4800	*3625 kg*	*Chassis/Kabine*	--	*4107*
		Pick-up Townside	*2438 mm*	*4262*

Die Preise der bevorzugten Extras beliefen sich 1972 auf:

Gegenstand	Listenpreis US-Dollar)
5-Liter-V8 (Doppelvergaser)	*165,00*
5,9-Liter-V8 (Doppelvergaser)	*223,00*
Automatikgetriebe für J-2000-Baureihe	*280,00*
für J-4000-Baureihe	*161,75*
Klimaanlage	*494,90*
Bremskraftverstärker	*47,45*
Servolenkung	*150,80*
Freilaufnaben vorn	*66,00*
MW-Radio und Antenne	*73,85*
getönte Scheiben (E-Z Eye)	*26,20*
Zusatz-Kraftstofftank	*79,05*
Warnleuchte für Bremse	*6,65*
Custom-Ausstattung	*99,40*
Einzelsitze	*118,30*
Zweifarbenlackierung	*57,95*

Ebenso wie die übrigen Jeep-Erzeugnisse ließen auch die 1973er Jeep Trucks die Auswirkungen der konstruktiven Überarbeitung seitens American Motors erkennen. An der Spitze der Liste der Änderungen stand das Quadra-Trac, das während dieses Modelljahrs zunächst in begrenzter Stückzahl verfügbar war. Wie der Wagoneer waren auch für den mit Quadra-Trac ausgerüsteten Jeep Truck der große 5,9-Liter-V8 und der Hydra-Matic-Automat vorgesehen.

Außerdem verwendete man für die Trucks neue doppelwandige Seitenwände rund um den Laderaum, eine breitere Heckklappe, die sich mit einer Hand öffnen ließ, und eine vollständig neue, besser gepolsterte Instrumententafel. Letztere hatte der Truck mit dem Wagoneer gemeinsam; auch hier hatten alle Instrumente einschließlich Öldruckmesser und Amperemeter runde, besser ablesbare Skalen bekommen. Lenksäule, Instrumentenbrett und die neuen Bodenteppiche waren farblich aufeinander abgestimmt, um – wie Jeep es ausdrückte – ein Interieur »wie im Auto« zu schaffen.

Die Preise aller Pkws und Lkws begannen Anfang der 70er Jahre, mit zunehmendem Tempo steil anzusteigen. Deshalb hier zum Vergleich auch die Preise der 1973er Jeep Trucks und einiger ausgewählter Extras:

Modell	Lieferform	Listenpreis (US-Dollar)
J-2500	*Chassis/Kabine*	*3206*
	Pick-up Thriftside	*3353*
	Pick-up Townside	*3353*
J-2600	*Chassis/Kabine*	*3327*
	Pick-up Thriftside	*3474*
	Pick-up Townside	*3474*
J-4500	*Chassis/Kabine*	*3235*
	Pick-up Townside	*3390*
J-4600	*Chassis/Kabine*	*3356*
	Pick-up Townside	*3511*
J-4700	*Chassis/Kabine*	*3723*
	Pick-up Townside	*3878*
J-4800	*Chassis/Kabine*	*4132*
	Pick-up Townside	*4287*

Gegenstand	Listenpreis (US-Dollar)
Quadra-Trac zweistufig	*149,50*
Bremskraftverstärker	*45,10*
Servolenkung	*143,50*
Klimaanlage	*442,80*
HD-Batterie 70 Ah	*11,30*
Custom-Ausstattung	*94,60*
MW-Radio	*70,25*
Vordere Stoßstangenhörner	*16,10*
getönte Scheiben (E-Z Eye)	*24,90*
Unterschutz für Tank	*36,70*
Doppelhornsatz	*7,00*

Da sich die Renegade-Version der CJ-Serie inzwischen großer Beliebtheit erfreute, überraschte es nicht, daß AMC jetzt auch für den Jeep Truck eine Luxusversion anbot. Das war dann das »Pioneer«-Ausstattungspaket für 1974, das vor allem Holzdekor-

Paneele an den Karosserieseiten enthielt, dazu Einzelsitze mit »Tru-Knit«-Vinylbezügen, ein verstellbares Lenkrad »Adjust-O-Tilt«, getönte Scheiben, Zweifarbenlackierung, Schriftzug »Pioneer«, Klimaanlage und volle Teppichverkleidung. Erstmals wurde der Jeep Truck auf Wunsch auch mit Leichtmetallrädern geliefert.

Obgleich die Trucks serienmäßig noch Trommelbremsen besaßen, gab es innerhalb des Pakets »Bremskraftverstärker« (werbewirksam »Power Brakes« genannt) für 65 Dollar auch vordere Scheibenbremsen. Der Einbau einer neuen Vorderachse ergab einen wesentlich kleineren Wendekreis für alle Versionen (J-10: 12,8m; J20: 13,8m) sowie um 25 mm verkürzten Radstand bei allen Jeep Trucks. Gleichzeitig mit diesen Änderungen wurde das bisher sehr umfangreiche Bauprogramm auf ein Minimum reduziert, wie die Preisliste für 1974 zeigt:

Serie	Modell	Lieferform	Radstand	Preis(US-$)
J-10	*25*	*Pick-up Townside*	*3023 mm*	*3776*
	45	*Pick-up Townside*	*3327 mm*	*3837*
J-20	*46*	*Pick-up Townside*	*3327 mm*	*4375*

Außer den Versionen mit Quadra-Trac, die mit dem 5,9-Liter-V8 geliefert wurden, hatten die Fahrzeuge der J-10-Serie den 4,23-Liter-Sechszylinder als Basismotor. Wie 1973 leistete er 110 PS bei 3500/min und hatte ein Drehmoment von 264 Nm bei 2000/min. Ebenso hatte sich an der Leistung der mit Doppel- bzw. Vierfachvergaser ausgerüsteten 5,9 Liter großen V8-Motoren nichts geändert. Zum erstenmal bekam man die Jeep Trucks auf Wunsch auch mit AMCs gewaltigem 6,57-Liter-V8 mit 235 PS und 434 Nm.

Hier die Preise ausgewählter Extras für die 1974er Jeep Trucks:

Gegenstand		Listenpreis (US-Dollar)
5,9-Liter-V8 mit Doppelvergaser		*201*
5,9-Liter-V8 mit Vierfachvergaser		*245*
6,57-Liter-V8 mit Vierfachvergaser	*für J-10*	*295*
	für J-20	*94*
Viergang-Schaltgetriebe		*102*
Quadra-Trac, nur direkter Durchtrieb		*38*
Quadra-Trac, zweistufig		*142*
Dreigang-Automatik		*254*
Freilaufnaben vorn		*60*
Sperrdifferential		*57*
Bremskraftverstärker und Scheibenbremsen vorn		*65*
Servolenkung		*138*
Verstärkte Stoßdämpfer		*14*
Stabilisator vorn		*33*
Einzelsitze		*107*
getönte Scheiben		*24*
Klimaanlage		*421*

Alle Jeep Pick-ups für 1975 enthielten zahlreiche Verbesserungen an den mechanischen Komponenten sowie eine breitere Palette an Extras, an Ausstattungen und Farbtönen. Obschon sich an den Modellen für den US-Markt nichts änderte, gab es für den J-10 erhöhte Nutzlasten und Gesamtgewichte, wie folgende Übersicht zeigt:

Modell	zul. Gesamtgewicht (kg)				Erhöhung d. Nutzlast (ca.kg) 1975 gegenüber 1974 (kg)	
	Serie		Sonderwunsch			
	1974	1975	1974	1975	über Serie	über Sonderwunsch
25	*2355*	*2730*	*2540*	--	*375*	*190*
45	*2355*	*2730*	*2540*	--	*375*	*190*
46	*2945*	*2945*	*3260*	*3260*	--	--
46			*3625*	*3625*	--	--

Grundmotor der J-10-Serie blieb weiterhin der 6-Zylinder mit 4,23 Liter und für die J-20-Serie der 5,9-Liter-V8. Beide hatten ein Dreigang-Schaltgetriebe und erhielten den Allradantrieb über das von Hand geschaltete Verteilergetriebe Dana 20. Im folgenden geben wir einen Überblick über alle gegen Mehrpreis erhältlichen Motoren, Achsen und Kraftübertragungen für die 1975er Jeep Trucks:

Serie	Motor	Vergaser	Achsübersetzung		Schaltgetr. +	Dana 20
			Serie	auf Wunsch	3-Gang	4-Gang
J-10	*4,23 l*	*Einfach*	*4,09:1*	--	*Serie*	*auf Wunsch*)*
	5,9 l	*Doppel*	*3,54:1*	*4,09:1*	*Serie*	*auf Wunsch*)*
	5,74 l	*Vierfach*	*3,54:1*	--	--	*Serie*)*
	6,57 l	*Vierfach*	*3,54:1*	--	--	-- **)
J-20	*5,9 l*	*Doppel*	*3,73:1*	*4,09:1*	*Serie*	*auf Wunsch*)*
	5,9 l	*Vierfach*	*3,73:1*	*4,09:1*	--	*Serie*)*
	6,57 l	*Vierfach*	*3,73:1*	--	--	-- **)

**) Quadra-Trac auf Wunsch **) Quadra-Trac serienmäßig*

Linke Seite:

Oben: J-4000 von 1973. Alle Pick-ups dieses Modelljahrs hatten eine neue Instrumententafel und Änderungen am offenen Kasten. Für vier Versionen gab es bereits das Quadra-Trac (Foto: Richard Knudson)

Unten: Ein 1973er Jeep Truck mit 3624 kg zulässigem Gesamtgewicht hier mit aufgesatteltem Campingaufbau von 3,35m Länge (Foto: Sammlung des Autors)

Für Kalifornien waren der 5,9-Liter-V8 mit Vierfachvergaser und ein Vierganggetriebe Serienausstattung. Dort war der einzige wahlweise erhältliche Motor der 6,57-Liter-V8 mit Vierfachvergaser.

Zahlreiche Änderungen wurden zur Verbrauchssenkung eingeführt. Dazu gehörten neue Vierfachvergaser für die V8-Motoren mit kleineren Primär- und größeren Sekundär-Zumeßventilen, neue Isolierungen zur Verminderung der Wärmestrahlung zum Vergaser, auf Wunsch ein Tempomat sowie neue Weißwandreifen HR-78 als Extra für J-10-Modelle. Für besseres Starten und längere Kerzenlebensdauer sollte eine elektronische Zündanlage ohne Kontakte und Kondensator sorgen; das war die wichtigste funktionelle Verbesserung für 1975.

Andere Neuerungen im mechanischen Bereich waren neue Federn und Dämpfer, um das Fahren etwas angenehmer zu gestalten; Hitzeschilde für die Abgasanlage; verstärkte Aggregatlagerung; wirkungsvollere Enteisung der Scheiben; eine Servolenkung, die mehr Fahrbahngefühl bringen sollte; für V8-Motoren ein neuer Zapfwellenantrieb mit drei Keilriemen, der den Antrieb von Zusatzgeräten sicherer machen sollte; schließlich eine Peitschenantenne aus Edelstahl.

Den Käufern des Jeep Truck bot man 1975 eine erweiterte Liste von Extras an. Erhältlich waren nun auch eine neue MW/UKW-Stereoanlage mit zwei Lautsprechern; neue Zweifarbenlackierungen; für die Pioneer-Ausstattung neue Holzdekorpaneele; ein neues Sportlenkrad; neue Radkappen für die J-20er; 70-Ah-Batterie und 62-A-Generator; ein verbessertes Luxuspaket mit neuen Rückspiegeln, Make-up-Spiegel in der rechten Sonnenblende, elektrischer Uhr, Leseleuchte, Handschuhfach- und Ascherbeleuchtung. Für alle Fahrzeuge mit langem Radstand gab es auf Wunsch den 75-Liter-Zusatztank (serienmäßig hatte der Tank nur 72 l Inhalt).

Die Zahl der Innenfarbtöne wurde von drei auf vier erhöht; zu den bisherigen Farben schwarz und blaßgelb kamen blau und grün hinzu. Serienmäßige Sitzbezüge im Grundmodell waren aus Vinyl Laramie. Für Custom- und Pioneer-Sondermodelle gab es ab 1975 als Standard karierte Derby-Stoffbezüge, auf Wunsch auch Vinyl mit der Bezeichnung »Sport Knit«. Zum Pioneer-Paket zählte eine Instrumententafel mit Holzmaserung, Türverkleidungen in Wagenfarbe, Hochflorteppiche, Chromstoßfänger vorn, blanke Scheibenrahmen, Radblenden (J-10) und Nabenkappen (J-20), ein Zweiklanghorn, verschließbares Handschuhfach, Anzünder und neue Verkleidungen für die Armlehnen. Einzelsitze gab es für Jeep Trucks weiterhin nur als Sonderwunsch.

Die Preise der 1975er Jeep Trucks und einiger ausgewählter Extras lauteten wie folgt:

J-20 Pioneer Pick-up von 1975 mit seinem neuen Holzdekor an den Seiten (Foto: Sammlung des Autors)

Modell	Lieferform	Radstand	Listenpreis (US-Dollar)
J-10	*Pick-up Townside*	*3023 mm*	*3776*
	Pick-up Townside	*3327 mm*	*3837*
J-20	*Pick-up Townside*	*3327 mm*	*4975*

Gegenstand		Listenpreis (US-Dollar)
5,9-Liter-V8 mit Doppelvergaser		*201,25*
5,9-Liter-V8 mit Vierfachvergaser		*245,00*
6,57-Liter-V8 mit Vierfachvergaser	*für J-10*	*295,00*
	für J-20	*94,00*
Viergang-Schaltgetriebe		*129,00*
Turbo Hydra-Matic mit Quadra-Trac, nur direkter Durchtrieb		*291,00*
Turbo Hydra-Matic mit Quadra-Trac, zweistufig		*395,80*
Freilaufnaben vorn		*85,00*
Sperrdifferential		*69,00*
Bremskraftverstärker und Scheibenbremsen vorn (nur für J-10)		*65,00*
Servolenkung		*138,10*
Verstärkte Stoßdämpfer		*14,10*
Verstärkte Federn vorn		*35,00*
Verstärkte Federn hinten (nur bei Radstand 3023 mm)		*30,00*
Stabilisator vorn		*33,00*
getönte Scheiben		*23,65*
Nabenkappen		*10,40*
Tank-Unterschutz		*34,85*
Klimaanlage		*421,65*
Pioneer-Sonderausstattung		*283,25*

Die weitaus häufigste Einschätzung seitens der Testfahrer der führenden Allrad-Fachblätter war, daß die 1975er Jeep Trucks erheblich größere Verkaufserfolge verdient hätten als dies der Fall war. So berichtete *Four Wheeler* vom Dezember 1974: »Der Halbtonner Jeep Pick-up dürfte einer der heißesten Tips in der Welt der Allradfahrzeuge sein…es ist kaum zu verstehen, warum AMC davon nicht mehr abzusetzen vermag.« Er sähe zwei mögliche Gründe dafür, sagte der Tester dieses Blattes, Bill Sanders, »einmal sieht der arme J-10 aus wie ein ganz normaler 2WD-Pick-up, und wer will schon einen 4 × 4, wenn man es ihm nicht ansieht?…Zweitens wirkt er auf manch einen wohl etwas altbacken. Vielleicht stimmt das auch. Während Ford und Chevy Pick-ups erst kürzlich wieder neu gestylt wurden, hält man den J-10 heute immer noch für einen Gladiator von 1962.«

Doch sowohl *Four Wheeler* als auch *Pick-up, Van & 4WD* in seinem J-10-Test vom September 1975 bezeichneten die Jeep Trucks als ihrer inländischen Konkurrenz mindestens ebenbürtig. *Four Wheeler* lobte, der J-10 Halbtonner fahre sich »am angenehmsten von allen Allrad-Pick-ups, fast so komfortabel wie ein Pkw, zumindest aber wie ein 2WD-Pick-up…Wir finden es ungerecht, daß der J-10 Truck nicht von viel mehr Leuten gekauft wird. Er ist ein ausgezeichneter Allround-4 × 4 mit guten Fahrleistungen und viel Luxus und Komfort.«

Pick-up, Van & 4WD zeigte sich eher noch begeisterter in seinen Lobeshymnen: »Was seine Allrad-Fahrleistungen betrifft, ist der J-10 absoluter ›Bergkönig‹.« Für einen besseren Absatz gab das Blatt AMC den guten Rat: »Ob der Townside auch in den Verkaufszahlen ein Gipfelstürmer wird, wird sehr wahrscheinlich von einer künftigen Styling-Überarbeitung abhängen, von mehr Sorgfalt im Finish [der Tester beklagte nachlässige Verarbeitung an vielen Ecken und beanstandete z. B. den in schwarzen Lettern auf das Heck gemalten ›Jeep‹-Schriftzug], von einer besseren Qualitätskontrolle und schließlich auch davon, wie viele Fahrer wirklich die Vorzüge des Quadra-Trac-Systems im Vergleich mit ›New Process'[bei GM und Chrysler] zu schätzen wissen.«

Eine größere Styling-Überarbeitung stand dem Jeep Truck zwar nicht bevor, doch 1976 brachte eine Reihe mechanischer Verbesserungen und Verfeinerungen und neue Extras, Ausstattungen und Farbtöne.

Alle drei in den USA erhältlichen Versionen hatten steifere, abgekröpfte Rahmen mit kräftigeren Quer- und kastenförmigen Längsträgern. Diese Bauart erlaubte einerseits, die Federbasis breiter zu machen, andererseits auch, die Lenkung direkt am Rahmen zu montieren. Am J-10 wurden jetzt neue Blattfedern und Dämpfer verwendet, um die Federung weicher zu machen.

Das zuvor nur mit dem V8-Motor kombinierte, kräftigere Dreiganggetriebe erhielt jetzt der J-10 auch zusammen mit seinem Serien-Sechszylinder mit 4,23 Liter; sein Nennmoment war 440 Nm gegenüber den 312 Nm der älteren Version.

Im übrigen gab es eine Wascheranlage mit zwei Spritzdüsen, neue Dreipunktgurte serienmäßig mit Warnsystem für das Gurtanlegen, einen vorderen Stabilisator (auf Wunsch), attraktivere 15″-Radblenden für den J-10 und schließlich eine neue Beschriftung der Anzeigegeräte, der Radiofront, der Heizung, der Uhr usw.

Alle Modelle bekamen schönere Türverkleidungen und Sitze in den zum Wagen passenden Farbtönen schwarz, blau, grün und hellgelb. Die Grundmo-

Der Jeep Truck J-10 von 1976 (Foto: Sammlung des Autors)

Ein 1976er J-20 in der Pioneer-Ausstattung (Foto: Sammlung des Autors)

1976

PIONEER

delle hatten Bezüge in »Fairway«-Vinyl, Custom und Pioneer gefältelte Stoffbezüge »Potomac Stripe«. Sitzbank wie Einzelsitze (Sonderwunsch) wurden auch in einem »Soft Touch« Vinyl geliefert.

Erstmals wurden Jeep Pick-ups mit einem werksseitig montierten Schneeräumer, dem »Snow Boss«-Paket, zum Mehrpreis angeboten. Das Paket enthielt einen rund 2,30m breiten Räumschild mit allen Verbindungselementen sowie Hydraulikzylinder zum Anstellen und Anheben der Schaufel, elektrische Steuerung mit Schaltern und Kabelsatz, Arbeitsbeleuchtung und entsprechende Aufkleber. Neben dieser Sonderausstattung gab es das Camper-Spezialpaket, das den J-20 bereits bei den Campingfreunden populär gemacht hatte. 1976 gehörten dazu: HD-Stoßdämpfer, ein vergrößerter Kühler, 70-Ah-Batterie und 62-Amp-Generator, Außenspiegel »West Coast«, Schiebefenster hinten, Goodyear-Cushion-Bereifung der Größe 9.50 × 16.5 (Belastungsklasse D).

Anfang 1976 führte Jeep eine sportliche Variante, den Honcho Pick-up vor, der in Wettbewerb mit ähnlichen Angeboten von Ford und Chevrolet treten sollte. Das »Honcho-Paket« gab es um 699 Dollar Aufpreis, es setzte aber den Einbau der Sonderausrüstung Scheibenbremsen und Bremskraftverstärker zu 69 Dollar und der Servolenkung zu 179 Dollar voraus. Damit kostete der Honcho Pick-up 5680 Dollar. Ein vergleichbarer »Short« Chevrolet lag bei 5927 Dollar.

Der Honcho fiel durch seine goldfarben dekorierten Wagenseiten mit schwarzen und weißen Zierkanten auf. Schwarz abgesetzt war auch sein Kühlergrill, gold und weiß seine Kotflügeleinfassungen, und seine Heckklappe war golden dekoriert. Hinten war ein stufenförmiger, herausragender Stoßfänger montiert, vorn ein verchromter. Ebenfalls im Honcho-Paket waren Scheibeneinfassungen in Edelstahl. Als Lackierungen standen weiß, knallfroschrot, brillantblau, schwarz, marineblau und mittelblau zur Wahl. Damit jeder ihn sogleich erkannte, war der Name »Honcho« in großen Lettern an den Türen angebracht. Der Honcho hatte Goodyear-Reifen AT 10 × 15 schlauchlos/4-Lagen/Polyester auf Stahlblechrädern 15 × 8″.

Zum Honcho-Interieur gehörte eine mit blauem Levi's-Stoff bezogene Sitzbank und Türtafeln mit Levi's-Stoffeinsatz; dazu ein blaues Sportlenkrad und ein in abgesteppten Jeansstoff gehaltener Bezug der Instrumententafel. Zur Grundausstattung zählten weiter: Zigarrenanzünder, Bodenteppiche in blau oder braun, verschließbares Handschuhfach, Zweiklanghorn und Dämmung unter der Haube.

1977 und 1978 wurden Änderungen im Aussehen und an den mechanischen Teilen der Jeep Trucks auf ein Minimum beschränkt. Zu Halbzeit des Modelljahrs 1977 stellte man der Honcho-Ausstattung (1977er Preis: 749 Dollar) eine weitere Sonderwunsch-Variante zur Seite, den »Golden Eagle«. Der Honcho war jetzt in den Farben gold/braun oder dunkelblau/gold, jeweils mit orangefarbenen Akzenten, erhältlich.

Das 999 Dollar teure Golden-Eagle-Paket enthielt viele der Honcho-Extras als Basis: den Chromstoßfänger vorn, den stufenförmigen hinteren Stoßfänger, die breiten 10 × 15″-Reifen Tracker OWL, die Scheibenrahmen in Edelstahl, die Armlehnenabdeckungen und die Schalldämmung unter der Haube. Hinzu kamen 8 Zoll breite Räder im Speichendesign, gold lackiert mit schwarzen Zierlinien, ferner Überrollbügel am offenen Kastenaufbau, Rammschutz, Suchscheinwerfer am Überrollbügel, Einzelsitze mit Bezügen von Levi's in beige, Custom-Interieur und Instrumentenbrett in Steppnaht-Design.

Entscheidendes Merkmal des Golden-Eagle-Pakets aber war die äußere »Kriegsbemalung«: ein über die ganze Motorhaube reichender Adler mit ausgebreiteten Flügeln und von diesen ausgehenden dreifachen Zierstreifen, die sich an Tür und Kastenoberkante fortsetzten. Das gold-schwarz-orangefarbene Dekor übertrug sich von dort auf den unteren Teil der Seitenwände, die Kanten der Radläufe und das Heck. Unten an den Türen trugen diese Autos die Aufschrift »golden eagle«.

Ein drittes Paket namens 10–4 wurde zum Modell 1978 vorgestellt. Wie Honcho und Golden Eagle war auch diese Ausstattung auf den J-10 mit 3023 mm Radstand beschränkt. Sie wurde mit einer Palette von zehn Farbtönen angeboten und war gekennzeichnet durch Seitenstreifen in zwei Orange-Schattierungen mit schwarzen Zierlinien. Ein ebenfalls in zwei Orangetönen gehaltener Schriftzug »10–4« war an der Seitenwand zu sehen. Zum 10–4 gehörten als Standardbereifung die 10 × 15″ Tracker OWL auf 15 × 8″ eigens gestylten, weißen Rädern mit roten Streifen. Auch hier gab es den Stufen-Stoßfänger hinten und den Überrollbügel, montiert am Kastenboden.

Wie bei den 1978er Cherokee- und Wagoneer-Modellen war der Fußraum vorn auch bei den Jeep Trucks um 64 mm verlängert worden, und zwar durch geänderte Pedalerie und Innenverkleidungen. Ebenfalls gemeinsam mit den genannten Modellen hatte der Truck eine neue Kühlluftführung, durch die der Motor kühler und wirtschaftlicher arbeitete. Das Gesamtgewicht des J-10 erhöhte sich von 2730 auf 2810 kg.

Unter den 1978 neu angebotenen Extras waren ein vom Werk eingebauter CB-Funk in Verbindung mit einer MW/UKW-Stereoanlage oder nur mit einem Mittelwellenradio, ferner ein neues MW/UKW Multi-Plex 8-Spuren-Tonbandsystem, 7 Zoll breite verchromte Stahlfelgen mit Speichendesign für den J-10,

Rammschutz und ein auf dem Kastenboden montierter Überrollbügel.

Nachdem infolge der Umstellung des Werkes in Brampton (Ontario) auch für Jeep Trucks mehr Fertigungskapazität zur Verfügung stand, machte AMC besondere Anstrengungen, ihren Anteil am rasch wachsenden Markt für Allrad-Lkws zu erhöhen. Als die AMC ihre neuen 1979er Modelle ankündigte,

Der 1977er Jeep Honcho (Foto: Sammlung des Autors)

Ein J-20 Pick-up von 1977 (Foto: Sammlung des Autors)

GOODYEAR

Honcho
JEEP78

Linke Seite:

Oben: Der sportliche J-10 Golden Eagle Pick-up Modelljahr 1977 (Foto: Sammlung des Autors)

Unten: 1978er Jeep Honcho (Foto: Sammlung des Autors)

bemerkte sie: »Jeep J-10 und J-20 Trucks sind in ihrer Vielseitigkeit unerreicht. Sie können sich nicht nur mit jedem Konkurrenten in bezug auf Geländegängigkeit messen, sondern auch eine Vielzahl von Arbeiten verrichten: auf der Farm, im Bauwesen, als Schneepflug und bei so mancher anderen Einsatzart.«

Alle 1979er Modelle – nicht mehr nur die J-20-Versionen – hatten serienmäßig Scheibenbremsen vorn und Bremskraftverstärker. Und zum erstenmal seit 1970 bekam der Jeep Truck eine neugestaltete Frontpartie, die gleiche wie der Cherokee Chief. Sie bestand in einem attraktiven, einteiligen Grill mit rechteckigen Einzelscheinwerfern und blanken Zierleisten im Mittelfeld. Der neue, einteilige vordere Stoßfänger aus Leichtmetall wurde auf Wunsch mit aufgesetzten Gummipuffern geliefert.

Die Innenausstattung des 1979er Grundmodells wurde auf etwa das Niveau vom bisherigen Custom angehoben, und dazu zählten das Custom-Lenkrad und feinere Türverkleidungen. Seine Sitze waren mit gestreiftem »Cara«-Vinyl bezogen.

Die Liste der Extras umfaßte jetzt auch eine besonders starke Schalldämmung, Wischer mit Intervallschaltung als Teil der »Convenience Group«, eine Abdeckung für den Kasten für Modelle mit kurzem und langem Radstand (»High Style«) und einen Haltegriff für die Versionen Honcho und 10–4. Die Zierstreifen am Honcho waren noch etwas auffälliger und farbenfroher geworden.

Nachdem der gewaltige 6,57-Liter-V8 und die Vierfachvergaserversion des 5,9-Liter-V8 nicht länger angeboten wurden, beschränkte sich die Motorenauswahl für Jeep Trucks auf den 4,23-Liter-Sechszylinder (J-10 Serienmotor) und den 5,9-Liter-V8 mit Zweifachvergaser, der serienmäßig für den J-20 und als Extra für den J-10 geliefert wurde.

Die 1980er Jeep Trucks profitierten von den umwälzenden technischen Änderungen an den Wagoneer- und Cherokee-Modellen zur Senkung des Verbrauchs. Dementsprechend war auch die Liste der Änderungen an den Trucks des neuen Modelljahrs so umfangreich wie kaum jemals in all den Jahren seit ihrer Einführung 1963. Die Allradantriebe – Zuschalt- und Quadra-Trac-Version – waren komplett neu und gewichtsreduziert. Den Zuschalt-4WD gab es in Verbindung mit der Chrysler Torque-Flite Automatik, die 1980 an die Stelle der Turbo Hydra-Matic trat, oder mit dem neuen Vierganggetriebe. Letzteres hatte leichtere Aluteile, war enger gestuft und in allen Vorwärtsgängen synchronisiert. Für den Jeep Pick-up gab es erstmals einen beleuchteten Make-up-Spiegel in der rechten Sonnenblende und – in Verbindung mit beiden Allradtrieben – eine manuell übersteuerbare Automatik. Der J-20 behielt sein Viergangschaltgetriebe mit Kriechgang von 1979 bei. Handschaltbare Freilaufnaben vorn wurden serienmäßig zum Zuschalt-4WD für Fahrzeuge mit einer der beiden Vierganggetriebe-Versionen geliefert. Alle für den Pick-up, den Wagoneer und den

Ein J-20 von 1978 (Foto: Sammlung des Autors)

Honcho
TRACKER A-T

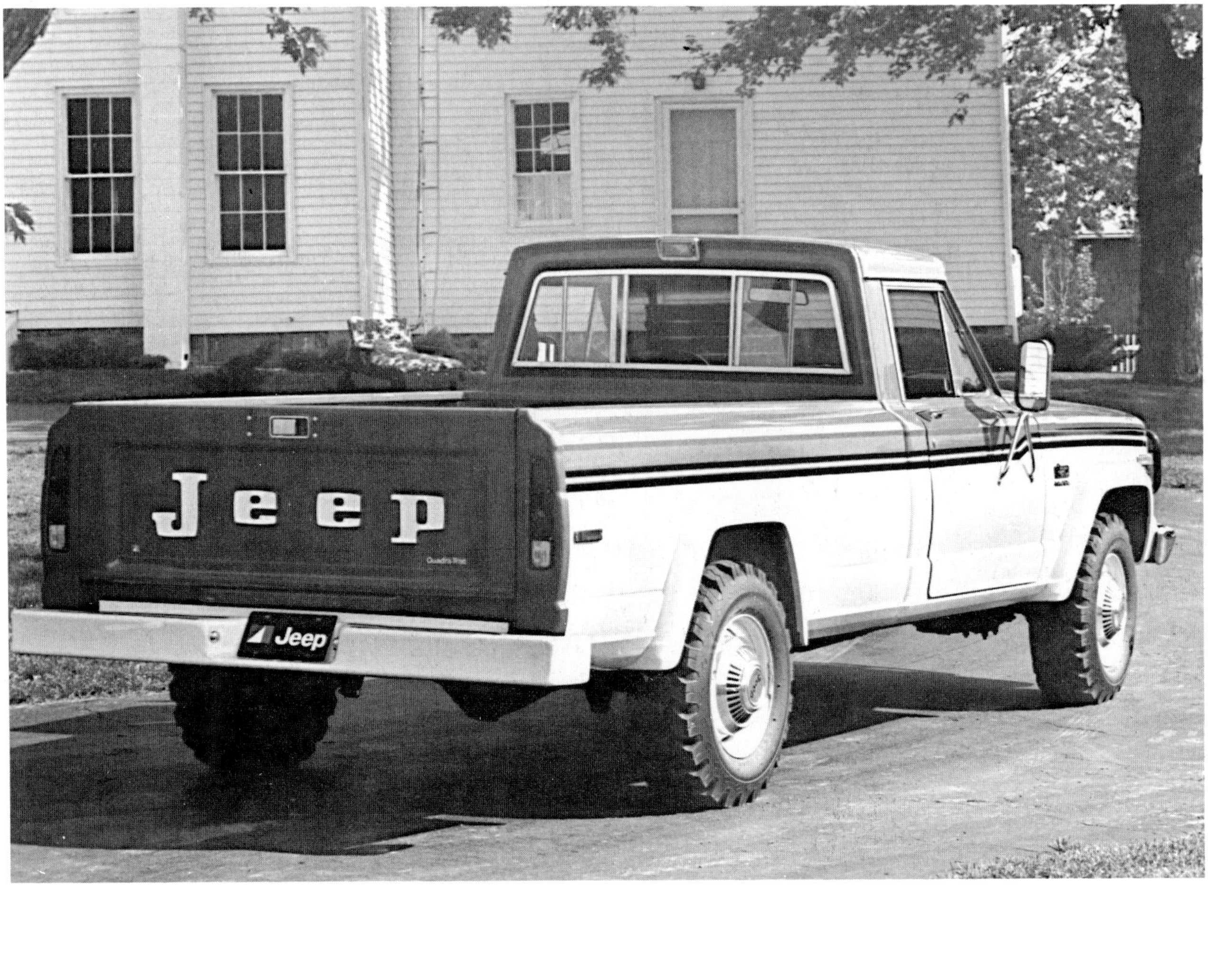
Jeep
Jeep

Linke Seite:

Oben: 1979er Jeep J-10 Honcho (Foto: Sammlung des Autors)

Unten: J-20 Jeep Truck von 1979 (Foto: Sammlung des Autors)

Cherokee verwendeten zuschaltbaren und permanenten Allradtriebe wurden nun von New Process, einer 100%igen Chrysler-Tochter, hergestellt. Doch ihr Einbau war ausschließlich Jeep vorbehalten. Der permanente Antrieb war eine Abwandlung von einem früher von Ferguson in England entwickelten System, das seinerzeit viel Wirbel gemacht hatte, als es erstmals in einem Formel-1-Rennwagen erschienen war. Das Quadra-Trac oder New Process 219 ähnelte stark dem New Process 119, das 1980 für den Eagle eingeführt worden war. Hauptunterschied war, daß der Typ 119 nur einen direkten und der Typ 219 auch einen langsamen Gang besaß.

AMC bezeichnete die 1980er Jeep Trucks als die »modernsten auf dem Markt«. Um die am Antriebsstrang durchgeführten Änderungen noch zu verdeutlichen, fügte man eine Menge zusätzlichen Ausputz hinzu, sei es serienmäßig oder als Extra. Die neuen Sonderwünsche umfaßten elektrische Fensterheber, Zentralverriegelung, Digitaluhr, zwei elektrisch verstellbare Außenspiegel, Scheuerleisten an den Sei-

Ein aggressiv dreinschauender J-10 Honcho von 1980 (Foto: Sammlung des Autors)

tenwänden, ein neues MW/UKW-Kassettenradio, einen verchromten hinteren Stufen-Stoßfänger und (für J-10) verchromte Scheibenräder mit eigenem Styling. Die zuvor als Extra erhältlichen Stabis vorn wurden jetzt Standard an allen Pick-ups, und die Servolenkung erhielten serienmäßig alle Jeep Trucks mit V8 oder Automatikgetriebe. Alle Trucks bekamen ein neues Sicherheitsgurtsystem (single loop).

Zum erstenmal seit 1973 bot Jeep wieder einen Pick-up mit schmalem, zwischen die Räder gesetzten Kasten für den J-10 an. Damals hatte man ihn »Thriftside« genannt, doch seit verwegene »Sport-Lkws« sich zunehmender Beliebtheit erfreuten, schien hier der Name »Sportside« wirkungsvoller. Wie seinerzeit war bei ihm die Ladefläche deutlich kleiner als die der Townside-Version, doch das machte den Käufern, die so einen Wagen ohnehin nur selten voll beluden, kaum etwas aus. Wichtig war ihnen der Gag, und der J-10 Sportside sah verdammt gut aus. Diese Variante besaß alle Elemente der Custom-Version, also blanke Scheibenrahmen, Scheuerleisten an den Seiten, Deluxe-Tür- und Instrumententafel-Verkleidungen, Zierplatten an den Armlehnen, Schalldämmung der Motorhaube und Beifahrerhaltegriff. Typisch für den Sportside war der wannenförmige Kasten mit Bördelrändern und Metallboden (viele derartige Konkurrenzmodelle hatten Holzböden), wie aufgeblasen wirkende, füllige Kotflügel, Tracker A/T-Reifen 15 × 8 OWL, der als Stufe herausragende hintere Stoßfänger, Grill in Schwarz und Chrom (der Custom hatte einen Chromgrill mit grauer, schwarz abgesetzter Lackierung), vinylbezogene Einzelsitze und Teppichboden. Wurde zum Sportside Pick-up die Honcho-Ausstattung bestellt, so unterschied sie sich im Aussehen vom Townside schon durch die eigenartige Dekoration von Kasten und Hinterkotflügeln, den profilierten Überrollbügel, die Einzelsitzbezüge aus Baumwollstoff und verschiedene andere Details.

Noch weiteren Luxus für den Jeep Truck bedeutete 1980 die Einführung des Laredo-Pakets als teuerste Sonderausstattung. Kaum jemand konnte widersprechen, wenn AMC vom Laredo behauptete, er stelle »einen noch nie dagewesenen Luxus für einen Jeep Pick-up« dar. Für seine 1600 Dollar Aufpreis bekam man eine lange Liste feinster Extras, so besondere lackierte Nabenkappen, eigens gestylte 15 × 8″ Chromfelgen, 10Rx15 Wrangler-Gürtelreifen, Grill in Schwarz und Chrom, verchromten hinteren Stufen-Stoßfänger, verchromte Außenspiegel, Dekorstreifen entweder in Silber- oder Goldtönen, volle Teppichauskleidung, Einzelsitze mit integrierter Kopfstütze, Zuglaschen an den Türen, Lederlenkrad, Mittelarmlehne, Zierstreifen an Instrumentenbrett und Handschuhfach, starke Schalldämmung, »Convenience-« und »Visibility-« Pakete, Sonderbeleuch-

Beim 1981er J-10 Honcho ist zumindest die Dachpartie glatter geworden (Foto: Sammlung des Autors)

tung, Stoßfängerpuffer und Rammschutz.

Der Absatz der Jeep Trucks fiel 1980 weit zurück, von 15.419 Stück 1979 auf nur mehr 8636. Doch wie man sieht, litt der gesamte Markt der Allrad-Pick-ups in diesem Jahr in gleicher Weise:

Marke	Absatz 1979	Absatz 1980
Jeep	*15.419*	*8.636*
Dodge	*43.419*	*21.191*
Ford	*196.104*	*93.191*
Chevrolet/GMC	*203.454*	*109.345*

Die 1981er Jeep Trucks hatten viele ihrer technischen Neuerungen und Stylingänderungen mit den Modellen Cherokee und Wagoneer gemein. So war ihr 6-Zylinder um gut 40 kg leichter geworden, und alle Modelle kehrten zum senkrecht unterteilten Kühlergrill zurück. Alle besaßen nun auch die Scheibenbremsen mit verringerter Sattelreibung, Bremskraftverstärker und Servolenkung. Bessere Straßen-Fahrleistungen ergab die Wandler-Überbrückungskupplung bei den Modellen mit Automatik. Ein gegenüber früheren Jahrgängen veränderter Eindruck entstand durch den Wegfall des vorderen Dachüberhangs und durch den strömungsgünstigen Spoiler vorn. Da die Öffentlichkeit jetzt vor allem auf Sparsamkeit bedacht war, wurden Verbesserungen in bezug auf den Luftwiderstand besonders wichtig. So waren auch alle Modelle im Frontscheiben- und Regenleistenbereich verbessert worden.

Während die Kraftübertragung des J-20 unverändert blieb, war das Vierganggetriebe des V8-motorisierten J-10 jetzt im 1.Gang 3,82:1 statt 3,52:1 übersetzt. Gleichzeitig änderte sich hier die Achsübersetzung (Serie) von 3,31 in 2,73:1.

Alle Sonderausstattungen der Pick-ups außer dem 10–4-Paket wurden unverändert aus dem Vorjahr übernommen. Der Honcho erhielt neue Seitenstreifen, je nach Lackierung in einem der dazu passenden Farbtöne (rot, blau, gelb). Neu kamen beim Honcho Streifen an der Ladeklappe hinzu. Revidiert wurde auch das Laredo-Paket, das nun Plaketten mit dem Namen »Laredo« außen und an der Instrumententafel umfaßte, sowie Zierstreifen in den Farben silber mit grau oder muskat und bronze, je nach Lackierung des Wagens.

All das waren ernsthafte Bemühungen um höheren

Rechte Seite:

Beide Fotos: Zwei Ansichten des 1982er J-10 Honcho Sportside mit kurzem Aufbau (Fotos: Sammlung des Autors)

Absatz, und vermutlich wäre der noch weiter gesunken, wenn AMC sich nicht derart angestrengt hätte, Verbrauch und Image der Jeep Trucks zu verbessern. Doch der Verkauf von Allrad-Pick-ups in der großen Klasse erlebte auch 1981 noch einmal einen »freien Fall«, wie diese Übersicht zeigt:

Marke	Absatz 1981
Jeep	*6.516*
Dodge	*12.123*
Ford	*68.200*
Chevrolet/GMC	*81.598*

Die Änderungen zum 1982er Modelljahr bestanden lediglich darin, daß auf Wunsch ein Fünfganggetriebe mit Overdrive erhältlich war, und in der Einführung eines neuen Sondermodells, des »Pioneer«, für J-10 und J-20 in der Townside-Form. Zusätzlich zu den im Custom-Paket enthaltenen Extras bot diese Variante Scheuerleisten oben an den Seitenteilen, Streifen an der Ladeklappe, »Pioneer«-Aufkleber, dunkel-silberfarben lackierten Grill, Teppichbelag, Vinylbezüge mit »Western Weave«-Stoff für die Sitzbank, Türverkleidungen passend zur Lackierung, Holzdekoreinsätze für Instrumententafel und Armlehnen, Sportlenkrad mit »soft feel«-Bezug, lackierter Stufen-Stoßfänger hinten, Stoßfängergummis vorn, große Radblenden (nur J-10), starke Schalldämmung und Beleuchtungspaket mit Leuchten im Laderaum, im Handschuhfach, an der rechten Sonnenblende und als Leselampe.

In einem Testbericht in *Pick-up, Van & 4WD* vom Dezember 1981 wurde der J-10 Honcho Sportside als »reizvolles Fahrzeug, aber unmöglich aussehend« beschrieben. Das Blatt meinte weiter: »Unter modernen Autos wirkt er absolut vorsintflutlich, aber in mancherlei Hinsicht gefällt er uns besser als der Chevy Stepside, der den Trend zum sportlichen Lkw mit kurzem Radstand erneut ins Rollen brachte.«

Ein bei den Kunden gewiß unbeliebter Trend waren jedoch die ständig steigenden Preise, die sich seit 1976 wie folgt entwickelt hatten:

Empfohlene Verkaufspreise des Herstellers in US-Dollar

Modell	1977	1978	1979	1980	1981	1982
J-10 Townside	*4995*	*5675*	*6172*	*6874*	*7960*	*8610*
J-10 Townside Radstand 3327 mm	*5095*	*5743*	*6245*	*6972*	*8056*	*8756*
J-20 Townside	*5607*	*6324*	*6672*	*7837*	*8766*	*9766*

Honcho
Jeep
JEEP 82

Jeep
Honcho
JEEP 82

Ähnlich große Preisanstiege hatte es bei den Ausstattungspaketen gegeben:

Empfohlene Verkaufspreise in US-Dollar:

Variante	**1977**	**1978**	**1979**	**1980**	**1981**	**1982**
Honcho	*749*	*749*	*824*	*849*	*892*	*949*
Honcho Sportside	---	---	---	*1325*	*1392*	*1470*
Golden Eagle	---	*999*	*1224*	---	---	---
Custom	---	---	*126*	*149*	*157*	*169*
Laredo	---	---	---	*1600*	*1680*	*1749*
Pioneer	---	---	---	---	*559*	*599*

Der 1983er J-10 war mit dem Selec-Trac 2WD/4WD-System erhältlich, das es hier und im Cherokee als Extra gab und im Wagoneer-Grundmodell eingebaut wurde. Sein Serienaggregat, der 4,23-Liter-6-Zylinder, war höher verdichtet (9,2:1) und erhielt den gleichen Klopfsensor und die gleiche Kraftstoffrückleitung wie andere Jeep-Produkte, die diesen Motor 1983 verwendeten. Außer für Kalifornien hatte der J-20 weiterhin serienmäßig den 5,9-Liter-V8 mit Doppelvergaser.

Das Jahr 1984 sah so gut wie gar keine Änderungen an den Jeep Pick-ups. Die einzigen Sonderausstattungen, die noch angeboten wurden, waren Pioneer (zu 456 Dollar) und Laredo (2129 Dollar). 1985 nahm man die J-10-Version mit dem kurzem 3023 mm-Radstand aus der Produktion, so daß von nun an alle Jeep Trucks den Radstand 3327 mm und den Townside-Kasten mit 2440 mm Länge bekamen. Neben der Serienausführung wurde auf Wunsch nur noch der Pioneer (zu 475 Dollar) geliefert. Enthalten waren darin jetzt Radkappen (nur J-10), extrastarke Schalldämmung, Beleuchtungspaket, metallglänzende Scheibenrahmen, Zierstreifen am Heck, Pioneer-Schriftzüge, Chromgrill, Luxus-Türverkleidungen, Holzdekor am Instrumentenbrett, Sportlenkrad und Dämmatten unter der Haube.

Für 1986 gönnte man sowohl dem J-10 wie dem J-20 das gleiche Interieur-Facelift wie es der Grand Wagoneer erhielt. Das Armaturenbrett wurde vollständig neu gestylt, wie AMC sagte, »um es funktioneller und gleichzeitig zeitgemäßer zu gestalten«. Natürlich enthielt es neue Instrumente, eine Einheit

Der 1986er J-10 Pick-up (Foto: Sammlung des Autors)

AMC beschrieb das 1987er J-10-Modell als »workhorse utility vehicle«, kurz: als »Arbeitstier« (Foto: Sammlung des Autors)

mit Schaltern für die Klimaanlage, sowie ein Lenkrad mit Schaltern für Licht und Wischer beiderseits der Lenksäule.

Wie in früheren Jahren hatte der J-10 serienmäßig den 4,23-Liter-6-Zylinder mit Viergangschaltgetriebe und der J-20 den (zum Aufpreis für J-10 erhältlichen) 5,9-Liter-V8 mit Automatikgetriebe. 1986 war das Selec-Trac 2WD/4WD-System auch mit Trac-Loc Sperrdifferential an der Hinterachse lieferbar (jeweils zum Mehrpreis). Das galt nur für kurze Zeit, denn schon 1987 gab es Trac-Loc nur in Verbindung mit dem zuschaltbaren Allradantrieb. Weitere Neuerungen für 1987 waren eine »4 × 4«-Plakette, die ähnlich wie bei den Modellen Cherokee, Wagoneer und Comanche am Kasten hinten-oben angebracht war. Ebenso waren die stark motorisierten Pick-ups mit der Plakette »V–8« links an der Ladeklappe verziert. Neben der bisherigen Farbauswahl für J-10 und J-20, weiß, beige, klassikschwarz und nachtblau kamen 1987 drei neue Töne hinzu: coloradorot, granatrot-metallic und rosenholz-metallic. Der Pioneer bekam neue gelbbraune Streifen hinzu, ein Ton, der nun auch für das Interieur verwendet wurde.

Trotz dieser Änderungen und Verbesserungen ging es mit dem Absatz der J-Serie ab 1980 ständig bergab, wie die Übersicht zeigt:

Modelljahr	**Verkaufte Einheiten J-10/20**
1981	*6516*
1982	*5562*
1983	*4263*
1984	*3404*
1985	*1953*
1986	*1515*

Mit der Übernahme der AMC durch Chrysler wurde die Produktion der Jeep Trucks der J-Serie aufgegeben. Obschon technisch noch immer nicht unmodern, waren ihr äußeres Bild und ihre Positionierung in Relation zu anderen Produkten – ganz zu schweigen von den Comanche Pick-ups – innerhalb der natürlich weit größeren Organisation Grund genug für die Einstellung der Fertigung.

12. Kapitel

Die Jeep Cherokees – 1974–1983

Die einsame Spitze, die Kaiser Jeep zur Zeit der Einführung des Jeepster 1967 bei den Allradfahrzeugen hielt, wurde ihm schon 1969 durch den Chevrolet Blazer streitig gemacht. Obgleich das genau genommen nur eine gekürzte Version eines Chevrolet Pickup war, verkörperte er doch ein kraftvolles Vorpreschen des größten US-Autoherstellers auf den neuen Marktsektor der allradgetriebenen Freizeitfahrzeuge. Damals hatte Chevrolet das große Käuferpotential für Allradautos entdeckt, dessen Ansprüche ein Wagen wie der CJ-5 nicht befriedigen konnte. Diese neue Generation verlangte nach Platz für vier bis fünf Personen plus eine Menge Stauraum für alles mögliche. Nun war Chevrolet aber keineswegs der Wegbereiter für diesen Typ, denn der Jeepster/Commando hatte es ja zumindest indirekt auf diesen Markt abgesehen, genau wie der Ford Bronco und der IHC Scout. Letzterer war mit der Vorstellung des Scout II noch attraktiver geworden. Er hatte den gleichen Radstand von 2540 mm wie sein Vorgänger, doch 305 mm mehr Gesamtlänge und deutlich mehr Innenraum hatten aus ihm ein wesentlich praktischeres Auto gemacht.

Die Verkaufszahlen von Blazer, Bronco, Scout und Commando in den Jahren 1970 und 1971 zeigen aber, daß der Jeep Commando ebensowenig am Wachstum des neuen Marktes partizipierte wie Bronco und Scout:

Marke/Modell	**Verkaufszahlen 1970**	**1971**
Ford Bronco	*17.172*	*17.302*
IHC Scout	*12.978*	*13.500*
Chevrolet Blazer	*10.994*	*18.143*
Jeep Commando	*7.098*	*8.511*

Doch der zögernde Absatz des Commando war nicht typisch für Jeeps Verkaufskurve, die seit der AMC-Übernahme 1970 steil angestiegen war: Drei Jahre später waren aus den rund 30.000 insgesamt verkauften Jeep-Produkten von 1970 fast 67.000 geworden, die einen 17%igen Anteil am Allradmarkt darstellten. AMC berichtete seinen Aktionären 1973, es sei »ein langfristiges Firmenziel, einen Marktanteil zu erobern, der dem bei den Personenwagen vergleichbar wäre«. Da man dem Allradmarkt bis 1976 ein Wachstum bis auf etwa 500.000 Einheiten gegenüber den 375.000 von 1973 voraussagte, war klar, daß AMC beabsichtigte, die Modellpalette der Jeeps so rasch wie möglich drastisch zu erweitern.

Der erste Beweis für diese Strategie, der Cherokee von 1974, wurde in offenbar weiser Voraussicht als »neuer Einstieg in das Feld der Mehrzweckautos, der es zu großem Ansehen bringen wird« bezeichnet. Die Pressevorstellung des Cherokee fand im Oktober 1973 im Reservat der Cherokee-Indianer in Cherokee (Nord-Karolina) statt.

In seinen Abmessungen glich der Cherokee exakt dem 1974er Wagoneer. Da er aber eine völlig andere Käuferschicht ansprechen sollte als dieser, war er auch mit ganz anderen Konkurrenten zu vergleichen:

	Radstand	**Gesamtlänge**	**Breite**	**Höhe**
Cherokee	*2769 mm*	*4666 mm*	*1920 mm*	*1689 mm*
Blazer	*2705 mm*	*4691 mm*	*2007 mm*	*1816 mm*
Bronco	*2337 mm*	*3863 mm*	*1773 mm*	*1806 mm*
Scout II	*2540 mm*	*4211 mm*	*1778 mm*	*1681 mm*

Die Ähnlichkeiten zwischen Cherokee und Blazer in vielen ihrer Abmessungen laden zu einem näheren Vergleich der beiden Wagen ein:

	Cherokee	**Blazer**
Bodenfreiheit vorn	*198 mm*	*178 mm*
Überhang vorn	*754 mm*	*851 mm*
Überhang hinten	*1143 mm*	*1130 mm*
Spurweite vorn	*1504 mm*	*1671 mm*
Wendekreis-Ø	*11,7 m*	*11,5 m*
Innenbreite in Hüfthöhe vorn	*1539 mm*	*1709 mm*
Innenbreite in Hüfthöhe hinten	*1539 mm*	*1270 mm*
Innenbreite in Kopfhöhe vorn	*978 mm*	*1080 mm*
Innenbreite in Kopfhöhe hinten	*940 mm*	*960 mm*
Innenbreite in Fußhöhe vorn	*1001 mm*	*1029 mm*
Innenbreite in Fußhöhe hinten	*930 mm*	*1125 mm*
Laderaumlänge hinter Rücksitzen	*1067 mm*	*1092 mm*
Laderaumlänge hinter Vordersitzen	*2083 mm*	*1956 mm*

Auch der größte Verfechter des Cherokee aber mußte zumindest in einem Punkt Nachteile gegenüber dem Blazer zugeben: Der Tank des Cherokee war an einer Stelle unmittelbar links vor der Hinterachse eingebaut, wo er bei einem Unfall verwundbar war; der des Blazer saß dagegen höher unter dem Heck. Doch abgesehen von diesem Schönheitsfehler wurde die Grundkonzeption des Cherokee sehr positiv bewertet. So meinte z. B. *Pick-up, Van & 4WD* in einem Cherokee-Test vom Januar 1974: »Unter üblichen Autokonstruktionen ist er einzigartig wegen seiner guten Raumausnutzung...Er sieht einem richtigen Auto so ähnlich, wie es ein Nutzfahrzeug nur tun kann; ein Wagen, mit dem Ihre Frau ohne weiteres zum Supermarkt fährt oder Sie selber zu einer geschäftlichen Verabredung, ohne daß man das Gefühl hat, mit einem Lastwagen daherzukommen.«

Wenn ein Cherokee unmittelbar neben einem 1974er Wagoneer abgestellt war, sah man, daß beide aus den gleichen Preßteilen gefertigt waren. Das war natürlich ein Mittel, um die Entwicklungs- und Werkzeugkosten niedrig zu halten, und der Cherokee verlor dadurch nichts von seinem eigenständigen Erscheinungsbild. Für den Einsteiger war er ein zweitüriger Kombi, der mit seinen langgestreckten Seitenscheiben (serienmäßig an allen Cherokees) einen sportlichen Eindruck machte. Weiter unterschied ihn von seinem »größeren Bruder« der Kühlergrill, den er mit den Jeep Trucks (ab 1970) gemeinhatte. Und die Heckleuchten waren beim Cherokee senkrecht angeordnet, nicht um die Ecke gezogen wie beim Wagoneer.

Serienmäßig besaß der Cherokee den 4,23 Liter großen ohv-Sechszylinder von AMC mit Einfachvergaser und 8:1 Verdichtung. Er leistete 110 PS bei 3500/min und hatte ein Drehmoment von 265 Nm bei 2000/min. Als Extras waren drei V8-Varianten erhältlich: der 5,9-Liter, 8,25:1 verdichtet, der zum Mehrpreis von 212 Dollar mit einem Doppelvergaser 175 PS bei 4000/min und 386 Nm bei 2400/min brachte; für weitere 46 Dollar gab es diesen Motor bei gleicher Verdichtung mit Vierfachvergaser, und seine Daten lauteten 195 PS bei 4400/min und 400 Nm bei 2900/min; das dritte Angebot war der große 6,57-Liter-V8 mit Vierfachvergaser und 8,35:1 Verdichtung, der für 295 Dollar Aufpreis einen Leistungssprung auf 215 PS bei 4400/min bzw. 434 Nm machte und damit das stärkste Cherokee-Aggregat abgab. Kurz vor Einführung des Cherokee hatte IHC diesen Motor für die eigenen Pick-ups und den Travelall fertiggestellt. Damals hatte Marv Stucky, Jeep-Entwicklungsvorstand bei AMC, erklärt, daß AMC diesen Motor auf Verwendbarkeit in Jeep-Produkten untersuche.

Quadra-Trac als permanenter Allradantrieb wurde zusammen mit einem der beiden stärksten vorgenannten Motoren als Verbund-Extra geliefert; für den

Der 1974er Jeep Cherokee galt bald schon als führend in der Klasse der Sport-Kombis (Foto: Sammlung des Autors)

V8 mit 175 PS war er ebenfalls lieferbar, jedoch nicht zum Serien-6-Zylinder. Das Quadra-Trac-Grundmodell hatte nur direkten Durchtrieb (1:1) und kostete 40 Dollar, während für die Zweigangversion schon 150 Dollar Aufpreis verlangt wurden.

Der Chevrolet Blazer war erstmals mit permanentem Allradantrieb im Jahre 1973 erschienen. Dieses System von New Process verwendete ein herkömmliches Mittendifferential, während sich im Jeep-Antrieb von Warner Gear ein Selbstsperrdifferential befand. Wenn der Blazer also an einem seiner Räder nicht genügend Traktion hatte, wurde auch an die anderen drei keine Kraft übertragen, es sei denn, das Differential wurde manuell gesperrt. In diesem Fall verteilte sich das Antriebsmoment zu gleichen Teilen auf Vorder- und Hinterachse. Im Gegensatz dazu war das Warner-Gear-System in der Lage, die Antriebskraft derjenigen Kardanwelle zuzuleiten, deren Räder Traktion hatten. Wenigstens zum Teil wurde dieser Nachteil von Chevrolet 1974 dadurch ausgeglichen, daß man für den Blazer als Extra ein Sperrdifferential für die Vorderachse anbot. Alle waren sich aber darüber einig, daß Warner Gear die bessere Lösung hatte.

Mit dem Basismotor zusammen hatte der Cherokee das einfache Verteilergetriebe Typ Dana 20 mit zuschaltbarem Allradantrieb, zu dem man Freilaufnaben in den Vorderrädern zum Mehrpreis von 65 Dollar erhielt. Für 60 Dollar gab es ein Sperrdifferential Trac-Lok für die Hinterachse. Wurde für den Cherokee Quadra-Trac bestellt, so gehörte als Standard eine Turbo Hydra-Matic (Dreigang) dazu. Für Wagen mit dem V8 der unteren Kategorie und zuschaltbarem Allradantrieb gab es auf Wunsch auch ein HD-Viergang-Schaltgetriebe. Serienmäßig hatte der Cherokee mit 6-Zylinder ein Dreigang-Schaltgetriebe. Die Turbo Hydra-Matic gab es als Alternative zum Aufpreis.

Genau wie der Wagoneer verwendete der Cherokee eine Dana 44 Vorderachse und eine Radbefestigung mit vier Schrauben. Die gleiche Achse hatte auch der Blazer. Die Hypoid-Hinterachse, ebenfalls Dana 44, hatte für den Cherokee mit V8-Motor eine Übersetzung 3,07:1 (als Extra auch 3,54:1). Für die 6-Zylinder-Version war die Übersetzung 3,54:1 Serie (4,09:1 gab es auf Wunsch). Vorn und hinten besaß der Cherokee wie der Wagoneer Blattfedern. Vorn bestanden sie – wie beim Blazer – aus zwei konisch gearbeiteten Lagen und hatten dort eine Federrate von 39 kg/cm. Serienmäßige Bremsen am Cherokee hatten Trommeln mit 280 mmØ und 51 mm Breite, also 1084 Quadratzentimeter Fläche. Scheibenbremsen vorn mit Unterdruckverstärker, beim Blazer bereits serienmäßig, bekam man für den Cherokee für $ 65 Aufpreis.

Es war das erste Jahr, in dem für Jeep-Produkte überhaupt vordere unterdruckverstärkte Scheibenbremsen und eine Servolenkung mit variabler Lenkübersetzung (von Saginaw) angeboten wurde. Während die serienmäßige Kugelumlauflenkung 24:1 übersetzt war, betrug die variable Übersetzung der Servolenkung 20 bis 16:1.

Der Cherokee wurde in zwei Ausführungen mit den Bezeichnungen Model 16 und Model 17 oder »S« (für Sport) angeboten. Das Grundmodell kostete 3986 Dollar, der »S« begann bei 4549 Dollar. Die beiden Versionen waren leicht zu unterscheiden. Das Basismodell hatte schwarze Scheibenrahmen, lackierte Stoßfänger, Fußmatten aus Gummi und Sitzbänke vorn und hinten. Die Sportversion fiel auf durch ihre Streifendekors an den Seiten, durch blanke Scheibeneinfassungen, Chromstoßfänger, Ausstellfenster, gestylte Alufelgen 15×7″ (der Model 16 hatte nur kleine Nabenkappen) und durch den Dachgepäckträger und eine »S«-Plakette am hinteren Seitenteil.

Das Interieur und das sehr gut ausgestattete Instrumentenbrett einschließlich Amperemeter und Öldruckmesser glichen denen des Wagoneer. Beim S waren die Sitze mit geprägtem Vinyl bezogen, er hatte ein verkleidetes Instrumentenbrett mit einer »S«-Plakette, Zigarrenanzünder, verkleidete Türtafeln und Heckraum, verschließbares Handschuhfach, Zweiklanghörner, bezogene Armlehnen, Laderaummatte in Vinyl, Deckenleuchten und zwei Ascher im Fond. Von der serienmäßigen S-Ausstattung erhielt man den Anzünder, die Innenleuchten, Zierstreifen und Ausstellfenster auch als Extras für das Modell 16.

Außer den schon genannten Gegenständen gab es für den Cherokee eine lange Liste von Sonderzubehör. Hier eine Auswahl:

Gegenstand	**Listenpreis (US-Dollar)**
Weißwandreifen H78–15 Polyglas (Serienreifen: F78–15B Power Cushion schwarz)	*107,00*
Mittelwelle/UKW-Radio	*137,75*
Gummipuffer für vorderen Stoßfänger	*15,30*
elektrische Uhr	*16,65*
getönte Scheiben	*38,05*
Unterschutz für Tank	*51,50*
Servolenkung	*138,10*
elektrischer Heck-Fensterheber	*43,00*
Klimaanlage	*420,65*
Verstellbares/schwenkbares Lenkrad	*45,10*
Dachgepäckträger	*71,80*
Mittelarmlehne (nur für Einzelsitze)	*39,00*
Schrägschultergurte vorn	*29,85*
Windabweiser für Heckscheibe	*22,80*
Spiegelsatz (fernbedienter Außenspiegel, Spiegel an rechter Sonnenblende, und Handschuhfachbeleuchtung)	*19,65*
Laderaumbeleuchtung	*7,60*

Ein 1975er Jeep Cherokee (Foto: Sammlung des Autors)

Die Reaktion der Motorpresse auf den Cherokee war durchweg sehr positiv. Das Magazin *Four Wheeler* verlieh AMC den Preis »First Annual Achievement Award« für den »bedeutendsten Fortschritt auf dem Gebiet der Allradfahrzeuge«. Das Blatt sah im Cherokee »die Verbindung von robuster Allradtechnik mit großem Luxus und Komfort für die Insassen in einem eleganten kleinen Zweitürer-Kombi, der praktisch in jedem Gelände benutzt werden kann«. Und *Pick-up, Van & 4WD* meinte in einem Testbericht über den Cherokee in seiner Ausgabe vom Januar 1974: »Vergleicht man den Cherokee mit seinen Konkurrenten, so bietet er den größten, stärksten Motor, das beste permanente Allradsystem, die höchste Geländegängigkeit, die beste Raumausnutzung, die günstigste Rücksitzgestaltung und das schönste Styling. Kurz, er ist ein tolles Allradfahrzeug und unserer Meinung nach die ›Creme‹ der sportlichen Kombiwagen.«

Für ein Modell, das erst ein Jahr auf dem Markt war, waren die Änderungen für 1975 erstaunlich umfangreich. Die Vergaser der V8-Motoren (5,9 und 6,57 l) bekamen kleinere Primär- und größere Sekundärdüsen, um den realen Verbrauch zu reduzieren. Gleichzeitig wurde das zulässige Gesamtgewicht in Serienausführung von 2340 auf 2730 kg erhöht. Das erlaubte dem Cherokee-Fahrer, verbleites Normalbenzin zu tanken, weil Fahrzeuge in dieser Klasse keinen Katalysator haben mußten.

Auch eine neue elektronische Zündung gab es am 1975er Cherokee, die nun ohne Kontakte und Kondensator auskam. Das ergab einen kräftigeren Zündfunken und damit besseres Starten und längere Kerzenlebensdauer sowie eine im Normalbetrieb praktisch wartungsfreie Anlage.

Alle V8-Motoren erhielten ein Dreifach-Keilriemenpulley, das den Antrieb der Zusatzgeräte sicherer machen sollte. Alle Cherokee-Versionen hatten nun kräftigere Aggregatlagerungen.

Anstelle der 1974er Bereifung F78 × 15 trat die H78 × 15; gleichzeitig wurden wichtige Änderungen an der Federung eingeführt. Vorn und hinten waren jetzt Mehrlagenfedern (hinten progressiv) mit den Abmessungen 1321 × 64 mm (vorn) und 1194 × 64 mm (hinten). Die Federraten änderten sich dabei in 36 kg/cm (vorn) bzw. 29/46 kg/cm (hinten). Dazu gab es längere Stoßdämpfer, die hinten schräg eingebaut waren. Weitere Änderungen an der Mechanik umfaßten verbesserte Schalldämpfer für alle Motoren, eine neue Servolenkung für besseren Fahrbahnkontakt sowie Hitzeabweiser für Auspuffleitung und Schalldämpfer.

Wie 1974 war in Kalifornien der 4,23-Liter-Grundmotor nicht erhältlich, desgleichen die Doppelvergaserversion des 5,9-Liter-V8. Daher war in diesem Fall der 5,9-Liter mit Vierfachvergaser Serie, und als Extra wurde der 6,57-Liter-V8 angeboten. Erwähnenswert war noch, daß jetzt Quadra-Trac auch für den 4,23-Liter-Sechszylinder auf Wunsch zu bekommen war.

An der Cherokee-Modellpalette änderte sich nichts. Der S wies neue Zierstreifen an den Seitenwänden auf, die auch am Heck weiterliefen: eine dreifarbige Borte mit Rautenmuster auf schwarzem oder weißem Grund, daneben der Name »Cherokee« gleich hinter der Türkante. Am hinteren Seitenteil prangte beim S eine Plakette mit einem indianischen Motiv. Innen war er einschließlich der Laderaumwände mit Vinyl in »Desert Flower«-Muster verkleidet, während das Grundmodell jetzt vordere Einzelsitze mit »Laramie«-Vinylbezügen besaß. Interieurfarben gab es für die Cherokee-Varianten jetzt vier statt drei: schwarz, lederbraun, blau und grün.

Die Liste der Extras war länger geworden; sie umfaßte eine MW/UKW-Stereoanlage mit vier Lautsprechern; einen Tempomat »Cruise Command«; eine heizbare Heckscheibe; Leuchten im Laderaum, am Himmel, im Handschuhfach und am Ascher; Teppichauskleidung mit Schalldämmung im Laderaum; eine Motorblockheizung; eine 70-Ah-Batterie und einen 62-Amp-Generator; ein kleines Ausstattungspaket mit Fernbedienung für den Außenspiegel, Spiegel an der Beifahrersonnenblende und elektrischer Uhr; eine Peitschenantenne aus Edelstahl sowie eine Wahl zwischen einer weißen und einer schwarzen Dachlackierung.

Wie alle anderen Jeep-Produkte war auch der Cherokee jetzt in zehn Farbtönen erhältlich. Aus der folgenden Liste ersieht man, daß 1975 sechs neue darunter waren:

Farbskala 1974	**Farbskala 1975**
champagnerweiß	*alpenweiß*
jetsun-blau-metallic	*mittelblau-metallic*
fairway-grün-metallic	*riffgrün-metallic*
silbergrün	*apfelgrün*
goldbraun-metallic	*zinngrau-metallic*
zartgelb	*zartgelb*
rehbraun	*rehbraun*
Trans-Am-rot	*Trans-Am-rot*
kupfermetallic	*kupfermetallic*
	rabenschwarz

Gleichzeitig mit der Einführung des Cherokee 1974 waren bei Chrysler zwei »Einsteiger« in den Markt der Sport-Kombis erschienen, der Dodge Ramcharger und sein parallel entwickelter Zwillings-

Jeep Cherokee von 1976 (Foto: Sammlung des Autors)

bruder Plymouth Trail Duster. Dies führte dazu, daß *Pick-up, Van & 4WD* einen Vergleichstest mit den drei Fahrzeugen durchführte, der wieder einmal keinen Zweifel daran ließ, daß der Cherokee der »King of the Hill« war. Man unterzog alle drei einer harten Testfahrt, während der sich bei den Konkurrenten Dinge wie das GFK-Dach oder die Klimaanlage aus der Verankerung lösten, noch bevor das Gelände wirklich rauh wurde. So fiel das Urteil den Testern nicht schwer. »Der Jeep Cherokee«, so berichtete das Blatt in der Ausgabe vom April 1974, »erwies sich als die Nummer eins unter den drei Testwagen. Er tat das ohne viel Aufhebens, ohne besondere Mätzchen. Er tat einfach das, was der Fahrer von ihm verlangte.«

Die Preise des Cherokee hatten gegenüber 1974 angezogen; das Modell 16 begann 1975 bei 4851, das Modell 17 bei 5399 Dollar. Hier die Preise der beliebtesten Extras:

Gegenstand	**Listenpreis (US-Dollar)**
5,9-Liter-V8 mit Doppelvergaser	*201*
5,9-Liter-V8 mit Vierfachvergaser	*245*
6,57-Liter-V8	*295*
Viergang-Schaltgetriebe	*129*
Turbo Hydra-Matic kombiniert mit Quadra-Trac	*291*
Turbo Hydra-Matic mit Quadra-Trac u.Kriechgang	*396*
Freilaufnaben vorn	*85*
Selbstsperrdifferential	*69*
Scheibenbremsen vorn mit Bremskraftverstärker	*65*
Servolenkung	*169*
Verstärkte Stoßdämpfer	*17*
Verstärkte Federn vorn	*35*
Verstärkte Federn hinten	*30*

Ein Mangel, der vielen Testmannschaften aufstieß, war, daß man auf den Cherokee keine größeren Reifen montieren konnte als die L78 × 15 auf 6 Zoll breiten Felgen. Dagegen hatten sowohl der Chrysler Ramcharger als auch der Chevrolet Blazer Platz für 10 × 15B-Bereifung auf ihren Felgen. Diesen Nachteil überwand der Cherokee Chief, eine Sonderausführung, die im Januar 1975 auf der Detroit Automobile Show debütierte. Man hatte für das Chief-Paket 349 Dollar Mehrpreis gegenüber dem Modell 17 bzw. 649 Dollar gegenüber dem 16 zu zahlen. Gleichgültig, ob er auf Modell 16 oder 17 basierte, war der Chief leicht zu erkennen. Er hatte die nun schon fast obligatorischen Identitätsmerkmale wie mattschwarze Flächen an den Seiten und einen schwarzen Klebstreifen am Heck sowie den Namen »Cherokee Chief« in großen Lettern an Ladeklappe und unterem Teil der Türen. Drinnen gab es ein Leder-Sportlenkrad und blanke Ausstattungsdetails. Der Chief war lieferbar in allen 1975er Jeep-Farbtönen und in der Renegade-Farbkombination orange-blau. Das Interieur konnte in einer der vier Standardfarben oder in »Levi's« Vinyl bestellt werden.

Der wahre Grund für die Existenz des Chief aber lag unter seiner eleganten Karosserie: Breitere Vorder- und Hinterachsen und speziell gestylte Räder trugen die Goodyear Tracker A/T 10 × 15″-Reifen. Um diese Bereifung unterzubringen, hatte der Chief größere Radläufe und verbreiterte Kotflügel. Der Produkt-Planungschef Thomas J.Holmes meinte dazu: »Ich glaube, die Goodyear-Bereifung für den Chief ist gut ausbalanciert: Sie ist im Gelände griffig und wirkt kraftvoll, aber sie reißt den Boden nicht auf und läuft auf der Straße auch noch ganz brauchbar.«

Die wichtigste unter den Änderungen am Cherokee für 1976 war der Rahmen, der zerklüfteter aussah. Die Querträger waren stärker, die Längsträger bestanden aus geschlossenem Kastenprofil und waren hinten gekröpft, um Platz für neue Blattfedern zu schaffen. Sie hatten jetzt eine asymmetrische Form, die mehr Federungskomfort ohne Einbußen an der traditionellen Robustheit des Jeep bot. Die Vorderfedern waren unverändert geblieben, hatten aber mehr vertikalen Freiraum bekommen. Der neue Rahmen erlaubte eine direkte Montage des Lenkgehäuses ohne Zwischenglieder. Als Extra gab es zum ersten Mal für den Cherokee einen vorderen Stabilisator. Wie 1975 war eine verstärkte Federung zum Aufpreis erhältlich. Laut AMC sollte sie »mehr Fahrkomfort und bessere Fahreigenschaften« bringen. Die Federraten der Serien- und der verstärkten Federn verhielten sich wie folgt:

	Vorderfedern (kg/cm)	**Hinterfedern (kg/cm)**
Serienversion	*34,8 (V8: 38,3)*	*29,4*
HD (verstärkt)	*38,3 (V8: 46,4)*	*29,4 – 47,2*

Detailänderungen für alle 1976er Cherokee-Varianten umfaßten eine Wascheranlage mit zwei Spritzdüsen und Dreipunktgurte mit neuem Warnsystem. Serienmäßige Sitz- und Türbezüge waren aus Fairway-Vinyl in den Farben schwarz, blau, grün oder braun. Das Interieur des »S« verzierten Vinylbezüge mit Rautenmuster mit passenden Verkleidungen an den Türen und im Fondraum, ferner ein Bezug der Instrumententafel mit Ziernähten und ein nach vorn schwenkender Fahrersitz zur Erleichterung des Einstiegs nach hinten. Alle Cherokees hatten neue Symbolformen auf Schaltern und Bedienteilen und diejenigen mit Quadra-Trac neue 15″-Radblenden.

An Antrieb und Kraftübertragung gab es weder in

Die aggressivere Linie des 1976er Cherokee Chief wird in dieser Aufnahme vorteilhaft dargestellt (Foto: Sammlung des Autors)

der Serie noch bei den Extras Änderungen; Ausnahme: der jetzt am Wagenboden montierte Schalthebel für die Quadra-Trac-Reduzierstufe. Zur Liste der werksseitig angebotenen Extras kam der Schneepflug »Snow Boss« hinzu. Das Paket enthielt eine 2,15m breite Schaufel, zugehörige Hydraulikzylinder, elektrische Steuerung und Verkabelung, Arbeitslampen und entsprechende Aufkleber für das Fahrzeug.

Der gesamte Jeep-Absatz in den USA und Kanada erreichte 1976 mit 95.718 Stück ein neues Rekordniveau. Jeeps Anteil am Allradmarkt der USA betrug 16%. Auf dem Sektor der Freizeit-Nutzfahrzeuge, zu dem der Cherokee zählte, war dieser Anteil sogar fast 40%.

Seit AMC die Marke Jeep übernommen hatte, war eine der Prioritäten die Stärkung des Jeep-Händlernetzes gewesen. Im Jahre 1976 wuchs die Zahl der Jeep-Händler von 1531 auf 1608, die der Händler für AMC- und Jeep-Produkte von 910 auf 1049.

Im AMC-Bericht an die Aktionäre hieß es 1976: »Der Markt der Allradfahrzeuge in den USA und Kanada ist weiterhin sehr aufnahmefähig. Die Verkaufszahlen in den USA stiegen von 390.000 im Jahr 1975 auf 580.000 in diesem Jahr und werden für 1977 auf 630.000 geschätzt. Das Allradfahrzeug ist im Begriff, Zweit- oder Drittwagen in den Familien zu werden. Es wird sogar von manchen Leuten, die zuvor Pkws besaßen, jetzt als einziges Auto gefahren.«

Beweis dafür, daß AMC diesen Markt nach allen Richtungen erforschen wollte, war ein neu eingeführtes Extra der 1977er Cherokee-Version. Den Geländefans, die mit dem unter dem Heck montierten Reserverad nie ganz glücklich wurden, bot man an, es innen vertikal unterzubringen. Außerdem wurden die Scheibenbremsen mit Unterdruckverstärker, die bisher nur Wagoneer und J-20 in Serie hatten, nun auch Standard für den Cherokee. Und der 4,23-Liter-6-Zylinder als Cherokee-Grundmotor wurde jetzt statt mit Einfach- mit Doppelvergaser ausgerüstet.

Wichtiger freilich für den Verkaufserfolg dürfte das 1977 neu ins Programm genommene viertürige »Modell 18« gewesen sein. Sein Preis von 5736 Dollar lag gerade 100 Dollar über dem des Zweitürers Modell 16. Zu beiden Modellen konnte man um 599 Dollar Aufpreis das S-Paket bestellen. Die wichtigste technische Änderung für 1977 war eine neue Frischluftführung für V8-Motoren.

Jeep konnte 1977 erneut als großes Verkaufsjahr verbuchen. Der Gesamtabsatz in den USA und Kanada belief sich auf 117.077 Einheiten, zum drittenmal nacheinander neuer Rekord. Offenbar mit Blick auf den neuen viertürigen Cherokee erklärte AMC ihren Aktionären: »Jeep ist so erfolgreich, weil die Firma für den Kunden eine große Auswahl an Angeboten entwickeln ließ – nicht unbedingt neue Fahrzeugversionen, sondern eine wachsende Liste von Dingen, die mehr Komfort, Luxus und gutes Aussehen bedeuten. Der Jeep-Käufer verlangt zunehmend Styling und Individualität zusätzlich zu Robustheit und Ausdauer. Er setzt sein Fahrzeug für Freizeit, für die Arbeit und für vielseitige Nutzung durch die Familie ein.«

Davon bot der 1978er Cherokee noch mehr als sein Vorgänger. Zu Beginn seines fünften Produktionsjahrs war er wieder in drei Versionen erhältlich: als Zweitürer, als Zweitürer mit breiten Rädern, Reifen und Kotflügeln, und als Viertürer. Das Sonderausstattungspaket »S« gab es als Extra für alle drei Versionen, das »Chief«-Paket nur für den breitspurigen Zweitürer. Außer einem umplazierten Tankstutzen waren keinerlei äußerliche Änderungen vorgenommen worden. Den meisten Jeep-Fans gefiel das, denn es bewahrte dem Cherokee seinen zeitlosen Charme. Wer dennoch sein Auto individuell gestalten wollte, bekam zum Aufpreis einen neuen Rammschutz und verchromte, gestylte 7-Zoll-Räder. Letztere waren auch im S-Paket enthalten, außer wenn dies für die Breitspurversion bestellt wurde.

Um sein Äußeres doch noch zu verschönen, gab es drei neue Farbtöne: sonnenorange, goldingwermetallic und captainblau-metallic. Die aus 1977 übernommenen Farben waren alpenweiß, lodengrünmetallic, mokkabraun-metallic, herbstrot-metallic, eichenlaubbraun, brillantblau, klassikschwarz, knallfroschrot, zinngrau-metallic, sandfarben und sonnenscheingelb.

Im Motorenbereich änderte sich 1978 nichts; nur die V8-Frischluftführung von 1977 wurde nun Serie für alle Modelle.

Deutlichere Neuerungen dagegen gab es im Interieur des Cherokee, das 64 mm mehr Beinraum für den Fahrer bot. Die Sitzgurte waren nun farblich dem Innenraum angepaßt, und die mit Levi's Stoff bezogenen Einzelsitze (Aufpreis) konnte man neben blau jetzt auch in einem beige Ton haben.

Eine Anzahl Gegenstände, die eben noch Extras waren, erschienen serienmäßig in allen Cherokees. Dazu zählten blanke Zierrahmen an Frontscheibe und Lüftungsklappe, Anzünder, Handschuhfachschloß und Zweiklanghorn. Erstmals angeboten wurden werksseitig eingebaute Radios mit MW/UKW/CB-Funk bzw. MW/CB sowie ein MW/UKW/Multi-Plex 8-Spur-Bandgerät. Das zulässige Gesamtgewicht wurde 1978 von 2730 auf 2810 kg angehoben.

Das zweitürige Cherokee-Grundmodell kostete jetzt 6229 Dollar, das viertürige 6335 und das breitspurige zweitürige 6675 Dollar. Für das S-Paket zahlte man 375 Dollar (breitbereift) bzw. 575 Dollar (alle anderen Versionen). Dazu gab es diese Liste ausgesuchter Extras:

Gegenstand	**Listenpreis (US-Dollar)**
5,9-Liter-V8 mit Doppelvergaser	*250*
5,9-Liter-V8 mit Vierfachvergaser	*300*
6,57-Liter-V8	*475*
Vierganggetriebe	*153*
Turbo Hydra-Matic/Quadra-Trac ohne Reduzierstufe	*366*
Turbo Hydra-Matic/Quadra-Trac mit Reduzierstufe	*511*
Klimaanlage	*577*
63-Amp-Generator	*45*
Sperrdifferential hinten	*82*
Sonder-Achsübersetzung	*17*
Stärkere Batterie (HD)	*36*
Unterschutz	*69*
Paket für kalte Zonen (Wagen ohne Klimaanlage)	*91*
Paket für kalte Zonen (Wagen mit Klimaanlage)	*46*
»Convenience Group« (Luxusausstattung)	*49*
Verstärkte (HD-) Kühlung	*39*
Tempomat-Geschwindigkeitsautomatik	*100*
Heckscheibenheizung	*94*
Freilaufnaben vorn	*101*
Beleuchtungspaket	*34*
MW-Radio	*86*
MW/UKW-Radio	*229*
MW/UKW Stereoanlage mit Bandgerät	*329*
MW/UKW/CB-Funk	*349*
Unterschutz für Tank	*60*
Schneepflug-Paket »Snow Boss«	*1165*
Servolenkung	*212*
Federungs-Paket	*115*
getönte Scheiben	*48*
Anhängerkupplung Paket »A«	*75*
Anhängerkupplung Paket »B«	*125*
elektrisch betätigte Ladeklappe	*69*
Lüftungsfenster seitlich hinten	*47*

Während 1978 der gesamte AMC-Absatz auf unter zwei Prozent des US-Marktes absank, behauptete Jeep einen 34%igen Anteil am Markt der sportlichen Kombis. Der Jeep-Verkauf stieg um 31% gegenüber 1977 auf die neue Rekordmarke von 153.000 Einheiten. Mit unverhohlenem Stolz berichtete AMC, daß »am Jahresende der Jeep-Absatz seit 37 Monaten ununterbrochen die Zahlen des Vorjahrsmonats übertroffen« habe.

Und AMC fuhr fort: »Das beweist Jeeps führende Rolle auf einem Markt, dessen Wachstum alle Prognosen der Industrie übertrifft und der eine glänzende Zukunft hat. Wir planen die volle Ausschöpfung dieser Position, und die Entwicklung von Produkten für die sich ändernden Ansprüche der 80er Jahre hat hohe Priorität.

Der Allradmarkt dürfte in den kommenden Jahren sehr aufnahmefähig bleiben, denn er hat sich als

1977
Cherokee

1977
Cherokee Chief
GOODYEAR

Beide Fotos: Zwei Ansichten des neuen viertürigen Cherokee Jahrgang 1977 (Foto: Sammlung des Autors)

Reaktion auf veränderten Geschmack und Wünsche der Käufer diversifiziert. Jeep-Produkte wurden einst hauptsächlich als Arbeits- und Erholungsfahrzeuge gekauft. Heute ist das Einsatzprofil viel breiter geworden. Für junge Leute ersetzt das 4WD-Fahrzeug häufig den Sportwagen früherer Jahre; für viele Familien ist es zum Transportmittel schlechthin geworden, das einen hohen Grad von Sicherheit und Zuverlässigkeit bei allen Wetterbedingungen bietet. Für den Naturliebhaber ist es nach wie vor das ideale Mittel, sich abseits der Straßen zu bewegen. Und so haben sich zunehmend ehemalige Pkw-Käufer dem Allradfahrzeug zugewandt.

1979 erhielt der Cherokee zum erstenmal in den fünf Jahren seiner Fertigung eine neue Frontpartie. Auffallend waren daran vor allem die rechteckigen Scheinwerfer in einem einteiligen Grill aus verchromten Stäben in Verbindung mit dunkler Silberfarbe und Mattlack, die nun horizontal angeordnet waren und sich im Mittelteil etwas vorwölbten. Der »Schnabel« in der Mitte der Haube blieb als Erinnerung daran, daß die Grundkonzeption des Cherokee allmählich in die Jahre kam.

Ebenso markant waren die neuen einteiligen Chromstoßfänger, die einen weit gewichtigeren Eindruck machten als die bisherigen.

Neuer Käuferanreiz war das als Extra für den breitspurigen Cherokee mit zwei Türen erhältliche »Golden Eagle«-Paket. Es enthielt in Gold mit schwarzen Zierstreifen gestylte 15 × 8″-Räder, 10 × 15 Tracker A/T Reifen mit weißen Zierringen, einen Rammschutz aus Stahlrohr, blanke Türscheibenrahmen, Zierstreifen an Haube, Seitenteilen und Heck passend zu dem riesigen Adlerdekor auf der Haube, bronzegetönte hintere Seitenscheiben und einen schwarzen Seitenschutzstreifen.

Im Innenraum des Golden Eagle fand man Einzelsitze mit Bezügen aus beige Drillichstoff mit Mittelarmstütze, Beifahrerhaltegriff, braunen Teppichboden, braunes Sportlenkrad mit hautfreundlichem Bezug, Stoffbezug mit Ziernähten am Instrumentenbrett, einen vorklappbaren Fahrersitz, Teppichbelag auf den Radläufen und Ascher im Fond.

Das beliebte S-Modell war an den Flanken jetzt mit einem indianischen Motiv dekoriert, entweder auf schwarzem oder auf weißem Untergrund. Die Chief-Ausführung hatte neue Streifendekors und Ornamente.

Interieuränderungen für alle Cherokee-Versionen bestanden in einem Vierspeichenlenkrad, einer

Linke Seite:

Oben: Der 1977er Jeep Cherokee (Foto: Sammlung des Autors)

Unten: Der 1977er Cherokee Chief (Foto: Sammlung des Autors)

Oben: Viertüriger Cherokee von 1978 (Foto: Sammlung des Autors)

neuen Armlehnenform und einer anderen Deckenleuchte. Das Basismodell, dessen Innenausstattung etwa auf das Niveau des 1978er S-Modells angehoben wurde, war in Cara-Vinyl mit Streifenmuster ausgekleidet. S- und Chief-Ausstattung hatten dagegen ein gedrucktes »Stripe«-Vinyl und wahlweise auch ein senkrecht gemustertes, grobes »Western Weave« als Einsatz in den Bezügen aus Cara-Vinyl; es hieß, dieses Material sei sehr atmungsaktiv und gäbe in den Kurven besonders guten Halt.

Für keines der Jeep-Produkte waren mehr der 6,57-Liter-V8 und die Vierfachvergaserversion des 5,9-Liter-V8 erhältlich, so daß es fortan den Cherokee nur noch mit dem Serien-6-Zylinder (4,23 l) oder dem 5,9-Liter-V8 mit Doppelvergaser gab. Wichtigste Neuerungen am V8 für 1979 waren ein größerer Vergaser, ein geänderter Verteiler und eine umgestaltete Abgasrückführung. AMC behauptete, die Leistung sei dadurch bei erhöhter Drehzahl um mehr als 20% gestiegen und würde den Leistungsverlust in großen Höhen kompensieren.

Neue Extras für 1979 bestanden in einem Schall-

Rechts: Zweitüriger Cherokee von 1978 (Foto: Sammlung des Autors)

dämmpaket, Wischern mit Intervallschaltung als Teil der »Convenience Group«, beleuchtetem Frisierspiegel als Teil des Beleuchtungspakets; für S-, Chief- und Golden-Eagle-Ausstattung gab es zudem eine neue Decken-/Leselampe und einen Beifahrerhaltegriff aus weichem Material.

Erstmals waren alle Cherokees außer dem Breitreifenmodell mit einer besonders weichen Federung erhältlich. Sie wurde allerdings nicht für häufige Geländefahrten empfohlen und bestand aus anders abgestimmten Vorderfedern und hinteren Stoßdämpfern sowie einem Stabi vorn. Dieses Paket war das genaue Gegenstück zur verstärkten Federung (Extra Duty), die HD-Federn und Dämpfer enthielt. Zwischen beiden in der Mitte lag die serienmäßige Federung mit fünflagigen Blattfedern vorn und hinten und Federraten von 38 bzw. 30 kg/cm.

Wie nahezu alle Autopreise in den USA waren 1979 auch die der Cherokee-Modelle und der Extras erneut angestiegen:

Modell	**Listenpreis (US-Dollar)**
16 (Zweitürer)	*7328*
17 (Breitreifen-Zweitürer)	*7671*
18 (Viertürer)	*7441*

Gegenstand	**Listenpreis (US-Dollar)**
S-Paket für Modelle 16 und 17	*699*
Chief-Paket für Modell 17	*600*
Golden-Eagle-Paket	*970*
5,9-Liter-V8	*378*
Turbo Hydra-Matic/Quadra-Trac ohne Reduzierstufe	*396*
Turbo Hydra-Matic/Quadra-Trac mit Reduzierstufe	*549*
Einzelsitze mit Armstütze	*48*
»Convenience Group«	*83*
Klimaanlage	*586*
Servolenkung	*226*
elektrischer Heckfensterheber	*73*
getönte Scheiben	*51*
Dachgepäckständer	*100*
Unterschutz für Tank	*69*
verstellbare Lenksäule	*76*
Tempomat	*105*
MW/UKW-Stereoanlage	*241*
MW/UKW/CB-Funk Stereo/Kassettenradio	*346*
70-Ah-Batterie	*38*
Beleuchtungspaket	*69*
Stoßfängerpuffer vorn	*25*
Bodenmatten	*19*

Um die Lagerbestände an Cherokee- und Wagoneer-Neuwagen im Griff zu behalten, wurde im Juli 1979, noch bevor der Absatz infolge schlechter Konjunkturlage deutlich zurückging, die Fertigung im Jeep-Hauptwerk Toledo gedrosselt, und so waren bis Jahresende nur 27.568 Cherokees produziert.

Zwar befand sich hinter gut verschlossenen Türen ein neues Jeep-Modell in Entwicklung, das den Absatz wieder auf damals nur von heillosen Optimisten erhoffte Höhen bringen sollte. Doch um das im gegebenen Moment realisieren zu können, ohne zuvor auf dem Markt zuviel Boden zu verlieren, mußte an den laufenden Modellen noch kräftig weitergearbeitet werden.

Daher wies der 1980er Cherokee zahlreiche Änderungen auf, die sich auf seine Fahrleistungen deutlich auswirkten. Sowohl Seriengetriebe (Dreigang-Borg-Warner) als auch Vierganggetriebe (Mehrpreis) mit ihren Graugußgehäusen wurden ersetzt durch ein vollsynchronisiertes Vierganggetriebe Tremec T–176, dessen Gehäuseteile ganz aus Leichtmetall waren. Dazu gab es von New Process ein (zuschaltbares) Verteilergetriebe Typ 208 statt des bisherigen Dana 20. Dieses Zweigang-Aggregat konnte mit einer Automatik kombiniert werden; für 1980 war das die TorqueFlite von Chrysler. Jeep-Fans gefiel dieser Schritt zwar nicht sonderlich, doch für

Cherokee
Jeep

Cherokee Chief
Jeep

Linke Seite:

Oben: Der 1979er Cherokee erhielt eine neugestylte Frontpartie (Foto: Sammlung des Autors)

Unten: Der zweckmäßig wirkende Cherokee Chief 1979 (Foto: Sammlung des Autors)

die TorqueFlite-Automatik sprachen die bessere Konzeption und das geringere Gewicht.

Das Quadra-Trac wurde jetzt mit Viskosekupplung anstelle der bisherigen mechanischen Konuskupplung ausgerüstet. Obgleich mit Aufpreis verbunden, waren die meisten 1979er Quadra-Trac-Cherokees mit Reduzierstufe gekauft worden. Deshalb wohl erschien 1980 das Quadra-Trac von vornherein mit zwei Gängen.

Aufgrund dieser Änderungen sahen 1980 (gegenüber 1979) die serienmäßigen Übersetzungen für den Cherokee wie folgt aus:

	1980	**1979**
1. Gang	*3,52:1*	*6,32:1*
2. Gang	*2,27:1*	*3,09:1*
3. Gang	*1,46:1*	*1,69:1*
4. Gang	*1,00:1*	--

1979 war die Standard-Achsübersetzung des Cherokee 3,54:1. 1980 wurde sie sowohl für den 6- wie für den 8-Zylinder mit Schaltgetriebe 3,31:1. Die Kombination V8 plus Automatik hatte dagegen 2,73:1, ausgenommen das Modell 17, das mit V8 und Automatik die 3,31er Achse verwendete. Der 1979 im New Process Verteilergetriebe eingebaute langsame Gang hatte mit 2,03:1 das jeweilige Tempo etwa halbiert und im 1.Gang (6,32:1) zu einer Gesamtübersetzung 45,4:1 geführt. Ein vergleichbarer 1980er Cherokee hätte dagegen bei 3,52:1 im 1.Gang, einem »Kriechgang« 2,61:1 im Verteilergetriebe und einer Achsübersetzung 3,31:1 nur 30,4:1 Gesamtübersetzung gehabt. Allgemein war man sich aber darüber einig, daß das 80er Modell nur wenig von seiner Geländegängigkeit eingebüßt hatte, dafür aber wesentlich sparsamer war.

Zusätzlich zu den geänderten Übersetzungen wies der 1980er Cherokee noch eine Reihe Neuerungen im Antriebstrakt auf. Die manuell betätigten Freilaufnaben vorn waren für den zugeschalteten 4WD jetzt Serie. Alle Cherokees hatten eine neue Kardanwelle, die nicht mehr zur Kurbelwelle versetzt, sondern mit dieser fluchtend eingebaut wurde. Im Grundpreis für alle Versionen mit V8 und/oder Automatik waren nunmehr die Servolenkung und der vordere Stabi enthalten, die es beide bisher nur als Extras gegeben hatte. Die Federraten vorn und hinten waren 1980 unverändert geblieben.

Einige wenige Änderungen gab es im S-Paket (784 Dollar Aufpreis). Zu ihnen gehörten ein Indianerkopf-Medaillon, neue »High Line« Dekorflächen an Türen und hinteren Seitenteilen sowie Einzelsitze vorn mit Vinylbezug in Streifendruckmuster.

Das nur für Modell 17 mit Breitreifen lieferbare Chief-Paket (799 Dollar Aufpreis) enthielt alle Elemente des S-Pakets, dazu eine Zweifarbenlackierung oberhalb der Gürtellinie und schwarze, breite Streifen mit Aufschrift »Cherokee Chief« an den Wagenflanken, einen Grill in Schwarz und Chrom sowie Bodenteppiche passend zur Wagenfarbe. Das Golden-Eagle-Paket wurde auch 1980 geliefert.

Die Cherokee-Version der neuen Spitzenausstattung »Laredo« (1600 Dollar, nur für Modell 17) enthielt alle im S-Paket angebotenen Extras und darüber hinaus blanke Regenleisten, eigene lackierte Nabenkappen, gestylte 15 × 8″ Chromfelgen, Goodyear Wrangler 10R 15 Gürtelreifen, Grill in Schwarz und Chrom, zwei fernbediente Außenspiegel, kompletten Teppichbelag, spezielle vinylbezogene Einzelsitze mit klappbaren Lehnen vorn, besondere Innenverkleidungen der Türen, Zugriemen an den Türen, Lederlenkrad, Mittelarmstütze, Zierstreifen an Instrumententafel und Handschuhfach, verstärkte Schalldämmung, »Convenience Group« und »Visibility Group«.

Unter den neuen Extras für 1980 waren elektrische Fensterheber und Zentralverriegelung, Quarz-Digitaluhr und eine Super-Stereoanlage mit Verstärker und teuren Hifi-Boxen.

Hier die Preise für 1980er Cherokee-Modelle und ausgewählte Extras:

Modell	**Listenpreis (US-Dollar)**
16 (Zweitürer)	*8180*
17 (Breitreifen-Zweitürer)	*8823*
18 (Viertürer)	*8380*
Gegenstand	**Listenpreis (US-Dollar)**
Servolenkung	*233*
MW/UKW Stereo-Radio	*245*
MW/UKW Stereo-Kassettenradio	*355*
MW/UKW Stereo CB-Funk/Radio	*495*
»Moon roof« Sonnendach	*300*
S-Paket für Modelle 16 und 17	*784*
Chief-Paket	*799*
Laredo-Paket	*1600*
5,9-Liter-V8	*420*

Trotz der Neuerungen und Verbesserungen am 1980er Cherokee aber sank sein Absatz in diesem Jahr auf enttäuschende 11.490 Einheiten.

Die zum 1980er Modelljahr vorgenommenen

Änderungen zur Verbrauchssenkung waren der Auftakt zu weiteren Maßnahmen für 1981. An erster Stelle stand da eine erleichterte Variante des 6-Zylinders von 4,23 Liter, der weiterhin Serienmotor im Cherokee blieb. Sein Gewicht konnte mit Hilfe zahlreicher konstruktiver Änderungen von 242 auf 202 kg reduziert werden. Der Block wurde jetzt in Dünnwandguß mit weniger Flanschen und Rippen gefertigt. Das Guß-Saugrohr ersetzte man durch eine Leichtmetallversion, und das gleiche galt für die Gehäuse von Wasser- und Ölpumpe. Saug- und Auspuffkrümmer wurden voneinander getrennt, so daß der Kopf leichter demontierbar wurde. Der Ventildeckel war nun aus Nylonfaser-Kunststoff statt aus Blech, und der aufwendige Riemenantrieb wurde vereinfacht und erleichtert.

Alle 4,23-Liter-Motoren erhielten ein neues Abgasentgiftungssystem. Doch die Verbesserung der Emission ging nicht zu Lasten der Leistung; die nämlich konnte durch einen etwas höheren Hub der Nockenwelle mit 115 PS konstant gehalten werden. Und im Gegensatz zu 1980, als für Kalifornien der 6-Zylinder nicht erhältlich war, stellte er nun den einzigen Motor für diesen US-Staat dar. Diese Motoren besaßen einen geschlossenen Regelkreis mit Lambdasonde (Abgassensor) und einem Mikroprozessor, über den das jeweils für die günstigste Verbrennung benötigte Kraftstoff-/Luftgemisch eingestellt wurde.

Äußerlich wurde am Cherokee 1981 mehr geändert als die übliche Kosmetik; allem voran ein neuer Grill aus leichtem Kunststoff mit senkrechten Stäben, der dem von 1974 ähnlich sah. Und ein Spoiler unter dem vorderen Stoßfänger sollte die Aerodynamik verbessern.

Das viertürige Cherokee »S«-Modell von 1980 (Foto: Sammlung des Autors)

Der 1980er Cherokee Laredo (Foto: Sammlung des Autors)

Der Cherokee Chief kam 1981 in neuem Kleid heraus (Foto: Sammlung des Autors)

Auch 1981 verwendete Jeep Chryslers Automatik TorqueFlite, jetzt aber mit Wandler-Überbrückungskupplung, die beim Schalten in den großen Gang geschlossen wurde. Dann drehte die Antriebswelle mit Kurbelwellendrehzahl. Das bedeutete, daß der Antrieb schlupffrei, motorschonend, bei niedrigerer Getriebetemperatur und mit einem etwas günstigeren Benzinverbrauch arbeitete.

Zur Verbrauchssenkung trug auch eine neue vordere Scheibenbremse mit geringerer Reibung in der Zange bei, die das bisher übliche Schleifen der Beläge an der Scheibe reduzierte. Getriebe- und Achsübersetzungen wurden wiederum verändert, vor allem, um bei möglichst günstigen Geländeübersetzungen den Verbrauch auf der Straße zu verbessern.

Bei den Sonderausstattungen des Cherokee tat sich 1981 einiges: S-Modell und Golden-Eagle-Paket verschwanden ganz, und das bisherige Chief-Paket wurde in den Viertürer Typ 18 serienmäßig integriert. Dieser aber hatte nun weiße 15×7″-Räder und dazu Stahlgürtelreifen P235/75R Wrangler (und nicht, wie der Typ 17, 15×8″-Räder mit 10–15 Tracker A/T OWL). Auch die Art der Dekors des Chief wurde leicht geändert. Das runde Indianer-Emblem am vorderen Seitenteil entfiel, und an der Seite machte der Zierstreifen jetzt einen Bogen über dem hinteren Radausschnitt.

Das Laredo-Paket bekam man für die Modelle 17 und 18. Auch hier gab es Unterschiede zwischen den beiden Versionen. Der Zweitürer (17) hatte Räder 15×8″ und Wrangler Stahlgürtelreifen 75R 15, während die Räder des Viertürers (18) nur 15×7″ maßen und mit Wrangler-Reifen P235/75R bestückt waren. Typ 18 hatte auch nicht die verbreiterten Achsen und

Eine Neuerung für 1982: das Fünfganggetriebe (Foto: Sammlung des Autors)

Radläufe des Zweitürers. Ein neues Extra, nämlich Zwillingsstoßdämpfer, gab es ebenfalls nur zum Modell 17.

Die 1981er Preise der Cherokees und der lieferbaren Extras hatten wiederum kräftig angezogen:

Modell	**Listenpreis (US-Dollar)**
16 (Zweitürer)	*9.574*
17 (Zweitürer, Breitreifen)	*9.837*
18 (Viertürer)	*10.722*
Gegenstand	**Listenpreis (US-Dollar)**
MW/UKW-Radio	*224*
MW/UKW/CB-Funk Stereoanlage	*420*
Sonnendach	*369*
elektrisch betätigtes Sonnendach	*1549*
Chief-Paket für Zweitürer	*879*
Laredo-Paket für Modell 17	*1733*
Laredo-Paket für Modell 18	*950*
elektrische Sitzverstellung	*275*
5,9-Liter-V8	*345*

Der Absatz des Cherokee halbierte sich 1981 nochmals auf nur mehr 5801 Einheiten. Und es gab kaum etwas, um diesen Trend wieder umzukehren, da die US-Industrie damals den schwersten Einbruch seit den Tagen der großen Wirtschaftskrise erlebte. Mit Blick auf die 1982 gerade noch acht Millionen in den USA verkauften Personenwagen meinte ein

Ein Blick auf das MW/UKW-Radio (Mehrpreis) im 1982er Modell (Foto: Sammlung des Autors)

Sprecher der AMC: »Die ungewöhnlich niedrigen Verkaufszahlen erklärten sich durch die kritische allgemeine Wirtschaftslage, die hohen Zinsen und das fehlende Vertrauen der Verbraucher.«

1982 erfuhren die Cherokee-Versionen praktisch keinerlei sichtbare Änderungen. Die Außenverkleidung am Chief konnte auf Wunsch weggelassen oder auch durch einen Vinylbezug der oberen Karosseriepartie ersetzt werden. Für den Viertürer wurden jetzt schwarze Arriva-Reifen statt der 1981er Wrangler verwendet.

Unter den technischen Neuerungen war das 5-Gang-Getriebe T5 von Warner Gear (als Extra) die wichtigste. Sein 5.Gang war ein Overdrive, der mit entweder 0,76 oder 0,86:1 übersetzt war, je nach gewähltem Motor und Achstrieb. Ebenfalls neu für 1982 war die schwenkbare Lenksäule (Aufpreis) für Cherokees mit Schaltgetriebe. Bis 1981 gab es sie nur mit den Automatikversionen.

Und so sah die 1982er Preisliste der Cherokees und des Zubehörs aus:

Modell	**Listenpreis (US-Dollar)**
16 (Zweitürer)	*9.849*
17 (Zweitürer, Breitreifen)	*10.812*
18 (Viertürer Chief)	*11.647*

Gegenstand	**Listenpreis (US-Dollar)**
MW/UKW-Stereoanlage	*249*
MW/UKW-Stereo-Kassettenradio	*359*
MW/UKW/CB-Funk Stereoanlage	*456*
Tempomat	*159*
Heckscheibenheizung	*125*
Dachgepäckträger	*118*
Sonnendach	*377*
elektrisch betätigtes Sonnendach	*1585*
Chief-Paket	*899*
Laredo-Paket	*1749*
elektrische Sitzverstellung	*169*
5,9-Liter-V8	*351*

Beide Fotos: Zwei Ansichten des zweitürigen Jeep Laredo 1982 (Fotos: Sammlung des Autors)

Wie der folgende Vergleich zeigt, stieg der Cherokee-Absatz nach dem wirtschaftlichen Tiefpunkt von 1982 nicht, wie bei den Konkurrenten auf dem Freizeitsektor, im Jahre 1983 wieder an.

Marke/Modell	**Absatz 1982**	**Absatz 1983**
Cherokee	*5.796*	*4.165*
GM Blazer/Jimmy	*26.851*	*38.456*
Ford Bronco	*41.228*	*42.646*
Dodge Ramcharger	*9.243*	*12.845*
Toyota Land Cruiser	*3.088*	*4.805*

Diese Situation täuscht jedoch darüber hinweg, daß der 1983er Cherokee, der letzte mit der Grundkarosserie von 1974, einer der besten dieses Namens gewesen ist. Äußerlich war der 1983er identisch mit seinem Vorgänger. Wirkliche Änderungen gab es jedoch bei den angebotenen Sonderausstattungen. Serienmäßig für den Viertürer und Extra für den Zweitürer war ein neues »Pioneer«-Paket, das aus folgendem bestand:

1. *Vinyl-(Sun Valley) bezogene Einzelsitze mit Mittelarmstütze (Stoffbezug Western Weave wahlweise zum Aufpreis);*
2. *Spezielle Verkleidungen für Türtafeln und hintere Seitenwände;*
3. *farblich passende Bodenteppiche auch für Radläufe und Laderaumboden;*
4. *passendes Sport-Dreispeichenlenkrad, hautfreundlich bezogen;*
5. *bezogenes Instrumentenbrett mit Ziernähten;*
6. *besonders ausgestattete Armlehnen mit blanken Zierteilen;*
7. *Beifahrerhaltegriff;*
8. *doppelte Ascher hinten;*
9. *Fahrersitzlehne zum Vorklappen (nur Zweitürer);*
10. *schwarzer Vinyl-Außenbezug an den Wagenseiten;*
11. *»Pioneer«-Aufkleber außen;*
12. *Chromgrill;*
13. *extra starke Schalldämmung;*
14. *Arriva-Gürtelreifen P235/75R 15 auf silberfarben gestylten Stahlfelgen mit Zierringen und blanken Nabenkappen.*

Das Chief- und das Laredo-Paket wurden weiter angeboten, jedoch nur für das Modell 17. Diese Umstellungen aber wurden in den Hintergrund gedrängt von einer Neuerung, die Jeep als den »fortschrittlichsten Antriebsstrang für 2WD/4WD-Antrieb« bezeichnete: dem Selec-Trac. Es handelte sich dabei um den dritten größeren Sprung nach vorn, den Jeep auf dem Gebiet des Allradantriebs seit Übernahme durch AMC machte. Der erste war 1973 Quadra-Trac gewesen, der zweite 1980 die Viskosekupplung.

Selec-Trac wurde für alle Cherokees, jedoch nur in Verbindung mit einem automatischen Getriebe geliefert. Mit diesem System, so erklärten die Jeep-Hersteller, sei der Cherokee »der einzige Wagen im In- und Ausland, der als Sport-Kombi mit permanentem Allradantrieb angeboten wird. Daneben kann ihn der Jeep-Kunde weiterhin mit zuschaltbarem Allradantrieb kaufen. Jeep ist damit der einzige Hersteller, der zwei unterschiedliche Verteilersysteme liefert, die beide nach Bedarf Zwei- oder Vierradantrieb bieten.«

Fairerweise sollte man anmerken, daß Selec-Trac konstruktiv von dem im AMC Eagle verwendeten Select Drive abstammte. Selec-Trac hatte aber den großen Vorzug, ein Verteilergetriebe mit Reduzierstufe zu besitzen, die man bei Bedarf an höherer Traktion einschalten konnte.

Der langsame Gang konnte nur geschaltet werden, wenn sich der Cherokee in 4WD befand; dafür sorgte eine Sperre im Verteilergetriebe. Die Reduzierstufe wurde über einen Hebel am Wagenboden geschaltet, der gleich neben dem Fahrersitz lag.

Um den Cherokee mit Selec-Trac entweder in 2WD- oder in 4WD-Betrieb zu schalten, mußte man zunächst anhalten. Dann wählte man mit einem Hebel am Instrumentenbrett eine der beiden Positionen »2WD« oder »4WD«. Um sicherzustellen, daß der Hebel nicht ungewollt bewegt wurde, mußte man ihn zuerst noch entriegeln.

»Obgleich der Fahrer mit Selec-Trac beim Wählen des Zweirad- oder des permanenten Allradantriebs nur die Bewegung des Hebels am Instrumentenbrett sieht«, erklärte AMC dazu, »betätigt er unter der Haube ein revolutionäres mechanisches System.«

Die Prozedur begann z. B., wenn 2WD gewählt wurde, mit dem Umschalten des Verteilergetriebes in den Zweiradantrieb. Dabei wurde der vordere Antriebsstrang durch Lösen einer unterdruckbetätigten Klauenkupplung an der linken Freilaufnabe abgetrennt. Da das Differential das zwischen dem linken und dem rechten Rad wirkende Drehmoment jeweils ausgleicht, bedeutete das Trennen des Antriebs auf der linken Seite automatisch auch ein Abkoppeln des rechten Radantriebs. Das Zuschalten des permanenten Allradantriebs war dann die genaue Umkehrung dieses Vorgangs.

Ebenfalls zum Selec-Trac-System, das mit 6- und 8-Zylinder zusammen eingesetzt werden konnte, gehörte eine Viskokupplung, die den Vorderrädern ein etwas höheres Drehmoment zuteilte.

Die einzigen nennenswerten Änderungen im Motorenbereich waren eine Erhöhung der Verdichtung von 8,6 auf 9,2:1 und die Einführung eines Klopfsensors und einer Kraftstoffrückführung, wodurch man Leistung und Verbrauch verbessern wollte.

Erstmals kosteten nun alle Cherokee-Modelle mehr als 10.000 Dollar:

Modell	**Listenpreis (US-Dollar)**
16 (Zweitürer)	*10.315*
17 (Zweitürer, Breitreifen)	*12.022*
18 (Viertürer Pioneer)	*13.006*

Gegenstand	**Listenpreis (US-Dollar)**
MW/UKW-Stereoanlage	*199*
MW/UKW/Stereo-Kassettenradio	*329*
Tempomat	*184*
Heckscheibenheizung	*134*
schwenkbares Lenkrad	*106*
Dachgepäckträger	*122*
Sonnendach	*389*
elektrisch betätigtes Sonnendach	*1637*
Laredo-Paket	*1128*
elektrische Sitzverstellung	*290*
Pioneer-Paket für Modell 17	*1131*

Obschon die Jeep-Verkäufe 1983 den besten Stand seit 1979 erreichten, war der Absatz des Cherokee, wie schon angedeutet, auf einem Rekordtief. Doch für die Zukunft bedeutete das kaum etwas, denn ein sensationeller neuer Cherokee war einsatzbereit, und seine Attraktivität führte denn auch wieder zu Stückzahlen, wie man sie nie zuvor erreicht hatte.

13. Kapitel

Der Jeep Scrambler

Als der Jeep Scrambler am 25.März 1981 vorgestellt wurde, bezeichnete ihn Thomas A.Staudt, AMC-Marketing-Vorstand, als »das vielseitigste Fahrzeug, das wir je eingeführt haben. Es besitzt die ganze Robustheit und Geländegängkeit, die Sie von einem Jeep erwarten, jedoch im Verein mit der Transportkapazität einer über eineinhalb Meter langen Ladefläche und den besten Verbrauchswerten aller amerikanischen Allradtriebler. Der neue Jeep Scrambler ist die perfekte Kombination für Arbeit und Freizeit.«

In Staudts Erklärung und derjenigen von AMC, daß der Scrambler vor allem gegen die Invasion importierter Mini-Trucks antreten solle, spiegelten sich die Konstruktionsziele wider, die seit den ersten Entwürfen vom Sommer 1979 für ihn festgelegt worden waren. Damals nämlich hatten die Importe den Markt der kleinen 4 × 4-Transporter dominiert; allen voran der in Japan von Isuzu gefertigte Chevrolet LUV, von dem 33.843 Einheiten im Modelljahr 1979 verkauft werden konnten. Dicht dahinter folgten Toyota mit 32.710 und der Subaru Brat mit 23.414 verkauften Wagen.

American Motors wollte die hohen Kosten für ein komplett neues Modell nicht aufwenden, das an diesem Spiel hätte teilnehmen können. Vielmehr hielt man den CJ-6 für eine vernünftige Basis für einen kleinen 4WD-Pick-up, der Kunden vom Kauf eines Ausländers abhalten könnte. Aus wirtschaftlichen Zwängen war AMC gewohnt, vorhandene Bauteile dazu zu verwenden, Autos mit eigenem Charakter zu bauen. So erstellte AMC mit einem Auge bei den verfügbaren Teilen und dem andern auf dem Budget das Lastenheft für den kleinen Allrad-Pick-up, das von weltweitem Image, Robustheit und Dauerhaftigkeit und dem Angebot zahlreicher Extras bis zu den besten Verbrauchswerten aller US-Allrad-Lkws reichte.

Das Management zeichnete das Scrambler-Programm im September 1979 ab, und kurz darauf stand der erste Prototyp auf den Rädern. Da er auf dem Radstand des CJ-6 von 2629 mm basierte, nannte man ihn CJ-6S. Doch bald wurde klar, daß eine bloße Umwandlung des CJ-6 in einen Pick-up nicht so sinnvoll war, wie es anfangs den Anschein gehabt hatte. So war z. B. der beschwerliche Einstieg in den CJ-6 für einen Pick-up, der offen oder mit Hardtop geliefert werden sollte, nicht akzeptabel. Und so wurde der Jeep Pick-up nach und nach weniger ein Kompromiß und mehr ein Fahrzeug mit eigenem Appeal, das nun CJ-8 genannt wurde.

Ganz zufrieden war AMC damit noch nicht, denn man wollte nicht den Eindruck erwecken, ein Jeep sei zu einem Pick-up zurechtgebastelt worden. Daher trugen schon die ersten Wagen, die im Januar 1981 vom Band liefen, den Namen Scrambler. 1969 hatte AMC diese Bezeichnung einer Hochleistungsversion des Rambler mit einem 315 PS starken 6,4-Liter-V8 gegeben, einem Sprinter, der die Viertelmeile (ca.400m) in 14,3 Sekunden geschafft hatte. Nun, der neue Jeep konnte sich damit natürlich nicht messen, aber der Name Scrambler paßte nicht schlecht zu einem Pick-up mit ausgezeichneten Geländefähigkeiten und einem leichten, lebendigen Erscheinungsbild.

Wesentlich trug dazu der kompakte, nur 1524 mm lange offene Kasten bei. Das übliche Maß für kurze amerikanische Pick-ups waren etwa 1830 mm Länge, so daß der Scrambler schon damit gegenüber der Konkurrenz benachteiligt zu sein schien. Technisch gesehen hatte AMC kaum eine andere Wahl, denn ein längerer Aufbau hätte den Schwerpunkt der Nutzlast hinter die Hinterachse verlagert – sicher nicht die günstigste Ausgangsposition für gutes Fahrverhalten.

Jedoch scheint die Laderaumlänge in dieser Klasse kein maßgebender Faktor gewesen zu sein. Wie erwähnt, verkaufte sich der Subaru Brat mit seiner verkleinerten Ladefläche nicht schlecht. Und beim Scrambler vergrößerte sich ja schließlich auch die Ladelänge bei geöffneter Heckklappe von 1562 mm auf 2051 mm.

Wie bei den Kästen vieler anderer kleiner Pick-ups waren die Wände leider nicht gedoppelt, so daß der Fahrer immer darauf achten mußte, daß die Ladung nicht hin und her rutschen und das Blech eindrücken konnte. Das Reserverad war an der

Rechte Seite:

Oben: Der im Februar 1981 neu erschienene Jeep Scrambler (Foto: Sammlung des Autors)

Unten: Der Scrambler mit seiner 1525 mm langen Ladefläche (Foto: Sammlung des Autors)

SCRAMBLER
Jeep
GOODYEAR
TRACKER D/G

SCRAMBLER
Jeep
GOODYEAR
TRACKER D/G

SCRAMBLER
Jeep
GOODYEAR
TRACKER D/C

SCRAMBLER
Jeep
TRACKER D/C
GOODYEAR

Ladeklappe montiert, die im offenen Zustand von kunststoffumhüllten Seilen gehalten wurde. Als Extra wurde eine schwenkbare Radhalterung angeboten. Sie machte es möglich, daß die offene Klappe mit dem Kastenboden eine glatte Fläche bildete. Das Leergewicht des Scrambler betrug 1200, die Nutzlast etwa 670 kg.

Von der Windschutzscheibe nach vorn glich der Scrambler dem Jeep CJ-6. In der Variante mit Stoffdach war er Amerikas einziger »Roadster-Pick-up«, der ab Werk in Grundausführung 7288 Dollar kostete. Eine Version mit Stoff-Halbverdeck und Blechtüren bekam man um 7572 Dollar. Für weitere 190 Dollar gab es echte, verschließbare Türen. Und noch eine andere Variante mit abnehmbarem Hardtop und Metalltüren kostete 7922 Dollar.

Beide Fotos: Die beiden Seiten des 1982er Jeep Scrambler mit SR-Sportausstattung (Fotos: Sammlung des Autors)

Der Rahmen bestand aus geschlossenen Kastenprofilen und hatte einen Radstand von 2629 mm, eine vordere Spurweite 1308 mm und eine hintere Spur von 1270 mm. In den meisten mechanischen Komponenten war der Scrambler ein Zwillingsbruder von CJ-5 und CJ-7. Vorne hatte er vierlagige Halbelliptikfedern (Federrate 30 kg/cm), Teleskopdämpfer, eine angetriebene Achse mit rund 1000 kg Tragfähigkeit, Freilaufnaben und Querstabilisator. Die hintere Starrachse mit 1200 kg Kapazität saß an gleichen Blattfedern, aber mit 33 kg/cm. Bestellte man den Scrambler mit Hardtop (GFK), so bekam er 5-lagige Federn. Eine Version mit verstärkten Federn und Dämpfern kostete $ 98 mehr, die verstärkten Dämpfer allein nur $ 30 mehr als das Basismodell.

Serienmäßiger Motor war der 82-PS-Vierzylinder mit 2,47 Liter Hubraum, den AMC damals von Pontiac kaufte. Zum Mehrpreis von 136 Dollar bekam man AMCs eigenen 4,23-Liter-Sechszylinder mit 8,3:1 Verdichtung und Doppelvergaser, der 110 PS bei 3000/min leistete und 278 Nm Drehmoment bei 1800/min hatte.

Hinter einem vollsynchronisierten Warner SR4 Vierganggetriebe mit den Übersetzungen 4,07 – 2,39 – 1,49 – 1,00:1 schloß ein zweigängiges Dana 300 Verteilergetriebe mit 1,00 und 2,62:1 an. 6-Zylinder Scrambler waren auch mit einem vollsynchronisierten Tremac T–176 Viergang-Schaltgetriebe erhältlich, mit den Übersetzungen 3,52 – 2,27 – 1,46 – 1,00:1. Zum Zweieinhalbliter-4-Zylinder gehörte eine Kupplung mit 232 mm∅, zum 6-Zylinder eine größere mit 267 mm∅.

Zwei bei Chrysler gefertigte Dreigang-Automaten waren zum Einheitspreis von je 350 Dollar zu haben. Das Modell 904 für den 4-Zylinder hatte die Übersetzungen 2,74 – 1,65 – 1,00:1, während es für 6-Zylinder-Scrambler das Modell 999 mit Übersetzungen 2,45 – 1,45 – 1,00:1 gab.

Serienmäßig hatte der Scrambler vorn Scheibenbremsen von 264 mm∅ und hinten Trommeln mit den Maßen 254 × 44,5 mm. Bremskraftverstärkung für die Scheibenbremse wurde als Extra angeboten. Für $ 179 bekam man ein Sperrdifferential für die Hinterachse und für $ 206 eine Servolenkung mit Übersetzung 17,6:1 (statt der mechanischen mit 24:1). In Serie waren Felgen 15 × 5.5″ mit Bereifung H78 × 15B. An ihrer Stelle konnte man 15 × 7″-Räder mit Reifen 9.00 × 15 oder P235/75R 15 kaufen. Weitere Extras waren eine Sitzabdeckung, Holzreling für die Seitenwände des Kastens, Halogen-Nebelleuchten, kippbares Lenkrad, Trittstufen und MW- oder MW/UKW-Radios.

Serienmäßig hatte das Scrambler-Grundmodell eine zweistufige Wischer/Wascher-Anlage, Heizung und Enteisung der Frontscheibe, lackierten vorderen Stoßfänger, zwei Außenspiegel und eine vor-

Der 1984er Jeep Scrambler (Foto: Sammlung des Autors)

klappbare Frontscheibe. Seine beiden Einzelsitze waren mit schwarzem oder beige Vinyl mit Leinenstruktur bezogen. Als anspruchsvollere Sonderausführungen gab es zwei Varianten mit den Sport-Paketen SR und SL. Die einfachere Mehrausstattung SR enthielt Hochlehnen-Einzelsitze, bezogen mit blauem, schwarzem oder muskatbraunem Vinyl in Jeans-Look (das bekam man auch allein als Extra), die »Convenience Group« (mit 200 mm langem Abblendspiegel, Motorraumbeleuchtung, Leseleuchte und Reserveradschloß) und ein Dekorpaket mit Sportlenkrad und diversen besonderen Verkleidungen. Auch äußerlich erkannte man den SR, und zwar an den weißen gestylten Stahlfelgen mit Goodyear Tracker P/G OWL-Reifen L78 × 15, an den Radlauf-Aufsätzen sowie am Scrambler-Schriftzug an den Seiten der Haube und den weiteren Verzierungen (Streifendekor an Haube und Seitenwänden in gelben, blauen oder roten Tönen je nach Wagenfarbe).

Weit aufwendiger als das für 775 Dollar erhältliche SR-Paket war die 1975 Dollar teure Sonderausstattung SL. Ihre Einzelsitze waren entweder mit hellgrau abgesetztem »Black Cara« oder mit honiggelb abgesetztem muskatbraunem Vinyl bezogen. Lenkrad und Beifahrergriff waren in schwarzem Leder; dazu gab es eine Mittelkonsole mit Uhr und Drehzahlmesser. Die Bodenteppiche und der Bezug der Instrumententafel mit Nadelstreifenmuster waren in Schwarz oder Muskat lieferbar. Verchromt waren beim SL der Grill, die Räder, beide Stoßfänger sowie die Außenspiegel und ihre Arme. Diese Version hatte Gürtelreifen P235/75R 15 Goodyear Wrangler und verbreiterte Radlaufaufsätze. Die Dekors in Kombinationen von entweder silber und grau oder muskat und bronze fanden sich als Zierstriche an der Gürtellinie, an Kotflügeln und Haube. Als Zugabe lieferte man noch die »Convenience Group«, HD-Stoßdämpfer und verbesserte Schalldämmung der Motorhaube.

Der Absatz des Scrambler 1981 erreichte 7840 Einheiten, und das sollte auch die höchste jährliche Verkaufszahl bleiben. Änderungen für 1982 beschränkten sich auf den als Extra erhältlichen 76-Liter-Tank und das ebenfalls zum Mehrpreis lieferbare 5-Gang-Overdrivegetriebe. Im Kalenderjahr wurden nur 7138 Stück verkauft. Der Grundpreis des 1982er Scrambler betrug 7588 Dollar; für den SR bezahlte man jetzt 799 und für den SL 1999 Dollar Aufpreis.

Die serienmäßige Reserveradhalterung wurde 1983 an den Überrollbügel verlegt. Das Seitendekor des SR nahm die Form eines gewaltigen Hockeyschlägers an. Wenngleich der Absatz der CJ-Modelle begonnen hatte, sich von seinem 1982er Tiefstand zu erholen, sackte der des Scrambler weiter auf 4678 Einheiten ab, und das trotz Preissenkung auf 6765 Dollar. Für das SR-Paket zahlte man 825 Dollar, für die SL-Ausstattung 2065. Und im Jahr darauf wurde es noch schlimmer: Obgleich nun der AMC-eigene 2,5-Liter-Vierzylinder eingebaut wurde, mit dem der Scrambler EPA-Verbrauchswerte von 8,7/6,4 l/100km erreichte, rutschte die Verkaufszahl bis auf 2826 Stück ab.

Da mittlerweile für 1986 ein neues Pick-up-Modell

namens Comanche bereitstand, mußte der Scrambler seinen Kampf gegen die importierte Konkurrenz beenden. Zum Ende des Modelljahrs gab AMC die Produktion des Scrambler auf.

Daher waren die Neuerungen für 1985 nicht besonders umfangreich. Statt der Beschriftung an der Haube stand der Name jetzt in Chrom am hinteren Kotflügel; die Pakete SR und SL wurden gestrichen und durch die Ausstattungen Renegade und Laredo ersetzt.

Hervorzuheben am Renegade-Interieur waren die vinylbezogenen, hochlehnigen Einzelsitze mit Köper-Imitation in Granatschwarz- oder Honigtönen (Scrambler-Seriensitze waren jetzt mit Vinyl in schwarzer oder mandelbrauner Leinenstruktur bezogen), die zusätzlichen Innenleuchten, der Abblendspiegel, das Handschuhkastenschloß, der Intervallwischer und das hautfreundliche Sportlenkrad. Im übrigen gab es Wrangler-Stahlgürtelreifen P235/75R 15, ein Reserverad »Polyspare« mit Abdeckung, gelbe, blaue oder rote Zierstreifen außen und Stahlfelgen in Weiß 15 × 7″ mit verchromten Nabenkappen.

Hochlehnige Einzelsitze mit Vinylbezügen in Celtic-(Panama-)Struktur und den Farbkombinationen schwarz und grau oder hell- und dunkelhonig zeichneten auch das Laredo-Paket aus; hinzu kam eine Mittelkonsole, farblich abgestimmtes Interieur mit losen Bodenteppichen, weiteren Innenleuchten, Abblendspiegel, Handschuhkastenschloß, Lenkrad und Beifahrergriff in Leder, Instrumententafel mit Nadelstreifenbezug, Intervallwischer, Drehzahlmesser und Zeituhr. Äußerlich behielt der Laredo die Chromteile des SL sowie die silber/grau bzw. braun/gold getönten Dekors, ebenso wie die Wrangler-Reifen P235/75R 15 mit weiß ausgelegten Lettern und gestylten Rädern 15 × 7″. Wurde ein Verdeck montiert, so gab es das entweder in Schwarz oder in Honig, während das Hardtop auch in Weiß lieferbar war.

Die 1985er Scrambler waren in zehn Serienfarben erhältlich, von denen granat, eisblau, dunkelblau, mittelgrün, sterlingsilber und dunkelhonig nur dem Scrambler und dem CJ vorbehalten waren. Andere verfügbare Farbtöne waren klassikschwarz, olympiaweiß, sebringrot und mandelbraun.

14. Kapitel

Die Cherokee/Wagoneers seit 1984

Schon nach kurzem Überfliegen des AMC-Geschäftsberichtes 1984 war klar, daß in diesem Jahr eine neue Ära für Jeep begonnen hatte. »American Motors hat allen Grund, auf seine Leistungen von 1984 stolz zu sein«, hieß es da. »Wir haben vier rentable Viertel zu einem Ganzen zusammengesetzt und damit zum erstenmal seit 1979 durchgehend schwarze Zahlen geschrieben.« Beigetragen zu dieser positiven Wende, die sich in einer Steigerung des Jahresumsatzes um fast 275 Millionen Dollar manifestierte, hatte der stark angestiegene Absatz der von AMC gefertigten Renault-Modelle Alliance und Encore. Ihre Verkaufszahlen waren gegenüber 1983 um 16% auf 169.601 gestiegen. Doch man bedenke, was auch Jeep selbst zustandebrachte: Der Verkauf von Jeep-Modellen im Kalenderjahr 1984 belief sich auf 153.801 Einheiten, 87% mehr als im Vorjahr. Das brachte Jeep ganz nahe an sein Rekordjahr 1978, als 161.912 Fahrzeuge abgesetzt worden waren. Auf das Modelljahr 1984 bezogen, ging der Absatz um 100% auf 139.396 Stück hinauf – die dritthöchste Zahl für ein Modelljahr in der Geschichte des Jeep.

Der Grund für diese Absatzexplosion, in der die Jeep-Erzeugnisse die Renault-Mittelklassewagen schon bald weit hinter sich lassen sollten, war leicht erkennbar: Jeep hatte zum erstenmal seit 1962 eine völlig neue Modellreihe auf den Markt gebracht. Die neuen Jeeps trugen bekannte Namen – Cherokee und Wagoneer – aber das war auch schon ihre ganze Gemeinsamkeit mit den Cherokees und Wagoneers von 1983.

Da es sich um nach dem letzten Stand der Technik neu konzipierte Modelle handelte, hatten Beobachter erwartet, daß man ihnen auch neue Namen geben würde, möglicherweise sogar das »XJ« der Prototypphase. Doch da für AMC so viel von ihrem Erfolg abhing, wollte man keinem Modetrend nachgeben. Joseph Cappy, AMCs Marketingvorstand, bemerkte dazu: »Wir fanden, es sei nötig, den ersten vollständigen Neuschöpfungen der Marke Jeep in mehr als zwanzig Jahren Namen zu geben, die von der Kundschaft mitgetragen wurden. Denn der Name hat viel damit zu tun, wie jemand auf ein Produkt reagiert.«

AMC begann den Prozeß der Namensfindung mit einer Liste von 1000 möglichen Bezeichnungen, aus der nach etlichen Monaten noch etwa fünfzig übrigblieben. Und die wurden einer Anzahl Personen in städtischen Kliniken vorgelegt. »Sehr bald wurde offenbar«, berichtete Cappy, »daß wir zwei Namen brauchten und nicht nur einen. Leute, die zum sportlichen Fahrzeug neigten, bevorzugten den Namen ›Cherokee‹, während die Befürworter des typischen viertürigen Kombis beim ›Wagoneer‹ bleiben wollten.« Und AMC erklärte, die zweitürigen Modelle zielten »auf den eher abenteuerlustigen Fahrer, der sich auf und neben den Straßen gleichermaßen zu Hause fühlt«, während die viertürigen Versionen mehr die ›Familienkutsche‹ für Leute sei, »die sich zum Station Wagon die zusätzliche Sicherheit des Allradantriebs und eine komfortable Ausstattung wünschen«. So kam es, daß der neue Wagoneer nur mit vier, der Cherokee aber mit zwei oder vier Türen angeboten wurde. Dazu bekam dann jedes Modell ein eigenes Gesicht mit spezieller Gestaltung von Grill, Heckleuchten, Dekors und Zierleisten und natürlich auch dem passenden Interieur.

Die Arbeiten an diesen neuen Jeeps begannen Mitte 1979. Über 250 Millionen Dollar mußten für Fertigungseinrichtungen aufgewendet werden, um, wie Cappy sagte, »sicherzustellen, daß diese Wagen keinem andern auf dem Allradmarkt nachstehen«. Im Toledo-Werk wurden allein 29 Cybotech-Schweißroboter für die Karosseriefertigung aufgestellt; 19 davon waren mobile Brückengeräte, die zum Schweißen nach unten griffen, und zwar einer für die Frontstruktur, fünf für die Bodengruppe, sieben in der Rohbau-Vormontage und sechs in der Rohbau-Endmontage. Die übrigen zehn Roboter waren am Boden montiert und reichten horizontal zu den Schweißstellen der Karosserien hinüber. Insgesamt hatten diese 29 Maschinen 1200 Schweißvorgänge je Cherokee oder Wagoneer auszuführen.

Der Bau der Türen für die neuen Jeeps war vollautomatisch, jedoch ohne Einsatz derartiger Roboter. Innen- und Außentafeln wurden auf einem ganz ähnlichen Band zusammengepunktet und besäumt, wie es die Türenmontage im Kenosha-Montagewerk für den Renault Alliance hatte. Das Band konnte sechs verschiedene Türen mit einem Ausstoß von 300/Stunde fertigen und war auf schnellen Werkzeugwechsel (20 Minuten pro Wechsel!) ausgelegt, um so flexibel wie möglich zu sein.

AMCs Produktionsvorstand George A.Maddox bezeichnete diese Umstellung der Fertigung auf Roboter als die größte in der Geschichte der Firma. »Wir setzen Roboter ein, um die Bodengruppe, die Strukturteile und die Rohbaukarosserie zu schweißen...Durch die Anwendung von Robotern und anderen hochmodernen automatischen Schweißverfahren sind wir imstande, steife, präzise Aufbauten für diese neuen, leichteren Fahrzeuge zu bauen ... Wir haben verschiedene Kontrollmaßnahmen getroffen, um für die neuen Jeeps den bestmöglichen Qualitätsstandard sicherzustellen. Die neuen Einrichtungen erlauben hohe Fertigungsgenauigkeit und verwerfen Bauteile und Baugruppen schon mit geringsten Abweichungen von den Zeichnungsvorschriften.«

Die Cherokee/Wagoneer-Baureihe verwendete das neue »UniFrame«-Konzept, bei dem ein Kastenträger in voller Wagenlänge unter die Bodengruppe einer an sich selbsttragenden Karosserie geschweißt wurde. Das sorgte für relativen Leichtbau bei sehr steifer Karosserie und optimaler Innenraumnutzung. Dieses Konzept entstammte letztlich der Zusammenarbeit von AMC- und Renault-Entwicklung. War die Idee dazu von AMC gekommen, so hatte Renault mit Hilfe der FEM (Finite Elemente Methode) deren Eignung nachgewiesen. FEM, die rechnergestützte Analyse, erlaubt es, wo immer nötig, dickere Blechstärken und Versteifungen in die Struktur einzubauen und andererseits überflüssiges Material wegfallen zu lassen. Als Korrosionsschutz erhielt die Cherokee/Wagoneer-Karosserie eine einseitige galvanische Verzinkung für die meisten Außenteile. Die Schweller wurden aus beidseitig verzinktem Blech gefertigt. Andere Bauteile aus GFK waren praktisch unempfindlich gegenüber Korrosion.

Auch die neue Jeep-Hinterachse war an Halbelliptik-Blattfedern aufgehängt und hatte einen Querstabilisator. Die Verwendung von Schraubenfedern war von den Ingenieuren in Betracht gezogen, dann aber verworfen worden, weil sie den Innenraum reduziert hätten. Die Blattfedern hatten sehr großdimensionierte Gummibüchsen, die im Verein mit Stabi und Gasdämpfern wesentlich zum ausgezeichneten Fahrverhalten der Jeeps beitrugen. Die Vorderachsaufhängung »Quadra-Link« war gewiß etwas ungewöhnlich. Doch um einen hohen Grad von Zuverlässigkeit im Gelände in Verbindung mit guten Handling- und befriedigenden Fahreigenschaften auf der Straße zu erreichen, veranlaßte (und überwachte) AMCs Entwicklungschef Roy Lunn die Ausführung eines Systems aus Schraubenfedern, vier Lenkern und einer starren Antriebsachse. Die Lenker waren so angeordnet, wie es oft bei Einzelradfederung zu sehen ist. Hinzu kamen ein Querstabilisator und hydraulische Dämpfer. Zu dieser Achskonstruktion bemerkte Lunn: »Wir begannen mit der Starrachse wegen ihrer Robustheit im Gelände, doch wir haben dann eine Reihe der sie umgebenden Teile verfeinert, damit sie so wurde, wie sie ist.« Ein Beispiel für diese Feinarbeit war der umgedreht eingebaute Kegelradsatz mit dem Ritzel oberhalb der Achsmitte, wodurch die vordere Antriebswelle weniger abgewinkelt war. Hinzu kam der Einbau homokinetischer Gelenke für die vordere Kardanwelle und die Gelenkwellen. Das Haltenberger-Lenkgestänge ermöglichte es, alle Lenkelemente vor der Vorderachse anzuordnen und damit vernünftige Ackermann-Lenkwinkel zu erzielen. Weitere Vorzüge dieses Gestänges lagen in gutem Ansprechen und gutem Lenkgefühl.

»Wir haben bei diesen Fahrzeugen nur wenige Kompromisse gemacht«, sagte Lunn. »Geländegängigkeit und Robustheit sind hervorragend, und auf der Straße sind die Fahreigenschaften überraschend gut.«

Als Teil des Erprobungsprogramms wurden die Cherokees und Wagoneers über Berge und Sandflächen gejagt, in Polar- und Wüstenklima und auf dem mörderischen Rubicon Trail in Nordkalifornien getestet. Das Ergebnis war höchst eindrucksvoll. *Motor Trend* vom September 1983 urteilte: »Der Cherokee beweist viel mehr Wendigkeit und Stabilität als man es von diesem großen 4WD-Kombi erwartet; für einen so leichten Wagen fährt er sich erstaunlich angenehm.«

Serienmäßig wurde ein neues zuschaltbares 4WD-System namens Command-Trac eingebaut; zum Aufpreis gab es Selec-Trac, den permanenten Allradantrieb. Command-Trac war dazu bestimmt, nur für schlechte Straßenverhältnisse zugeschaltet zu werden. Betätigt wurde die Schaltung für die Wahl von 2WD und 4WD mit einem Hebel an der Mittelkonsole. AMC verwendete hier das Verteilergetriebe Typ 207 von New Process mit zweiteiligem Alugehäuse.

Selec-Trac war neben der Viskosekupplung und dem selbstsperrenden Mittendifferential (Typ 229 von New Process) zur Erhöhung der Lebensdauer der Kraftübertragung mit einer Differentialsperre ausgerüstet, die nur im Kriechgang betätigt wurde. Das System war für permanenten 4WD-Betrieb unter allen Straßen- und Traktionsbedingungen geeignet. Die Verteilergetriebe für Selec-Trac und Command-Trac hatten dieselben Übersetzungen, 1,00 und 2,62:1.

Drei Getriebe gab es für die 1984er Cherokee-/Wagoneer-Modelle. Für den Cherokee war ein vollsynchronisiertes Vierganggetriebe mit Knüppelschaltung in Serie. Grundausstattung des Wagoneer und als Extra für den Cherokee erhältlich war ein vollsynchronisiertes Fünfganggetriebe, ebenfalls mit

Knüppelschaltung. Standard für den Wagoneer Limited und Extra für alle anderen Versionen war die Chrysler-Dreigangautomatik Modell 904, deren Wählhebel auch auf dem Boden montiert war. Die Getriebe hatten folgende Übersetzungen:

	Automatikgetriebe	**Schaltgetriebe**	
	3-Gang	**4-Gang**	**5-Gang**
1. Gang	*2,74*	*3,93*	*3,93*
2. Gang	*1,55*	*2,33*	*2,33*
3. Gang	*1,00*	*1,45*	*1,45*
4. Gang	--	*1,00*	*1,00*
5. Gang	--	--	*0,85*
Rückwärtsgang	*2,20*	*4,74*	*4,74*

Als Krönung dieser Jeep-Neuauflage war der erste Vierzylinder anzusehen, der je von AMC konzipiert worden war. Obschon in keiner Weise mit den früheren Jeep-Motoren (L-Kopf »Go-Devil« und F-Kopf »Hurricane«) verwandt, war der ohv-Reihenvierzylinder doch deren würdiger Nachfolger.

AMC verwandte drei Jahre auf seine Entwicklung. Roy Lunn erläuterte: »Im Gegensatz zu den meisten heute gefertigten Motoren wurde dieser nicht für Pkws entworfen und dann für Nutzfahrzeuge adaptiert. Wir haben ihn vielmehr speziell für unsere Jeep- und Eagle-Modelle entwickelt. Das ist der Grund, warum Leistung und Lebensdauer von Anfang an von so vordringlicher Bedeutung waren.«

Obgleich einige Bauteile dieses Motors mit denen vom AMC 4,23-Liter-6-Zylinder baugleich waren, stellte der Vierzylinder doch keine Verkleinerung des großen dar. Roy Lunn dazu: »Da sind einige gemeinsame Komponenten, doch der Vierzylinder besitzt viele ganz eigene Elemente wie seine Elektroniksysteme oder der kürzere Hub und die größere Bohrung. Die Ventile sind größer und die Kolben neu.«

Im Vergleich zum 4,23-Liter mit 95,25 mm Bohrung und 99,10 mm Hub betrugen diese Abmessungen beim 4-Zylinder 98,45 mm und 81,00 mm, woraus sich der Hubraum von 2,468 Liter ergab. »Wir wollten so viel Hubraum, wie mit Rücksicht auf den maximalen Zylinderabstand unserer Bohrwerke möglich war«, berichtete Roy Lunn, »um viel Leistung und Drehmoment zu bekommen. Nur den Hub konnten wir in weiten Grenzen verändern. Also nahmen wir die größtmögliche Bohrung und einen Hub, mit dem wir auf 2,5 Liter kamen.«

Die Kurbelwelle war fünffach gelagert. Über hydraulische Ventilstößel wurden die im Kopf hängenden Ventile betätigt. Block und Kopf bestanden aus Grauguß. Autothermikkolben mit Stahleinlagen, eine Verdichtung von 9,2:1 und Brennräume mit zwei Quetschzonen waren weitere Merkmale des Vierzylinders. Mit den Basisaggregaten wog der Motor trocken 143 kg. Wurden Extras wie Klimaanlage und Servolenkung eingebaut, ersetzte man den Keilriemen durch einen mehrfach umgelenkten Flachriemen. In dieser Form wog der Motor 155 kg.

Mit seiner rechnergesteuerten kontaktlosen Zündung und einer eigenen Klopfregelung befand sich der AMC-Motor auf dem Stand der Technik der 80er Jahre. Der Klopfsensor ermöglichte der elektronischen Steuerung, das Klopfen ohne Nachteile für Leistung oder Verbrauch zu unterdrücken. Im Gegensatz zu anderen verwendeten Regelungen erhielt der Klopfsensor seine Impulse nicht als einmaligen Durchschnitt aller vier Zylinder, sondern kontrollierte alle Zylinder bei jedem ihrer Zündvorgänge und nahm bei Bedarf jederzeit sofort die Zündung zurück. Damit erreichte man, daß alle Zylinder in allen Betriebszuständen sehr nahe an der Klopfgrenze und daher mit höchstmöglichem Wirkungsgrad arbeiteten.

Auch der Einfachvergaser mit Kraftstoffrücklauf wurde elektronisch gesteuert, um das Kraftstoff-Luftgemisch im Betrieb verändern zu können. Er war auf einem wasserbeheizten Aluminiumsaugrohr mit »Igelheizung« montiert, um die Kaltlaufphase zu verkürzen. Durch eine Abgasrückführung wurden NOx-Werte und Verbrauch positiv beeinflußt. Teil des Emissionssystems war auch eine rechnergesteuerte Sekundärlufteinblasung (Puls-Air), die für niedrige HC- und CO-Werte ohne allzu hohen Leistungsverlust sorgte. Zur Abgasnachbehandlung verwendete man einen Zweiwegkatalysator, ferner gab es für konstanten Leerlauf die elektromagnetisch/unterdruckgesteuerte Leerlaufregelung »Solevac«. Die Kraftstoffverdunstung wurde durch Aktivkohlebehälter und Druckventil am Tank sowie durch ein Magnetventil an der Schwimmerkammer des Vergasers minimiert.

»Technisch halten wir diesen Motor für mindestens so fortschrittlich wie alle anderen in seiner Klasse«, meinte Lunn. Diese Wettbewerbsfähigkeit wurde noch dadurch erhöht, daß das Triebwerk bei umfangreichen Prüfläufen wesentlich bessere Lebensdauerwerte erreicht hatte als Konkurrenten gleicher Art und Größe.

Der neue Jeep-Motor brillierte schließlich auch durch seine Leistung von 105 PS bei 5000/min und ein Drehmoment von 180 Nm bei 2800/min. »Er hat ein hohes Drehmoment«, sagte Lunn dazu, »und das ergibt sehr gute Beschleunigungswerte für einen Motor seiner Klasse.«

Gefertigt wurde das 2,5 Liter AMC-Triebwerk im Werk Kenosha (Wisconsin), wo auch die 6-Zylinder und V8 gebaut wurden. Die maximale Jahreskapazität betrug 195.000 Einheiten.

Für alle Modelle war zu 305 Dollar Mehrpreis ein

Der Jeep Cherokee Chief von 1984 (Foto: Sammlung des Autors)

2,84 Liter großer 60°-V6 von Chevrolet erhältlich. Er leistete 115 PS bei 4800/min und erreichte 197 Nm bei 2400/min. Dieser Motor war ursprünglich für GMC X-Cars entwickelt worden (Chevrolet Citation, Pontiac Phoenix, Oldsmobile Omega und Buick Skylark), die 1979 als Wagen für das Modelljahr '80 debütierten. Es war ein konventionell konstruierter, aber dennoch moderner V6, der knapp 160 kg wog. Als Chevrolet ihn vorstellte, bezeichnete man ihn als Nachfolger des legendären Chevrolet »Small Block«-V8 aus dem Jahre 1955. Block und Kopf waren aus Dünnwand-Grauguß, dor Auspuffkrümmer aus Sphäroguß. Saugrohr, Wasserpumpengehäuse, vorderer Deckel und der Varijet-Doppelvergaser waren aus Leichtmetall gefertigt. Auch die Brennraumform mit den Quetschzonen und die vierfache Kurbelwellenlagerung waren charakteristisch für dieses Triebwerk. Unabhängig von der Motorwahl hatten alle Cherokees und Wagoneers einen 51-Liter-Tank serienmäßig und konnten mit 75-Liter-Tank zum Mehrpreis geliefert werden.

Das Styling des neuen Wagoneer/Cherokee übertrug mit Erfolg den neo-klassischen »Jeep-Look« in die neuen Dimensionen zeitgenössischer Sport-Kombis. Doch eine Imitation in- oder ausländischer Erzeugnisse war ganz und gar nicht erkennbar. Die neuen Modelle hatten ihr eigenes Gesicht, waren gut gestylt und attraktiv. Mit seinem c_w-Wert 0,54 war der neue Jeep von denen des Audi oder Pontiac Firebird zwar weit entfernt, aber noch recht akzeptabel.

»Die Vorgaben für unser Design waren paradox«, berichtete AMC-Stylingvorstand Richard A.Teague. »Erst einmal wußten wir, daß wir es hier mit einem weltweit nur allzu bekannten Markenimage zu tun hatten, das unbedingt erhalten bleiben mußte. Gleichzeitig diktierten uns technischer Fortschritt und innovative Fertigungsmethoden – charakteristisch für die neue Kategorie der ›Sport-Wagons‹ – ein eher modernistisches Styling: Eine klare Aufgabenstellung.«

AMC Engineering legte Teague ein wesentlich kompakteres Paket auf den Tisch als es das Vorgängermodell war. »Wir prüften alle Designmöglichkeiten, griffen tief in die Trickkiste«, erinnert sich Teague. »Wir wollten das Fahrzeug gern aerodynamisch verbessern, es auch optisch gefälliger machen – und doch durfte es nicht zu Pkw-mäßig aussehen, denn das entsprach nicht dem Jeep-Image.«

Vier Eckpunkte des Stylings der früheren Cherokee-/Wagoneer-Modelle wurden als Essenz des »Jeep-Looks« herausgeschält: klare, kantige Karosserielinien; trapezförmige Radausschnitte; ein Grill mit überwiegend kräftigen Stäben und Schlitzen; kühne, mit kräftigen Speichen gestylte Räder. Diese vier Elemente wurden von einem Interieur unterstützt, das AMC als »für harte Arbeit und hohe Leistungen konzipiert« bezeichnete.

»Alles dies zusammen stellt das Brandzeichen der Marke Jeep dar«, erklärte Teague. »Mit dem Design der Sport-Kombis mußten wir vor allem sicherstellen, daß die Jeep-Familienähnlichkeit in einer ganzen neuen Fahrzeuggeneration gewahrt blieb.«

Grundmodell des 1984er Jeep Cherokee (Foto: Sammlung des Autors)

Um den neuen Autos eine für diese Fahrzeugart vernünftige Aerodynamik zu geben, konstruierten die AMC-Designer einen Querschnitt wie einen Flugzeugrumpf, d.h. mit leicht gerundeten Linien vom Dach über die Seiten bis zum Schweller. Dazu wurde die Haube noch leicht nach vorn abfallend gestaltet und der Grill schräg nach hinten abgewinkelt.

Hinsichtlich der Seitenlinie oberhalb der Türen sagte Teague: »Wir wollten die sonst bei dieser Art Autos häufige ›Kasten-an-Kasten‹-Form vermeiden und zeichneten von oben bis unten klare, ohne Unterbrechung durchlaufende Linien.

Obschon nicht gerade revolutionär für ein modernes Auto, waren gewölbte Front- und Heckscheiben in einem Jeep-Produkt etwas völlig Neues. Hinzu kam, daß die Frontscheibe dieses Sport-Kombiwagens gegenüber früher deutlich geneigter stand.

Großen Einfluß auf die Gestaltung der Frontpartie hatten die Ergebnisse von Windkanalversuchen, die sowohl in den USA als auch bei Renault in Frankreich durchgeführt wurden. Vor allem galt das für die Grillkontur, die Form der Windschutzscheibe, die Vorderkotflügel und den integrierten Frontspoiler. Selbst die Form der Außenspiegel änderte sich durch die Versuchsergebnisse.

Trotz alledem wurde die bekannte, betont senkrechte Gliederung des Grills beibehalten. Doch es gab da eine Reihe Verfeinerungen im Design. So war der Anschluß der Haube an die leicht zurückfliehende Front umgestaltet und die Scheinwerfer als Stylingelement kräftiger hervorgehoben. Dem geltenden Trend entsprechend, verwendete man nur wenige Chromteile.

Am Heck der neuen Jeeps befand sich eine einteilige Hubtür aus GFK (Fiberglas). Waren einerseits zwei moderne Lautsprecher zur Verbesserung des Raumklangs darin untergebracht, so blieb man doch andererseits dem Jeep-Image treu und verwendete einen soliden, großen Außengriff, von dem Teague sagte: »Wir taten das für die Wind-und-Wetter-Fahrer. In einem unserer Tests stellte sich heraus, daß es wichtig war, die Tür auch bei Winterwetter mit dikken Handschuhen an den Händen gut öffnen zu können.«

Der Cherokee wurde in drei Versionen angeboten, Basismodell, Pioneer und Chief. Das Grundmodell (»Base«, zweitürig $ 9.995; viertürig $ 10.295) erkannte man vor allem an den schwarzen Stoßfängern, Endstücken und Kotflügellippen. Sein Grill mit schwarzem Hintergrund und einem silberfarbenen Einsatz mit schmalen, recht weit auseinander liegenden Stäben erinnerte an frühere Namensvettern. Ebenfalls kennzeichnend für das Basismodell waren schwarz-silberne Scheinwerferrahmen, schwarze Nabenkappen zu silbern lackierten 15 × 6″ Stahlfelgen mit P195/75R 15 Allwetter-Stahlgürtelreifen mit schwarzen Flanken, der Jeep-Schriftzug an der Haube und rechts unten an der Heckklappe, der Name Cherokee seitlich vorn und an der hinteren Nummernschildhalterung, ein einzelner Außenspiegel in Schwarz, ein schwarzer Rahmen an der Heckscheibe und an den Türscheiben, sowie schwarze Regenleisten und Accessoires.

Das Interieur stellte an die Designer ähnlich widersprüchliche Anforderungen wie das Äußere der neuen Jeeps. Wie AMC erläuterte, sollte es »den Komfort und den attraktiven Eindruck eines Pkw

Das Spitzenmodell 1984, der Jeep Wagoneer (Foto: Sammlung des Autors)

bieten und doch auch die typische Robustheit eines Sport-Kombis«

So installierte man ein vollständig neues Instrumentenbrett, das für eine gegen Aufpreis angebotene integrierte Klimaanlage eingerichtet war, dazu sinnvoll angeordnete Instrumente, einen offenen Stauraum und ein großes Handschuhfach. Erstmals war ein Drehzahlmesser eingebaut, zu dem es auf Wunsch Leuchtanzeigen für das Hochschalten gab (anfangs nur für Fahrzeuge mit 4-Zylinder und Vierganggetriebe).

Bemerkenswert war die Konstruktion der Sitze; vorn waren sie mit einem Sockel versehen, etwa wie die Sitze im Renault Alliance. Die hintere Sitzbank ließ sich in eine senkrechte Position gleich hinter den vorderen Sitzlehnen umklappen, und die Rückenlehne konnte nach Kombi-Art ganz in den Laderaumboden versenkt werden. Zusätzlich war der ganze

Wesentliches Merkmal des 1984er Wagoneer war eine sehr vollständige Serienausstattung (Foto: Sammlung des Autors)

hintere Sitz mit einer Schnellentriegelung ausgestattet, so daß man ihn zum Transport besonders langer Güter rasch ausbauen konnte. Alle Sport-Wagons hatten einen einteiligen Dachhimmel, der, wie AMC angab, mehr Kopffreiheit für die Insassen bot.

Ansonsten enthielt die Grundausstattung des Cherokee ein schwarzes Kunststoff-Zweispeichenlenkrad, schwarz bezogenes Instrumentenbrett, schwarzen Kunststoffbesatz an den Türtafeln, sowie in farblich abgestimmtem Vinyl die geraden Armlehnen, die Verkleidungen im Sitz- und Laderaum, die Sonnenblenden und die kleine Mittelkonsole. Die Sitze selbst (vorn Einzelsitze, hinten Sitzbank) waren mit Celtic-gemustertem Vinyl in Mandelbraun oder Schieferblau überzogen.

Der Mehrpreis (gegenüber entsprechenden »Base«-Modellen) betrug für die Pioneer-Versionen 1000, für den Cherokee Chief 1310 Dollar. Im Innern hatten sie beide folgende Ausstattungsdetails: Dreispeichen-Sportlenkrad; Armstützen vorn in gebogener Form (»Hockeyschläger«); Nylonteppichboden mit Wärme- und Schallisolierung im Insassenbereich; Nadelfilzbodenbelag im Laderaum, an der Rückseite der hinteren Lehne, an der Hecktür und über den Radläufen; vier Halteösen zum Verzurren der Ladung; durchgehende Mittelkonsole mit Armstütze in passender Farbe; Ascher hinten in den seitlichen Verkleidungen (bei Viertürern in Innentürgriffe einbezogen); Warmluftführungen nach hinten; Dachhimmel und Sonnenblenden stoffbezogen; Zierrahmen an der Instrumententafel; Digitaluhr; Instrumentenpaket (mit Voltmeter, Wasserthermometer, Tankwarnleuchte und Tages-Kilometerzähler); Trinkbecherhalter hinten an Zweitürern; Einzelsitze vorn in Deluxe-Strukturvinyl; getönte Scheiben rundum (stark getönte hintere Seitenscheiben nur beim Zweitürer); Beleuchtungspaket (mit Leuchten für Ascher und Zigarrenanzünder, im Laderaum, am Frisierspiegel, unter der Haube und unter dem Instrumentenbrett, ferner Kartenleselicht und an Viertürern zusätzliche Türkontaktschalter hinten); Mittelwellenradio mit zwei Lautsprechern; Heckscheibenwischer/-wascher (alle Modelle hatten serienmäßig zweistufige Wischer/Wascher für die Frontscheibe); farblich angepaßter Reserveradbezug in Vinyl.

Hatte der Pioneer den gleichen Grill wie das Basismodell, so unterschied sich der Chief durch einen metallglänzenden Einsatz und schwarze Scheinwerferrahmen. Dazu hatte er 15×7″-Räder mit weißem Speichendesign und verchromten Nabenkappen. Der Pioneer dagegen hatte weiße Zierringe, die es für den Base als Extra gab. Pioneer und Base konnten gegen Aufpreis auch mit den Rädern vom Chief geliefert werden. Für die Pioneer-Versionen waren Allwetter-Gürtelreifen P205/75R 15 mit schwarzen Flanken spezifiziert; der Chief bekam OWL-Stahlgürtelreifen Goodyear Wrangler A/T (allterrain) P215/75R 15. Beim Pioneer kam zum »Cherokee« am vorderen Seitenteil der Name »Pioneer« hinzu. Der Chief war mit besonderen Streifen an der Haube und dem Schriftzug »Cherokee Chief« am Schweller dekoriert.

Den Wagoneer gab es als »Base« oder als »Limited«. Wie zu erwarten, waren das besonders teure Jeep-Versionen (Base: 12.444, Limited: 17.076 Dollar) mit sehr reichhaltiger Serienausstattung. So boten die beiden Varianten zum Ladenpreis: Hokkeyschläger-Armstützen an den Türen mit Chromleisten drumherum; vier Verzurr-Ösen im Laderaum; Hecktürverkleidung mit schwerem Teppichboden; Dachhimmel in Stoff; farbig bezogenes Instrumentenbrett mit Chromleisten; schwarze Kunststoffverkleidungen in den Türausschnitten; Beifahrerhaltegriffe (vorn einer, hinten zwei); umklappbar/versenkbare Rücksitzbank mit Schnellentriegelung zum raschen Ausbau; Reserveradbezug in farbigem Vinyl; blanke Stoßfänger mit schwarzen Endstücken, verchromte Türgriffe; Kotflügellippen in Wagenfarbe; reichliches Dekor außen an der Karosserie; blanker Grill und Scheinwerferrahmen; Schriftzug »Jeep« auf der Fahrerseite und unten rechts an der Hecktür; Beschriftung seitlich hinten mit »4WD« oder »Selec-Trac«; Embleme »Wagoneer« an Vorderkotflügeln und am hinteren Nummernschildträger; Chromleisten und -rahmen an Türscheiben, Regenrinnen, Hecktür, Front- und hinteren Seitenscheiben; schwarze untere Seitenbegrenzung mit Chromeinsatz; Ascher hinten und Zigarrenanzünder; Digitaluhr; Instrumentenpaket; Handschuhfachbeleuchtung; Halogenscheinwerfer (an allen Cherokee- und Wagoneer-Versionen Standard); Beleuchtungspaket; Servolenkung; Bremskraftverstärker; getönte Scheiben.

Base- und Limited-Version unterschieden sich in vielen Punkten. Hatte das Basismodell nur eine Mini-Konsole, so zog sich eine durchgehende Konsole im Limited farblich passend mit Armstütze, Ascher und Warmluftführungen bis hinten in den Fondraum. Die Türverkleidungen im Limited vereinten Holzdekor und Leder mit einem Nylonteppichbelag und einer Kartentasche im unteren Teil. Unten sah die Türtafel des Base ähnlich aus, doch oben war nur ein Vinylbezug. Die Sitze im Limited waren mit Country-Cord bezogen und mit Leder abgesetzt, in das das Wort »Limited« eingestickt war. Für die Bezüge des Base aus Westchester-Stoff standen vier Farben zur Wahl. Nur im Limited gab es Stautaschen in den Lehnen der Vordersitze und ein Holzdekor an der Instrumententafel. Sowohl der Wagoneer Limited als auch die Laredo-Sonderausstattung des Cherokee hatten vorn Lüftungsflügel in den Türen. Sie waren in Verbindung mit getöntem Glas auch als Extra für die übrigen Sport-Wagons zu haben.

Äußerlich unterschied sich der Limited durch das Holzdekor an den Seiten und an der Hecktür, durch zwei von Hand fernbediente Außenspiegel, durch die Alufelgen »Luxury Style« der Größe 15 × 6″ und durch den Namen »Limited«, den man der Bezeichnung »Wagoneer« am vorderen Seitenteil hinzugefügt hatte.

Der Limited war ausgerüstet mit Klimaanlage; HD-Batterie; der »Protection Group« (Stoßfängerpuffer, Fußmatten, Türkantenstrahler, Laderaumgleitschienen); MW/UKW-Stereoanlage mit vier Lautsprechern; Dachgepäckträger; schwenkbare Lenksäule; Leder-Sportlenkrad; extra weiche Federung (mit eigenen Vorder- und Hinterfedern, Dämpfern und Gummibüchsen in der vorderen Aufhängung).

Sowohl Cherokee als auch Wagoneer waren in zehn Wagenfarben lieferbar. Für beide Modelle gemeinsam gab es die Farbtöne olympiaweiß, nachtblau, klassikschwarz, mandelbraun und die Metallicfarben silber, kastanienbraun und granatrot. Nur für den Cherokee bekam man sebringrot und eisblau-metallic. Ebenso waren allein dem Wagoneer vorbehalten die Farbtöne nordischgrün und zimt-metallic. Zum Mehrpreis waren folgende Zweifarbenlackierungen für den Cherokee erhältlich: olympiaweiß/nachtblau, olympiaweiß/sebringrot, olympiaweiß/mandelbraun, champagner-metallic/klassikschwarz und eisblau-metallic/nachtblau.

Die Hauptabmessungen der neuen Cherokee/Wagoneer-Modelle wichen, wie der Vergleich zeigt, von denen ihrer Vorgänger ebenso ab wie von denen der Konkurrenz (nachträglich verkleinerte Allradfahrzeuge):

	Cherokee/Wagoneer		**Chevrolet**	**Ford**
	1983	**1984**	**S-10 Blazer**	**Bronco II**
Radstand	*2761 mm*	*2576 mm*	*2553 mm*	*2388 mm*
Gesamtlänge	*4735 mm*	*4200 mm*	*4326 mm*	*4023 mm*
Spurweite vorn	*1509 mm*	*1448 mm*	*1412 mm*	*1445 mm*
Gesamthöhe	*1687 mm*	*1608 mm*	*1648 mm*	*1732 mm*
Bodenfreiheit	*183 mm*	*196 mm*	*175 mm*	*175 mm*
*Laderaum *)*	*2110 l*	*2020 l*	*1910 l*	*1840 l*
Wagengewicht	*1753 kg**)*	*1350 kg**)*	*1425 kg*	*1466 kg*

**) bei versenkten Rücksitzen*
***) Viertürer*

Die neuen Jeeps erfreuten sich noch einiger deutlicher Vorzüge gegenüber ihren heimischen Konkurrenten Ford Bronco und Chevrolet Blazer. So hatten die Jeep-Konstrukteure durch die Wahl eines längeren Radstands im Vergleich mit Blazer und Bronco erreicht, daß die Rücksitzbank weit genug vom Radlauf weg nach vorn kam, um drei Personen unterzubringen. Die Bodenfreiheit des Jeep war mit 196 mm den jeweils 175 mm der Konkurrenten natürlich eine Nase voraus. Der Innenraum vom Cherokee/Wagoneer – gemessen als Insassen- oder als Laderaum – war größer als der des Wettbewerbs. Der Cherokee-Zweitürer hatte um gut 50 mm breitere Türen als der Blazer und um gut 100 mm breitere als der Bronco II.

Wie schon erwähnt, halfen die guten Verkaufszahlen der neuen Cherokee/Wagoneer-Modelle, den Gesamtabsatz an Jeeps im Modelljahr 1984 auf den drittbesten Stand aller Zeiten anzuheben. Im Vergleich mit ihren Konkurrenten konnten sich die Verkaufszahlen der neuen Modelle auch im Kalenderjahr 1984 sehen lassen:

Marke/Modell	**Verkauft im Kalenderjahr 1984**
Cherokee	*69.057 *)*
Wagoneer	*19.886 *)*
Chevrolet Blazer/GMC Jimmy	*129.264*
Ford Bronco II	*98.049*

**) 1983 wurden insgesamt 8729 Cherokee und 4842 Wagoneer als 1984er Modelle verkauft.*

Diese ungewöhnlich hohen Zahlen wurden noch übertroffen durch den Erfolg der 1985er Modelle, die zu einem neuen Verkaufsrekord für den USA/Kanada-Markt verhalfen: 192.835 Einheiten im Modelljahr (die nächsttiefere Rekordmarke hatte es 1979 mit 169.424 verkauften Wagen gegeben). Der USA-Anteil darin betrug 181.389 Stück, eine 18%ige Steigerung und neuer Rekord; der kanadische Anteil war 11.446 Jeeps und übertraf seinerseits bei weitem die 1979er Rekordmarke von 7974.

Cherokee Chief
Wagoneer
Limited

Wagoneer
Limited

Alle drei Fotos: Die 1984er Cherokee- und Wagoneer-Modelle hielten an den Jeep-Traditionen fest, nach denen die Allradfreunde verlangten: Vielseitigkeit und Funktionalität (Fotos: Sammlung des Autors)

Die Produktionszahlen im 1985er Modelljahr lauteten:

Modell	**Produktion**
Cherokee	*120.328 Einheiten*
Wagoneer	*10.021 Einheiten*

Zu diesen neuen Rekordzahlen äußerte sich AMCs Verkaufs- und Marketingvorstand Nordamerika, Peter G.Guptill: »Wir sind von der anhaltenden Beliebtheit unseres Renners Cherokee sehr angetan. 1985 haben wir volle 43% mehr von diesen Autos verkauft... Bezogen auf den Absatz je Händler war der Cherokee wieder der meistverkaufte Sport-Kombi-Kompakt in den USA.«

Ein wichtiger Faktor in dieser Rechnung war sicher die drastisch veränderte Rolle, die Frauen jetzt als Käufer von Allradfahrzeugen spielten. Gegenüber dem Jahr 1974, als nur 7% der Allradwagen in den USA vorwiegend von Frauen benutzt wurden, hatte sich dieser Anteil 1984 auf über 16% erhöht. Laut Joseph Cappy, dem Verkaufsvorstand, war dieses Wachstum im Fall der Jeep-Produkte »sogar noch erheblich höher«. Und wirklich, inzwischen wurde bereits einer von fünf Cherokee/Wagoneer von einer Frau gekauft.

Eindrucksvoller noch als 1984 war der Vergleich der 1985er Wagoneer- und Cherokee-Verkaufszahlen mit denen ihrer heimischen Konkurrenten:

Marke/Modell	**Verkauft im Kalenderjahr 1985**
Cherokee	*120.328*
Wagoneer	*10.021*
GMC S-15 Jimmy	*51.582*
Chevrolet S-10 Blazer	*231.005*
Ford Bronco II	*111.351*

Ein Wermutstropfen in dieser erfreulichen Jeep-Bilanz war freilich, daß der Absatz der Renault Alliance- und Encore-Modelle kurz vor dem Zusammenbruch stand. Dazu der AMC-Kommentar: »Doch die schönen Rekordzahlen im Jeep-Verkauf konnten nichts daran ändern, daß American Motors 1985 einen Verlust von 125,3 Millionen Dollar hinzunehmen hatte. Hauptursache für diesen Verlust war unsere Abhängigkeit vom Markt der Mittelklasse-Pkws.«

AMC setzte allerdings hinzu, daß der Verlust in der zweiten Jahreshälfte nur 25,8 Millionen gegenüber 99,5 Millionen in der ersten Hälfte betragen habe. Doch trotz Einsparungsmaßnahmen seitens AMC seien die weiter sinkenden Verkaufszahlen der Renault-Modelle ein ernstes Hindernis für einen positiven Geschäftsverlauf gewesen.

Wenngleich 1985 ein Jahr mit nur relativ geringen Änderungen an Cherokee und Wagoneer war, versprach AMC, man würde 1985 »sogar noch mehr Abstand zwischen sich und die Konkurrenz legen, und zwar durch eine eindrucksvolle Liste weiterer

Mitarbeiter des Werks in Toledo bauen den Vierzylinder in ein Vorserienexemplar des Jeep Cherokee ein (Foto: Sammlung des Autors)

funktioneller und komfortbetonter Extras.« Der interessanteste Punkt dieser Liste war ein 4-Zylinder mit 2,1 Liter, ein Turbo-Diesel, den es um 1258 Dollar Aufpreis für Cherokee und Wagoneer in allen Staaten außer Kalifornien gab.

Dieser Vierzylinder war Teil einer Renault-Motorenfamilie, die vom Konzept her wahlweise als Otto- oder Dieselmotor ausgerüstet werden sollte. In diesem Motorpaket enthalten waren ein Sensorsystem für Wasser im Kraftstoff; ein Ladeluftkühler (Luft/Luft); Glühkerzenüberwachung; extra starke Batterie, Generator und Regler für den Dieselmotor; Turbo-Bypassventil; schließlich ein Schalldämmpaket zur Minderung des Dieselgeräusches.

Konstruktionsmerkmale des Triebwerks waren ein Ricardo-Zylinderkopf »Comet 5«, Garrett-Turbolader T2, Bosch-Einspritzpumpe EPVE und eine Hochleistungs-Ölpumpe mit speziellem Überdruckventil. Dem Käufer wurde geraten, den Motor nach dem Start stets 30 Sekunden im Leerlauf zu halten, um das Öl überallhin kommen zu lassen. Ebenso sollte der Fahrer vor dem Abstellen mit 30 Sekunden Leerlauf dafür sorgen, daß die Turboladerdrehzahl herunterkam. AMC nahm für den Turbodiesel-Jeep mit Schaltgetriebe einen Normverbrauch von 7,6 l/100km (City) bzw. 6,5 l/100km (Highway) an. Der Einbau des Turbodiesels war mit dem der Servolenkung (Aufpreis) gekoppelt. Den Diesel gab es entweder mit 3-Gang-Automatik oder mit 5-Gang-Schaltgetriebe.

Cherokee und Wagoneer des Modelljahrs 1985 waren mit einer neuen, während der Fahrt schaltbaren Version des Selec-Trac-Systems lieferbar. Die Liste der Extras für den Cherokee erweiterte sich um einen schwenkbaren Reserveradträger (außen am Heck) für Viertürer, den es für den Wagoneer nicht gab und der mit dem Kauf eines echten fünften Rades anstelle des serienmäßigen Raumsparrads gekoppelt war. Für beide Wagons konnte man jetzt ein Überwachungssystem bekommen, das am Instrumentenbrett montiert wurde, alle Flüssigkeitsstände des Autos kontrollierte (für Automatik, Verteilergetriebe, Motor, beide Achstriebe, Kühler, Scheibenwascher, Bremsanlage, Servolenkung) und dazu noch auf den Verschleiß der vorderen Scheibenbremse achtete. Ebenfalls sein Debüt im Cherokee/Wagoneer gab ein schlüsselloses Schließsystem mit Infrarotsender in einem kleinen Gerät, durch das die Türen geöffnet oder verschlossen wurden. Voraussetzung für den Einbau war die Zentralverriegelung als Extra. Das System konnte für alle Versionen außer dem Cherokee-Basismodell bestellt werden. Alle zweitürigen Cherokees wurden weiterhin mit hinteren seitlichen Ausstellfenstern geliefert, die zur Mitte des 1985er Modelljahrs erschienen. Cherokee und Wagoneer hatten vorn Einzelsitze mit Kopfstütze bekommen. Außer dem Base hatten nun alle Cherokees Verzurr-Ösen im Laderaum, Beifahrerhandgriffe und verstellbare bzw. umklappbare Sitzlehnen vorn.

Die neue Serienausstattung des Wagoneer-Grundmodells umfaßte Kopfstützen und umklappbare Sitzlehnen vorn. Der Limited hatte von Haus aus elektrische Sitzverstellung mit Einstellung der Lehnenneigung. Laderaum-Verzurrösen wurden serienmäßig, ebenso auch die Beifahrerhaltegriffe.

In die Cherokee-Baureihe als Spitzenversion neu aufgenommen wurde der Cherokee Laredo. Schon die Metallbuchstaben am Seitenteil vorn unterschieden ihn von anderen Cherokees, aber auch die Chromrahmen um die Scheinwerfer, an der Frontscheibe und am Grill. Ferner hatte er schwarze, fernbediente Außenspiegel, Michelin-Stahlgürtelreifen P215/75R 15 OWL A/T auf 15×7" Alugußrädern mit blanken Nabenkappen, vordere Ausstellfenster sowie Verzierungen an den Seitenteilen von vorn bis hinten und um die in Wagenfarbe lackierten Kotflügellippen herum. Im Innern des Laredo gab es Bezüge aus »Highland Check«-Stoff und Vinyl in den Farben granatrot oder honiggelb. Für die Türtafeln verwendete man eine hochwertige Vinyl/Stoffkombination und im unteren Teil Nylonteppichboden, das Sportlenkrad war lederbezogen. Zum Laredo gehörten diverse sonst nur als Extra erhältliche Ausstattungsdetails wie Nadelfilzboden im Laderaum, auf den Radläufen und hinten an der Rücksitzlehne; ferner eine durchgehende farbige Mittelkonsole mit Armstütze, Ascher und Warmluftführungen für die Rücksitzpassagiere; Zinn-Applikationen an der Instrumententafel; ein Reserveradbezug aus farbigem Vinyl mit Teppichbesatz und die extrastarke Schalldämmung, die aus weiteren Teppichverkleidungen im Innenraum, aus Dämmstoff unter der Haube und aus einer Unterbodenisolierung bestand.

Als AMC am 12.März 1985 eine 2WD-Version des Cherokee Sport-Wagon ankündigte, verließ sie damit die traditionelle Rolle des ausschließlich Allradfahrzeuge bauenden Produzenten. Natürlich handelte es sich dabei nicht um die ersten Jeeps ohne Vierradantrieb, doch immerhin hatte es seit 1969 keine 2WD-Version von einem der maßgebenden Jeep-Modelle mehr gegeben.

Der neue Cherokee war in einem Marktsegment

Der 1985er Jeep Wagoneer wurde wahlweise mit einem 2,1-Liter-Turbodiesel angeboten (Foto: Sammlung des Autors)

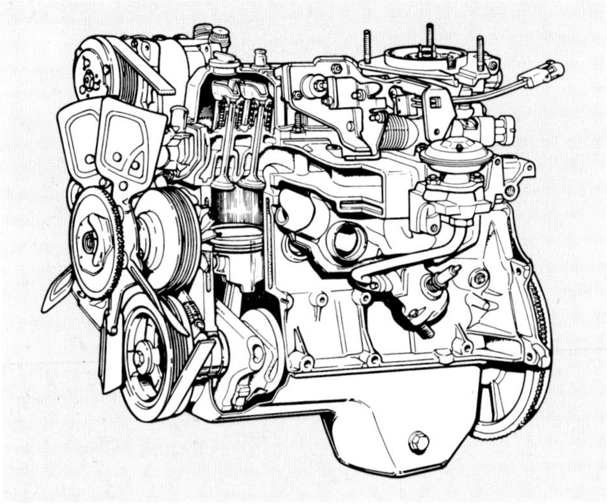

Für 1985 brachte AMC den 2,4-Liter-Vierzylinder in überarbeiteter Form (Bild: Sammlung des Autors)

angesiedelt, in dem man seit 1981 bedeutende Absatzsteigerungen verzeichnete, als in den USA nur 23.000 zweiradgetriebene Sport-Wagons gekauft worden waren. 1984 waren es aber bereits 105.000, von denen mehr als 40% zur Compact-Klasse zählten. Zu dieser Entwicklung bemerkte Joseph Cappy: »Mehr und mehr Käufer wählen Sport-Kombis mit nur zwei angetriebenen Rädern, weil sie zwar robuste, stabile Fahrzeuge bevorzugen, es aber besonders in den warmen Gegenden kaum einen wirklichen Bedarf für den Allradantrieb gibt.«

Um sicherzustellen, daß niemand die neue Cherokee-Variante als Fahrzeug für bestimmte Regionen mißverstehe, beeilte sich AMC zu erklären, die Beliebtheit der 2WD-Jeeps werde sich »nicht auf den Süden der USA beschränken, denn sie sind eine ausgezeichnete Alternative zu üblichen Kombis und Kleinlastwagen, mit der Transportkapazität eines Nutzfahrzeugs und dem Komfort und den Vorzügen eines Pkws.«

Die neue Variante hatte als Zweitürer mit Vierzylinder einen Grundpreis von 9195 Dollar, also 1350 Dollar unter der entsprechenden 4WD-Version; viertürig und mit 4-Zylinder kostete sie 9766 Dollar. Mit V6-Motor dagegen lagen die Preise bei 9544 bzw. 10.115 Dollar.

Der Cherokee mit 2WD wurde in zwei Ausstattungsversionen angeboten, dem Base und dem Pioneer, und die Farbskala entsprach genau der des 4WD-Pendants. Man bekam ihn also in den Farbtönen klassikschwarz, sebringrot, olympiaweiß, nachtblau, mandelbraun und den fünf zum Aufpreis erhältlichen Metallicfarben mit Klarlack: dunkelhonig, granatrot, eisblau, sterlingsilber und champagner. Fast alle Extras für den 4WD wurden auch für den 2WD-Cherokee angeboten.

Der 1985er Cherokee Chief erwies sich als viel populärer als der Renault Encore desselben Jahrgangs (Foto: Sammlung des Autors)

AMC-Entwicklungsvorstand François Castaing berichtete: »Das neue Jeep-Produkt gleicht der Allradversion in bezug auf Fahrverhalten, Komfort, Leistung und robuste Langlebigkeit...doch dabei wird es sogar noch weniger Kraftstoff verbrauchen.« Den Verbrauch schätzte man bei AMC um 6–8% niedriger als den des 4WD-Cherokee.

Serienmäßig hatte der 2WD den AMC-Vierzylinder mit 2,5 Liter, gegen Aufpreis gab es den 2,8-Liter-V6. Nur der Turbodiesel, den man für den 4WD bekommen konnte, war hier nicht im Programm. Das Vierganggetriebe war Serie für den 2WD, Fünfgangschalt- und Dreigang-Automatikgetriebe gab es zum Mehrpreis.

Zur Entwicklung des 2WD-Cherokee erläuterte Castaing: »Einen Allradantrieb in einen reinen Hin-

Rechte Seite, unten: AMC berichtete, daß 20% der Käufer von Cherokee und Wagoneer Sport-Kombis Frauen seien. Hier ein Cherokee Chief von 1985 (Foto: Sammlung des Autors)

Attraktiv war auch die 1985 eingeführte 2WD-Version des Cherokee (Foto: Sammlung des Autors)

Mitte rechts: Ein Cherokee als Teilnehmer am 1985er Jeep Cup, einem Wettbewerb in Kanada (Foto: Chrysler Kanada)

terradantrieb umzuwandeln, ist bei weitem kein so großer Entwicklungsaufwand wie der umgekehrte Fall.« Wegzulassen waren vor allem Verteilergetriebe, Achsantrieb in der Vorderachse und Zuschalt-

Ein 1986er Cherokee Chief mit der im gleichen Jahr erschienenen Gelände-Sonderausrüstung (Foto: Sammlung des Autors)

Der zweitürige 2WD-Jeep Cherokee Pioneer von 1986 (Foto: Sammlung des Autors)

Auch dieser viertürige Jeep Cherokee Pioneer von 1986 hat nur Hinterradantrieb (Foto: Sammlung des Autors)

Großes Foto:

Um 1986 hatte sich der Grand Wagoneer für den Personentransport, z. B. für Hotelgäste, durchgesetzt (Foto: Sammlung des Autors)

Ein 1986er Jeep Wagoneer (Foto: Sammlung des Autors)

mechanismus. Vorn wurde eine Starrachse aus hochfestem Rohr eingebaut; die Radaufhängung Quadra-Link blieb erhalten.

Der zweitürige Cherokee 2WD wog 1258 kg, der Viertürer 1281, jeweils um 75 kg weniger als das Allrad-Original.

Hier die geschätzten EPA-Verbrauchswerte (C=City, H=Highway) für die 2WD-Version des Cherokee in ihren unterschiedlichen Ausführungen:

Verbrauch in l/100km	**Vierzylinder**	**Sechszylinder**
4-Gang-Getriebe	*10,2 C / 8,7 H*	----- *)
5-Gang-Getriebe	*11,2 C / 9,0 H*	*14,7 C / 8,7 H*
3-Gang-Automatik	*11,8 C / 10,7 H*	*14,7 C / 13,1 H*

**) Die Kombination 2WD/V6 wurde nicht mit Vierganggetriebe geliefert*

Seine Vorstellungen zusammenfassend, sagte Joseph Cappy: »Wir halten den Cherokee mit Zweiradantrieb für eine außerordentlich wertvolle Ergänzung und erwarten, daß er auf dem Markt der Sport-Kombis konkurrenzfähig sein wird.«

Was diese Wettbewerbsfähigkeit betraf, so erklärte AMC interessierten Kunden: »Der Cherokee 2WD hat keine Vorbilder. Es wird Sie vielleicht wundern, daß Ford den Bronco II überhaupt nicht mit 2WD anbietet. Und schauen Sie sich doch den Vergleich mit dem Chevy S-10 Blazer einmal an…« Hier ist er:

	Jeep Cherokee 2WD	**Chevy S-10 Blazer 2WD**
Grundmotor	*2,5 l Reihen-4-Zyl.*	*2,5 l Reihen-4-Zyl.*
Seriengetriebe	*4-Gang-Schaltgetr.*	*4-Gang-Schaltgetr.*
Radstand	*2576 mm*	*2553 mm*
Gesamtlänge	*4200 mm*	*4326 mm*
Sitzplätze	*5*	*4*
Laderaumvolumen		
Rücksitze versenkt	*2016 l*	*1906 l*
Rücksitze benutzt	*1000 l*	*816 l*
2-/4-Türer erhältlich	*ja*	*nein, nur Zweitürer*
Bodenfreiheit	*196 mm*	*188 mm*
Quadra-Link-Vorderachse	*ja*	*nein*
Selbsttragende Karosserie	*ja*	*nein*
Zweitürer-Einstieg	*breiter*	*weniger breit*

Für 1986 war die wichtigste technische Änderung die Einführung des 2,47-Liter-Vierzylinders von AMC in weiterentwickelter Form mit einer Single-Point-Saugrohreinspritzung. Er wurde serienmäßig in Cherokee und Wagoneer sowie in den neuen Comanche Pick-up eingebaut.

»Unser ursprüngliches Motorkonzept hatte schon die spätere Anwendung einer Einspritzung berücksichtigt«, erinnert sich Daniel Hittler, Leiter der AMC-Motorentwicklung. »Alles war bereits für eine solche Erweiterung vorgesehen. Wir wußten, daß wir mit erhöhter Leistung zu rechnen hatten; der Vergaser war ja eine Drosselstelle gewesen, die wir nun öffneten.« Der 4-Zylinder erhielt dann auch die Renix-Motorelektronik (Renault), die Zünd- und Einspritzsystem, Benzinpumpe, Leerlaufregelung, Schaltanzeige und Elemente des Abgasemissionssystems steuerte.

Die Leistung des Motors von 1986 betrug 117 PS bei 5000/min gegenüber 105 PS seines Vergaser-Vorgängers. Auch das Drehmoment stieg von 179 Nm bei 3000/min auf 183 Nm bei 3500/min an. Verglich man ihn mit dem Pontiac-V6 mit 2,8 l Hubraum, der weiterhin für Cherokee und Wagoneer erhältlich war, so lag der AMC-Vierzylinder um 2 PS über dessen Leistung und stand ihm im Drehmoment (V6: 203 Nm) nicht allzuviel nach. Trotz Mehrleistung war der Einspritzer sogar noch sparsamer als es die 1985er EPA-Schätzwerte hätten erwarten lassen.

Dieses Triebwerk plazierte sich leistungsmäßig in der vorderen Reihe der heimischen Vierzylinder. Seine Leistung überstieg nicht nur die aller vergleichbaren, in den USA hergestellten Motoren, sondern erreichte oder übertraf auch diejenige mancher 6-Zylinder, die die Konkurrenten in ihren leichten Lkws verwendeten. »Die Literleistung dieses kleinen Aggregats ist tatsächlich ungewöhnlich hoch«, stellte Hittler fest. »Schon immer ist es ein begehrtes Ziel, 50 PS/l zu erreichen. Unser Motor erzielte 47,6 PS/l auf der Bremse. Und das bringt ihn in eine Klasse, zu der weltweit nur etwa zehn Prozent der konventionellen Serienmotoren, unabhängig vom Hubvolumen, gehören.«

AMC übernahm von Renault ein 1000-Stunden-Programm für Prüfstandsdauerläufe, das 500 Stunden bei maximalem Drehmoment und 500 bei der Drehzahl maximaler Leistung umfaßte. »Das ist etwa das Fünffache von dem, was in den USA für solche Tests üblich ist«, sagte Hittler, »und der Einspritzer hielt das ohne Probleme durch.«

Am Cherokee/Wagoneer gab es 1986 kleinere Stylingänderungen außen und innen. Doch die traten ein wenig in den Hintergrund, als der Wagoneer nun mit neuer Front erschien, die ihn von dem billigeren Cherokee noch deutlicher unterschied. Seine rechteckigen Halogenscheinwerfer lagen paarweise übereinander an den Seiten eines neuen Grills mit verchromtem waagrechtem Mittelbalken und schwarz lackiertem Einsatz.

Sowohl Cherokee als auch Wagoneer wurden mit

neuer hochwertiger Stereoanlage angeboten: »Accusound by Jensen« mit sechs Lautsprechern, gut abgestimmt mit einem Elektronik-Kassettenradio, das laut AMC »das Äußerste an Audiotechnik« zu bieten hatte.

Für den Cherokee war neben der höheren serienmäßigen Leistung und geändertem Dekor als Extra ein »Off Highway Vehicle«-Paket erhältlich, das nach den Worten von AMC diejenigen Kunden ansprechen sollte, »die sich in ihrer Freizeit gelegentlich auch abseits der großen Straßen bewegen möchten«. Dieses Paket enthielt Hochleistungs-Gasstoßdämpfer (gelb gekennzeichnet), fünf Reifen Wrangler P225/75R 15 OWL All-terrain, weiße 15×7"-Räder mit Speichendesign, ein Unterschutz-Paket, Achsübersetzung 4,10:1 (statt 3,54:1), Abschlepphaken (zwei vorn, einer hinten), Spezialfedern für höhere Bodenfreiheit vorn und hinten (mit Gummifedern). Der Einbau dieses Geländepakets setzte gleichzeitig die Servolenkung und den Adaptersatz für die Klimaanlage voraus. So ausgerüstete Cherokees erkannte man an entsprechenden Aufklebern an den Scheiben.

Das Jeep Trac-Lok Sperrdifferential für die Hinterachse konnte man jetzt zu allen Cherokee- und Wagoneer-Versionen erwerben, die den permanenten Allradantrieb Selec-Trac (Aufpreis) besaßen. Bis dahin hatte AMC es nur in Verbindung mit dem serienmäßigen zuschaltbaren Command-Trac-Allradsystem angeboten.

1987er Jeep Cherokee Laredo, zweitürig (Foto: Sammlung des Autors)

1987er Jeep Wagoneer Limited (Foto: Sammlung des Autors)

Viertüriger Cherokee Laredo 1987 (Foto: Sammlung des Autors)

1987er Cherokee Chief (Foto: Sammlung des Autors)

Die Preise der 1986er Cherokee- und Wagoneer-Modelle und ausgewählter Extras lauteten wie folgt:

Modell	Listenpreis (US-Dollar)
Cherokee 4WD 2türig	*10.695*
Cherokee 4WD 4türig	*11.320*
Cherokee 2WD 2türig	*9.335*
Cherokee 2WD 4türig	*9.950*
Wagoneer	*13.630*
Wagoneer Limited	*18.600*

Gegenstand	Listenpreis (US-Dollar)
Pionier-Paket	*1206*
Chief-Paket	*1700*
Laredo-Paket	*2994*
Metalliclackierung (mit Klarlackschicht)	*161*
Stoff-Einzelsitze (Cherokee)	*65*
Stahlgürtelreifen P205/75R 15 schwarze Flanke (Cherokee)	*43*
Stahlgürtelreifen P205/75R 15 Weißwand (Cherokee)	*128*
P215/75R 15 OWL-Reifen (Cherokee)	*332*

1988er Grand Wagoneer (Foto: Sammlung des Autors)

Der viertürige 1988er Jeep Cherokee Limited. Der erste erschien Mitte 1987 (Fotos: Sammlung des Autors)

Gegenstand	Listenpreis (US-Dollar)	Gegenstand	Listenpreis (US-Dollar)
P225/75R 15 OWL-Reifen (Cherokee)	*375*	*Automatikgetriebe (Cherokee)*	*670*
2,8-Liter-V6	*437*	*Automatikgetriebe (Wagoneer)*	*495*
2,1-Liter-Turbodiesel	*1258*	*Selec-Trac (Cherokee)*	*932*
5-Gang-Schaltgetriebe (Cherokee)	*175*	*Selec-Trac (Wagoneer)*	*757*

Der 1988er Jeep Wagoneer Limited (Foto: Sammlung des Autors)

Ein Jeep Cherokee Chief von 1988 (Foto: Sammlung des Autors)

Gegenstand	Listenpreis (US-Dollar)
Trac-Lok Sperrdifferential hinten	*255*
Abgasemissionssystem für Kalifornien	*116*
Klimaanlage	*765*
Adaptionssatz für Klimaanlage	*134*
HD-Batterie	*58*
Gummipuffer für Stoßfänger	*64*
Abdeckung Laderaum	*67*
Teppiche für Insassenraumboden (Cherokee)	*193*
Digitaluhr (Cherokee)	*43*
Winterausrüstung	*155*
Mittelkonsole mit Armstütze	*112*
Erweitertes Kühlsystem	*99*
Tempomat für konstantes Fahrtempo	*205*
Stark getönte Scheiben (Cherokee)	*310*
Heckscheibenheizung	*150*
76-Liter-Tank (nicht für Bereifung P195)	*50*
Extrastarke Schalldämmung	*118*
Fußmatten	*28*
Nebelscheinwerfer	*102*
Beleuchtungspaket (Cherokee)	*88*
Automatische Ladehöhenregelung	*184*
Fernbedientes Schließsystem (Wagoneer)	*119*
Zwei Außenspiegel mit Handverstellung von innen	*71*
Zwei Außenspiegel mit elektrischer Verstellung	*163*
Zwei Außenspiegel mit strömungsgünstiger Form	*85*
Zentralverriegelung	*194*
Zentrale Tür- und Fensterbetätigung	*493*
Elektrische Sitzverstellung vorn	*386*
Servolenkung (Cherokee)	*274*
»Protection Group« (Schutzeinrichtungen)	*124*
Mittelwellen-Radio (Cherokee)	*113*
MW/UKW-Mono-Radio (Cherokee)	*186*
MW/UKW-Mono-Radio (Wagoneer)	*73*
MW/UKW-Stereoanlage (Cherokee)	*290*
MW/UKW-Stereoanlage (Wagoneer)	*177*
E.T. MW/UKW-Kassettenradio – DNR (Cherokee)	*475*
E.T. MW/UKW-Kassettenradio	*480*
Dachgepäckträger	*128*
Sonnendach	*330*
Unterschutz-Paket	*133*
Lederlenkrad	*86*
Verstärkte Federung	*56*
Geländeausrüstung »Off-Highway« (Cherokee)	*798*
Drehzahlmesser	*59*
Schwenkbare Lenksäule/Lenkrad	*118*
Getönte Scheiben (Cherokee)	*106*
Anhängerkupplung Paket »A«	*111*
Anhängerkupplung Paket »B«	*214*
»Visibility Group« (Sichtverbesserung)	*266*
Leichtmetallräder	*246*
Wischer-Intervallschaltung	*57*
Heckscheibenwischer/-wascher (Cherokee)	*136*

Während die Produktion des Wagoneer 1986 leicht auf 12.800 Einheiten stieg, nahm die des Cherokee um 13.103 auf 107.225 ab.

Um die Mitte der achtziger Jahre wurde deutlich, daß hohe Leistung in den USA wieder gefragt war. Für den Renault Alliance kam dieser Trend zwar zu spät, doch die Einführung des GTA war ein gutes Beispiel dafür, daß nun selbst in der kleinsten Marktnische noch wenigstens ein moderner Hochleistungswagen zu finden war. AMC, nicht gerade für Hochleistungsfahrzeuge berühmt, hatte früher einmal Modelle wie Javelin und AMX angeboten, die sich mit guter Beschleunigung und hohen Fahrleistungen einen Namen gemacht hatten.

Doch auch langjährige AMC-Fans waren überrascht darüber, was American Motors zum Modelljahr 1987 für Cherokee-, Wagoneer- und Comanche-Modelle in dieser Richtung tat: AMC brachte den leistungsstärksten aller damals für Transporter und Sport-Kombis verwendeten Motoren auf den Markt und fügte damit ihrer langen Liste von Vorzügen noch den der überlegenen Fahrleistungen hinzu. Es war also berechtigt, wenn AMC am 8.September 1986 ankündigte: »Mit der Einführung des neuen Vierliter-Sechszylinders mit elektronischer Einspritzung wird AMC das stärkste Kraftpaket besitzen, das die Hersteller leichter Nutzfahrzeuge 1987 zu bieten haben.«

In der Tat übertraf das neue Triebwerk seine Konkurrenten in einer Weise, daß AMCs Entwicklungschef Chris P.Theodore prophezeien konnte: »Dieser Motor ist in jeder Hinsicht so bemerkenswert, daß die Käufer von Cherokee, Wagoneer und Comanche überwiegend diese Version bestellen werden – möglicherweise bis zu 80% im ersten Jahr.«

Mit seinen technischen Einzelheiten überraschte der Vierliter tatsächlich: Sein Hubraum war größer als der aller anderen 1987er 6-Zylinder in dieser Kategorie; er brachte 173 PS bei 4500/min und 271 Nm bei 2500/min auf die Bremse. Damit schafften die so ausgerüsteten Modelle die 0 – 60 mph (96 km/h) in unter zehn Sekunden, während die zulässige Anhängerlast auf 2265 kg erhöht werden konnte. Der nächststärkere Motor unter den amerikanischen leichten Lkws war der 2,9-Liter-V6 im Ford Ranger und Bronco II, dessen Leistung mit 140 PS angegeben wurde. Im Drehmoment kam der 3,9-Liter-V6 des Dodge Dakota dem Jeep-Triebwerk am nächsten, blieb aber mit 264 Nm noch ein wenig darunter.

Auf den ersten Blick erinnerte der neue 6-Zylinder äußerlich an den 4,23-Liter früherer Jahre. Schon der 4-Zylinder-Einspritzer hatte ja Zylinderabstand, Ventilanordnung und Gestaltung der Stirnseite mit dem alten 6-Zylinder gemein gehabt. Tatsächlich war nun der neue 6-Zylinder eher mit dem 4-Zylinder-Einspritzer von 1986 verwandt, da er viele seiner Bauteile verwendete. So wurde nicht nur der ganze

Brennraum einschließlich der Mulde im Kolben, sondern auch der Zylinderabstand sowie die Formen der Ein-und Auslaßkanäle im Kopf übernommen und die Blockhöhe so gewählt, daß Pleuel, Kolben, Kolbenringe und Kolbenbolzen vom Vierzylinder beibehalten werden konnten. Gleichteile beider Motoren waren ferner die Pleuel- und Hauptlager mit Hauptlagerdeckel, die Ölpumpe, Zylinderkopf- und Pleuellagerschrauben, Ventilschaftdichtringe und die meisten Teile der Ventilbetätigung einschließlich der hydraulischen Stößel.

Der Graugußblock des Sechszylinders war mit seinem dünnwandigen Guß genauso aufgebaut wie sein kleineres Vorbild, nur daß er größere Zylinderbohrungen, Längsrippen zur Versteifung, einzelne Zinnbuchsen zur Verschleißminderung und anders angordnete Befestigungsbutzen für die Nebenaggregate hatte.

Zur erhöhten Leistung trugen vor allem die gegenüber dem 4-Zylinder vergrößerten Ventile bei. Sein Einlaßventil hatte 48,5 statt 45,5 mm∅, sein Auslaßventil 38,1 anstelle von 35,8 mm∅. In Verbindung mit den strömungsgünstigen Kanälen brachten diese Änderungen eine wesentlich bessere Zylinderfüllung. Der Kopf war zwar auch hier aus Grauguß, doch zumindest der Ventildeckel bestand aus Leichtmetall. Die bisher aus geprägtem Blech gefertigte Kopfdichtung war durch eine Qualitätsdichtung mit verzinnten Zylindereinfassungen ersetzt worden. Obgleich das Nockenprofil unverändert blieb, hatte man den Ventilhub vergrößert und die Öffnungszeit verlängert, was bei hohen Drehzahlen den Füllungsgrad verbesserte. Andere Detailänderungen betrafen Kettenräder aus Sintermetall mit Rollen-Steuerkette und Dreischicht- (Trägermetall plus Kupfer und Blei) statt Zweischichtlagerschalen für die Pleuel. Bohrung und Hub des 4-Liters betrugen 98,4 × 87,4 mm.

Dieses Triebwerk wurde mit zwei unterschiedlichen Ausführungen der Nebenaggregate geliefert. In der Basisversion war der Lüfter mit eigenem Lagerbock am Motorblock montiert. Wurde das erweiterte Kühlsystem verlangt, so wurde die Lüfterlagerung am Rahmen montiert. In beiden Fällen wurde dann ein mehrfach umgelenkter, einfacher Riementrieb verwendet.

Das Einspritzsystem arbeitete mit einzelnen, in die Kanäle einspritzenden Düsen. Die elektronische Motorsteuerung erfaßte die Einspritzdüsen, den Zündzeitpunkt, das Zu- und Abschalten der EGR (Abgasrückführung), den Zündregelkreis der Klopfregelung, die adaptive Kraftstoffmengensteuerung, die Steuerung der elektrischen Benzinpumpe (im Tank) und die Leerlaufregelung.

Im Vorfeld zu seiner Einführung für 1987 mußte der 6-Zylinder über drei Millionen Versuchskilometer als Prototyp überstehen, dazu den 1000-Stunden-Dauerlauf auf der Bremse nach dem Renault-Programm (je 500h bei max. Leistungs- und bei max. Drehmoment-Drehzahl).

Für 1987 wurde die Leistung des 2,5-Liter-Vierzylinders deutlich erhöht: auf 121 PS bei 5000/min mit einem Drehmoment von 191 Nm bei 3500/min; damit lag er freilich noch weit vom 6-Zylinder entfernt.

Beide Motoren waren mit je drei separaten Schnellkupplungen für die Überwachung von Unterdruck-, Kraftstoff- und elektrischen Leitungen ausgerüstet. Das interessanteste Detail dieser Anlage war eine Nabel-Steckverbindung, in der alle Unterdruckleitungen von Motor und Fahrzeug in einem einzigen Punkt zusammenliefen. AMC nannte dafür drei wichtige Vorteile:

1. Alle Unterdruckleitungen konnten im Fahrzeug vor Einbau des Motors montiert werden.
2. Irrtümer beim Anschließen der Schläuche konnten weitgehend vermieden werden.
3. Alle Verbindungen an Unterdruckleitungen ließen sich schon am Band leicht überprüfen.

Eine erhebliche Rolle bei der 1987er Anhebung der Fahrleistungen für Cherokee, Wagoneer und Comanche spielte die als Sonderwunsch neu angebotene, weit gespreizte Viergang-Automatik. »Das Neueste an High-tech und weltweit das Beste hinsichtlich Leistung und Wirtschaftlichkeit«, so nannte AMC dieses Aggregat, das zum Serien-2,5-Liter wie zum Vierliter-Sechszylinder lieferbar war.

Unter der Bezeichnung Aisin-Warner 30–40 LE war dieser Automat ein gemeinsames Produkt der japanischen Aisin Seiki und der amerikanischen Warner Gear. Seine betont hochmoderne Konzeption umfaßte elektronische Steuerung, zweierlei Schaltpunktgruppen für scharfes und komfortables Fahren, vierter Gang als Overdrive und Wandler-Überbrükkungskupplung. Die Wahl zwischen »Power« und »Komfort« geschah über einen Knopf an der Instrumententafel. Im ersteren Fall und beim scharfen Beschleunigen schaltete die Steuerung bei höheren Drehzahlen, führte das Herunterschalten in kürzerer Zeit aus und reagierte empfindlicher aufs Gaspedal. In der Stellung »Komfort« war das Schaltdiagramm mehr auf konventionelles, wirtschaftliches Fahren ausgelegt.

Die Verbindung dieser Automatik mit dem Serien-Vierzylinder ergab besseren Ausgleich zwischen Leistung und Verbrauch als bei den 1986er Modellen mit Dreigang-Automatik. Wurde sie mit dem 4 Liter großen 6-Zylinder gepaart, so verhalf sie Cherokee, Wagoneer und Comanche zu Beschleunigungswerten um die 9,4s von 0 auf 60mph (96 km/h).

Neben allem anderen aber sorgte der Aisin-Warner-Automat, dessen Overdrive die Motordrehzahl herabsetzte, mit beiden Motoren zusammen für eine zusätzliche Erhöhung der Laufkultur und des Geräuschkomforts bei Reisegeschwindigkeit.

Der 1987 als Sonderwunsch erhältliche Allradantrieb Selec-Trac verwendete ein neues Verteilergetriebe NP 242, das erheblich weniger wog als das alte NP 228. Hinzu kam, daß seine Baulänge nun identisch war mit der des NP 231, das für den zuschaltbaren Allradantrieb Command-Trac zum Einsatz kam. Wichtiger noch, das NP 242 ermöglichte es, alle fünf Positionen – 2WD, »Hi Lock«, 4WD, Leerlauf und »Lo Lock« – für das Selec-Trac mit nur einem Schalthebel zu erreichen. Demgemäß konnte der an den früheren Cherokee- und Wagoneer-Modellen verwendete Unterdruckschalter für 2WD/4WD wegfallen.

Wie 1986 wurde auch jetzt der 4WD-Cherokee in vier Ausstattungsvarianten angeboten: Base, Pioneer, Chief und Laredo. Auch der 2WD-Cherokee behielt seine drei Ausführungen bei, nämlich den Base, den Pioneer und den Laredo. Das Laredo-Paket enthielt jetzt neue Innenbezüge in »Hunter's Plaid« in den Farben korduanleder und lohegelb. Die Dekorstreifen außen am Cherokee Chief 1987 waren schwarz unterlegt. Vier neue Zweifarbenlackierungen (Sonderwunsch), bestehend aus einer in Wagenmitte verwendeten Farbe plus einem zweiten, serienmäßigen

Jeep Cherokee Pioneer Baujahr 1988 (Foto: Sammlung des Autors)

Wagoneer-Farbton, gab es nun auch für einige der Cherokee-Versionen: granat-metallic/sterlingsilber-metallic; klassikschwarz/sterlingsilber-metallic; beige/rosenholz-metallic; champagner-metallic/rosenholz-metallic. Der Cherokee wirkte damit deutlich anders als der Wagoneer, weil der breite Dekorstreifen in Wagenmitte als Trennlinie zwischen den jeweiligen Farbtönen diente.

Der 1987er Wagoneer hatte innen an den Türen ein Design mit neuen Elementen: geänderte Seitentaschen, stoffbezogene Einzelsitze mit Klapplehne und Kopfstütze, Holzimitation am Instrumentenbrett. Hinzu kam die neue Viergang-Automatik. Für den Wagoneer Limited gab es Michelin-Reifen P205/75R 15

»Tru-Seal«, die man zum Mehrpreis auch für das Wagoneer-Grundmodell erhielt. Zu den für Cherokee und Wagoneer als Extra lieferbaren 10-Speichen-Alufelgen kamen 5-Speichen-Räder neu hinzu.

Wie schon 1986 hatten alle Karosseriefarben ein Klarlack-Finish. Die angebotenen Farbtöne waren leicht abgewandelt. Sowohl Cherokee als auch Wagoneer waren erhältlich in den Farben weiß, beige, nachtblau, klassikschwarz, granat-metallic, rosenholz-metallic, champagner-metallic, anthrazit-metallic und sterlingsilber-metallic. Nur für den Cherokee gab es noch coloradorot und mittelblau-metallic, exklusiv für den Wagoneer die Farbe dunkelzinn-metallic.

Das Erscheinen des 30.000 Dollar teuren Range Rover aus England löste bei AMC nicht etwa Verblüffung aus, sondern eine aggressive Gegenmaßnahme in Form einer Neuausgabe des Spitzenmodells Cherokee Limited zum Preis von 22.104 Dollar. Die Zielgruppe für diesen Wagen war erwartungsgemäß dieselbe, um die sich Range Rover of North America beim Verkauf ihrer Fahrzeuge bemühte: intelligente, imagebewußte Individualisten, die bereit waren, einen hohen Preis für einen Wagen zu zahlen, der erstklassige Luxusausstattung mit der Flexibilität eines Sport-Kombis zu verbinden vermochte. »Unsere Marktstudien zeigen«, meinte William E.Enockson, Direktor für Marketing und Vertrieb Nordamerika, »daß diese Leute die Rauhbeinigkeit eines Jeep-Produkts und gleichzeitig das hohe Niveau an Serienausstattung und Komfort wünschen, das die meisten teuren europäischen Autos zu bieten haben. Wir übernahmen die beliebtesten Elemente vom Wagoneer Limited für den Cherokee Limited, um junge Leute zu interessieren, gebildete, verheiratete, finanziell erfolgreiche Auto-Enthusiasten.«

Deshalb wurde der Cherokee Limited auch ein Fahrzeug mit sehr reichhaltiger Serienausstattung. Es war tatsächlich leichter, die Extras aufzuzählen, denn davon gab es nur neun: Selec-Trac; Anhängerkupplungs-Pakete für 900 und für 2265 kg Anhängelast; Sperrdifferential Trac-Loc für die Hinterachse; Sonnendach handbetätigt; Winterausrüstung; großes Reserverad; Abschlepphaken und Metallic-Lackierung.

Der Cherokee Limited wurde anfangs viertürig angeboten; ein Zweitürer folgte als 1988er Modell. Beide waren in drei Farbtönen erhältlich: klassikschwarz, anthrazit-metallic, granat-metallic. Alugußräder in Goldton mit »Jeep«-Schriftzug und Bereifung Goodyear P225/70HR 15 paßten zu den schmalen goldenen Zierstreifen an der Gürtellinie, in den Leisten am Schweller, an den Stoßfängern und an der Hecktür. Der Name »Limited« war in die Seitenstreifen integriert.

Im Innern aller Limited-Versionen gab es lederbezogene Einzel-Liegesitze vorn mit verstellbaren, lederbesetzten Kopfstützen und perforierten Ledereinsätzen. Serienmäßig waren in der Ausstattung eine sechsfache elektrische Sitzverstellung, durchgehender Bodenbelag mit Plüschteppich, lange Konsole mit Armstütze und Ascher im Fond, Warmluftführungen nach hinten, lederbezogenes Sportlenkrad und besonders ausgestaltetes Instrumentenbrett.

Als Antrieb diente den Limited-Versionen von Cherokee und Wagoneer 1988 der »Power Tech«-Sechszylinder.

Das 1988er Laredo-Modell hatte außen ein neues Styling mit blanken Türgriffen, Grill und Scheibenrahmen; dazu ein Nadelstreifendekor, abgesetzte Streifen an den Schwellern; Kotflügellippen in Wagenfarbe; den Schriftzug »Laredo« an der Flanke. Innen bot man neue Ausstattungsfarben und Kopfstützen mit »Durchblick«, Lederlenkrad, Konsole, Hochflorteppichbelag und Stautaschen in den Türen.

Zum Laredo-Paket gehörten auch Servolenkung, Fünfgang-Schaltgetriebe, Ausstellfenster (beim Viertürer nur vorn, beim Zweitürer auch hinten seitlich). Zweitürer hatten undurchsichtige hintere Seitenscheiben, Heckscheibenwischer/-wascher und Trinkbecherhalter im Fond.

Der Cherokee Chief erhielt viele der funktionellen und ausschmückenden Elemente des Pioneer-Interieurs, war außen aber aggressiver gestaltet, hatte Reifen P215/75R 15 und weiße Räder mit Speichendesign. Alle Cherokee-Versionen bekamen 1988 einen Grill, der in acht vertikale Felder gegliedert war.

Als Standard für Wagoneer und Cherokee Limited und als Sonderwunsch für alle übrigen Cherokees lieferte AMC die Viergang-Automatik mit breiter Spreizung und den Wahlmöglichkeiten »Power« und »Komfort«.

Die Normallackierungen mit Klarlackschicht für den 1988er Cherokee waren perlweiß, hellgelb, kaffeebraun, klassikschwarz und coloradorot. Hinzu kamen die Metallictöne spinnakerblau, granatrot, dunkelbaltic, sterlingsilber, bronze, rosenholz und dovergrau. Alle Wagoneers hatten ein Klarlack-Finish, und außer kaffeebraun und spinnakerblau galt auch für sie die Cherokee-Farbauswahl.

Cherokee und Wagoneer werden auch seither etwa in der beschriebenen Form von Chrysler Jeep angeboten; für die 1991er Versionen gibt es den 4-Zylinder mit 2,5 und den 6-Zylinder mit 4 Liter Hubraum.

15. Kapitel

Die Comanche Pick-ups

Wäre die AMC Schrittmacher innovativer permanenter Allradantriebe gewesen und obendrein führend in der Entwicklung storchschnabelmäßig verkleinerter Sport-Lkws, so hätte sie den Markt der kleinen Transportfahrzeuge sicher nicht so schnell erobert, wie dies dann der Fall war. 1984 zum Beispiel hatte der Jeep-Anteil an diesem Markt – mit Scrambler und J-Serie – nur ganze 0,339% betragen. Der folgende Vergleich mit der heimischen Konkurrenz erhellt, wie gering damals auch die verkauften Stückzahlen an Jeep Pick-ups waren:

Marke/Modell	Verkäufe 1984	Marktanteil%
Jeep Scrambler	*2.826*	*0,154*
Jeep J-Serie	*3.404*	*0,1859*
Chevrolet C/K	*476.048*	*26,00*
Chevrolet S-10	*210.051*	*11,47*
GMC C/K	*121.435*	*6,32*
GMC S-15	*46.953*	*2,56*
Ford F-Trucks	*562.507*	*30,72*
Ford Ranger	*247.042*	*13,49*
Dodge D-Trucks	*160.574*	*8,77*

Bis 1985 war der Markt für Pick-ups oder offene Kastenwagen auf 1.979.000 Einheiten angewachsen, an denen die »kompakten« mit mehr als einer Million beteiligt waren. 1986 sah AMCs Planung einen Gesamtmarkt für leichte Lkws von 4,2 Millionen Einheiten vor, darunter 60% oder etwa 2,5 Millionen Pick-ups. Mehr noch, seit 1973, als ca. 215.000 Compact-Pick-ups hergestellt worden waren, hatte sich die Nachfrage vervierfacht. So erwartete AMC, daß der Markt der Compacts 52% oder über 1.003.000 Einheiten vom geschätzten 1986er Bedarf an Pick-ups (1.963.000) darstellen würde.

Der größte Anteil am Compact-Truck-Bedarf, nämlich 71%, wurde von 2WD-Modellen abgedeckt. Insgesamt hielten die Japaner, obschon sich seit 1982 GM und Ford an diesem Sektor beteiligten, volle 55% des Compact-Marktes (GM und Ford hatten bis 1982 nur japanische Produkte unter den Namen Chevrolet LUV und Ford Courier angeboten). Rechnete man die japanischen Anbieter mit, so hatten Nissan und Toyota die Führung, mit dem Ford Ranger mit 19,8% Marktanteil auf Platz drei.

1986 machte nun AMC einen zwar verspäteten, aber energischen Sprung auf diesen so umworbenen, doch höchst lukrativen Marktsektor und brachte den Jeep Comanche heraus. AMCs Vorstand für Marketing und Vertrieb Joseph E.Cappy gab dem Comanche den Start mit den Worten: »Der Jeep Comanche hat seinen Wettbewerbern so viel voraus, daß wir von ihm buchstäblich ›über Nacht‹ einen großen Erfolg erwarten. Der Comanche ist ein Nachkomme der Jeeps und hat mit unserm verdienten Cherokee Sport-Kombi viele der technischen Innovationen gemein.« Zur Frage des Bedarfs an 2WD- und 4WD-Compacts bemerkte Cappy: »Der neue Jeep Comanche wird sich der heimischen und der japanischen Konkurrenz auf beiden Teilmärkten stellen.« Unbeeindruckt vom hohen japanischen Marktanteil fügte er hinzu: »Das werden wir bald ändern.«

AMCs Präsident und Chief Executive Officer José Dedeurwaerder bekräftigte Cappys Worte: »Der Markenname Jeep war von jeher ein Synonym für robuste und langlebige Allradfahrzeuge. Von jetzt ab wollen wir dieses Image auf den 2WD-Pick-up ausdehnen, mit einem in jeder Hinsicht den letzten Stand der Technik repräsentierenden Produkt.« Angesprochen auf die Chancen des Comanche, sich ein gutes Stück vom Kuchen des für 1986 erwarteten Marktes an Compact-Pick-ups mit Zweiradantrieb (750.000 Einheiten) zu sichern, meinte Dedeurwaerder trocken, er und AMC glaubten fest daran.

Als Cherokee und Wagoneer zum 1984er Modelljahr eingeführt wurden, befand sich die Entwicklung des Comanche in den letzten Zügen. »Die Fahrerprobung des Comanche begann praktisch gleichzeitig mit der Markteinführung von Cherokee und Wagoneer«, erinnert sich Entwicklungsvorstand F.A.Castaing. Zur Verwandtschaft des Comanche mit diesen beiden Modellen erklärte er: »Der vom Kombi abgeleitete Pick-up war von vornherein im Konzept vorgesehen...Die Entwicklung des Comanche war daher in erster Linie eine Neugestaltung der hinteren Fahrzeughälfte. Denn in der Vorderpartie haben diese Modelle sehr viele Gemeinsamkeiten.«

Dennoch mußte viel Zeit und Geld auf die Entwicklung des Comanche verwandt werden, um Konstruktion und Qualität auf Weltklasseniveau sicherzustellen. Beispielsweise wurden fast 100 Vorserienexemplare eingesetzt, um Antriebsstrang und Karosseriestruktur auf ihre Serienreife zu überprüfen. Im Laufe von zwei Jahren legten Prototypen mehr als 800.000 Testkilometer in den AMC-Erprobungsstätten Burlington (Wisconsin) und Yuma (Arizona) zurück. Dieses Programm wurde ergänzt durch ein weiteres auf normalen Straßen und Strecken, wo ein Testteam der Qualitätssicherung über 160.000 km zurücklegte.

Bei der Konstruktion von Cherokee und Wagoneer waren die tragenden Rahmen- und Fahrwerksbauteile so ausgelegt worden, daß man in die Längsträger ein Bindeglied zwischen Vorder- und Hinterwagen einbauen konnte. Das ermöglichte die Ableitung des Comanche Pick-ups von den Sport-Wagons mit einer völlig neuen Hinterwagenstruktur.

Die endgültige Form des Fahrwerksrahmens wurde weitgehend durch Analysen nach der Finite-Elemente-Methode (FEM) bestimmt, mit der AMCs Partner Renault bei der Auslegung der Alliance-Karosserie reichlich Erfahrungen gesammelt hatte. Im wesentlichen handelt es sich bei FEM um eine rechnergestützte Analyse, mit der man eine Struktur in jedem Punkt optimal auf gleiche Gesamtbeanspruchung auszulegen versucht.

Im Falle des Comanche war das Ziel, eine möglichst hohe Torsionssteifigkeit zu erhalten, was mit Hilfe von FEM dazu führte, daß zwei gerade Querträger im hinteren Rahmenteil durch eine X-Traverse ersetzt wurden. Castaings Kommentar dazu und zum Angebot eines 1000-kg-Nutzlastpakets (Aufpreis) lautete: »Die ursprüngliche Konstruktion der beiden Längsträger für Cherokee und Wagoneer erlaubte uns, den neuen rückwärtigen Teilrahmen zu entwikkeln, der eine solche Nutzlast verträgt. Alles was man sonst noch brauchte, waren größere Räder und Reifen, stärkere Federn und Dämpfer.«

Von Anbeginn in alle Comanche-Versionen serienmäßig eingebaut war ein lastabhängiger Bremskraftverteiler. Dieses Gerät sorgte für eine bessere Aufteilung der Bremswirkung zwischen Vorder- und Hinterrädern entsprechend den jeweils herrschenden Achslasten. 1986 war der Comanche der einzige so ausgerüstete Pick-up auf dem US-Markt.

AMC folgte einem Trend, der sich in der Autoindustrie immer mehr durchsetzte, als das Werk schon im Juli 1984, mehr als ein Jahr vor der geplanten Serieneinführung, vorläufige Details des Comanche bekanntgab. Wie Joseph Cappy erklärte, wollte man damit »den Appetit der Kundschaft anregen...Dies ist unser erstes Produkt auf dem 2WD-Markt, das auf dem neuesten Stand der Technik ist...Deshalb finden wir es richtig, daß Name und Einsatzdatum so früh wie möglich bekannt werden.«

Natürlich war es überaus wichtig, daß der neue Jeep einen Namen bekam, der sowohl seine traditionellen Jeep-Qualitäten als auch seine Eigenständigkeit deutlich machte. Man begann mit einer Liste von mehreren hundert möglichen Bezeichnungen einschließlich der Namen eines guten Dutzends nordamerikanischer Indianerstämme. Daneben diejenigen von Reptilien und anderen Tieren, Städten, Bergen und Begriffen aus dem Raumfahrtzeitalter.

Zusammengetragen wurden die Namen aus vielen verschiedenen Quellen, auch von einem Synergieseminar für leitende AMC-Angestellte. Cappy erinnert sich: »Die Gruppe saß um einen Konferenztisch herum und sammelte alle möglichen Namen, die für ein Jeep-Produkt passen könnten. Bei solchen Gelegenheiten führt ein Vorschlag meistens sofort zum nächsten.« Schließlich war die Liste auf elf Vorschläge zusammengeschmolzen und wurde 99 Besitzern von Compact-Pick-ups und 113 potentiellen Käufern in Dallas, Denver, Pittsburgh und San Diego vorgelegt. Sie alle wurden gebeten, die aufgelisteten Namen zu bewerten, und zwar u. a. nach den Kriterien der Angemessenheit, der Sympathie, der Merkbarkeit und des positiven Images.

Zum Ergebnis dieser Umfrage sagte Cappy: »›Comanche‹ (wie Cherokee ein Indianerstamm) hielt man insgesamt für den besten Namen in bezug auf Angemessenheit und Merkbarkeit und für einen, der ein ungestümes Querfeldein-Image ausstrahlt. Und er paßte natürlich gut zum Cherokee – eine Bezeichnung, die wir zehn Jahre zuvor einführten.«

Als Zweiter und Dritter kamen zwei historische Jeep-Namen ins Ziel: »Renegade« und »Commando«. Man wird sich erinnern: »Renegade« wurde 1971 für eine Kleinserie vom CJ-Modell gewählt, die später regulär in Produktion ging. Und »Commando« ersetzte den Namen Jeepster, nachdem AMC Jeep im Jahre 1970 übernommen hatte. Erwähnenswert waren auch die beiden Namen auf Platz vier und fünf: »Wrangler« und »Honcho«.

»Wir meinen, ›Comanche‹ ist eine gute Wahl gewesen«, sagte Cappy. »Die Komantschen waren große Jäger und Krieger, waren perfekt zu Pferde – sehr agil und äußerst mobil. Sie legten in jeder Art von Terrain und bei jedem Wetter weite Strecken zurück. Der Jeep Comanche für 1986 wird ganz das Gleiche tun.«

Besonders am Herzen lag AMC die Fähigkeit ihres Händlernetzes, den Comanche gut zu vermarkten. Doch AMC bezweifelte nicht etwa ihre Qualitäten als Verkäufer, sondern es drehte sich darum, daß die Händler potentiellen Pick-up-Käufern bisher nur wenig anzubieten hatten. »Jeep hatte bis dahin nur Allrad-Pick-ups, nämlich J-10 und J-20, liefern können«, erläuterte Joseph Cappy. »Das Marktsegment für solche Produkte ist klein, und so lief bei unseren Jeep-Händlern mit kleinen Lkws nicht allzuviel.« Und er setzte hinzu: »Wir wollten sicher sein, daß jeder unserer Händler beim Eintreffen des neuen Modells im Juli 1985 alle Vorbereitungen für einen Verkaufser-

Vorserienexemplar des 1986er Jeep Comanche mit AMC-Präsident und Chief Executive Officer José J.Dedeurwaerder (Foto: Sammlung des Autors)

folg getroffen hatte.«

Als Starthilfe entwickelte AMC einen »Marketing-Spielplan«, der zahlreiche verschiedene Aktivitäten umfaßte: Werbeanzeigen, ein eigenes, aggressives Verkaufsförderungsprogramm und – so Cappy – »langfristige Maßnahmen, um unsere Jeep-Händler auf dieses aufregende neue Produkt vorzubereiten«. Dementsprechend wurde die Werbekampagne für den Comanche in den Medien eine der aufwendigsten in der Jeep-Geschichte. Zu Beginn konzentrierte sich die gezielte Werbung auf die 100 wichtigsten Einzelmärkte der USA für Pick-ups. Nacheinander ging man mit den »Blitzaktionen« bis September 1985, als der Comanche erschien, auf die 200, dann auf die 300 amerikanischen Top-Märkte. Gleichzeitig wurde für jeden Jeep-Händler ein detaillierter Vertriebs-, Service- und Marketingplan ausgearbeitet.

Die spezifischen Aspekte der Werbung brachten den Comanche zahlreichen unterschiedlichen Gruppen zum Bewußtsein, die alle als potentielle Käufer und Besitzer von Pick-ups in Frage kamen. Das Programm begann am 12.Mai 1985 mit einer Konzerttournee der Beach Boys (»Jeepin' Safari«) mit Start in San Diego. Die Tournee lief bis Dezember, und der Comanche wurde in über vierzig Städten mehr als drei Millionen Amerikanern nahegebracht, von denen der größere Teil als mögliche Käufer von Compact-Trucks betrachtet wurde.

Mit dem Comanche als offiziellem Fahrzeug der International Professional Rodeo Association (IPRA) betätigte sich AMC als Sponsor von über 200 regionalen Cowboy-Shows der IPRA, deren gesamte Zuschauerzahl auf mehr als 1,3 Millionen geschätzt wurde. Bei etwa 50 dieser Rodeos trat der Comanche im »Barrel Race« mit der gestoppten Zeit von Cowgirls zu Pferde in Wettbewerb.

AMC sponserte auch das »National 4-H Wildlife and Fisheries Awards Program« sowie ähnliche Aktivitäten in Meeresforschung, Fischerei, Landwirtschaft, Ökologie, Umwelt- und Naturschutz mit über 700.000 Teilnehmern. Die Jeep Corporation verlieh Preise auf nationaler, Staats- und Bezirksebene, 30

Oben: 1986er Jeep Comanche XLS (Foto: Sammlung des Autors)

Unten: Jeep Comanche X mit 2WD (Foto: Sammlung des Autors)

Reisen für »4-H«-Gewinner zum Sitz der nationalen »4-H Convention« in Chicago und sechs Stipendien an amerikanische Gewinner. Bei ausgewählten Gelegenheiten dieser Art wurde der Comanche in allen Ecken der USA ausgestellt.

Außerdem war der Comanche offizielles Fahrzeug der American Bowling Association (ABA). Jeder Sieger auf Landesebene erhielt einen Comanche ebenso wie der Gewinner der US-Master's.

Auf dem Höhepunkt dieser Aktionen stand ein besonderes Programm für Direktwerbung mit hochgesteckten Zielen, das sich an 1,5 Millionen Käufer von Pick-ups in den Monaten Juni bis September 1985 wandte.

Wie der Cherokee war der Comanche in 2WD- und 4WD-Form erhältlich, wobei es den Allradantrieb entweder als Command-Trac oder als Selec-Trac gab. Auch das Motorenprogramm beider Modelle war das gleiche: Serie war der 2,5-Liter-Vierzylinder mit Single-Point-Einspritzung, zum Mehrpreis lieferte AMC den 2,8-Liter-V6 oder den 2,1-Liter-Turbodiesel (Vierzylinder). Zwischen drei Kraftübertragungen konnte man für den Comanche mit 2WD und 4WD wählen. Serienmäßig eingebaut war das Viergang-Schaltgetriebe. Außerdem waren alle Kombinationen von Motoren mit Fünfgang-Schalt- oder mit Dreigang-Automatikgetriebe möglich, mit Ausnahme des Turbodiesels, den es nur mit dem 5-Gang-Getriebe gab.

Die drei Ausstattungsvarianten des Comanche hießen Custom (als Grundmodell), X und XLS. Der Custom war auf ein Marktsegment zugeschnitten, das über 60% Anteil am Markt der Compact-Trucks mit Zweiradantrieb hatte. Da diese Käufer die Wagen überwiegend für gewerbliche Zwecke nutzten, betonte der Custom innerlich und äußerlich den kommerziellen Look. Zu seiner Serienausführung gehörte ein Interieur mit Sitzbank und Türtafeln mit Vinylbezügen (Celtic-Struktur) in Wagenfarbe und geraden Armlehnen, schwarzem Bodenbelag, vinylbezogenen Sonnenblenden und Dachhimmel und Zweispeichenlenkrad.

Alle Comanche-Interieurs besaßen eine kleine Konsole, zwei Deckenlampen an den B-Säulen, einen Beifahrerhandgriff über der Tür, Heizung/Enteisung, Ascher, verschließbares, beleuchtetes Handschuhfach, einen Staukasten unter dem Handschuhfach, ein gepolstertes, in Wagenfarbe bezogenes Instrumentenbrett mit schwarzem Blendschutz und metallblanken Luftdüseneinsätzen, sowie die vorgeschriebenen Sicherheitsgurte und Diebstahlsicherungen.

Äußerlich erkannte man den Custom an den in Schwarz gehaltenen Accessoires wie Stoßfänger, Endstücke, Kotflügellippen, Spoiler, Scheibenrahmen, Regenleisten und schwarz-silbernem Grill.

Das mittlere Ausstattungspaket »X« bot ein Interieur mit wertvollerem Vinyl als Sitzbankbezug, Teppichboden in Wagenfarbe, farbigem Vinyl hinter den Sitzen, Chromrändern um die Instrumente und einem weich überzogenen (soft feel) Dreispeichen-Sportlenkrad.

Die äußerlichen Merkmale des »X« waren zweifarbige Zierstreifen an den Seiten im oberen und schwarze Schutzleisten im unteren Bereich sowie schwarze Halterungen für die Außenspiegel. Der »X« hatte, wie der Custom, Spoiler und Kotflügellippen in Schwarz.

Die Top-Ausstattung »XLS« bot – wie AMC es beschrieb – »einen sehr sportlichen Look und höheren Komfort im Innenraum«. Eine Anzahl der inneren und äußeren Ausstattungsteile waren wie beim »X«, so die »Hockeyschläger-Armstützen« in Wagenfarbe, die vinylbezogene Tür mit Nylonteppich im unteren Teil, der Zigarrenanzünder, das MW-Radio mit zwei Boxen, der verchromte vordere Stoßfänger mit schwarzen Endstücken, die verchromte Grill- und Scheinwerferfront, der Chromrahmen an der Frontscheibe und die blanken Regenleisten.

Eigens für den XLS gab es ein Interieur mit farblich abgestimmtem Teppich auf dem Wagenboden und hinter den Sitzen. Dazu mit farbigem Stoff bezogene Sitzbank und Sonnenblenden, farblich passenden Bezug für die Instrumententafel mit blanken Zierteilen, ein Instrument mit Voltmeter, Öldruckmesser und Wasserthermometer, eine Tankwarnleuchte, Tages-km-Zähler und Digitaluhr, sowie Deluxe-Zweispeichenlenkrad in Wagenfarbe.

Vieles vom Chromzierat der X-Ausstattung fand man auch am XLS wieder. Zusätzlich hatte der XLS aber Kotflügellippen in Wagenfarbe, andere Doppelstreifen an den Flanken, an Haube und Hecktür, Chromeinlagen in den schwarzen unteren Schutzleisten, zwei Außenspiegel mit verchromten Halterungen und ebensolche Scheibenrahmen.

Zwei Dekorpakete brachten zusätzlichen Luxus: die »Interior Decor Group« mit klappbaren Einzelsitzen, schöneren Türtafeln mit Stoff- und Teppichbelag, fein abgestimmtem Teppich am Boden und hinter den Sitzen, stoffbezogenem Dachhimmel und Sonnenblenden, großer Mittelkonsole in Wagenfarbe mit Armlehne und Stauraum, Leder-Sportlenkrad und hochwertig ausgestattetem Instrumentenbrett mit Zinnapplikation; zweitens gab es die »Sport Decor Group« mit Grill und Scheinwerferrahmen in Schwarz, schwarzen Dekorstreifen am Schweller, schwarzen Kotflügellippen, Spoiler und Stoßfängern, weiß gestylten 15 × 7″ Stahlfelgen mit blanken

Nabenkappen, an den Türen von 4WD-Versionen ein großer Aufkleber »4 × 4«, dazu passende Seiten- und Haubenstreifen (nur mit Bereifung P205 oder breiter).

Die Preise des Comanche und seiner Ausstattungspakete und Extras lauteten:

Modell	**Listenpreis (US-Dollar)**
Custom 2WD	*7049*
Custom 4WD	*8699*

Ausstattungspakete	**Listenpreis (US-Dollar)**
»X«-Paket	*588*
»XLS«-Paket	*905*
»Interior Decor Group«	*434*
»Sport Decor Group«	*235*
1000-kg-Nutzlast-Paket	*201*

Extras	**Listenpreis (US-Dollar)**
Metallic-Lackierungen/Klarlackdeckschicht	*161*
Stoffbezogene Einzelsitze	*77*
Stahlgürtelreifen P205/75R 15 schwarz	*43*
Stahlgürtelreifen P205/75R 15 Weißwand	*128*
OWL-Bereifung P215/75R 15	*332*

OWL-Bereifung P225/75R 15	*375*
2,8-Liter-V6-Motor	*437*
2,1-Liter-R4-Turbodiesel	*1258*
Fünfgang-Schaltgetriebe	*175*
Dreigang-Automatik	*670*
Automatik plus Selec-Trac	*932*
Sperrdifferential Trac-Loc hinten	*225*

AMC betrachtete den Comanche mit seinem Radstand von 3033 mm bei einer Gesamtlänge von 4935 mm als »Mittelklasse-Lkw«. Dies brachte ihn in unmittelbaren Wettbewerb nicht etwa mit den Compact-Trucks der Standardklasse anderer Hersteller, sondern vielmehr mit deren kleineren 4WD-Modellen mit verlängerter Kabine und längerem Radstand. Das Ergebnis in folgender Übersicht ist recht aufschlußreich:

Die Version Custom des 1986er Jeep Comanche mit 2WD (Foto: Sammlung des Autors)

	Ford Ranger Super Cab	Toyota Xtra Cab	Nissan King Cab	Chevrolet S-10 Extended Cab	Jeep Comanche
Radstand	3175 mm	2850 mm	2814 mm	3122 mm	3033 mm
Länge	4895 mm	4676 mm	4750 mm	4897 mm	4935 mm
Breite	1700 mm	1689 mm	1610 mm	1643 mm	1821 mm
Höhe	1694 mm	1704 mm	1704 mm	1610 mm	1643 mm
Leergewicht	1370 kg	1410 kg	1380 kg	1380 kg	1400 kg
Nutzlast	680 kg	1130 kg	660 kg	680 kg	1000 kg
Serienmotor	2,9-l-V6	2,4-l-R4*)	2,4-l-R4	2,5-l-R4	2,5-l-R4
Leistung (PS)					
bei 1/min	140/4600	116/4800	103/4800	92/4400	117/5000
Drehmoment (Nm)					
bei 1/min	231/2600	190/2800	182/2800	182/2800	183/3500
EPA-Verbrauch (Liter/100km)					
»City«	13,07	10,70	12,38	10,70	10,23
»Highway«	10,70	9,41	11,20	9,05	9,05

*) R4=Reihen-Vierzylinder

Beide Fotos, rechts: Zwei Ansichten des 1986er Jeep Comanche X mit 4WD (Foto: Sammlung des Autors)

Die Verkaufszahlen zeigen, daß der Comanche – obschon für die führenden Marken kaum eine Gefahr – 1986 einen guten Start hatte:

Marke/Modell	Verkaufszahlen im Kal.jahr 1986
Toyota	384.150
Ford Ranger	269.490
Nissan	223.870
Chevrolet S-10	203.416
Mazda	157.127
Isuzu	88.720
Mitsubishi	34.985
Jeep Comanche	33.392

Für das Modelljahr 1987 brachte AMC neben dem Comanche mit 3033 mm Radstand eine Variante mit nur 2870 mm auf den Markt, die, wie das Werk meinte, auf den Käufer zugeschnitten war, »der sich einen familiärer wirkenden Kleintransporter wünscht«. Zum kurzen Radstand gehörte statt des 2135 mm langen ein auf 1830 mm gekürzter Kasten.

Interessante Darstellung des 1986er Jeep Comanche Pick-up (Bild: Sammlung des Autors)

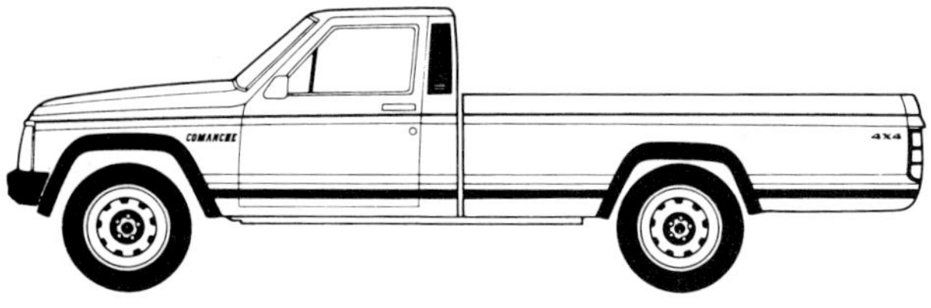

4x4
Jeep
JEEP 86

COMANCHE
4x4
MICHELIN X
MICHELIN X

Comanche

Jeep
COMANCHE CHIEF
4X4

1987er Jeep Comanche mit 2WD, kurzer Ladefläche und »Sport Truck«-Ausstattung (Foto: Sammlung des Autors)

Der Comanche wurde jetzt in je vier Ausstattungsvarianten für 2WD- und 4WD-Versionen angeboten. Das Basismodell wie auch die nächsthöhere Stufe, der Pioneer, waren mit kurzem und langem Radstand erhältlich. Letzterer glänzte durch mehr äußeren Chrom und im Interieur durch Dinge wie schönere Sitzbank- und Türtafelbezüge mit Stautasche, ein MW-Monoradio, Verzierungen am Instrumentenbrett in Schwarz und Chrom und ein Sportlenkrad.

Nur zum Comanche mit kurzem Radstand war ein Chief-Paket lieferbar, das Dekorstreifen an den Schwellern und am Heck sowie abgestufte Zierstreifen für die Türen mit der Beschriftung »Comanche Chief« (in Wagenfarbe) enthielt. Auch das Chief-Interieur hatte andere, genarbte Sitzbankbezüge, ein wertvoller ausgestattetes Instrumentenbrett mit verchromten Akzenten, dazu Teppichboden im Insassenbereich, schönere Türverkleidungen mit Stautaschen, Armstützen im »Hockeyschläger«-Look und ein »soft-feel«-Sportlenkrad.

Zum Comanche mit langem Aufbau dagegen erhielt man auf Wunsch das Laredo-Paket. Sein Inhalt waren verstell- und klappbare Einzelsitze mit Bezügen aus »Hunter's Plaid«-Stoff und Vinyl, teurere Türverkleidungen mit Staukästen, chrom- und zinnhaltige Verkleidung des Instrumentenbretts, gekrümmte Armlehnen, Teppiche im Insassenbereich und hinter den Sitzen, Beifahrerhaltegriff und ein Lenkrad mit »soft-feel«-Überzug. Das Laredo-

Linke Seite

Oben: Neu für 1987 war diese Comanche-Version mit langer Ladefläche (Foto: Sammlung des Autors)

Unten: Comanche von 1987 mit kurzem Kasten; im Hintergrund der 2WD-Comanche mit langer Ladefläche (Foto: Sammlung des Autors)

Comanche Pioneer Allrad mit kurzem Kasten (Foto: Sammlung des Autors)

Alle 1988er Jeep Comanche Chief hatten Allradantrieb und den kurzen Kasten (Foto: Sammlung des Autors)

1988er Grundmodell des Comanche Pick-up (Foto: Sammlung des Autors)

Wichtiges neues Mitglied der Comanche-Baureihe 1988 war das Hochleistungsmodell Eliminator (Foto: Sammlung des Autors)

Exterieur machte ausgedehnten Gebrauch von glänzendem Metall am Grill, am vorderen Stoßfänger, an den Türgriffen, Radblenden und Nabenkappen, den Regenleisten und den Heckleuchten. Dort fand man auch das Wort »Jeep«, farbig zum Dekor an den Wagenseiten passend.

Der jüngste Comanche war auch äußerlich neu dekoriert; es gab ein »4 × 4 Sports Graphics«-Paket für alle Versionen außer dem Grundmodell mit kurzem Kasten und dem Comanche Chief und natürlich auch ganz neue Zweifarbenlackierungen.

Doch die entscheidenden Neuerungen für den 1987er Comanche waren sein als Extra lieferbarer 173-PS-Motor und die Viergangautomatik mit zwei wählbaren Schaltpunktlagen. Wählte man »Power«, so schaltete der Automat beim scharfen Beschleunigen bei erhöhter Motordrehzahl, führte Herunterschaltungen schneller aus und reagierte feiner auf das Gaspedal. Die Stufe »Comfort« ergab normalere Betriebsbedingungen mit üblicheren und wirtschaftlicheren Schaltpunkten.

Die Ganganzeige bei Automatik wurde wieder an das Instrumentenbrett verlegt, nachdem sie inzwischen an der Lenksäule gesessen hatte. Einzelheiten hierzu finden sich auch im Kapitel Cherokee/Wagoneer.

Besondere Attraktion des Modelljahrs 1988 war der neu eingeführte Comanche »Eliminator Sport Truck« mit 2WD und 2870 mm Radstand. Mit seinem Serienmäßigen »Power Tech«-Sechszylinder und dem 5-Gang-Schaltgetriebe erreichte er von 0 auf 60mph (96km/h) Zeiten unterhalb von 10 Sekunden.

Das Exterieur-Styling des Eliminator sorgte mit Sicherheit dafür, daß man ihn sogleich als Hochleistungs-Pick-up erkannte. In seine Zierstreifen war auch der Name Eliminator an den Seiten seines 1830 mm langen Kastens integriert; der Grill mit acht vertikalen Schlitzen, die Kotflügellippen und der Spoiler waren in Wagenfarbe lackiert, und dazu gab es silberfarbene vordere und hintere Stoßfänger, extra gestylte 15 × 7″-Zehnloch-Aluräder und Stahlgürtelreifen P215/65 OWL Eagle GT.

Die Farbskala für den Eliminator enthielt die klarlackbehandelten Farben klassikschwarz, coloradorot und dovergrau-metallic. Außer mit Vierlitermotor und Fünfganggetriebe war der Eliminator ausgerüstet mit Servolenkung, Zusatzinstrumenten einschließlich Drehzahlmesser, Nebellampen und MW-Radio.

Der Jeep Comanche Laredo war auch weiterhin nur mit langem Radstand zu haben. Im Innern unterschied er sich durch verstell- und klappbare Einzelsitze, hochwertigere Türverkleidungen, mehr Chrom am Instrumentenbrett, Sportlenkrad und volle Teppichauskleidung.

Das Comanche-Basismodell hatte eine auf 670 kg erhöhte Nutzlast. Die gehobene Pioneer-Ausstattung glänzte mit einer neuen Dekoration der Seitenflächen, die den Namen »Pioneer« einschloß, neuem schwarzen Stoßfänger vorn, schwarzen Schutzleisten an den Seiten, schwarzen Scheibenrahmen und Regenleisten, neu gestylten, sechsspeichigen weißen 15×7″ Stahlfelgen mit blankem Nabendeckel und der hochwertigeren Bereifung P205/75R 15.

Der Comanche Chief, 1988 nur lieferbar als Allradversion mit kurzem Radstand, hatte einen schwarzlackierten Grill mit acht Schlitzen, sechsspeichig gestylte Stahlräder 15×7″, abgestufte farbige Dekorstreifen an Seiten und Heckklappe und den Schriftzug »Comanche Chief« in Wagenfarbe auf dunklem Grund an den Türen.

Serienmäßige Farbtöne für den 1988er Comanche waren perlweiß, lederfarben, coloradorot, kaffeebraun und klassikschwarz, alle mit Klarlackschicht. Metalliclacke, ebenfalls mit Klarlack, gab es in bronze, spinnakerblau, dunkelbaltic, granatrot, sterlingsilber und dovergrau. Viele dieser Töne waren auch als Zweifarbenlackierungen lieferbar.

16. Kapitel

Der Jeep Wrangler

Es war eine ausgesprochen gekonnte PR-Aktion, als AMC-Chef Joseph Cappy am 27.November 1985 verkündete, der Jeep CJ werde ab Frühjahr 1986 nicht mehr hergestellt. Den Auslöser für die Reaktion der Öffentlichkeit bildeten Cappys Worte über die Bedeutung, die der CJ erlangt hatte: »Das Auslaufen der CJ-Produktion wird das Ende einer überaus wichtigen Ära in der Geschichte des Jeep darstellen.« Fast im selben Augenblick erhielten die Händler Anfragen und Klagen zorniger Kunden, AMC möge diesen Schritt doch gefälligst noch einmal überdenken. Und ganz harte Jeep-Fans deckten sich mit so vielen Jeeps ein, daß es für den Rest ihres Lebens reichen mußte.

Das waren überdeutliche, um nicht zu sagen: schon leicht perverse Beweise für den Status, den der CJ genoß. Und sie überraschten durchaus nicht. Die Produktion ziviler Jeeps hatte seit 1945 etwa 1,6 Millionen Fahrzeuge erreicht, und zwei im Jahre 1980 in Japan und in den USA durchgeführte Umfragen hatten ergeben, daß der Jeep »das populärste und berühmteste Fahrzeug der Welt« sei.

Diese weltweite Anerkennung verdankte der CJ unter anderem vier Jahrzehnten äußerst wirkungsvoller Werbung, die trotz zweimaligem Besitzerwechsel nichts von ihrer Substanz verloren hatte. Alles hatte 1945 mit dem Rat begonnen: »Wenn's bei Ihnen harte Arbeit gibt, nehmen Sie den Jeep«. Mitte der 60er hatte der Spruch gelautet: »Der Original-Jeep – Ihr Arbeits- und Steckenpferd...«. 1973 brachte man unter den Fittichen der AMC den Slogan: »JEEP – der härteste Bursche mit vier Buchstaben auf Rädern«. Fünf Jahre später behauptete Jeep: »Wir haben das Buch über Allradantriebe geschrieben...«. 1984 hieß es dann »Nur in einem Jeep...«. Und jetzt schien es, als wäre das alles zu Ende. Die höchste Form des Begriffs »Jeep«, der seine Existenz aus einer Zeit vor Pearl Harbor herleitete, sollte verschwinden.

Doch American Motors dachte gar nicht daran, den Vorhang über dem wichtigsten Einzelkapitel der Jeep-Geschichte fallen zu lassen, ohne dafür zu sorgen, daß noch eine gigantische »Zugabe« folgte. Am 3.Januar 1987 kündigte man an, man werde den »Jeep Wrangler, eine von Grund auf neue Baureihe leichter Nutzfahrzeuge, in Serienfertigung nehmen«. José J.Dedeurwaerder, Präsident und Vorstandssprecher der AMC, sagte: »Das Debut des Wrangler hätte zu keinem günstigeren Zeitpunkt kommen können, denn das Interesse am Jeep war noch nie so groß wie heute.«

Entwicklungsvorstand François Castaing gab der Presse eine Vorschau auf das neue Jeep-Produkt: »Der Jeep Wrangler vereint den klassischen offenen Geländewagen mit einem Allradantrieb nach dem neuestem Stand der Technik, die auch das 2WD/4WD-Umschalten während der Fahrt und eine gut abgestimmte, komfortable Achsaufhängung einschließt. Diese neue Generation kompakter Sport-/Nutzfahrzeuge bietet zugleich höchst angenehme Straßenfahrt und hervorragende Geländegängigkeit.«

Dedeurwaerder machte klar, daß der Wrangler eine wichtige Rolle bei AMCs Bemühungen um neue Verkaufsrekorde spielen sollte. »Unser Verkaufspotential steigt mit jedem neu hinzugefügten Modell«, meinte er. »Wir haben in den letzten beiden Jahren in unsere Modellpalette neue kompakte Sport-Kombis und Mittelklasse-Pick-ups eingeführt. Jetzt kommt als jüngstes Familienmitglied der Wrangler hinzu. Wir glauben, daß er zur Steigerung unseres Marktanteils bei den Allradfahrzeugen kräftig beitragen wird.«

Der Jeep Wrangler wurde am 13.Mai 1986 erstmals angekündigt. Obschon er äußerlich deutlich an den alten CJ erinnerte, war er doch in Wirklichkeit ein konstruktiv völlig anderes Fahrzeug. Castaing erklärte das: »Der alte und der neue Typ haben zwei ganz verschiedene Produktphilosophien. Unsere Marktanalysen ergaben, daß unsere Kunden diese Autos in jüngerer Zeit immer mehr für den Personentransport und für Freizeitzwecke benutzt haben. Also müssen wir davon ausgehen, daß bei künftigen Kaufüberlegungen hoher Komfort und alltägliche Annehmlichkeiten im Vordergrund stehen werden, die so harte Burschen wie der CJ-7 nicht zu bieten hatten.«

Die Tatsachen hinter Castaings Worten waren wirklich überraschend: Noch vor wenigen Jahren, 1978, hatten nur 17% der Käufer in der Wrangler-Klasse ihr Auto als tägliches Verkehrsmittel benutzt. Bis 1986 war diese Zahl auf volle 95% angewachsen. Die »B-Seite« der Platte aber klang so: Hatten 1978 noch 37% der Besitzer angegeben, daß sie häufig im Gelände aktiv wurden, so waren das 1986 nur mehr

7%, was freilich nicht bedeutete, daß die Geländegängigkeit für den Käufer eines Wrangler jetzt keine Bedeutung mehr gehabt hätte. Denn volle 80% der Befragten gaben an, hin und wieder schon einmal querfeldein zu fahren.

Um das alles zu berücksichtigen, erhielt die Entwicklung vier grundlegende Vorgaben, als sie mit der Arbeit am späteren Wrangler 1987 begann. Die ersten drei waren relativ einfach realisierbar. Nach Jahrzehnten eintöniger Weiterentwicklung der alten CJ-Konzeption würde keiner der Ingenieure etwas dagegen haben, an einem völlig neuen Sport-/Nutzfahrzeug zu arbeiten. Ebensowenig dürften sie abgeneigt gewesen sein, als es unter Punkt 2 und 3 galt, ein modernes, offenes Fahrzeug zu entwickeln, jedoch mit der traditionellen Jeep-Charakteristik, also Robustheit, Langlebigkeit und 4×4-Geländegängigkeit. Was dann aber doch nahezu fünf Jahre Entwicklungszeit beanspruchte, war die Erfüllung der vierten Vorgabe, daß nämlich der Wrangler nach den Vorstellungen der AMC »ein für seine Klasse sehr kultiviertes Fahrzeug sein mußte, mit modernem Styling außen wie innen, mit guten Straßenqualitäten, mit leicht zugänglichem Heckraum, einfach montierbarem, funktionssicherem und wetterdichtem Verdeck und mit einem Korrosionsschutz nach letztem Stand der Technik«. Konstruktion und Entwicklung führten gegen Ende 1983 zum Bau der ersten zwölf Erprobungsträger mit neuem Fahrwerk und Antriebsstrang. Sie wurden zur Nachprüfung der Machbarkeit der Konzeption und zu Lebensdauertests verwendet.

Im Frühjahr 1984 wurden neun weitere Vorprototypen mit dem neuen Blechkleid des Wrangler fertiggestellt. Auch sie wurden ausgedehnten Funktions- und Dauerversuchen unterworfen.

Parallel dazu wurde anhand einer Reihe von Sitz- und Einbauattrappen geprüft, wie die nötigen Abstände und Freigänge zwischen den Bauteilen oder die Montage und Funktion des Verdecks, die Anordnung der Instrumente oder der geforderte Sitzkomfort realisierbar waren. Insgesamt wurden

Die Einführung des Jeep Wrangler im Mai 1986 war ein Meilenstein in der Nachkriegsgeschichte des Jeep (Foto: Sammlung des Autors)

Das Bild zeigt die gute Zugänglichkeit zum Wrangler-Laderaum (Foto: Sammlung des Autors)

Ein Wrangler Laredo von 1987 (Foto: Sammlung des Autors)

fast eine Million Testkilometer im Verlaufe aller Phasen der Entwicklung »abgespult«.

Die Arbeiten an Konstruktion und Erprobung des Wrangler wurden durch den Erfolg anderer Jeep-Produkte der letzten Zeit eher erschwert. So waren Jeep-Modelle in drei aufeinanderfolgenden Jahren von der weltweiten Geländewagen-Fachpresse zum »4WD Vehicle of the Year« gekürt worden. Das hieß, es konnte nichts Schlimmeres passieren, als daß der Wrangler bei den Motorjournalisten nicht ankäme.

Vertrauensvoll stellte denn auch François Castaing fest: »Wir glauben, daß der Wrangler eine wertvolle und beliebte Erweiterung des Jeep-Modellprogramms werden wird«, und AMC setzte hinzu, der Wrangler werde nicht nur »seinen Platz an der Seite der Elite der 4WD-Gemeinschaft einnehmen, sondern das Debüt des Wrangler wird ein weiterer Meilenstein in der langen Jeep-Geschichte sein.«

Die von AMC veröffentlichte Chronologie liest sich in der Tat wie eine Gedenktafel in der Walhalla:

1.	*1946*	*CJ-2A*
2.	*1946*	*Station Wagon Modell 463*
3.	*1947*	*Panel Delivery und Pick-ups*
4.	*1949*	*Jeepster*
5.	*1954*	*CJ-5*
6.	*1963*	*Wagoneer*
7.	*1967*	*Jeepster-Modelle*
8.	*1972*	*Hardtop-CJ-5*
9.	*1973*	*Quadra-Trac*
10.	*1974*	*Cherokee*
11.	*1976*	*CJ-7*
12.	*1984*	*VerkleinerteWagoneer-undCherokee-Modelle*
13.	*1985*	*2WD-Cherokee*
14.	*1986*	*Comanche Pick-up*

Eingebautes Trittbrett am Wrangler 1987 (Foto: Sammlung des Autors)

In diesem Zusammenhang war ein höchst wichtiger Faktor das Erscheinungsbild des neuen Jeep. Ein verbindendes Styling-Element aller Jeep-Fahrzeuge war der Grill gewesen, den man weltweit als ein Hauptmerkmal der Jeeps betrachtete und erkannte. AMCs Direktor für das Exterieurdesign Robert C.Nixon bemerkte dazu: »Der vertikal unterteilte Grill ist

1987er Wrangler in der traditionellen offenen Form (Foto: Sammlung des Autors)

Bei heruntergeklapptem Rücksitz bot der Wrangler 1987 viel Laderaum (Foto: Sammlung des Autors)

Die weit öffnenden Türen des Wrangler ermöglichten bequemen Einstieg (Foto: Sammlung des Autors)

Obschon komplett neu gestylt, bot die Frontpartie des Wrangler den gewohnt zeitlosen Anblick (Foto: Sammlung des Autors)

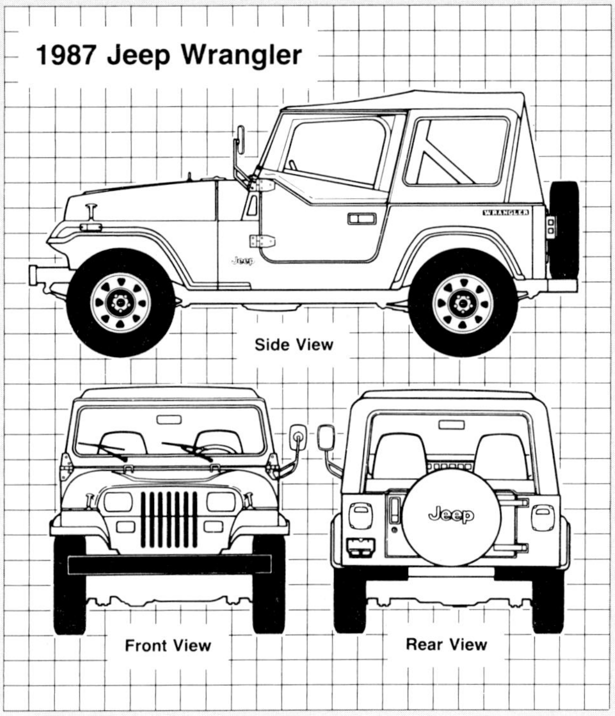

Oben und beide Bilder rechte Seite, oben: Diese Zeichnungen illustieren die Unterschiede zwischen Wrangler-Grundmodell, Laredo und Sport Decor (Bilder: Sammlung des Autors)

wie ein Markenzeichen für Jeeps. Er ist ein Emblem, das für Robustheit und Dauerhaftigkeit steht.«

Zwar nicht im Preis, aber doch in den Hauptabmessungen waren sich Wrangler und CJ-7 recht ähnlich:

Modell	**Wrangler**	**CJ-7**
Grundpreis	*9899 US-$*	*7500 US-$*
Radstand	*2372 mm*	*2372 mm*
Länge über alles	*3891 mm*	*3861 mm*
Breite über alles	*1659 mm*	*1676 mm*
Höhe über alles	*1801 mm*	*1735 mm*
Spurweite vorn	*1417 mm*	*1473 mm*
Spurweite hinten	*1400 mm*	*1473 mm*
Kopffreiheit vorn	*1016 mm*	*1013 mm*
Kopffreiheit hinten	*1029 mm*	*1006 mm*
Beinraumlänge vorn	*1003 mm*	*993 mm*
Beinraumlänge hinten	*889 mm*	*889 mm*

Doch nach einem einzigen Blick auf den Wrangler wußte man, daß man keinen CJ-7 vor sich hatte. »Wir haben beim Wrangler einige feine Änderungen am Grill vorgenommen«, erklärte Nixon. »Die von unten her senkrecht ankommenden Grillstäbe knicken an einer Stelle ab und sind von da ab leicht nach hinten abgewinkelt. Aber der Jeep-Look ist dennoch unverkennbar.« Außerdem gaben die rechteckigen Scheinwerfer und die Lage der Standlichter an den

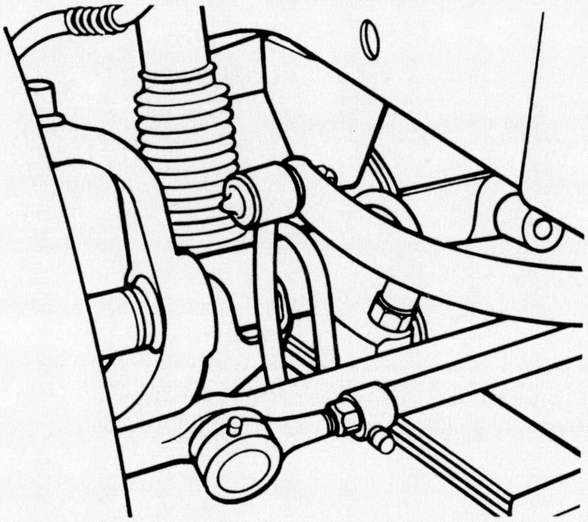

Details der Wrangler-Vorderachse (Bild: Sammlung des Autors)

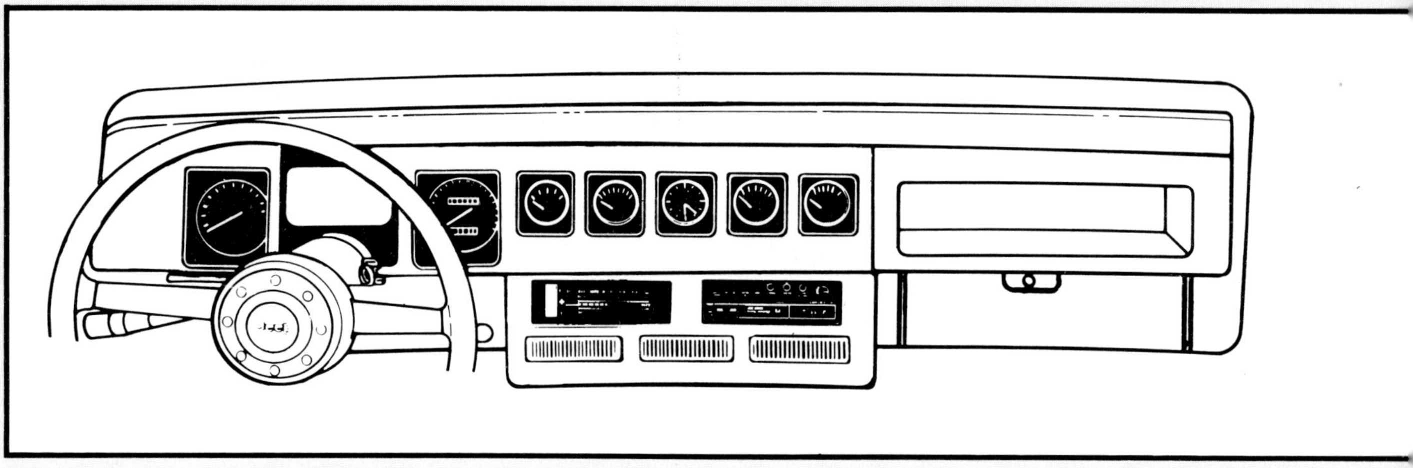

Die sehr komplette Instrumentierung des Wrangler 1987 (Bild: Sammlung des Autors)

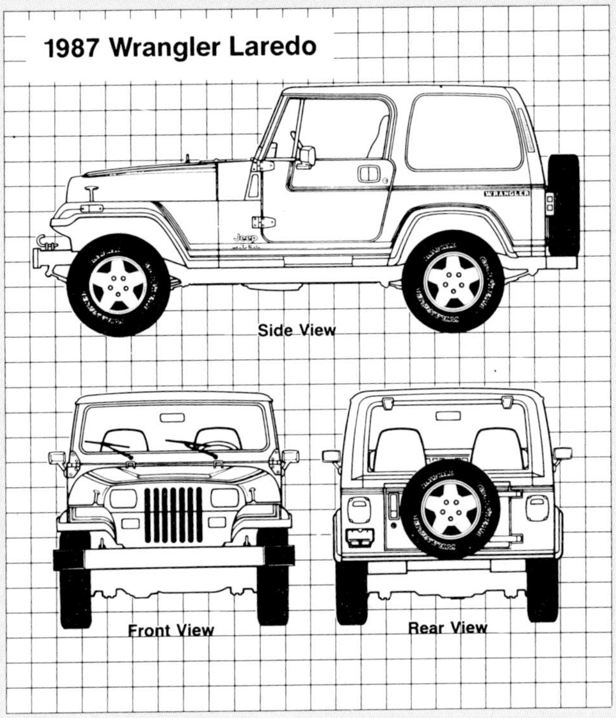

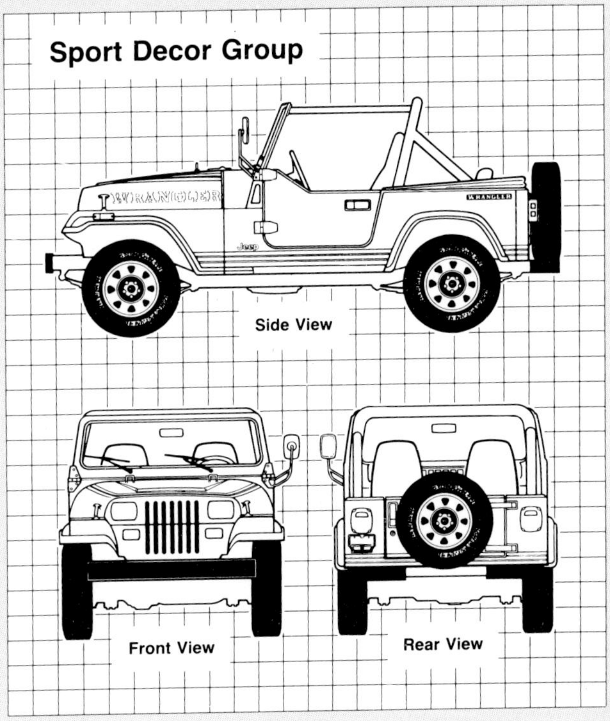

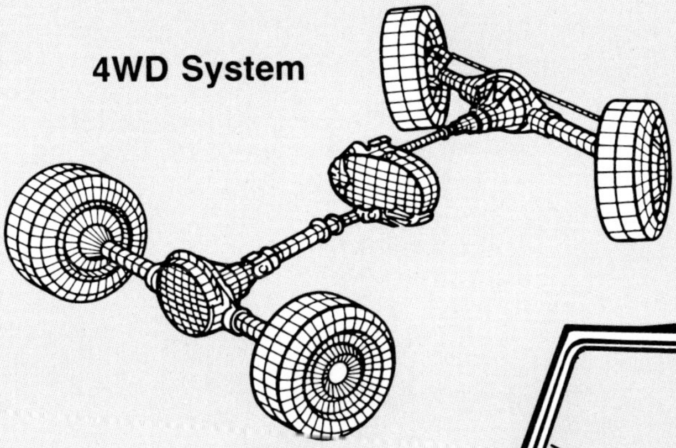

Anordnung der Wrangler-Kraftübertragung Command-Trac 4WD (Foto: Sammlung des Autors)

Darstellung des Rahmens im 1987er Wrangler (Bild: Sammlung des Autors)

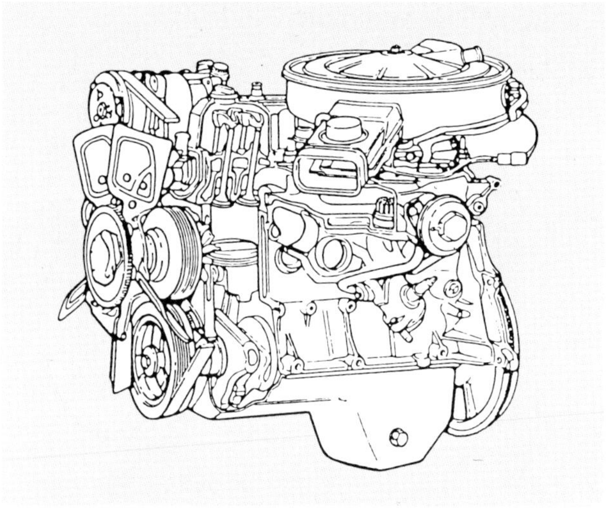

Basismotor des Wrangler war der 2,5-Liter-Vierzylinder mit Einspritzung von AMC (Bild: Sammlung des Autors)

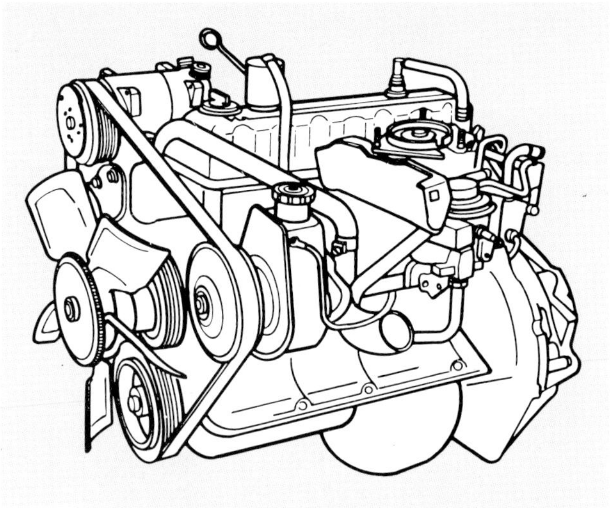

Mit dem 4,2-Liter-Sechszylinder (als Extra) hatte der Wrangler den stärksten Motor in seiner Klasse (Bild: Sammlung des Autors)

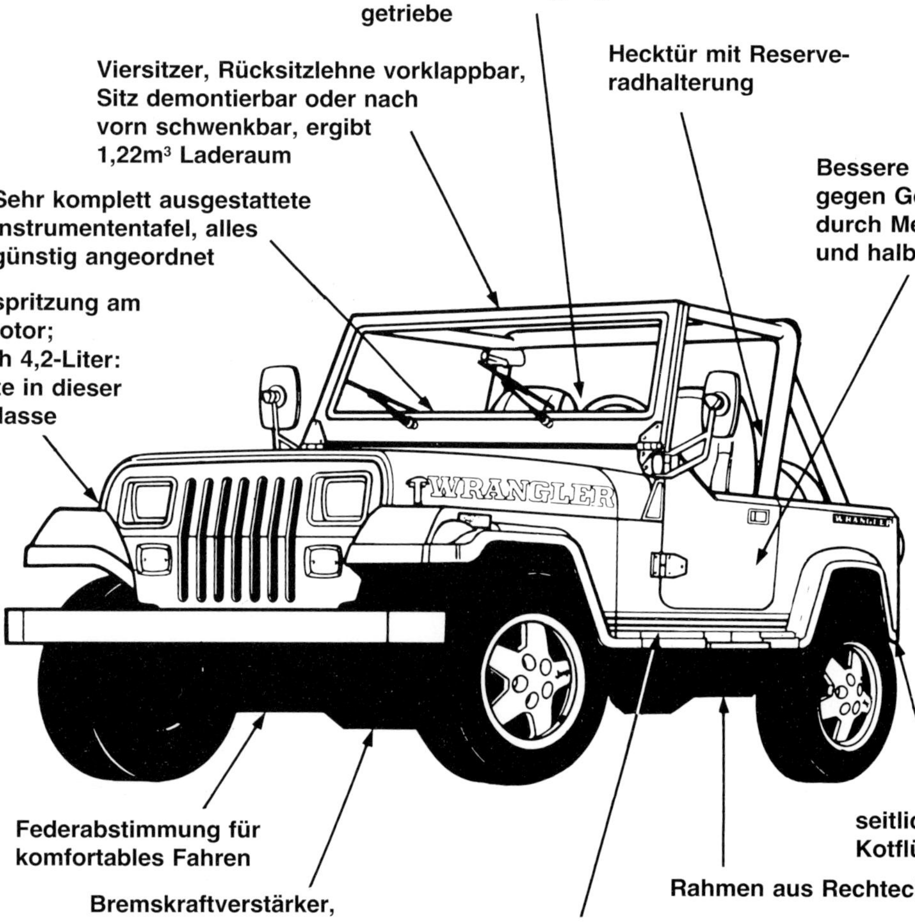

Die Vorzüge des 1987er Wrangler (Bild: Sammlung des Autors)

Anordnung der Antriebsaggregate im Wrangler (Bild: Sammlung des Autors)

äußeren unteren Ecken des Grills dem Wrangler ein Aussehen, das Nixon als »muskulös« bezeichnete.

Von der Spritzwand nach hinten verwendete der Wrangler – mit Ausnahme von Türen und Heckklappe – die Karosserie des alten CJ. Vor der Windschutzscheibe waren dagegen alle Blechpreßteile neu, einschließlich Haube, Kotflügel, Schürze und Frontpartie. Die Haube lief an den Seiten leicht schräg nach außen und ergab zusammen mit der gerundeten vorderen Kante einen starken, lebendigen Eindruck, der noch betont wurde durch die serienmäßigen Kotflügelverbreiterungen aus weichem Material.

In der Grundausstattung des Wrangler gingen die Vorderkotflügel unmittelbar in etwa 250 mm lange »Trittbretter« über. Auf Wunsch konnte man sie auch ganz durchlaufend bekommen; dann war unterhalb der Tür eine regelrechte Trittstufe eingebaut. Zum frischen Aussehen des Wrangler trugen auch die neuen, fünfspeichigen Alugußräder mit dem Jeep-Namenszug bei.

Um den geforderten Korrosionsschutz zu erzielen, wurden alle äußeren Preßteile der Karosserie aus galvanisch verzinktem Stahlblech gefertigt. Alle Oberflächen erhielten eine aufwendige Behandlung, die mit einem Phosphat-Reinigungsbad begann und vor dem eigentlichen Lackieren Grundier- und Versiegelungsgänge umfaßte. Die Anbauteile wie Haube, Scheibenrahmen, Vorderkotflügel, Heck- und Seitentüren wurden im Tauchbad elektrostatisch grundiert und erhielten einen kathodischen Korrosionsschutz. Nach der Fahrzeugmontage folgte ein Unterbodenschutz. Die endgültige Oberfläche bestand in einer Einbrennlackierung. Zum Schutz gegen eindringendes Wasser erhielten die hinteren Radläufe Kunststoffeinsätze, und Stoßfänger und andere freiliegende Bauteile wurden mit Rostschutzanstrichen behandelt.

Fast schon schockierend für langjährige CJ-Fans, die den minimalen Wetterschutz ihrer Jeeps längst als unabänderliche Würze des Geländefahrerdaseins akzeptiert hatten, waren die serienmäßigen festen Blech-Halbtüren des Wrangler-Modells mit Stoffverdeck. Neben dem Beitrag, den sie zum Wohlbefinden der Wrangler-Insassen leisten konnten, spielten diese Türen für das Styling eine wichtige Rolle. Robert Nixon erläuterte: »Die Oberkante der Tür fluchtet mit der des hinteren Seitenteils, steigt aber nach vorn zur A-Säule hin stark an und gibt dem Design seine eigene Note.

Sowohl das Stoffverdeck als auch das Hardtop (zum Aufpreis) waren vollständig neu konzipiert. Am Stoffverdeck sorgten verstellbare Befestigungsteile für wetterdichten Abschluß an Seiten, Heck und Türen. Die gleiche Aufgabe hatten auch die Velcro-Verdeckverschlüsse. Das Stoffverdeck war werksseitig montiert und durch Doppelung auf hohe Geräuschdämmung ausgelegt; gleichzeitig sorgte dies auch für geringere Wind- und Regeneinwirkung. Die Spriegelkonstruktion des Verdecks vereinfachte weitgehend das Öffnen und Schließen. Das Gefühl, trotz geschlossenem Verdeck offen zu fahren, wurde erhöht durch die Möglichkeit, die weiche obere Hälfte der Tür rasch abzunehmen und auch Seiten- und Heckscheiben zu entfernen. Noch immer gab es zum Stoffverdeck seitliche Segeltuchvorhänge. Das Hardtop dagegen hatte an den Seiten bündig abschließende Glasscheiben, die sich öffnen ließen, und eine nach oben öffnende Heckscheibe aus Glas. Zum Hardtop gehörten ferner Entlüftungs-

Die kanadische Wrangler-Version hieß »YJ«, weil der Name Wrangler von General Motors bereits für einen Transporter verwendet wurde (Foto: Chrysler, Kanada)

elemente zur Unterstützung der Heizung und normale Lufteintritte. An beiden Versionen war die Frontscheibe serienmäßig getönt. Bei beiden war auch das Reserverad an der seitlich angeschlagenen Hecktür befestigt, so daß der Laderaum bzw. die hintere Sitzbank recht angenehm zu erreichen war.

Manch einer hatte es nicht glauben wollen: Ein Blick ins Innere des Wrangler bewies, daß AMC nicht übertrieben hatte mit der Behauptung: »Das Interieur des Wrangler wurde so gestaltet, daß es vom Eindruck und vom Komfort her dem eines gehobenen Mittelklassewagens nicht nachsteht.« Vincent J.Geraci, AMC-Direktor für das Interieur-Design, erklärte: »Wir haben von dem bei den kleinen Gebrauchsfahrzeugen häufig so schlicht-schmucklosen Interieur bewußt Abstand genommen, denn unsere Marktanalyse ergab, daß die Leute zunehmend mehr Fahrkomfort verlangen. Gleichzeitig bemühten wir uns aber, uns nicht zu weit vom gewohnten, robust-funktionellen Look zu entfernen.«

Anders als beim Instrumentenbrett des CJ, bei dem alle Instrumente und die meisten Schalter in einem zentralen »Panel« zusammengefaßt waren, war die Anordnung beim Wrangler moderner und ergonomischer. In Automatikversionen befand sich die Ganganzeige unmittelbar vor der Lenksäule. Links von dieser war ein kreisförmiger Drehzahlmesser, rechts der Tachometer mit Gesamt- und Tages-Kilometerzähler. Von hier erstreckte sich zur Wagenmitte hin eine Reihe kleinerer Rundinstrumente – Thermometer, Benzinuhr, Zeituhr, Öldruckmesser und Voltmeter. Die Schalter für Wischer/Wascher, Scheinwerfer und – falls vorhanden – Tempomat waren an der Lenksäule montiert. Sauber einbezogen in die Instrumententafel waren Handschuhkasten und Defrosterdüsen. Für Heizung und Belüftung gab es kleine Stellhebel. Serienmäßig waren vorn zwei Hochlehnen-Einzelsitze und hinten eine klapp- und versenkbare Sitzbank für zwei Personen eingebaut. Beide waren mit Vinyl in Köperstruktur bezogen. Hinter der Rücksitzbank war eine Ladefläche von

Rechte Seite:

Beide Fotos: Alle Jeep Wrangler/YJ werden in Chryslers Werk Bramalea gefertigt (Fotos: Chrysler, Kanada)

1987 führte AMC den Wrangler S ein, um beim Einstieg in die Kategorie der »sportlichen Nutzfahrzeuge« mithalten zu können (Foto: Sammlung des Autors)

1,16m². Waren Sitz und Lehne eingeklappt, so vergrößerte sich die Fläche auf volle vier und bei ausgebauter Sitzbank sogar auf fast fünf Quadratmeter Ladefläche.

Über die Gesamtwirkung sagte Geraci: »Wir haben versucht, für den Wrangler-Käufer eine komfortablere Atmosphäre im Innenraum zu schaffen. Die Ausstattung ist ansprechender, eben nicht bloß lakkiertes Blech.« Der Wrangler besaß einen herkömmlichen separaten Rahmen, dessen kastenförmige Längsträger im Vergleich mit den offenen C-Profilen vieler amerikanischer Pick-ups im Vorteil waren, z. B. durch Wegfall des Verzugs beim Schweißen der offenen Profile. Des weiteren hatte man für etwa gleichbleibende Widerstandsmomente über die ganze Länge der Träger und damit für die unter Geländebedingungen und hohen Lebensdauerforderungen notwendige Steifigkeit, Festigkeit und Elastizität gesorgt.

Viele Fahrwerkskomponenten waren von den Typen Cherokee/Wagoneer abgeleitet. Das galt auch für Lenkung, Bremsen, Verteilergetriebe, Schaltgetriebe, hydraulische Kupplungsbetätigung, Räder und Reifen; ferner für die abgewandelte Vorder- und Hinterachse (vorn war eine Ausführung mit umgedrehtem Ritzel und unterdruckbetätigter Zuschaltvorrichtung; die hinten verwendete Dana 35C entsprach praktisch der des Cherokee). Die Federung wurde für den Wrangler neu abgestimmt. Sie bestand aus längs eingebauten, mehrlagigen Halbelliptikfedern, 35 mm-Stoßdämpfern, Panhardstäben vorn und hinten und einem vorderen Stabi. Die Servolenkung war 14:1 übersetzt. Der Einsatz eines Verteilergetriebes NP 207 machte den Wrangler ebenso während der Fahrt schaltbar wie den Cherokee.

Vom Cherokee geborgt war auch das Fünfgang-Seriengetriebe von Peugeot/Aisin. Das gegenüber dem CJ verbesserte Schalten resultierte aus dem Einbau eines neuen Schaltgestänges direkt am Motor.

Serienmäßiger Antrieb des Wrangler war der 2,5-Liter-Vierzylinder mit elektronischer Einspritzung, der 117 PS bei 5000/min und 183 Nm bei 3500/min erreichte. Als Extra wurde der 4,2-Liter-6-Zylinder angeboten. Mit 112 PS kam er zwar nicht an die Leistung des 4-Zylinders heran, doch sein hohes Drehmoment von 285 Nm schon bei 2000/min machte ihn attraktiv. Zusammen mit dem 6-Zylinder konnte man auch eine Dreigangautomatik (gegen Mehrpreis) erwerben.

Beide Aggregate vermittelten dem Wrangler gute Beschleunigungswerte. Mit Vierzylinder und Seriengetriebe kam er in 14 Sekunden von 0 auf 60mph (96km/h); mit Sechszylinder und Fünfganggetriebe waren es noch zwei Sekunden weniger.

Zwei zum Aufpreis erhältliche Federungspakete wurden für den Wrangler entwickelt. Im Geländepaket fanden sich Hochdruck-Gasdämpfer von Fichtel & Sachs sowie die Reifen P225/75R 15 Goodyear Wrangler. Diese ersetzten die Serienbereifung P215/75R 15 RBL Wrangler. Ohne Rücksicht auf die gewählte Ausrüstung betrug die Nutzlast 360 kg.

Für das Wrangler-Grundmodell gab es eine »Sport Decor Group« zum Aufpreis, die folgende Ausstattung enthielt: MW/UKW-Monoradio; spezielle »Wrangler«-Aufkleber auf der Motorhaube und silberne oder hellbraune Zierstreifen am unteren Teil der Seitenwände; Goodyear Stahlgürtelreifen All-Terrain P215/75R 15 mit weißer Beschriftung; abschließbares Reserverad; »Convenience Group« (bestehend aus Innenbeleuchtung mit Türkontaktschaltern, Motorraumbeleuchtung, verschließbarem Handschuhfach und Intervallwischer).

Das Laredo-Hardtop hatte ein deutlich vornehmeres Interieur mit Mittelkonsole, Vinylsitzbezügen in Büffelleder-Imitation, Teppichboden vorn und hinten, extrastarker Geräuschdämmung, Leder-Sportlenkrad, Türverkleidungen mit Teppichbelag für die untere Hälfte und Kartentaschen darin.

Außen glänzte der Wrangler Laredo durch viel Chrom, nämlich am vorderen Stoßfänger, an den hinteren Stoßecken, am Grill und an den Scheinwerferrahmen, an der vorderen Stoßfängerverkleidung und den Zughaken. Die Kotflügellippen waren hier in Wagenfarbe, die »Trittbretter« ganz durchgezogen und mit Trittstufe versehen. Dazu gab es stark getönte Scheiben, an den Türen montierte Außenspiegel, silberne oder braune Laredo-Zierstreifen an Haube und Seitenflächen mit Schriftzug »Laredo« darin und Gürtelreifen P215/75R 15 Goodyear Wrangler OWL auf 15×7"-Sport-Alugußrädern mit 5 Radschrauben.

Für den Wrangler wurde eine umfangreiche Liste an Extras zusammengestellt. Die wichtigsten von ihnen – soweit noch nicht erwähnt – waren das Hardtop für das Grundmodell, das umlegbare Lenkrad, Trac-Loc-Sperrdifferential hinten, Klimaanlage, vollständige Teppichauskleidung, Fußmatten, Servolenkung, Halogen-Nebellampen, elektrische Enteisung für Außenspiegel (nur Hardtop), verstärkte Kühlung, Alugußräder, zwei andere Radios neben dem MW/UKW-Monoradio: Suchlauf-Stereoanlage (MW/UKW) und MW/UKW/ETR-Kassetten-Stereoanlage (Dolby-System). Alle Radios wurden mit zwei Lautsprechern geliefert.

Zwei Standard-Farbtöne gab es für den Laredo, olympiaweiß und klassikschwarz. Zum Aufpreis konnte man auch unter drei Metallicfarben wählen: silbernebel, mokkabraun und granatrot. Das Wrangler-Grundmodell dagegen hatte eine breitere Farbpalette, die darüber hinaus noch die Töne beige, coloradorot, sonnengelb, mittelblau-metallic und herbstbraun-metallic enthielt. Stoffverdeck und Hardtop wurden wahlweise schwarz, weiß oder honiggelb geliefert.

Für die Fernsehwerbung, die Wrangler-Spots auf allen wichtigen Kanälen per Kabel und Antenne verbreitete, wurde der zwei Jahre alte Slogan »...nur in einem Jeep« erweitert zu: »Der neue Jeep Wrangler. Unbegrenzte Möglichkeiten. Nur in einem Jeep.« Diese Anzeigen erfolgten zeitgleich mit der Vorstellung des Wrangler am 12.Mai 1986 als 87er Modell. Gleichzeitig begann eine Direktwerbungs-Kampagne, die sich an eine halbe Million potentieller Wrangler-Käufer wandte, und eine noch umfassendere Aktion richtete sich per Post an 18 Millionen Besitzer von American-Express-Karten.

Dem Vorteil, den Wrangler als Produkt der gehobenen Klasse anbieten zu können, stand der Nachteil gegenüber, daß AMC damit über kein eigentliches Einsteigermodell auf dem Markt der Gebrauchsfahrzeuge mit Allradtrieb mehr verfügte. Auf diese Lücke stürzten sich denn Autos wie Suzuki Samurai und Mitsubishi Montero (=Dodge Raider).

AMC reagierte auf diese Situation, indem sie am 8.Mai 1987 eine neue Wrangler-Variante vorstellte, das S-Modell. Man bezeichnete diese Version als »Geländesportwagen für Einsteiger, die zum erstenmal einen 4×4 kaufen wollen«. Mit einem Grundpreis von 8795 Dollar sollte der Wrangler S seinen Platz zwischen der teuersten Ausführung vom Suzuki Samurai und den leichten 4WD Compact-Trucks wie Ford Ranger, Dodge Ram 50 oder Toyota Pick-up einnehmen. William E.Enockson, Leiter des Vertriebs-/Marketingbereichs Nordamerika, definierte die Eigenart dieses Marktsegments mit den Worten: »Der Preis ist das wichtigste Motiv für die Käufer in dieser Kategorie. Aber sie sehen auch auf Vielseitigkeit, Sparsamkeit und das Vergnügen, das der Allradantrieb bereiten kann. Wir erwarten, daß etwa 25% der Käufer Frauen sein werden, die einen ständig wachsenden Anteil darstellen und sich – wie die Männer – vom Preis, von der Zweckmäßigkeit und von den geringen Abmessungen dieser Wagen überzeugen lassen.«

Der Wrangler S erschien mit 2,5-Liter-Motor, 5-Gang-Getriebe, Planenverdeck, mit Bereifung P205/75R 15 Wrangler und silbernen Stahlscheibenrädern. Er war nur in zwei Farbtönen erhältlich, olympiaweiß und klassikschwarz. Nur vier Extras waren lieferbar: Rücksitz, Bodenteppiche, Servolenkung und Radio.

Andererseits bemerkte man bei AMC sehr wohl, daß der Wrangler gut geeignet war, um den Wunsch zahlungskräftiger Kunden nach hochwertigeren, teureren »Special Edition«-Modellen zu befriedigen. So baute man Varianten wie das Sahara-Modell, das erstmals am Genfer Salon im März 1987 zu sehen war, obschon es erst Ende 1987 in den USA und 1988 in Europa auf den Markt kam.

AMC sah den Sahara als eine Kombination von zwei momentanen Modetrends, dem 4×4 bei den Autos und dem »Sahara-Look« in der Kleidung. So meinte Enockson: »Der Sahara dürfte sich ein eigenes Image schaffen, das genau in die derzeitige

Der Wrangler Laredo von 1988 (Foto: Sammlung des Autors)

Für den wohlhabenderen Kunden bot AMC 1988 den sehr reichhaltig ausgestatteten Wrangler Sahara an (Foto: Sammlung des Autors)

Vorliebe für exotische Reiseziele, Fotosafaris und entsprechende Bekleidung hineinpaßt.«

Den Sahara gab es in zwei speziellen Farben: khaki-metallic und kaffeebraun-metallic. Khakifarben waren auch seine Speichenräder, sein Verdeck (auf Wunsch mittelbraun) und seine Innenausstattung. Dazu hatte er feine Zierlinien, einen »Sahara«-Schriftzug an den Seiten und an der Reserveradhülle, Nebelleuchten auf dem Stoßfänger, Kotflügellippen in Wagenfarbe und integrierte Trittstufen in den durchgehenden Trittbrettern.

Die Sitzbezüge waren aus khakifarbenem »Trailcloth«-Stoff mit brauner Musterung; weiter befanden sich im Innern des Sahara khakifarbene Teppiche, Kartentaschen in beiden Türen, Lederlenkrad, gepolsterte und bezogene Mittelkonsole und eine MW/UKW-Stereoanlage mit Suchlauf. Zu den vom Händler montierbaren Extras zählten ein Rammschutz vor dem Kühler und ein Insektenschutz-Bausatz.

In den 1988er Wrangler wurden eine Anzahl neuer Styling- und Komfort-Elemente serienmäßig aufgenommen. Dazu zählten sieben neue Farbtöne, nämlich perlweiß, kaffeebraun, sanddünengelb, silbermetallic, spinnakerblau-metallic, khaki und feuerrot, ferner die beiden neuen Verdeckfarben für Plane und Hardtop, anthrazit und lohegelb; dieselben beiden Farbtöne schließlich auch für die Innenausstattung. Sahara und Laredo erhielten einen neuen wasserfesten Sitzstoff (Trailcloth). Außerdem lieferte man den Wrangler serienmäßig mit weißen Rädern mit Speichendesign, Kartentaschen und Längsverstellung für den Beifahrersitz.

Auch für Chrysler scheint die jahrzehntelange Tradition des »Ur-Jeep« genügend interessant zu sein, um ihn in der jüngsten Form des Wrangler weiterhin zu produzieren und anzubieten. Das Modell 1991 unterscheidet sich jedenfalls nicht wesentlich von der zuvor erwähnten 1988er Ausgabe.

17. Kapitel

Jeep-Aktivitäten im Ausland

Die Vereinigung von American Motors und Jeep im Jahre 1970 erfolgte nach langjähriger Zusammenarbeit der beiden Firmen auf Exportmärkten. So gründeten AMC und Kaiser Jeep 1964 eine gemeinsame Tochter in Mexiko, wo sie ein Werk für sieben Millionen Dollar für die Herstellung von Motoren aufbauten. Kaiser und AMC hatten auch in einer Autofabrik im Iran einen gemeinsamen Partner. Und in Argentinien verwendeten AMC-Fahrzeuge Motoren von Jeep.

Jeep hatte seit Ende des Zweiten Weltkriegs eine Reihe neuer Verbindungen in Übersee geknüpft. Im Dezember 1953 hatte Hickman Price, Präsident der Willys-Overland Export Corporation, einen Vertrag mit Shinzo Fuji, dem Präsidenten der Mitsubishi Heavy Industries in Japan, unterzeichnet, unter dem Mitsubishi den Jeep fertigen konnte. Im August 1955 kündigte der General Manager der Willys-Overland Export Company, J.C.Delaplaine, Investitionen in Höhe von acht Millionen Dollar in eine australische Tochter zur Produktion von Jeep-Fahrzeugen an. Doch das fand nicht zum geplanten Termin statt, und bis 1958 hatte die Produktion noch nicht begonnen. Im gleichen Jahr erklärte Edgar Kaiser: »Da geht es um ein großes Projekt, denn wir wollen den Jeep vor Ort herstellen und nicht nur Teile montieren. Wenigstens 20% würden wir zu Anfang gern im Lande produzieren und den Anteil laufend erhöhen. Innerhalb von drei Jahren ist die 100%ige Inlandsfertigung geplant.« Am Ende führte dies zur Gründung der Willys Motors Australia mit Sitz in Brisbane.

Bekannter freilich wurden die Aktivitäten Kaisers in Argentinien und Brasilien. Willys-Overland do Brazil wurde 1967 an Ford veräußert (heute hat Ford die Kontrolle über die Marke Jeep in Brasilien, kann sie jedoch nirgendwo sonst verwenden), obgleich Willys noch im Jahr zuvor 62.809 Pkws und leichte Lkws in Brasilien hatte absetzen können. Diese Zahl unterstrich das Ausmaß des Engagements in Südamerika, das für kurze Zeit sogar einmal mit Toledo konkurrieren konnte. Kaiser verkaufte 1967 auch seine Anteile an Industries Kaiser Argentina an Renault.

Noch bevor American Motors 1970 Jeep übernahm, unterhielt das Haus AMC eine umfassende internationale Organisation mit elf Montagewerken und ebensovielen Fertigungsstätten sowie 250 Vertragshändlern in 24 Ländern. Jeep trug die Montage- und Fertigungsfabriken in fünf weitere Länder der südlichen Halbkugel, so daß AMC-Produkte nun in 29 Ländern produziert wurden. Darunter befanden sich drei Hauptmärkte, Argentinien, Mexiko und der Iran, wo bereits vor dem Erwerb von Jeep durch AMC beide Firmen gemeinsame Unternehmen zur Fahrzeugherstellung und zum Vertrieb gegründet hatten. Diese Idee der Partnerschaft weitete AMC auf andere Joint Ventures mit ausländischen Herstellern aus und stellte fest: »In Fernost, wo der Austausch von Produkten und die Verwendung gleicher Bauteile der Schlüssel zur künftigen Expansion sein wird, wird es als Basis für einen solchen Austausch nützlich sein, in bestimmten Ländern Joint Ventures zu gründen.«

Von zumindest ebenso großer Bedeutung war die solide Marktposition der Jeeps in vielen Sektoren, in denen AMC bis dahin entweder nicht vertreten oder ihr Absatz noch ausbaufähig war. Als Beispiele dafür nannte AMC Indien, Türkei, Korea und Taiwan.

Leiter der überseeischen Aktivitäten bei American Motors war damals M.A.van Merkensteijn, der den Jeep als wichtige Basis zur Expansion der AMC im Ausland betrachtete. Denn während das typische amerikanische Auto kaum dazu geschaffen war, auf Exportmärkten große Verkaufserfolge zu erzielen, sah van Merkensteijn den Jeep als dafür wesentlich geeigneter an. Ja, er meinte sogar, der Jeep sei in Übersee bekannter als in den USA.

Das weltweite Marketing für Pkws und Jeep-Produkte oblag als zuständigem Vorstandsmitglied Alan F.Bethell, der zuvor AMCs Exportleiter gewesen war. Mit dem Erwerb der Jeep Corporation hatte sich das Ausmaß der Überseegeschäfte der American Motors mehr als verdoppelt. Auf dem Pariser Salon 1970 sagte van Merkensteijn: »1970 stieg der Export fertigmontierter Fahrzeuge nach Übersee um fast 25% gegenüber dem Vorjahr, und wir erwarten, daß der Trend anhält. Alles in allem hofft die International Division, im Modelljahr 1970 über 55.000 Pkws und Jeep-Nutzfahrzeuge abzusetzen, einschließlich CKD-Einheiten (in Teile zerlegte Autos) für die Montage im Ausland.«

American Motors erlebte 1973 ein überaus erfolgreiches Jahr. Sein Inlandsabsatz betrug 380.000 Einheiten, 77.000 mehr als im Vorjahr und 127.000 mehr als 1971. Die 25%ige Steigerung gegenüber 1972 lag weit über dem Durchschnitt der Branche im Inland mit 8,4%, so daß der Marktanteil der AMC von 3,3% (1972) auf 3,8% anwuchs.

Diese Erfolge am Inlandsmarkt waren begleitet von Zugewinnen im Export, wo die Konkurrenzfähigkeit der AMC sich enorm verbessert hatte. Dafür gab es laut Aussage von AMC drei Gründe: »Erstens haben steigende Wechselkurse in den Ländern, in denen traditionell die Konkurrenten der AMC sitzen, die Preise unserer Produkte deutlich attraktiver gemacht. Zweitens boten uns die reduzierten Außenhandelszölle der EG und Japans bessere Verkaufschancen auf dem japanischen und den europäischen Märkten, und AMC ist bestrebt, sie zu nutzen. Und drittens sorgen steigende Löhne und Gehälter in den Exportländern für größere Nachfrage nach Erzeugnissen aus den USA.«

Der Umsatz der AMC im Geschäftsjahr 1973 in Kanada und dem übrigen Ausland betrug 176 Millionen Dollar im Vergleich zu 148 Millionen im Vorjahr. Der Auslandsabsatz hatte sich von 59.251 (1972) auf 67.374 Pkws, Jeeps und im Ausland montierte CKD-Einheiten 1973 erhöht.

Die höchsten Verkaufssteigerungen gab es in Kanada (das nicht zu AMCs International Organization gehörte) und in Südamerika, doch auch über Zunahmen um 19% im EG-Raum wurde berichtet. Um 30% auf 28.189 Einheiten erhöht hatten sich die Verkäufe in Kanada, um 23% in Mexiko. Die in Mexiko abgesetzten 17.308 Pkws und Jeeps stellten jetzt einen Marktanteil von 9% dar, den eine Kapazitätserweiterung der Vehiculos Automotores Mexicanos, S.A. möglich gemacht hatte.

Den AMC-Aktionären wurde im Geschäftsbericht 1973 erklärt: »In Fernost, wo weltweit die größte Wachstumsrate auf dem Automarkt erwartet wird, befinden sich weitere Verträge über Fertigung und Vertrieb von Jeep-Fahrzeugen in Korea und auf den Philippinen kurz vor dem Abschluß.«

1973 führte van Merkensteijn auch seine Verhandlungen mit Shinjin Motors in Seoul zum Abschluß, bei denen es um die Fertigung einer Reihe von Jeep-Modellen wie CJ-5, CJ-6, Wagoneer und Jeep Trucks in Korea ging. »Unter unserem Joint Venture«, erläuterte van Merkensteijn, »wird die Jeep Corporation Sechszylindermotoren und Kraftübertragungen liefern, und Shinjin stellt Rahmen, Karosserien, Fahrwerksteile usw. im Lande her.«

An diesem Tochterunternehmen waren Jeep und Shinjin zu je 50% beteiligt. Das sei für AMC die übliche Form ausländischer Kooperation, betonte van Merkensteijn. »Unter den fünfzig Werken außerhalb der USA, in denen unsere Pkws und Nutzfahrzeuge oder deren Varianten hergestellt oder montiert werden, hält AMC nur bei zweien 100% der Anteile: bei einer Pkw-Fabrik in Ontario (Kanada) und einem Jeep-Werk in Venezuela.«

Obgleich die meisten Länder 1975 einen wirtschaftlichen Rückgang erlitten, konnten die Auslandsgeschäfte der AMC in fast allen Bereichen Erfolge verbuchen. So nahm der Absatz an AMC-Pkws und Jeeps außerhalb der USA und Kanadas gegenüber dem Vorjahr um 26% auf 66.000 Einheiten zu – mehr als je zuvor.

Der Verkauf von Jeeps im Ausland lag 43% über dem 1974er Niveau. AMC konnte stolz berichten: »Seit dem Erwerb der Jeep Corporation 1970 hat sich der Verkauf von Jeep-Fahrzeugen im Ausland mehr als verdoppelt. Etwa ein Drittel aller gefertigten Jeeps werden an ausländischen Märkten abgesetzt ... In Ländern außerhalb der USA und Kanadas trugen ca.31% aller im letzten Jahr verkauften 4×4-Fahrzeuge den Namen Jeep.«

Die Voraussetzungen dafür, noch höhere Marktanteile zu bekommen, waren gut. 1974 hatten über 200 Händler in 130 Ländern AMC-Produkte vertrieben. »Jeeps sind besonders gut für den Bedarf aufstrebender Drittländer geeignet«, meinte AMC, »deren Wirtschaftskraft durch steigende Erdöl- und Rohstoffpreise gestärkt wurde.«

Ein Beispiel hierfür war Venezuela, nach Auffassung von AMC »der 4×4-Markt mit der höchsten Zuwachsrate in der Welt«. Deshalb wurden dort auch die Werksanlagen der AMC-Tochter Jeep de Venezuela erweitert und Wege zur Erlangung höherer Marktanteile erarbeitet. Schon jetzt war Jeeps Position mit 40% am Markt der 4WD-Fahrzeuge in dem vom Andenpakt betroffenen Gebiet wahrlich nicht schlecht.

Auf gleichbleibend hohem Niveau waren Jeeps Exporte in OPEC- und andere Entwicklungsländer mit großen Rohstoffreserven. Iran blieb ein wichtiger Markt, und AMC berichtete, daß der Absatz in Nigeria, Indonesien und Marokko »erfreuliche Wachstumsraten« aufweise. Von 1975 bis 1977 war der Leiter der International Operations Lawrence Hyde, der eine aggressive Marktpolitik verfolgte, aber auch nicht zögerte, schlecht laufende Unternehmen zu schließen.

Der absolute Verkaufsrekord von 110.000 Jeeps in den USA 1977 wurde begleitet von gewaltigen Erfolgen im Ausland, wo sich AMCs Gewinne im Geschäftsjahr 1977 mehr als verdoppelten – ebenfalls auf Rekordhöhe. Die Aktionäre erfuhren, daß »Jeep-Fahrzeuge Schrittmacher auf den internationalen Märkten« seien und daß der Auslandsabsatz gegenüber 1976 um 14% gestiegen sei, nämlich von 26.500 auf 30.300 Einheiten.

Da der Bedarf an Allradfahrzeugen stetig stieg, waren Jeeps Zukunftsaussichten ausgesprochen gut. AMCs Strategie im Auslandsgeschäft konzentrierte sich weiter auf drei Grundlinien: bestehende Märkte erweitern und neue erschließen; neue Modelle für die weltweiten spezifischen Erfordernisse entwickeln; an Joint Ventures zur Auslandsfertigung teilnehmen.

Typische Konsequenzen aus der Anwendung dieser Grundsätze umfaßten 1977 z. B. die nochmalige kräftige Vergrößerung des Werkes von Jeep de Venezuela in Tejerias, um die Nachfrage nach Wagoneers und CJ-Versionen zu befriedigen. AMC beschrieb Venezuela als einen »wachsenden Markt, der die hohen Erträge aus dem Erdölexport und einen rasch zunehmenden Mittelstand widerspiegelt«.

Auch im Iran war der Jeep-Absatz erheblich angestiegen und machte jetzt fast 75% am 4WD-Markt aus. AMC berichtete, daß vor allem der Bedarf der iranischen Regierung an Jeep-Fahrzeugen weiterhin hoch sei und auch die Nachfrage nach den teureren Modellen im privaten Sektor dort rapide ansteige. Das war natürlich vor der Revolution; nachher waren die Tage dieser Unternehmung (die AMC-Anteile waren inzwischen an GMC verkauft worden) nur mehr gezählt.

Eine wichtige Entwicklung des Jahres 1978 war der Abschluß eines Joint Ventures in Ägypten zum Bau einer Fabrik für jährlich 10.000 bis 12.000 Einheiten, die bis 1981 stehen sollte. Tatsächlich begann die Fertigung schon im Dezember 1978, weniger als ein Jahr nach der Grundsteinlegung. Das Unternehmen, Arab American Vehicles, war zu 51% im Besitz der Arab Organization for Industrialization (AOI), einem Konsortium von vier Nahostländern (Ägypten, Saudi-Arabien, VAE und Qatar), und zu 49% von American Motors.

Die vier arabischen Staaten kooperierten, um eine Rüstungsindustrie zu begründen, die auch deutliche zivile Nebenwirkungen haben sollte. Anfangs war die Produktion auf CJ-5 und CJ-6 beschränkt, die aber dann von den Modellen CJ-7 und CJ-8 abgelöst wurden. Priorität hatten zwar die Militäraufträge, doch eine Anzahl Fahrzeuge ging auch auf den zivilen Markt.

Tod O.Clare, der 1978 AMC-Exportchef wurde, erinnert sich: »Damals wurden amerikanische Hersteller mit Aufforderungen, Fabriken in arabischen Ländern zu bauen, geradezu überschüttet...AOI verlangte nach dem Jeep, man wußte, daß er sowohl für taktischen als auch für zivilen Einsatz geeignet war. Er war so unkompliziert, daß man ihn für viele Zwecke verwenden konnte.«

Zu dieser Zeit setzte die US-Army den M-151 ein. Obschon nach den Worten Clares »...ein gutes Geländefahrzeug unter gewissen Bedingungen«, war der M-151 seiner Meinung nach »im Wüstensand nutzlos, weil man keine genügend breiten Reifen montieren konnte. Deshalb lehnten diejenigen, die ein wirkliches Wüstenauto brauchten, den M-151 ab.

Rechte Seite:

Beide Fotos: Zwei Ansichten eines von Mitsubishi gefertigten Jeep-Modells (Foto: Sammlung des Autors)

Der Jeep war eine sehr handliche und preiswerte Alternative. Es gab in der ganzen Welt tatsächlich keinen 4 × 4 wie den Jeep mit 16″ Michelin-Reifen.«

Einziger echter Rivale bei diesem Nahost-Projekt war der Land-Rover. »Die Leute bemühten sich wirklich«, erzählt Clare, »und wir hatten uns mit Händen und Füßen gegen sie zu wehren.«

Konkurrenzfähiger wurde der CJ 1978 in europäischen, asiatischen und südamerikanischen Ländern, als man ihn mit Dieselmotor anbot, einem Isuzu 2,7-Liter-Vierzylinder mit 70 PS bei 3600/min und 155 Nm Drehmoment bei 2050/min. Der Dieselmotor war erhältlich für den CJ-5, CJ-6 und CJ-7. Alle Versionen hatten serienmäßig ein vollsynchronisiertes Dreiganggetriebe T–150. Zum Mehrpreis gab es ein »3 + 1«-Gang-Getriebe mit Kriechgang für besonders harten Einsatz.

Um 1978 war deutlich zu erkennen, daß die Auslandsgeschäfte sich auf dreierlei Schienen bewegten: Zunächst waren da die hochentwickelten Märkte wie England, wo Jeep-Modelle 1978 mit Erfolg vertrieben wurden, oder Australien, wo der CJ-7, behördlich als Rechtslenker zugelassen, den Weg für künftige Absatzsteigerungen ebnete. In Europa verdoppelte sich der Jeep-Absatz 1978 sogar gegenüber dem Vorjahr. Zweitens gab es die Entwicklungsländer, in denen Jeep weiterhin große Fortschritte machte, etwa im Iran und in Venezuela. Im Jahre 1978 wurde die Fertigungskapazität in dem südamerikanischen Werk so erweitert, daß man den laufenden Bedarf decken und neue Aktionen zum Vertrieb in anderen Ländern des Andenpaktes vorbereiten konnte. Drittens war Jeep im Begriff, neue Märkte in solchen Drittländern zu erschließen, die selbst 1978 noch völlig unterentwickelt waren.

Bereits Mitte der 60er Jahre hatte die Kaiser Jeep International Corporation große Anstrengungen zum Einstieg in den osteuropäischen Nutzfahrzeugmarkt gemacht. Den größten Aufwand trieb sie mit einer reichlich 3000km langen Tour durch Polen, CSSR, Ungarn, Rumänien und Bulgarien mit einer Flotte schneeweißer Jeep-Modelle. Dieses mit 15 Jeeps durchgeführte Projekt wurde regierungsseitig unterstützt. Wenngleich daraus keine direkten Aufträge folgten, war Steve Girard, Präsident der Kaiser Jeep International, hoffnungsvoll und sogar ungewollt prophetisch, als er erklärte: »Der Markt ist sehr groß. Wenn wir von einem der Ostblockländer einen Auftrag über 1000 bis 2000 Stück bekommen würden – und dazu die nötige Exporterlaubnis der Behörden –,

dann könnte das den Einstieg in eine Teile- und Baugruppenfertigung mit späterer Fahrzeugproduktion bedeuten. Der Hauptgrund für die Reise der Karawane war natürlich, Bedarf zu wecken, denn unsere Produkte sind schlecht aus der Ferne oder nach Prospekt zu verkaufen. Man muß sie zeigen, sie vorführen. Die staatlichen Importbüros in diesen Ländern kaufen, wenn sie kaufen, in Mengen ein, und sobald wir einmal eine größere Bestellung und die Genehmigung dazu auf dem Tisch haben, können wir in irgendeinem europäischen Land innerhalb eines Jahres eine Fabrik aufbauen.«

Die große Bestellung kam also nicht gleich. Doch viele Teilnehmer an der Tour waren später am Aufbau der südamerikanischen AMC-Töchter beteiligt. Und noch heute hat der Name Jeep in Osteuropa einen besonderen Klang. »Wir erhalten immer noch Briefe von Leuten aus den ehemaligen Comecon-Ländern, besonders von Studenten«, berichtete Clare. »Sie bitten um Broschüren, Prospekte oder Anstecknadeln.« Kaiser sei nicht nur bereit gewesen, Neuland zu betreten, meinte Clare, sondern habe wirklich neue Wege beschritten und versucht, was möglich war.

»Ich hatte das Gefühl, da sei eine historische Verpflichtung zu erfüllen, nämlich daß Jeep von Anfang an dabeizusein hatte, wenn immer sich eine Gelegenheit ergeben sollte, in eine neue Region vorzudringen. Jeep mußte auf internationaler Ebene einfach die Pionierrolle spielen; wir glaubten, das sei ein Kernpunkt unserer Firmengeschichte: Wir waren die kleinste Firma und mußten aggressiv vorgehen, und mehr als einmal haben wir auf dem Allradsektor die gesamte Konkurrenz aus dem Feld geschlagen.«

Bis der CJ-7 vom Wrangler abgelöst wurde, war American Motors in der Lage, Rechtslenker-Jeeps für Märkte wie den britischen zu liefern. Die Fahrzeuge waren zwar da, doch nun fehlte es am Händlernetz in Großbritannien. Schließlich übernahmen die BMW-Importeure Jonathan Seif und Christopher Tennent die Vertretung sowohl der CJ-Reihe als auch der Rechtslenker-Umbauten älterer Jeep-Modelle.

Dieses Vorgehen erwies sich als vorteilhaft für beide Seiten. Die Gründung der Jeep (UK) Ltd. versetzte die BMW-Importeure in die Lage, Qualitätsprodukte mit Allradantrieb anzubieten, während AMC mit Hilfe der viertürigen Cherokee- und Wagoneer-Varianten einen Markt erobern konnte, der von den frühen Range-Rover-Modellen noch so gut wie unberührt geblieben war.

Kaiser-Jeep-Präsident Girard hatte in den späten 70er Jahren sehr wohl die Chancen erkannt, die die Ostmärkte boten. Ungefähr dreizehn Jahre später erklärte AMC, man sei daran, die Möglichkeit einer Fertigung von 4WD-Modellen in der Volksrepublik China zu untersuchen. Obgleich AMC schon 1974 etwa 500 Jeeps nach Rotchina geliefert hatte, war dies der eigentliche Beginn einer Unternehmung, die zwar frustrierend, aber potentiell doch die einzige wirklich wichtige war, die ein amerikanischer Hersteller je auf einem ausländischen Automobilmarkt in Gang gesetzt hatte.

Am 26.Februar 1979 berichtete AMC, man habe sich mit der Beijing Automotive and Industrial Corporation so weit geeinigt, daß Produktionsmöglichkeiten für den Jeep in einer Fabrik diskutiert werden könnten, in welcher damals der BJ 212 gefertigt wurde. Das war ein Allradfahrzeug, das auf einer alten russischen »Gaz«-Konstruktion aus den 50er Jahren basierte. Darüber hinaus teilte AMC mit, man erwarte, daß Gespräche über den Jeep-Export nach China in die laufenden Verhandlungen einfließen könnten.

Rückblickend meinte Clare zu diesem fernöstlichen Abenteuer gegenüber *The Wall Street Journal* vom Mai 1983: »Wir täuschten uns sehr, wenn wir dachten, es würde alles so laufen wie zu Hause.«

Erst am 5.Mai 1983 konnte das Vertragswerk zwischen AMC und der chinesischen Regierung in der »Großen Halle des Volkes« unterzeichnet werden. Die Zeit zwischen der »Einigung« von 1979 und diesem Tag war gekennzeichnet durch scheinbar endlose Gespräche, die nötig waren, um zwei verschiedene Kulturkreise und Wirtschaftssysteme »unter einen Hut« zu bringen, unter dem man im besten Fall eine in jeder Hinsicht komplexe Kooperation zustandebringen würde. So erzählte Richard Swando, der Leiter des AMC-Projekts, dem *Wall Street Journal*: »Einen halben Tag haben wir allein über ein ›etc.‹ debattiert.« Dabei sei es um einen Paragraphen gegangen, der die Formulierung enthielt: »...höhere Gewalt wie Feuer, Überschwemmungen etc.«. Und Swando beklagte sich: »Die Chinesen wollten, daß wir jeden Fall von höherer Gewalt einzeln definierten.« Zuletzt enthielt dieser Paragraph dann statt des beanstandeten »etc.« die Worte: »beyond reasonable and foreseeable control« (etwa: außerhalb des vernünftigerweise Planbaren). Später hatte sich Robert Steinseifer, Geschäftsführer der Peking Auto Works (die schon bald in Beijing Jeep Corporation umbenannt wurde), mit der Höflichkeit der Chinesen auseinanderzusetzen. Nur zu oft, so berichtete er in *Chilton's Automotive Industries* vom Oktober 1985, hätten die Chinesen ihre Meinung oder ihre Kritik in einer so überhöflichen Weise vorgebracht, daß die Amerikaner den Kern der Sache gar nicht begriffen. Die Lösung sei dann so etwas wie ein »Boxring« gewesen, eine Arena, in der alle Parteien »zur Sache gehen« konnten.

Andere strittige Punkte der Vereinbarung betrafen Fragen des Inflationsausgleichs, der Gehälter für chinesische Manager, die Disposition der fertigen

Ein CJ-Diesel unter extremen Betriebsbedingungen
(Foto: Sammlung des Autors)

Fahrzeuge. Eine Hauptsorge der AMC war die Verfügbarkeit der Mittel in harter Währung.

Unter der endgültigen Vertragsfassung mußte ein neues Unternehmen gegründet werden, die Beijing (Peking) Jeep Corporation. Zu Anfang investierte AMC zum Erwerb von 31,4% der Geschäftsanteile technische und finanzielle Mittel im Wert von 16 Millionen Dollar und erklärte, sie wolle aus den Erträgen weitere Anteile bis zur Höhe der maximal erlaubten 49% erwerben. AMC verpflichtete sich auch zur Abnahme von Produkten der neuen Firma BJC bis 1990 im Wert von insgesamt 70 Millionen Dollar. Natürlich hing die Exportfähigkeit der in China gefertigten Fahrzeuge sehr von ihrer Qualität ab. Dazu sagte Steinseifer in *Chilton's Automotive Industries*: »Jede Anweisung, die ich ihnen gab, haben sie genau befolgt. Was ihnen noch fehlt, ist mehr Produktivität. Sie haben noch nie produktiv arbeiten müssen, denn ihnen war ja am wichtigsten, jedem einen Job zu geben. Jetzt ist ihr größtes Interesse, hochwertige Fahrzeuge zu bauen, die mit den japanischen in Südostasien konkurrieren können. Und das ist eine ganz schöne Aufgabe.«

Die anfängliche Fertigungsplanung verlangte eine Verdoppelung der Kapazität auf 40.000 Einheiten jährlich und für die Entwicklung eines neuen Fahrzeugs für den chinesischen Markt auf der Basis vorhandener Jeep-Technik. Letzteres aber erwies sich als zeitraubend und teuer. Stattdessen beschloß man, Jeep Cherokees aus Toledo in Teilen (CKD) nach China zu liefern und sie dort zu montieren.

AMC war nicht der einzige ausländische Produzent, der in China Fuß fassen wollte. Dazu AMC-Chairman Paul Tippett: »Jedem muß das Wasser im Mund zusammenlaufen, wenn er an diesen riesigen Markt denkt.«

Tippett war außerordentlich optimistisch bezüglich des China-Geschäfts. Die Aussicht, mit sehr geringen Arbeitskosten (30 Cent/Stunde gegenüber 22 Dollar/Stunde in den USA) fertigen und die Produktivität der bestehenden Fabrik erhöhen zu können, ohne die 10.000köpfige Belegschaft wesentlich erweitern zu müssen, reichte aus, um alle aufkommenden Zweifel an der Richtigkeit der AMC-Entscheidung zu zerstreuen. Freilich wurde die Freude über die niedrigen Löhne getrübt durch die Forderung, den chinesischen Arbeitern mehr als das Sechsfache des üblichen Lohnes zu zahlen. Am Ende wurde das aber doch auf das Anderthalbfache heruntergeschraubt.

Zwei Jahre später, im Oktober 1985, lief der erste in China montierte Cherokee vom Band. Obgleich die Belegschaft auf 4000 reduziert worden war und die gesamte Produktion 1985 aus 2100 BJ-212 und 750 Cherokees bestand, drohten schon bald ernste Probleme das ganze Unternehmen in Frage zu stellen. Die Krise kam, weil die chinesische Regierung sich mit der Zahlung in harter Währung zurückhielt und behördliche Vorschriften vorschob. Mitte 1986 stoppte AMC daraufhin die Verschiffung von Cherokee-Teilen nach China. Doch Interventionen seitens hoher Regierungsstellen beider Seiten retteten das Unternehmen noch einmal vor dem Zusammenbruch. In wieweit AMC unter Zugzwang geraten war, läßt sich daran erkennen, daß BJC-Präsident Don St.Pierre seine Bitte um staatliche Intervention schriftlich direkt an den chinesischen Premierminister Zhao Ziyang gerichtet hatte.

Im Mai 1986 reiste eine Delegation der AMC unter Tod O.Clare nach China, um dort mit führenden Köpfen der chinesischen Autoindustrie zu sprechen, darunter Chen Zhutao, Präsident der China National Automotive Industrial Corporation; außerdem trafen sie auf den stellvertretenden Bürgermeister der Stadt Peking, Xhang Jianmin. Das gemeinsame Statement besagte: »Als Ergebnis der Gespräche einigten sich beide Seiten prinzipiell auf Aktionen, die es BJC gestatten werden, das Jeep-Cherokee-Programm fortzusetzen und den Übergang zur lokalen Fertigung zu beschleunigen. Eine umfassende, detaillierte Entwicklungsplanung soll in naher Zukunft aufgestellt werden.«

Also nahm AMC die CKD-Lieferungen für den Cherokee wieder auf; die Produktion konnte nach sieben Wochen Pause am 8.August fortgesetzt werden. Die vertraglichen Vereinbarungen, die dies ermöglichten, enthielten auch das Ziel, den lokalen Anteil an den montierten Cherokees im Jahre 1987 von bisher 9% auf 25% zu erweitern. Die Chinesen verpflichteten sich, 1987 mindestens 2000 CKD-Sätze des Cherokee zu kaufen. Für jeden zum Preise von umgerechnet 19.000 Dollar verkauften Cherokee sollte BJC 12.000 Dollar in harter Währung erhalten, den Rest in chinesischer.

Bis 1990 wollte AMC jährlich 20.000 Cherokees in China fertigen und dabei den lokalen Anteil auf 90% hochfahren (tatsächlich beträgt dieser aber noch heute kaum mehr als 20%). Zukunftspläne betrafen auch die Produktion des Comanche Pick-up durch BJC.

Inzwischen wuchs die weltweite Verbreitung der Jeep-Modelle rasch weiter. 1979 erzielte man zum drittenmal nacheinander absolute Spitzenexporte. AMC erklärte: »Diese Rekordzahlen gehen auf weltweite politische und wirtschaftliche Veränderungen zurück.« Obschon der Absatz im Nahen Osten aufgrund der Revolution im Iran gesunken war, stieg die gesamte Exportstückzahl der AMC um 12%, hauptsächlich durch besseren Jeep-Absatz. Das ägyptische Montagewerk hatte bis Jahresende fast 2500 Fahrzeuge fertiggestellt.

In Mexiko stieg der Jeep-Verkauf gegenüber 1978 um volle 66% auf einen neuen Höchststand. Die Wirt-

Zwei etwas respektlose Vergleiche zwischen CJ-Diesel und wesentlich größeren Dieselfahrzeugen (Fotos: Sammlung des Autors)

schaft des Landes war 1979 erstarkt, und AMC berichtete: »Unser Haus ist auf dem mexikanischen Automarkt gut vertreten; wir erwarten eine ständige Verbesserung des Absatzes an Pkws und Jeeps.«

In Venezuela startete AMC ein Joint Venture mit einem neuen Partner, was auf die Verdoppelung der Fertigungskapazität und des Händlernetzes hinauslief. Mehr als 1000 Jeep-Fahrzeuge wurden jetzt monatlich in Venezuela hergestellt.

Im Juli 1979 begann die Produktion des Llanero, einer Spezialversion des CJ-7 für den venezolanischen Markt mit neuem Ganzstahldach, Heckklappe und seitlichen Sitzbänken. Weitere eigene Jeep-Versionen für den lateinamerikanischen Markt waren geplant.

Jeeps Position in Europa festigte sich auch weiterhin durch erhöhten Absatz bei den Luxusmodellen und durch mehr verfügbar werdende CJ mit Dieselantrieb. Als Basis für künftige Expansion begann die Jeep Europa-Vertriebsorganisation das Renault-Händlernetz in wichtigen Exportländern zu nutzen.

Auch 1980 blieben Umsatz und Gewinn aus den Auslandsunternehmungen der AMC auf hohem Niveau – seit vier Jahren ununterbrochen. In den meisten Industrieländern wie Europa traf AMC freilich ein ähnliches Problem an wie zu Hause: ein depressives Wirtschaftsklima infolge hoher Zinsen, rasch ansteigender Benzinpreise und allgemeinem Abwärtstrend der Wirtschaft. Das wiederum führte zu einer aufkeimenden Nachfrage nach besonders sparsamen Autos. Die meisten in diesen Ländern verkauften Jeeps stammten aus Werken in den USA. Wie Clare erläuterte, war »International Operations imstande, diese Nachfrage rasch und wirkungsvoll abzudecken. AMC stellte alle CJ-Fahrzeuge mit 4- und 6-Zylinder-Benzinmotoren sowie mit 4-Zylinder-Dieseltriebwerken bereit, und das zum erstenmal für ein ganzes Modelljahr. Werbe- und Marketingprogramme wurden zur Aufklärung der Kundschaft über die neuen Angebote gestartet.« Das Ergebnis war, daß 40% der montierten und von International Operations verkauften Jeeps tatsächlich die neuen Dieselmotoren hatten.

In krassem Gegensatz zu den Problemen in den hochentwickelten Autoländern sorgte die Lage in den Drittländern der südlichen Halbkugel wieder für hohe Umsätze. AMC berichtete: »Jeep hatte eine gute Marktposition und konnte von der großen Nachfrage infolge seiner Montage- und Fertigungsstätten in diesen Ländern profitieren.«

In Mexiko und Venezuela wurden neue Pkw- und Jeep-Verkaufsrekorde erzielt. In Mexiko waren es insgesamt 30.000 Pkw- und Jeep-Modelle, also 20% mehr als 1979. Auch Venezuela war mit fast 10.000 Stück erfolgreich; Jeeps Anteil betrug 53% vom Allradmarkt. Und 1980 wurde dort ein wichtiger neuer Jeep-Truck eingeführt, der Typ J-10, der bei seiner Einführung praktisch schon ausverkauft war. Diese

Entwicklung, zusammen mit guter Nachfrage beim Wagoneer, erforderte eine Erweiterung der Fertigungskapazität in Venezuela, die dann 1981 auch zur Verfügung stand.

In Fernost stieg der Absatz 1980 um 105%. Besonders eindrucksvoll waren die Erfolge in Indonesien, wo es Jeep trotz starker, gut eingeführter japanischer Konkurrenz gelang, sich praktisch aus dem Nichts heraus einen Marktanteil von 22% zu erobern.

Die Jeep-Präsenz in Australien wurde gestärkt durch den Aufbau eines neuen Montageprogramms für den Cherokee, das 1981 zum Einsatz kommen sollte. In Nahost verbesserte Arab American Vehicles nochmals seine Werksanlagen auf eine Kapazität von jährlich über 3500 Einheiten.

Außerhalb der USA und Kanada konnten 1981 mehr als 100.000 Jeep-Fahrzeuge abgesetzt werden. Diese beachtliche Zahl stellte eine 13prozentige Erhöhung gegenüber 1980 dar. AMCs International Operations waren damals fast in jeder Hinsicht eindrucksvoll: Auf 19 Produktionsbetriebe und 3000 Händler in 110 Ländern der Erde hatte man es gebracht. Einziger Schwachpunkt war Europa, wo die meisten Märkte depressiv geblieben waren. AMC erklärte dies mit einem Zusammentreffen einer Verlangsamung des Wirtschaftswachstums mit der Verteuerung des US-Dollars. Man hoffte aber, daß der geplante Jeep-Vertrieb durch Renault in Frankreich und Belgien diese Lage würde verbessern können.

In Lateinamerika waren 1981 die Verkaufszahlen der Pkws und Jeeps bei einer Zuwachsrate von 23% erneut auf Rekordstand. Jeep de Venezuela, bei der AMC 45% Aktienanteil hielt, war der größte Hersteller von Jeeps außerhalb der USA geworden und erreichte mit 10.000 verkauften Einheiten einen Anteil von 50% am venezolanischen Allradmarkt.

Ähnlich durchschlagend waren die Erfolge in Mexiko. Dort war der Absatz an Pkws und Jeeps zusammen um 17% gegenüber 1980 gestiegen und erreichte das neue Rekordniveau von 35.000 Stück.

AMC berichtete über eine für 1981 geplante Erweiterung der südamerikanischen Aktivitäten durch ein neues Lizenz- und Montageabkommen mit einer Autofabrik in Bolivien, unter dem die Serienfertigung Mitte 1982 beginnen sollte.

Im Vergleich zu 1980 stieg das Fernostgeschäft um 82% und erreichte neue Rekordhöhe. Der Absatz des in Indonesien gebauten CJ-7 verdoppelte sich fast, so daß AMC dort 16% des Allradmarktes beherrschte.

In Brisbane in Australien wurde ein neues Montagewerk für Cherokees und J-10 Lkws eröffnet. In Nahost erhielt Arab American Vehicles einen Regierungsauftrag über den Jeep CJ-6. Schließlich gründete AMC in Afrika ein Joint Venture, das als Jeep Africa in Nairobi CJ-8 und CJ-10 montieren und sie unter anderem in Kenia absetzen sollte. An Jeep Africa erwarb AMC 51% Eigentumsanteile.

Die schlechte Wirtschaftslage in vielen der wichtigsten internationalen Jeep-Märkte brachte 1982 AMCs atemberaubenden Aufstieg vorerst zum Stillstand. Die Werke blieben zwar rentabel, doch in Regionen wie der südamerikanischen sah man sich schwierigen Problemen gegenüber (ohne Verschulden von AMC). So hatte z. B. in Mexiko die Abwertung des Peso schlimme Auswirkungen auf den Autoabsatz. In Venezuela verursachte eine Senkung der Erdölpreise einen erheblichen Rückgang im 4 × 4-Fahrzeuggeschäft. Teilweise wurden diese Verluste aufgewogen durch Renaults nahezu verdoppelten französischen Jeep-Absatz.

Um 1984 begannen die Geschäfte in Südamerika wieder zuzunehmen, um 1985 auf ihren höchsten Stand seit vier Jahren zu klettern.

18. Kapitel

Fusionen und Kooperationen: 1954–1987

Als Kaiser 1953 die Firma Willys-Overland erwarb, handelte es sich um die erste von drei Fusionen zwischen unabhängigen US-Autoherstellern, von denen die Beteiligten hofften, auf diese Weise den harten Konkurrenzkampf um den Markt der 50er Jahre überleben zu können. Am 1.Oktober 1954 wurde Studebaker von Packard übernommen, und Präsident der Neugründung Studebaker-Packard wurde ein ehrgeiziger James Nance, der vorhatte, seine Firma zu einem würdigen Konkurrenten Cadillacs zu machen. Sechs Monate zuvor, am 1.Mai 1954, hatten Nash-Kelvinator Corporation und Hudson Car Company zusammengelegt und die American Motors Corporation gegründet.

Die Bedingungen, unter denen die beiden letztgenannten Firmen begannen, waren ungemein schwierig. Die Produktion aller vier Marken war 1954 gegenüber dem Vorjahr stark zurückgegangen, wie dieser Vergleich zeigt:

	Produktion 1953	**Produktion 1954**
Studebaker	*186.500*	*85.300*
Packard	*81.300*	*27.600*
Nash	*135.400*	*62.900*
Hudson	*76.300*	*32.300*

Trotz aller tapferen Bemühungen kam für die Hudson- und Nash-Modelle das Aus schon 1957. Und im Jahr darauf wurde der letzte Packard, basierend auf der Karosserie des Studebaker, gefertigt. Eine Zeitlang schleppte sich die Firma Studebaker noch weiter, ermutigt vom kurzzeitigen Erfolg ihres Modells Lark. Vielleicht hätte sie Mitte der 60er ein wirkliches Comeback schaffen können, wäre nicht ihr willensstarker Präsident Sherwood Egbert so schwer erkrankt, daß er im November 1963 zurücktreten mußte. Auf Egberts Plan hatten nicht nur der neu gestylte Hawk und der neue Avantis gestanden, die tatsächlich in Produktion gingen, sondern auch eine ganze Baureihe neuer Großserienautos. Stattdessen geriet Studebaker mehr und mehr aus dem Autogeschäft, gab die Fertigung in South Bend (Indiana) am 20.Dezember 1963 auf und montierte fortan nur noch im Werk Hamilton (Ontario). Anfang März 1966 teilte Studebaker mit, daß die Produktion auch hier in Kürze auslaufen werde, was dann am 17.März geschah.

Um diese Zeit saß dagegen American Motors als Hersteller von »Compact Cars« (der neuen US-Mittelklasse) bereits fest im Sattel. Bei der Gründung der AMC war es Nash gewesen, die sich Hudson einverleibt hatte, und so war es auch Nash-Chef George Mason und nicht Hudsons A.E.Barit, der die neue AMC als Chairman und Präsident leitete.

Als das Modell Jet erschien, geriet es sogleich unter den Einfluß von Hudsons schwieriger Finanzlage und wurde als nicht gerade besonders attraktives Auto schnell zum Waisenknaben.

Was für ein Image hatte dagegen der Rambler! Er wurde nie als Auto für die breite Masse angeboten; er wurde hergestellt von einer Firma, die zumindest anfangs von anderen Produkten lebte, also nicht auf des Ramblers Erfolg angewiesen war.

Wichtig war dann auch, daß der Nachfolger Masons im Chefsessel der AMC sein »Schüler«, sein Protegé und rechtmäßiger Erbe war: George Romney. Die spätere Entwicklung sollte zeigen, daß dies der einzig wirklich wichtige Faktor für das Überleben der AMC zum Ende der 50er, Anfang der 60er Jahre gewesen ist. Romney war 1948 zu Nash gegangen, nachdem sich George Christopher von Packard, der ihn nach seiner Pensionierung im Chefsessel von Packard sehen wollte, vergeblich um ihn bemüht hatte. Und Romney verlor keine Zeit und arbeitete nach Gründung der AMC ein »Friß-oder-stirb«-Programm aus. Eine Zeitlang stand er allein da mit seiner prophetischen Vorstellung vom Konzept der Vernunft im Automobilbau – ein einsamer Mahner in einer Ära der Verschwendung und Übertreibung. Dann aber wendete sich das Blatt, unterstützt durch den Erfolg des Volkswagens, durch sozialkritische Bücher über die amerikanischen Irrwege im Autobau (z. B. John Keats, *The Insolent Chariots*), und schließlich durch den wachsenden Trend zu modernem, schlichtem Styling. Das Ergebnis war, daß Romneys Ruf nach dem Compact Car mehr und mehr respektiert wurde. Die Fertigungsstückzahlen des Rambler von 1950 bis 1962 sind ein Beweis für den Erfolg, den Romney in seinem Kampf gegen die »Dinosaurier« aus Detroit verbuchen konnte:

Kalenderjahr	Rambler-Jahresproduktion
1950	*20.782*
1951	*57.555*
1952	*53.055*
1953	*41.885*
1954	*37.779*
1955	*83.852*
1956	*79.166*
1957	*114.084*
1958	*186.227*
1959	*368.464*
1960	*434.704*
1961	*372.485*
1962	*454.784*

Doch schon 1961 gab es Anzeichen dafür, daß die Tage des Rambler gezählt sein würden. Eine frühe Warnung für AMC war die Evolution des Chevrolet Corvair vom schlichten Economy Car zum flotten Sportwagen. Als er 1959 zum Modelljahr 1960 erstmals erschien, war der Corvair das praktische, wirtschaftliche Auto der neuen Generation, dem VW nicht unähnlich. Doch sein Erfolg in dieser Rolle war recht fragwürdig. Im Modelljahr 1960 kam er auf ganze 250.007 Stück, sein Rivale Ford Falcon dagegen auf 435.676. Schon im Mai 1960 begann Chevrolet daher mit der Produktion der sportlichen Corvair-Version Monza, die nicht nur rasch Freunde gewann, sondern 1961 auch den Löwenanteil am Corvair-Absatz übernahm.

Mason hatte lange Jahre angestrebt, die unabhängigen US-Hersteller zu einem einzigen Unternehmen zu vereinen, das in der Lage wäre, erfolgreich gegenüber Ford, Chrysler und General Motors aufzutreten. Gemeint waren Packard, Nash und Hudson; Studebaker zählte für ihn nicht dazu, vor allem da deren Arbeitskosten die höchsten der ganzen Industrie waren.

Während er selbst den starken 15%-Anteil der Unabhängigen am Automarkt der späten 40er Jahre als anormal und rasch vorübergehend betrachtete, sahen die Chefs von Packard und Hudson die Lage durch die rosarote Brille. Hudsons Barit hatte deshalb wenig Interesse an Masons Fusionsplänen gezeigt – bis die Situation kritisch wurde.

Am 8.Oktober 1954, nur eine Woche nach dem Zusammenschluß Studebaker-Packard, starb George Mason an einer Lungenentzündung. Vor seinem Tode aber hatte er das Konzept ausgearbeitet, das er als den einzigen Weg zum Überleben der American Motors erachtete: den Weg über das kompakte Auto. Schon im Jahre 1941 hatte Nash auf einem gut ausgewogenen 2845 mm-Radstand den Nash 600 eingeführt, doch seine sauberen Proportionen waren von einer ungeeigneten selbsttragenden Karosserie zunichte gemacht worden. Nach Kriegsende hatte Mason daher bei Nash-Kelvinator auf weitere Forschungs- und Entwicklungsarbeiten gedrungen, die auf einen amerikanischen Kleinwagen abzielten.

So ging 1954 der Nash Metropolitan in Serie. Nach Nash-Unterlagen unter Verwendung vieler Teile des Austin A40 in England gefertigt, war er das Ergebnis einer älteren NXI-Konstruktion, die große Beachtung bei Amerikanern gefunden hatte, die auf einen kleinen Zweisitzer für den Kurzstreckenverkehr warteten.

Weit mehr Bedeutung erlangte der Nash Rambler, der im März 1950 erschien. Er war ein echter Compact Car mit nur 2540 mm Radstand und 4470 mm Gesamtlänge. Gewiß hatte es schon vor dem Rambler kompakte US-Produkte gegeben, und es sollten noch viele weitere folgen. Kaiser-Frazer würde 1951 den Henry J bringen, Willys-Overland 1952 seinen Aero Willys und Hudson 1953 den Jet.

Alle drei Modelle aber litten unter dem einen oder dem anderen Mangel. Das waren nicht etwa mechanische oder konzeptionelle Schwachpunkte an sich, sondern es haperte an ihrem Image. Der Henry J schien das zu sein, was er wirklich war: ein kleines Billigauto, das wenig Prestige bot in einer Zeit, da sich das Auto als Statussymbol durchgesetzt hatte. Der Aero Willys hatte eine Menge Vorzüge – er sah gut aus, war kräftig motorisiert mit dem F-Kopf-Motor und war sparsam. Obschon anfangs im Vergleich mit Konkurrenzmodellen von Ford, Plymouth und Chevrolet viel zu teuer, konnten 1952 respektable 48.845 Stück davon verkauft werden. Leider waren seine Tage als amerikanischer Kleinwagen gezählt, als Kaiser 1953 die Firma Willys-Overland übernahm.

Die Beliebtheit des Corvair Monza wies auf das Entstehen einer Nachfrage nach relativ preiswerten, aber sportlich-attraktiven und leistungsstarken »Pony Cars« hin, ein Marktsegment, das Mitte der 60er voll erblühte. Der Wagen, der diesen lukrativen Markt besonders gut verkörperte, war der Ford Mustang. Am Ende ahmten alle US-Hersteller diesen Ford-Schlager mit eigenen Coupés nach. AMCs erster Versuch, der Marlin, blieb dabei auf der Strecke, während die nachfolgenden Modelle, Javelin und AMX, sich gut verkauften.

Das AMC-Image, das sich aus diesen Aktivitäten bildete, war recht gemischt. Für manche kam AMC immer »einen Tag zu spät und mit einem Dollar zu wenig«. Aus dieser Sicht war der Javelin zwar ein nettes Auto, aber kaum beispielhaft für ein innovatives Konzept. Auch seine V8-Motoren schienen mit denen von Ford und Chevrolet leistungsmäßig nicht mithalten zu können. Doch was die Kritiker nicht wußten: AMC war schon seit 1961 daran, sich mehr auf Märkte zu konzentrieren, die anhaltendes Wachstum versprachen. Insbesondere erachtete Romney (der 1962 AMC verließ, um für das Amt des Gouverneurs von Michigan zu kandidieren) den leichten Lkw und den Kombi als erfolgversprechende Betätigungsfelder für AMC. Romney veranlaßte AMC und Kaiser in den Jahren 1960 und 1961, die Möglichkeit einer Fusion zu untersuchen. Zwar senkte Kaiser seinen anfänglichen Preis für die Jeep-Werke von 150 Millionen auf 110 Millionen Dollar, doch auch diese Forderung lag noch weit über den von AMC gebotenen 85 Millionen. So endeten diese Verhandlungen Anfang Februar 1961 ergebnislos.

Doch die Aussicht auf einen erfolgreichen Abschluß blieb. Die Chancen dafür wuchsen noch, da Kaiser und AMC in Mexiko, Argentinien und im Iran immer enger zusammenarbeiteten. Und sie lebten 1969 erneut auf, als die Strategie des seit 1967 unter Leitung von Roy Chapin jr. tätigen AMC-Managements ebenfalls in diese Richtung zielte. Chapin, Sohn von Roy D.Chapin sr., einem der Gründer der Hudson Motor Car Company aus dem Jahre 1908, hatte sich Anfang der 60er als AMC-Vorstand für Finanzen und internationale Beziehungen ganz besonders für die Einbringung von Jeep in die AMC eingesetzt. In seiner neuen Position als Chef der AMC tat er alles, um die Skeptiker im Aufsichtsrat davon zu überzeugen, daß der Erwerb von Jeep immer noch große Vorteile bot. Wohlgemerkt, die Lage bei Jeep war nicht rundum rosig. Das alte Werk Toledo, obschon für die Fahrzeugfertigung von A bis Z eingerichtet, arbeitete nicht sehr wirtschaftlich. Die Mehrzahl der Jeep-Vertretungen handelten auch mit anderen Produkten und verkauften 1960 im Durchschnitt nur 25 Fahrzeuge pro Händler. Die Produktion hatte in diesem Jahr jedoch 122.000 Einheiten betragen, und Jeep hielt einen beachtlichen Marktanteil von 2,36% in der Lkw-Klasse bis 3 tons (2720 kg) und sogar von 6% in der Klasse von 3–4,5 tons (2720–4080 kg).

Anfangs hatten Chapin und der neue AMC-Präsident William V.Luneberg genug damit zu tun, gegen AMCs trostloses Image anzukämpfen. Erschwert wurde dies dadurch, daß dem schon unschönen 1966er Verlust von 12,6 Millionen im Jahr darauf mit 75,8 Millionen ein noch viel schlimmeres Defizit folgte. Eine der ersten Maßnahmen war, den Preis des billigsten Modells Rambler American um 234 auf 1867 Dollar zu senken. Das brachte ihn sehr nahe an das VW-Niveau heran. Dem damit verbundenen Aufschwung im Verkauf folgte die erfolgreiche Einführung von Javelin und AMX in den Jahren 1967 und 1968.

Auf lange Sicht betrieben Chapin und Luneberg eine Politik der Diversifikation, um das Fundament zu vergrößern. So wurde Ende 1968 ein Ausstattungslieferant, Canadian Fabricated Products, zugekauft, gefolgt vom Erwerb der Development Credit Corporation, einer in New York ansässigen Firma zur Finanzierung von Groß- und Einzelhandel am internationalen Markt. Zuvor hatten AMC an dieser Firma ein Drittel, Renault und Kaiser Jeep zwei Drittel der Anteile gehört.

Jetzt waren die Weichen für erneute Verhandlungen zwischen AMC und Kaiser bezüglich der Übernahme von Kaiser Jeep Corporation gestellt. Bis Dezember 1969 waren die Grundzüge des Vertrags unter Dach. Der Kaufpreis, hieß es zunächst, läge zwischen 82 und 86 Millionen Dollar. Der Buchwert der Firma Jeep betrug damals 90 Millionen. Der tatsächliche Preis, basierend auf dem Kurswert der AMC-Stammaktien der letzten 90 Tage vor dem 30.September 1969, lag freilich näher bei 70 Millionen Dollar. Im einzelnen bezahlte AMC für die Jeep-Übernahme 10 Millionen in bar; hinzu kamen AMC-Aktien im Nennwert von 5,5 Millionen (gleich 22% der Stammaktien der AMC) zum Tageswert von 55 Millionen Dollar, schließlich noch 9,5 Millionen in Schuldscheinen mit 5 Jahren Laufzeit. Außerdem zahlte AMC an Kaiser für Ausrüstungen und Anlagen eine halbe Million Dollar.

Kaiser wurde damit der größte Aktionär der AMC und sollte dort auch zwei Sitze im Aufsichtsrat (der hierzu 1970 von 12 auf 14 Mitglieder erweitert wurde) erhalten. So wurden Gerüchte laut, daß Kaiser womöglich seinerseits eine Übernahme der AMC versuchen wolle. Doch *Business Week* vom 25.Oktober 1969 zitierte einen Sprecher, der sich in beiden Häusern genau auskannte: »Kaiser Industries hat nicht die Absicht, aktiv im AMC-Management tätig zu werden. Das Firmeninteresse gilt einzig der guten Investition in AMC; es gibt keinerlei Pläne, sich um irgendeine Position in der Geschäftsleitung aggressiv zu bemühen.« Auch ein Statement von Edgar F.Kaiser, dem Chairman von Kaiser Industries, half mit, die Gerüchte über Kaisers Absichten zu zerstreuen, indem er klarmachte, daß er keinen Sitz im AMC-Aufsichtsrat anstrebe: »Ich möchte nicht, daß irgendjemand den Eindruck hat, wir würden es auf eine Einflußnahme bei Kaiser Industries abgesehen haben.« Am Ende erhielten zwei Vorstandsmitglieder der Firma Kaiser, Steven A.Girard und Roy E.Hughes, Sitze im Aufsichtsrat der American Motors.

Auf der Jahreshauptversammlung der AMC am 4.Februar 1970 äußerte sich Roy Chapin gegenüber den Aktionären zur Frage des Kaiser-Einflusses bei AMC: »Ich möchte eine Frage vorwegnehmen, die sich in die Köpfe mancher Aktionäre aufgrund einiger Presseberichte im Anschluß an unsere Jeep-Übernahme eingenistet haben dürfte. Sie betrifft die Frage, welche Rolle Kaiser Industries als Inhaber von etwa 22 Prozent der AMC-Stammaktien spielen mag. Während Kaiser Industries ein verständliches Interesse an unserm Geschäftsgang haben dürfte, besteht dort jedoch in keiner Weise die Absicht, Einfluß auf American Motors auszuüben.«

Von ähnlich starkem Interesse für AMC-Aktionäre und potentielle Anleger war die Lage bei Kaiser Jeep unmittelbar vor der Übernahme. Die Schilderung in Kaisers Broschüre war nicht eben ermutigend, denn die Rede war von roten Zahlen im Nutzfahrzeuggeschäft seit mindestens 1964. *Dun's Review* vom Mai 1970 stellte dazu fest, daß die Lkws 37% des Jeep-Absatzes ausmachten. In den ersten neun Monaten 1969 betrugen die Verluste hier 6,4 Millionen Dollar. Nach Meinung der Zeitschrift war AMC im Begriff, ein Unternehmen zu kaufen, mit dem es seit zehn Jahren bergab ging.

Chapin aber konterte diese pessimistische Betrachtungsweise mit einer eigenen rosaroten Szenerie, in der er diesen Kauf als glückliche Chance sah, um mit einem Schritt in beide Sektoren – Freizeitauto und Nutzfahrzeug – einzusteigen. Er war sich auch sicher, daß er Jeep erfolgreicher führen könne als dies unter Kaiser der Fall war. Er sah vor allem Gewinne nicht nur als Ergebnis von Kosteneinsparungen, sondern auch von wirtschaftlicheren Stückzahlen. »Das zusätzliche Fertigungsvolumen wird uns mehr Gewicht gegenüber Lieferanten geben«, erläuterte er. Ähnlich günstig beurteilte er Sparmöglichkeiten durch eine Straffung der Organisation in beiden Unternehmen.

Die Abstimmung der Aktionäre ergab eine gewaltige Mehrheit für den Erwerb Kaisers ($ 10.689.780 gegen $ 297.142). Die Fusion machte AMC zu einem Milliarden-Dollar-Unternehmen; denn der Gesamtumsatz beider Firmen im Geschäftsjahr 1968 hatte rund 1,2 Milliarden betragen (der AMC-Umsatz allein war $ 791.069.780). AMC stieg damit in der Liste der größten Unternehmen der USA von Platz 131 auf Platz 75.

Genau acht Jahre nachdem der AMC-Aufsichtsrat der Fusion endgültig zugestimmt hatte, am 1.Februar 1978, sagte AMCs Präsident Gerald C.Meyers auf der Hauptversammlung zu etwa 200 Aktionären: »Wir werden oft gefragt, ob bei uns in Zukunft Zusammenschlüsse mit anderen Firmen zu erwarten sind. Ich bin sicher, Sie haben die Gerüchte gehört...Die Antwort auf diese Art Fragen ist: ja.«

Die Gerüchte, auf die sich Meyers bezog, handelten von dem Interesse von Firmen wie Volkswagen und Honda an einer wie auch immer gearteten Partnerschaft mit AMC. Es hatte auch Spekulationen gegeben, daß sich ein Syndikat italienischer Investoren, angeführt von Alejandro De Tomaso, ebenso wie eine Gruppe arabischer Finanzleute mit angeblich 50 Millionen Dollar Barmitteln für die AMC interessierten.

Nach Abschluß der Hauptversammlung ging Meyers, seit November 1977 Chef der AMC (Chapin blieb Vorsitzender des Aufsichtsrats), auf einer Pressekonferenz nochmals auf dieses Thema ein, wobei er das Wort »Angliederung« anstatt »Fusion« verwendete: »Die Tür steht offen, wenn sich eine günstige Gelegenheit ergibt...Wir werden alle Möglichkeiten in Erwägung ziehen.« Obgleich er sagte, die AMC könne auch ohne Fusion leben, war in Wahrheit zur finanziellen und technischen Unterstützung bei der Entwicklung neuer Jeep-Modelle und einer neuen Baureihe sparsamer Autos mit Frontantrieb eine geeignete Verbindung mit einem anderen Unternehmen durchaus nötig.

Angelpunkt bei diesen Bemühungen war Chapin, der noch eine lange Liste guter Kontakte aus den Zeiten seiner Auslandsaktivitäten besaß. Auf die natürliche Frage jedes seiner Gesprächspartner »Was springt dabei für uns heraus?« hatte er stets die Antwort bereit, daß der Weg für einen europäischen Hersteller, der ähnlichen Erfolg in den USA haben wolle wie VW, heute zwangsläufig über einen amerikanischen Partner führe.

Zwar waren nicht alle derselben Meinung wie er, doch eine Anzahl europäischer Firmen wie Fiat und Peugeot sahen in den Problemen der AMC eine günstige Gelegenheit. Im März 1978 verkündeten AMC und Renault gemeinsam, sie hätten einen Vertrag ausgehandelt, nach welchem Renault 4,7% der AMC-Stammaktien für 60 Millionen Dollar erwerben würde. Weitere Vertragspunkte waren der Vertrieb des Renault-Modells Le Car durch AMC-Händler und derjenige von Jeeps in Frankreich durch Renault-Vertretungen. Damit begann Renault bei American Motors eine immer wichtigere Rolle zu spielen, die am Ende auf einen Aktienanteil von 46,4% hinauslief und AMC zu Finanzmitteln für neue Pkw- und Jeep-Modelle in Höhe von 785,1 Millionen verhalf.

Eine Zeitlang schien diese Strategie erfolgreich zu sein. Renault hatte Ende der 50er Jahre eine starke Position auf dem Importmarkt der USA gehabt. Der Absatz des Dauphine lag damals an zweiter Stelle hinter VW, doch ein schwaches Händlernetz und Qualitätsprobleme sorgten dafür, daß der Erfolg nicht lange anhielt.

1983 begann AMC mit der Fertigung des Renault Alliance, der nach einem flotten Start bald in Mißkredit bei den amerikanischen Neuwagenkäufern fiel. Während AMC zwischen 1980 und 1984 Verluste von über 622 Millionen Dollar einfuhr, hatte auch Renault erhebliche Probleme, die sich in Defiziten von 1,79 und 1,56 Milliarden Dollar für die Jahre 1984 und 1985 manifestierten.

Die Unruhe, die in Frankreich um sich griff, als der Staatsbetrieb Renault zu Hause Mitarbeiter entließ, während er gleichzeitig in den USA ein scheinbar aussichtsloses Abenteuer begann, erreichte ihren

Höhepunkt in dem Mordanschlag auf Renaults Präsidenten Georges Besse am 17.November 1986.

Daß sich aber Renault dann aus den USA zurückzog, hatte seine Ursachen in Vorgängen, die damals bereits fast ein Jahr zurücklagen. Von besonderer Bedeutung war dabei ein Vorvertrag vom 30.Juni 1986 zwischen AMC und Chrysler, unter dem AMC in ihrem Kenosha-Werk Chryslers Modelle mit M-Karosse und Hinterradantrieb fertigen sollte, also Plymouth Gran Fury, Dodge Diplomat und Chrysler New Yorker. Für Kenosha bedeutete dies, daß 3000 Mitarbeiter, die wegen des Absatzrückgangs beim Renault Alliance und Encore ohne Arbeit waren, wieder beschäftigt werden konnten. Eine ähnliche Vereinbarung, bei der es um die Fertigung des Chrysler New Yorker in AMCs Werk Brampton (Ontario) ging, wäre fast schon 1982 zustandegekommen, hätte nicht Lee Iacocca befürchtet, AMC könne das benötigte Volumen nicht produzieren. Der Vertrag von 1986 hatte grundlegende Konsequenzen für AMC und Chrysler. Zuerst hörte man, die Firmen seien im Gespräch über eine Erweiterung der Fertigung in Kenosha auf die Chrysler-Modelle Dodge Omni und Plymouth Horizon America. Dann folgte ein steiler Kursanstieg der AMC-Stammaktien an der New Yorker Börse aufgrund von Presseberichten, Firmen wie Fiat, Volvo und Saab seien am Erwerb von AMC-Anteilen interessiert.

Anfang November 1986 aber platzte die Bombe: Chrysler will AMC kaufen! Mit 3 Milliarden im Rükken und scharf darauf, nicht nur mehr Fertigungskapazität, sondern auch ein Stück vom Markt der Allrad-Freizeitautos zu bekommen, hatte Chrysler bereits Einzelheiten eines Vertrags ausgearbeitet, um den Renault-Anteil an den Aktien der AMC zu erwerben. Daneben wurde jede weitere AMC-Stammaktie in einen entsprechenden Anteil am Chrysler-Stammaktienkapital umgewandelt. Der Wert eines solchen Anteils betrug $ 4,50, basierend auf dem Börsenschlußkurs der Chrysler-Stammaktie der letzten zehn Werktage, endend fünf Werktage, vor dem Tag der Fusion.

Langjährige AMC-Mitarbeiter und Freunde des Hauses sahen das Aufgehen der AMC in der Chrysler Corporation mit einem lachenden und einem weinenden Auge. Nach Jahren gewaltiger Verluste war AMC im Begriff, endlich die Früchte ihrer neuen Baureihe, angeführt durch den Mittelklassewagen Premier, zu ernten, der (zusammen mit dem Wrangler) im hochmodernen Bramalea-Werk in Ontario (Kanada) gefertigt wurde. AMC lebte weiter – als Chrysler-Division »Eagle Jeep« – und blieb der Welt führender Hersteller von Allradfahrzeugen.

Das neue Emblem von »Jeep Eagle« (Bild: Chrysler Corporation)

Der Übergang der AMC in die Chrysler Corporation war für den Jeep das Ende einer Ära. Doch es ist gleichzeitig auch der Beginn einer neuen Zeit und – wie es heute den Anschein hat –, einer großen und ruhmreichen Zukunft...